宗教学新论

经典与实践

论马克思主义宗教学

卓新平 著

中国社会科学出版社

图书在版编目(CIP)数据

经典与实践:论马克思主义宗教学/卓新平著.—北京:中国社会科学出版社,2020.4(2021.4重印)
(宗教学新论)
ISBN 978-7-5203-5538-4

Ⅰ.①经… Ⅱ.①卓… Ⅲ.①马克思主义—宗教学—研究 Ⅳ.①A811.63

中国版本图书馆CIP数据核字(2019)第247711号

出 版 人	赵剑英
责任编辑	陈　彪
特约编辑	刘殿利
责任校对	冯英爽
责任印制	张雪娇

出　　版	中国社会科学出版社
社　　址	北京鼓楼西大街甲158号
邮　　编	100720
网　　址	http://www.csspw.cn
发 行 部	010-84083685
门 市 部	010-84029450
经　　销	新华书店及其他书店

印刷装订	北京市十月印刷有限公司
版　　次	2020年4月第1版
印　　次	2021年4月第2次印刷

开　　本	710×1000　1/16
印　　张	24.5
插　　页	2
字　　数	353千字
定　　价	138.00元

凡购买中国社会科学出版社图书,如有质量问题请与本社营销中心联系调换
电话:010-84083683
版权所有　侵权必究

"宗教学新论"总序

宗教是人类社会及思想史上最为复杂和神秘的现象之一。人类自具有自我意识以来，就一直在体验着宗教、观察着宗教、思考着宗教。宗教乃人类多元现象的呈现，表现在社会、政治、经济、信仰、思想、文化、艺术、科学、语言、民族、习俗、传媒等方面，形成了相关人群的社会传统及精神传承，构成了人类文明和民族文化的重要部分，铸就了人之群体的独特结构和人之个体的心理气质。在人类可以追溯的漫长历程中，不难察觉人与宗教共存、与信仰共舞的史实，从而使宗教有着"人类学常数"之说。因此，对宗教的审视和研究就代表着对人之社会认识、对人之自我体悟的重要内容。从人本及其社会出发，对宗教奥秘的探究则扩展到对无限微观世界和无垠宏观宇宙的认知及思索。

于是，人类学术史上就出现了专门研究这一人之社会及灵性现象的学科，此即我们在本研究系列所关注的宗教学。对宗教的各种观察研究古已有之，留下了大量历史记载和珍贵的参考文献，但以一种专业学科的方式来对宗教展开系统的学理探究，迄今则只有不足150年的历史。1873年，西方学者麦克斯·缪勒（F. Max Müller）出版《宗教学导论》一书，"宗教学"遂成为一门新兴人文学科的名称。不过，关于宗教学的内涵与外延，学术界一直存有争议，目前对这一学科的标准表达也仍然没有达成共识。在宗教学的发展过程中，涌现出一大批著名学者，也形成了各种学术流派，并且由最初的个人研究发展成为体系复杂的学科建制，出现了众多研究机构和高校院系，使宗教学在现代社会科学及人文学科领域中脱颖而出，成绩斐然。20世纪初，宗教学在中国悄然诞生，一些文史哲专家率先将其研究视域扩大到宗教范围，以客观、中立、悬置信仰的立场和方法来重点对中国宗教历史问题进行探究，从而形成中国宗教学的基本理念及原则。随着中国现代学术的发展，宗教学不断壮大，已呈现出蔚为壮观之局面。

宗教学作为跨学科研究，其显著特点就是其研究视野开阔，方法多样，突出其跨宗教、跨文化、跨时代等跨学科比较的意趣。其在普遍关联的基础上深入探索，贯通时空，展示出其内向与外向发展的两大方向。这种"内向"趋势使宗教学成为"谋心"之学，关注人的内蕴世界及其精神特质，侧重点在于"以人为本"、直指人心，以人的"灵魂"理解达至"神明"关联，讨论"神圣""神秘"等精神信仰问题，有其内在的深蕴。而其"外向"关注则让宗教学有着"谋事"之学的亮相，与人的存在社会、自然环境、宇宙万象联系起来，成为染指政治、经济、法律、制度、社会、群体、国际关系等问题的现实学问，有其外在的广阔。而研究者自身的立足定位也会影响到其探索宗教的视角、立场和态度，这就势必涉及其国家、民族、地区、时代等处境关联。所以说，宗教学既体现出其超越性、跨越性、抽象性、客观性，也不可避免其主体存在和主观意识的复杂影响。在这种意义上，宗教学既是跨越国界的学问，也是具有国家、民族等担当的学科，有其各不相同的鲜明特色。除了政治立场、学术方法、时代背景的不同之外，甚至不同学派、不同学者所选用的研究材料、关注的研究对象也互不相同，差异颇大。由此而论，宗教学当然有着其继承与创新的使命，而我们中国学者发展出体现中国特色的宗教学自然也在情理之中。

基于上述考虑，笔者在此想以"宗教学新论"为题对之展开探讨，计划将这一项目作为对自己近四十年研究宗教学科之学术积累的整理、补充和提炼，其中会搜集自己已发表或尚未发表的学术论文，以及已收入相关论文集的论文和相关专著中的文论，加以较为周全的整合，形成相关研究著作出版，包括《经典与实践：论马克思主义宗教学》《唯真与求实：马克思主义宗教观中国化之探》《宗教学史论：宗教学的历史与体系》《宗教社会论》《宗教文明论》《宗教思想论》《世界宗教论》《中国宗教论》《基督教思想》《基督教文化》《中国基督教》《反思与会通》等；在马克思主义宗教观的指导下，梳理探究宗教学的历史和宗教学的体系，进而展开对世界宗教的全方位研究。其"新"之论，一在视野之新，以一种整体论的视域来纵观古今宗教研究的历史，横贯中外宗教学的范围；二在理论之新，即用中国特色社会主义理论的创新之举来重温马克思主义经典作家关于宗教之论，探究马克思主义宗教观在当代中国的新发展、新思路；三为方法之新，不仅批判性地沿用宗教学历史传统中比较科学、合理、行之有效的方法，而且对之加以新的考量，结合当代学术最新发展的成果来重新整合；四在反思之新，这就是重新审视自己以往的旧作，总结自己四十年之久宗教研究在理论与实践上的体悟、收获，以及经验和教训，在新的思考、新的形势下积极调试，增添新思和新言。当然，这一项目立足于思考、探索乃实情，而建构、创新则仅为尝试，且只代表自己一家之言，故此所谈"新论"乃是相对的、开放的、发展的，必须持有锲而不舍、止于至善的精神和毅力来继续往前开拓。由于这一研究项目涉及面广，研究难度较大，论述的内容也较多，需要充分的时间保证，也需要各方面的大力支持，故其进程本身就是不断得到合作、得到鼓励和支持的过程。

在此，作者还要衷心感谢文化名家暨"四个一批"人才工程领导小组将本课题列为"文化名家暨'四个一批'人才项目"计划！也特别感谢中国社会科学出版社在编辑出版本项目课题著作上的全力支持！

卓新平

2019 年 5 月

目 录

"宗教学新论"总序 …………………………………………（1）
前　言 …………………………………………………………（1）

上编　经典研读

第一章　《马克思恩格斯列宁论宗教》导论 …………………（3）
第二章　论马克思《〈黑格尔法哲学批判〉导言》中的
　　　　宗教观 …………………………………………………（24）
第三章　论马克思《论犹太人问题》中的宗教观 ……………（34）
第四章　论马克思《1844年经济学—哲学手稿》中的
　　　　宗教观 …………………………………………………（54）
第五章　论马克思《关于费尔巴哈的提纲》中的宗教观 ……（65）
第六章　论马克思、恩格斯《神圣家族》中的宗教观 ………（69）
第七章　论马克思、恩格斯《德意志意识形态》中的宗教观 …（86）
第八章　论马克思《〈政治经济学批判〉序言》中的宗教观 …（102）
第九章　论马克思《经济学手稿（1857—1858年）》中的
　　　　宗教观 …………………………………………………（105）
第十章　论马克思《资本论》中的宗教观 ……………………（112）
第十一章　论恩格斯《英国状况》（评托马斯·卡莱尔的
　　　　　《过去和现在》）中的宗教观 ………………………（124）

第十二章　论恩格斯《德国农民战争》中的宗教观 …………（137）

第十三章　论恩格斯《反杜林论》中的宗教观 ………………（163）

第十四章　论恩格斯《布鲁诺·鲍威尔和原始基督教》中的
宗教观 ……………………………………………………（171）

第十五章　论恩格斯《启示录》中的宗教观 …………………（182）

第十六章　论恩格斯《路德维希·费尔巴哈和德国古典
哲学的终结》中的宗教观 ………………………………（188）

第十七章　论恩格斯《自然辩证法》中的宗教观 ……………（208）

第十八章　论恩格斯《社会主义从空想到科学的发展》中
的宗教观 …………………………………………………（216）

第十九章　论恩格斯《论原始基督教的历史》中的宗教观 …（230）

第二十章　论列宁《社会主义和宗教》中的宗教观 …………（248）

第二十一章　论列宁《论工人政党对宗教的态度》中的
宗教观 ……………………………………………………（258）

下编　实践探索

第二十二章　纪念马克思诞辰 200 周年：论马克思宗教观的
形成与发展 ………………………………………………（273）

第二十三章　马克思主义宗教观的社会历史背景 ……………（281）

第二十四章　马克思主义理论体系的"宗教"理解 ……………（299）

第二十五章　当代马克思主义宗教观研究应关注的几个问题 ……（310）

第二十六章　对马克思主义宗教观应从整体上理解 …………（314）

第二十七章　如何认识马克思主义宗教观 ……………………（318）

第二十八章　马克思主义关于宗教社会作用的论述及其当代
意义 ………………………………………………………（325）

第二十九章　马克思主义宗教观的方法论探究 ………………（339）

第三十章　以马克思主义宗教观指导中国宗教研究 …………（347）

第三十一章　坚持与发展马克思主义宗教观 …………………（352）

第三十二章　与时俱进、推进马克思主义宗教观研究 …………（356）

第三十三章　马克思主义宗教观与中国文化建设 ……………（360）

第三十四章　马克思主义宗教观与中国特色话语体系建设 ……（369）

第三十五章　发展中国特色社会主义宗教理论 ………………（373）

前　言

宗教学的发展在当代中国处境及语境中有其鲜明特色，这就是在马克思主义宗教观指导下的发展，为中国特色社会主义宗教理论体系的发展建设提供学科支撑。因此，中国宗教学的继承与发扬与马克思主义宗教学的发展密切相关。马克思主义宗教观乃由马克思主义经典作家关于宗教的基本理论所构成，其对宗教的论述触及宗教学的一些基本问题，从而为马克思主义宗教学的创立奠定了基础。因此，中国当代宗教学的全新构建首先就是要建立起马克思主义宗教学，而马克思主义经典作家关于宗教的论述及其思想方法，以及由此而奠立的马克思主义宗教观，则是马克思主义宗教学的核心而基本的组成部分。

对马克思主义宗教观的理解和坚持，包括学习其经典理论和指导社会实践这两个方面。首先，我们要认真阅读这些经典著作，弄清其思想理论体系及涵括；然后则是在社会实践中对这些理论的辩证运用和科学发挥，理论联系实际，实事求是。因为在不同的时代和国度，有不同的社会处境和社会问题，与之相关的宗教存在及其理解也会不同，这都需要我们具体问题具体分析。马克思主义经典作家论宗教绝非凭空而论，而是有着非常具体的问题意识和针对性，旨在解决与其革命相关联的具体问题，完成无产阶级革命的具体使命和任务，这是我们在研究马克思主义时必须认真领悟的。在当代中国，尤其需要我们根据中国社会特色来理解和运用马克思主义经典著作中所体现的宗教观念及理论思考，使我们在继承马克思主义宗教观上可以"跟着说"，而且在发扬这一思想体系、形成中国特色社会主义宗教理论上还能够"接着说"。

必须看到,在中国社会及其理论界和学术界,人们对如何理解宗教、如何认识马克思主义宗教观,以及如何根据中国国情来辩证运用其理论体系及基本观点,乃有着较大的分歧,相关争论也长期存在。若要科学地解决这一问题,首先则需回到马克思主义经典作家的著述本身,必须认认真真地读原著,进入经典作家的思想语境、社会及时代处境。所以说,在这一层面我们既要有百家争鸣、百花齐放的开明、开放精神,也需要以科学、严谨的方法来辨识甄别、去伪存真、去粗取精,在全面、客观、科学理解经典作家原著精神的基础上,使马克思主义宗教观在当代中国得到正确的理解和运用。为此,笔者在读马克思主义经典作家的原著上下了很大功夫,基本上阅读了马克思、恩格斯、列宁关于宗教所有论述的德文著作、英文著作,以及中文翻译的各种版本,并对不同语种、不同版本进行了对照比较;因为笔者不懂俄文,故而特别注意从俄译本与德译本出版的不同时期的版本及其中文表达之异同,比对了中国出版的关于马克思主义相关著作的各种全集、选集、文集和专辑等,以便能够体悟其精细之处,既全力通览其鸿篇巨制,又尽量把握到其微言大义。此外,笔者还利用出国留学及访问的机会,多次前往马克思家乡特里尔参访其故居,去恩格斯家乡乌帕塔(即恩格斯所言少年所受"伍珀河谷的信仰"影响之地)的故居及相关博物馆寻踪探微,并且在比利时布鲁塞尔、英国伦敦等地了解当年马克思、恩格斯写作的时代及社会背景,也曾在莫斯科、圣彼得堡(原列宁格勒)与当地专家学者座谈交流列宁关于宗教问题的思想及论述,感受其时空背景及其变迁。当然,在这一回顾及反思中,我们理应认识到中国共产党根据中国国情而努力实现的马克思主义"中国化",在正确认识和处理宗教问题上所形成的中国话语体系及相关方针政策。这方面的社会实践及理论积累,是我们中国特色社会主义宗教理论的宝贵财富,为我们与时俱进奠立了坚实的理论基础、准备了丰富的社会经验。

综上所述,本著作归纳、总结了笔者过去在探究马克思主义宗教观、体悟马克思主义宗教学上的所思所想,收集了相关文章和相关著作中的部分内容来形成这一专题，其中涵括经典学习与理论实践这两大方面，以对马克思主义宗教学的基本蕴含及重要意义加以探索。马克思主义经典著作思想深邃、寓意深刻，给人带来广博知识和无限启迪，每次阅读都会有新的感想和收获，所以笔者的体悟在不断深化，很有"苟日新，日日新，又日新"之感。这里汇聚的文章有些是单独发表，有些则被收入了相关研究著作。其中有些文章属于自我阐发，有些则是对相关学术批评的回应商榷，以展开百家争鸣、百花齐放的学术讨论。当然，笔者水平有限，对马克思主义宗教观及其宗教学关联的理解也仅是一家之言，其不成熟和探索性也是必须承认的。所以，这种研究是一种开放性、不断调整、提高和完善的过程，我们在研究中理应虚怀若谷、有自知之明，从而也必须与时俱进、止于至善。为此，基于新的形势发展和个人学习认识的深化，在本著作的编辑过程中对这些文章都有着相应的修改、调整和增补，因而对笔者而言也是对马克思主义经典著作的重新学习和体悟，是对相关问题的重新思考和阐述。而且这一过程也是不断延伸、发展的，只有如此，理论研究才有生命力，才能不断面向未来、走向未来。

由此而来，这里展示的笔者个人对马克思主义经典著作的学习及研究仍有自己认知和阐述上的局限性，只能作为今后继续学习的起点和基础；而从社会实践角度的思考也主要是一种探索和求证，有待相关实践的检验和证实。此外，相关文章虽然发表在不同报刊或著作之中，但由于主题的类似或讨论的必要，有些内容会相同，其表述或引述也可能出现重复，亦请读者谅解。本著作是想尽量全面地收集、集中笔者关于这一主题的相关论述，以求对自己的这一探究做一大致汇总。为阅读、查找方便，这里将所汇编的文章分为上编"经典研读"和下编"实践探索"。其中"经典研读"为笔者对经典作家论宗教专题著作相关各篇的研读，少数在学术期刊上曾经发表，其余基本上收入笔者专著《马克思主义宗教观探究》，后经对这些著作的重温和改写而收入笔者随之完成的《马克思主义经典作家关于宗教的基本观点研究》一书，这里以收入《马克思主义经典作家关于宗教的基本观点研究》的表述为基础，旨在集中体现笔者在经典研读上的心得，但同时也补入了笔者一些新的感想和思绪，以表达常读常新之意，故在这里特此说明。而"实践探索"则是笔者结合中国实际对经典作家宗教观的思考、发挥和探索，其中反映出笔者从对马克思主义经典作家的关注发展到对在中国国情中如何辩证运用马克思主义经典作家立场、观点、方法的特别兴趣。中国社会主义革命及建设的实践是前所未有的伟大事业，需要马克思主义经典理论适应中国处境的"中国化"发展，而中国特色社会主义宗教理论的创建就是保持马克思主义宗教观旺盛生命力和持续发展的努力和动力，是我们当代中国学者义不容辞的责任，也给我们带来新的挑战和发展创新的机遇。因此，尽管这一领域极为敏感，大家在基本看法上分歧很大，也很难在短时期内达成共识，我们却不能因为宗教问题敏感、复杂就犹豫彷徨、止步不前，而必须迎难而上、不畏艰险，进行必要的学术探索和思考。个人的探索和努力虽然微不足道，却可以参与这一理论创建的巨大工程，为之增砖添瓦、积少成多。对于这种参与和担当，我们也希望社会有更多的包容和宽容、理解或谅解，能有比较宽松的学术氛围和百家争鸣的研讨环境。马克思主义理论体系博大精深，马克思主义宗教观的认知深入独到，马克思主义宗教学的发展任重而道远。因此，我们需要不断学习，不断提高，不断前进。

上编　经典研读

第一章

《马克思恩格斯列宁论宗教》导论

作为参与中央马克思主义理论研究和建设工程"基本观点"课题的阶段成果,我们梳理摘编了《马克思恩格斯列宁论宗教》这部文集。要认真学习和真正掌握马克思主义的宗教观,探究并发展马克思主义宗教学,其基本要求就是对经典作家原典的系统研读,认真理解。这是一切研究、评说的基础和前提。这种"还原"性研究可以使我们回到原典,回到马克思经典作家所思、所想、所写的那个时代背景和社会氛围,弄清他们的问题意识和写作目的,由此真正理解马克思主义宗教观的发展线索及其所要解决的问题和所要完成的使命。因此,我们要认识到马克思主义宗教观的历史唯物主义实质,而在我们的研究中也要体现出这种历史唯物主义的精神。这是我们所论马克思主义宗教学的根本起点。

一 马克思历史唯物主义宗教观的形成

(一)马克思历史唯物主义宗教观的形成

马克思主义宗教观以马克思的思想理论为主,后来得到恩格斯和列宁的补充、发展和完善。因此,对马克思主义宗教观的研究,了解、体会马克思本人的宗教观至关重要。马克思历史唯物主义宗教观的形成有其在这一领域一些基本的理论表述。不过,马克思没有专门深入、系统论述宗教的著作，由此让人感觉到他关于宗教的思想阐述比较零散，但在马克思众多涉及宗教问题的著述中，仍有四本非常重要的著作值得我们进行梳理和研究。这些著作也是我们探究马克思主义宗教学的基本文献。

在马克思主义理论形成的早期，比较重要的论述宗教思想的著作是他的《〈黑格尔法哲学批判〉导言》。此文非常系统地论述了他对宗教的认知，其中一些思想曾经被列宁看作马克思主义宗教观的"基石"。至于列宁的理解是否准确，我们还可以研究。在中国国内，人们对这篇论文也有不同的看法：有人认为这是马克思历史唯物主义宗教观的代表作，也有的人认为文中的思想和语言表述还停留在青年黑格尔的思想水平上，其行文突出的也是青年黑格尔派比较典型的表示方式。但总体来看，马克思在《〈黑格尔法哲学批判〉导言》中基本上把其对宗教的认知说清楚了，这里面包含有马克思的很多非常重要的想法，比如说，宗教是对社会现状的反映，宗教批判只是对其他批判如社会批判、政治批判的先导而已；而且，他还谈到宗教只不过是现实社会生活中的人们对社会不公、压迫的一种叹息或者抗议，一旦转向社会、政治和法的批判，对宗教的批判则已经结束；在这样一种前后关联的语气中，马克思才谈到了"宗教是人民的鸦片"。当然，这种把宗教比作鸦片的说法在当时欧洲是非常流行的说法，因此并不是马克思的首先发明，而是他当时恰到好处的运用。综合来看，这部著作应该是马克思主义宗教观得以奠立的标志，其宗教学的基本思考亦在其中得以蕴含。从这部著作开始，马克思主义对宗教的探究就不是纯粹的学术之论、抽象的书斋之谈，而是以整个人类社会为平台，以其生存的自然宇宙为场景。第二篇著述是《1844年经济学哲学手稿》，在这篇著作中，马克思的思想进一步深化和成熟。第三篇著述是《关于费尔巴哈的提纲》，这里面有马克思跳出费尔巴哈抽象人本主义理论局限而从社会意义上谈论宗教的精彩阐述，也是马克思对其唯物主义认知非常重要的一个表述。第四篇著作则是其巨著《资本论》，在这部著作中，马克思从意识形态批判进入了社会经济角度的批判，深入人类社会的经济存在来看其意识形态的种种表现。我们知道，马克思主义理论体系的三个主要组成部分乃有机相连，一个是哲学，一个是政治经济学，再一个就是科学社会主义。在这四部著作之间，它们实际上是有一条理论逻辑之线相关联、相贯通的。我们在认识马克思主义宗教观时，对这四篇著作的研读应该是非常关键的，而且，我们从中还可以梳理马克思主义思想发展不同阶段的认知及其理论的不断提高和深化。

（二）恩格斯历史唯物主义宗教观的形成

相比而言，恩格斯比较系统地研究了宗教问题，尤其是对早期基督教和圣经新约的研究非常专业、极为独到。恩格斯历史唯物主义宗教观的形成也是通过其相关著作而得以表述和阐明的。而在宗教学的形成过程中，对基督教的研究，尤其是其圣经批判极为关键。对此，恩格斯都有广泛涉猎和专题研究。这种圣经批判充满宗教学学术意义，为了以示与其他政治批判、社会批判的区别，这一圣经批判后来在中国语境中被称为"圣经评断"。

恩格斯最早论述宗教的著作是1843年所写《英国状况》（评托马斯·卡莱尔的《过去和现在》）；第二部著作则是他写于1850年的《德国农民战争》；第三部是他1876年所写《反杜林论》。恩格斯还专门研究了早期的原始基督教与早期无产阶级革命的关系，曾撰写了很多著述来研究、阐述这些问题，其中最为典型的就是《布鲁诺·鲍威尔和原始基督教》，这是他专门对早期基督教的分析和评价；此外，恩格斯于1886年所写的著作《路德维希·费尔巴哈和德国古典哲学的终结》，则代表了恩格斯历史唯物主义、辩证唯物主义思想的成熟。其中对宗教问题的阐述也非常系统、透彻。《资本论》为马克思和恩格斯密切合作的思想结晶，最后由恩格斯完成并使之出版。此书不仅是对资本主义的客观分析和对科学社会主义的论证，而且也代表着马克思主义宗教观的重要发展和基本成熟。此后马克思的主要精力转向了政治经济学和社会的经济及结构问题，而这正是我们今天认识社会的最关键之处。恩格斯则在宗教研究领域有新的探索和建树。可以说，恩格斯与19世纪西方宗教学的建立及其基本问题意识和研究方法都有紧密的联系。

(三) 列宁的历史唯物主义宗教观

在马克思主义经典作家中,列宁真正实质性地参加了社会主义革命的实践,他为此而讨论了一些非常关键的理论问题,其中自然也涉及宗教。在列宁对宗教的论述中,有三篇文章非常重要,即《社会主义和宗教》(1905)、《论工人政党对宗教的态度》(1909)、《各阶级和各政党对宗教和教会的态度》(1909),其中前两篇文章是他论述宗教最为关键的文章。这两篇文章都是列宁在十月革命之前,基于当时宗教与社会的关系和互动,对宗教与社会主义及无产阶级政党到底是怎样的一种关系的深刻思考。从这个角度来看,列宁的历史唯物主义宗教观主要体现在探讨宗教与社会主义及无产阶级政党的关系上。今天已经有很多人在谈论社会主义与宗教、无产阶级政党与宗教的关系,但对这两篇文章中的许多重要内容仍需细细体悟、认真研究。在相关领域,列宁其实既提出了问题,也给出了解决这些问题的正确方法,反映出其历史唯物主义的基本立场和高超的社会政治智慧。所以说,列宁的相关思考及其理论实际上已经触及社会主义社会的宗教问题,以及社会主义的宗教学命题及其思路。人们过多注意到列宁对马克思有关在旧社会"宗教是人民的鸦片"这一论述在马克思主义宗教观领域的拔高,却忽略了列宁对新社会处理好社会主义与宗教关系的前瞻和在处理方法上的睿智。列宁其实在此已经为我们提出了非常严肃和重要的问题,我们今天的回答及态度则会直接对宗教与无产阶级政党、与社会主义社会的关系产生举足轻重的影响。不过,对列宁的这些思想之理解和评价在当代中国分歧太大,思路及旨归也各不相同。其根本原因还是对列宁的重要表述阅读得不够仔细,理解得很不透彻。因此,研究这一全新问题必须重新认真研读列宁的著作,体会把握其精湛、独到、超前的思想,以及其游刃有余、恰到好处的解决方法。在列宁的其他著述中,其散见的精辟阐述也闪烁着智慧的光芒,值得我们汇聚整理。

二 马克思主义宗教观的基本理论及观点

在这部摘编中，我们将马克思主义宗教观分为了"基本理论"和"处境关怀"两大部分。其中在"基本理论"部分涉及马克思主义经典作家关于"认识宗教问题的方法""宗教的本质""宗教的发生与发展""宗教的社会作用"这四个方面的论述；而在"处境关怀"部分则涉及"宗教与政治""宗教与文化""宗教与哲学""宗教与民族""宗教与科学"和"宗教的神学"这六个方面的问题。这一切也都与宗教学的理论思考及学术范畴有着直接关联。综合而言，马克思主义宗教观的基本理论及观点可以概括为如下十个方面。

（一）认识宗教问题的方法

1. 以唯物史观为基础

唯物史观（即历史唯物主义）是正确认识宗教问题的前提和指南。恩格斯把唯物史观解释为"以一定历史时期的物质经济生活条件来说明一切历史事实和观念、一切政治、哲学和宗教的"问题[①]，涉及宗教问题即体现为唯物史观的宗教史学。因此，分析宗教本质、起源和发展，应该基于其存在的"物质经济生活条件"，有其具体的"历史时期"和"历史事实"，即把宗教置于整个社会的经济发展和物质状况之中去分析，依据其产生和存在的具体历史条件来说明，从"经济基础"来分析其"上层建筑"，从社会生产力和生产关系、经济基础和上层建筑的关系来剖析宗教本质，形成从社会存在探讨社会意识、从现实社会寻找宗教秘密的方法及原则。一旦脱离了马克思主义宗教观的这一基本立场，人们谈论宗教就会无的放矢、不得要领。可惜这种情况在我们今天社会中仍然频频发生，而且对其失误及危害并没有得到充分的认识和

[①] 本文所引经典作家论述的具体出处，在此后每篇专门研读的论文中会详细标出，故此本篇没有注明。

及时纠正。我们坚持马克思主义，在宗教问题上守住这些原则、坚持上述方法则为根本。希望能以这面明镜来仔细照照我们的理论界、学术界，照照众人和自我。

2. 强调存在决定意识

马克思主义认为，现实与宗教的关系是存在决定意识的关系，宗教是现实社会生活曲折、复杂的反映，同时又会反作用于社会现实，产生复杂的影响。这也是我们今天分析中国宗教的一个基本的方法，社会存在是什么样的，那么社会的宗教反映就会是什么样的。社会意识反映相应的社会存在，这是社会意识的共性；而不同的社会意识则有其不同的反映方式，这是其相关的特性。马克思把当时的宗教解释为在剥削、压迫的阶级社会中"对这种现实的苦难的抗议""被压迫生灵的叹息"，而且指出宗教对这一颠倒世界的"抗议"是消极的，却更多表现出对其统治阶级的服从和维护；这是当时"不好的社会"所产生的"不好""消极"的宗教，也是当时宗教作为社会意识所反映出来宗教的特性。而马克思主义作为社会意识与当时的宗教却有着不同的特性，马克思主义作为社会政治意识所反映的是当时刚出现的、代表未来社会发展的无产阶级先进分子的意识，其特点是以一种革命、批判的方式来反映其存在的社会；这种革命、批判的意识同样也是对当时社会存在的反映，其革命意识与宗教意识的不同就在于马克思主义主张批判并推翻这个"不好的社会"，为此也主张停止对宗教的批判，而直接来批判其社会、政治和法律。所以，马克思主义是与宗教性质全然不同的社会意识，但都产生于其存在的社会，也从不同层面反映出这一存在社会的真实。当时的宗教意识要维系这一"不好"的社会，故有其负面、消极和错误，因而也受到马克思主义对之进行的意识形态批评。而马克思主义则要成为这一"不好"社会的掘墓人，要对之加以造反、革命！这也是其对现实社会的反作用。显然，马克思主义作为革命理论之"主义"与宗教是不同性质的意识形态，不能将之等同、混淆。在此，我们必须分清不同的社会意识是如何对其存在社会加以不同的反映的。如果认为在同一社会中都是一样的意识形态，也就没有意识形态分歧或意识形态斗争之说了。那种把马克思主义与宗教相等同，认为二者具有"相同"的性质、是"同样"的社会意识形态，会"相同"地反映其社会存在的说法是明显错误的，会造成意识形态和思想逻辑的混乱。而以这种存在决定意识的方法来分析我们今天中国社会与宗教的复杂关系、中国当代主流意识形态与宗教思想的复杂关系，则是值得深入研究的大课题，值得认真撰写的大文章。

（二）关于宗教的本质

讨论宗教本质的问题，属于宗教哲学的基本关注和命题。马克思在《〈黑格尔法哲学批判〉导言》中提出了很多关于宗教本质的经典说法，他说了几个相关的层面，其中一个层面指出："宗教是还没有获得自身或已经再度丧失自身的人的自我意识和自我感觉。但是，人不是抽象的蛰居于世界之外的存在物。人就是人的世界，就是国家，社会。这个国家、这个社会产生了宗教，一种颠倒的世界意识，因为它们就是颠倒的世界。"这样的表述非常清晰，就是说，我们要基于一个社会的性质来看待这个社会的意识形态，这是马克思主义宗教观的核心。而另一个层面则更加明确："因此，反宗教的斗争间接地就是反对以宗教为精神抚慰的那个世界的斗争。"正是在这一层面之下，马克思才提出了如下说法："宗教里的苦难既是现实的苦难的表现，又是对这种现实的苦难的抗议。宗教是被压迫生灵的叹息，是无情世界的情感，正像它是无精神活力的制度的精神一样。宗教是人民的鸦片。"马克思是顺着这样一个语境，在当时的时代背景之下提出了"鸦片"论的。其实，"鸦片"论在19世纪欧洲就有很多的理解：主要是指具有镇定、麻醉、止痛作用的药物；对此，当时欧洲思想家海涅，黑格尔，费尔巴哈，英国主教，布道家克伦玛等人都曾用此比喻，马克思只不过是引用了这个比喻而已，并不是要在哲学定义的意义上把它作为宗教的本质来定性。而中国对于这一"鸦片"论的敏感，则是由于中国1840年以来因"鸦片战争"的惨痛而对"鸦片"极为负面的理解：将之视为伤害中国人的"毒品"。因此，在中国，我们对这个比喻的表述和运用应该慎之又慎。

虽然马克思在当时也关注到中国的鸦片战争，但这种在欧洲的远距离观察与在中国处境内中国人的切身体会是很不相同的。此外，马克思的上述分析也是将宗教与社会相关联的，如果不顾时空之变机械套用马克思的结论来拿中国今天的宗教存在说事，对之加以否定和批判，那么实际上是违背马克思主义的基本立场和思想逻辑的。

恩格斯在揭示宗教本质时亦有经典表述："一切宗教都不过是支配着人们日常生活的外部力量在人们头脑中的幻想的反映，在这种反映中，人间的力量采取了超人间的力量的形式。"大体来看，恩格斯的这一表述在内容上和形式上都比较符合宗教的本质，因为它基本包含了理解宗教本质的一些主要因素。恩格斯亦强调从人的本质来揭示宗教的本质之秘密，而人的本质按照马克思主义的理解则正是人的"社会性"。显然，马克思主义是从"社会"的本质来决定"宗教"的本质的，宗教的本质即其社会性。马克思因对当时社会的负面评价而得出对宗教的负面理解，这是其逻辑必然。但我们今天中国社会的性质已经出现了根本变化，在前提、基础已出现质变之后则不能再坚持以往未变时的结论。不过这种认识尚未在中国当代理论界得到认可、达成共识。对此，其实马克思本人早就有了鲜明立场。当马克思于1872年推出《共产党宣言》的德文版时，就已经在序言中说《共产党宣言》发表25年以来，情况已有变化，有些提法已经过时了，如果是在今天，有些段落可能写法就不同了。仅仅过了25年，马克思就对自己以往的论述提出了改进、提高的要求。这种实事求是、与时俱进、高风亮节，是值得我们今天在真正坚持马克思主义时好好学习的！

（三）关于宗教的根源

1. 宗教存在的社会根源

马克思主义在分析宗教的本质时较多侧重于宗教存在的社会根源，从而突出了其"社会分析"和"社会批判"的立场。在马克思看来，宗教的根源在于其信仰之人的社会，宗教的存在也依附于其信仰者的社会存在。列宁则侧重对社会苦难、对社会压迫力量之"恐惧"而导致宗教的分析、解说。这其中既有社会根源的论说，也有心理根源的探测。因此，相关内容实际上正是宗教社会学和宗教心理学所研讨的对象。

2. 宗教存在的认识论根源

除了上述对社会的认识，宗教的根源也与人对自我和自然的认识相关，此即其自然根源和认识根源。将自然界"人格化"和"神圣化"，乃宗教产生的重要认识论根源之一。相信精神可与肉体相分离而独立存在，并在灵魂不死论上得到典型表述。灵魂不死的神秘化和自然力的人格化（或"有灵"化），也是人类早期宗教得以产生的极为关键的认识论根源，并关涉到心理及精神根源。这些讨论在哲学中的精神现象学和宗教学中的宗教思想史研究也得以展开。

（四）关于宗教的发生与发展

1. 宗教的起源与发展

恩格斯指出："在历史的初期，首先是自然力量获得了这样的反映，而在进一步的发展中，在不同的民族那里又经历了极为不同和极为复杂的人格化。……除自然力量外，不久社会力量也起了作用"；"自然力"的人格化导致了"最初的神"的产生。而随着宗教的发展，这些神经过"抽象化过程"而有了"超世界的形象"，并产生出一神教的"唯一神"或"绝对一神"观念。在早期宗教学研究中，特别是宗教史学的探究非常注意宗教的起源与发展，推出了不少以此为标题的宗教学专著。马克思主义经典作家的上述探讨几乎是与宗教学的这种发展同步的。

马克思、恩格斯还剖析了基督教从其产生时的被压迫群众运动到后来为统治阶级服务之嬗变，描述了其在奴隶社会、封建社会和资本主义社会的不同发展形态。列宁也阐述了社会主义时期基督教的发展可能：其一，"教会与国家完全分离，这就是社会主义无产阶级向现代国家和现代教会提出的要求"；其二，"不禁止基督教徒和信仰上帝的人加入我们的党"，"如果有一个司祭愿意到我们这里来共同进行政治工作，真心诚意地完成党的工作,不反对党纲,那我们就可以吸收他加入社会民主党";其三,"被压迫阶级为创立人间的天堂而进行的这种真正革命斗争的一致,要比无产者对虚幻的天堂的看法上的一致更为重要"。这里论及的不少问题都属于宗教政治学的范围。因此,列宁在此实际上预示了政治信仰与宗教信仰的不同,以及二者为了共同的政治目标而可以共处。我们有必要把政治信仰与宗教信仰分开,因为它们是信仰中不同的层面,可以共在,而不是一种在同一层面上的排斥性的关系。当然,这种共在是需要一定条件的,可能为特殊情况而非一般常态。在研究列宁论社会主义与宗教、无产阶级与宗教的关系时,我们一定要深刻地领会到列宁的政治智慧,而且我们还要在列宁的智慧上往前走而不要倒退,这对我们当前和谐社会的构建也是非常关键的。

2. 宗教的未来与消亡

对于宗教的未来,马克思主义认为宗教最终会消亡,但这是一个长期而自然的发展过程。马克思指出,"只有当实际日常生活的关系,在人们面前表现为人与人之间和人与自然之间极明白而合理的关系的时候,现实世界的宗教反映才会消失"。"但是,这需要有一定的社会物质基础或一系列物质生存条件,而这些条件本身又是长期的、痛苦的历史发展的自然产物。"恩格斯也说,"当谋事在人,成事也在人的时候,现在还在宗教中反映出来的最后的异己力量才会消灭,因为宗教反映本身也就随着消失"。经典作家在此所阐述的问题,对宗教经济学、宗教政治学、宗教发展史、宗教未来学等都有透彻的审视和深刻的启迪。

(五)关于宗教的社会作用

马克思主义经典作家关于宗教社会作用的看法基本上是一分为二的。这里,他们谈到宗教会有下面一些积极的社会作用:第一,恩格斯表述说宗教的内容以人为本源,反映出"人类本质的永恒性"。第二,宗教能在相关社会中起到"内部统一"的凝聚作用。第三,宗教曾作为历史上一些社会变革或反抗运动的旗帜、武器和外衣。第四,宗教在从中古到近代、从封建主义到资本主义的社会转型过程中发挥了重要作用。

当然，马克思主义经典作家也谈到了宗教的消极社会作用：第一，宗教在阶级社会中对苦难中的人们会起到消极的精神抚慰甚至"麻醉"作用，从而成为对人民群众的"精神压迫"。第二，宗教在封建社会曾把世俗的封建国家制度神圣化。第三，宗教为资产阶级维持统治发挥作用，成为其"影响群众的精神手段"。第四，宗教曾被用来作为殖民主义扩张和帝国主义侵略的工具，掩盖其掠夺、剥削政策。第五，宗教影响了科学的发展，形成与科学创新的对峙和对科学进步的阻碍。对于如何评价宗教在社会主义社会中的作用，则是我们当下所必须面对并加以分析判断的重大课题。马克思主义经典作家对宗教与社会关系的分析，被视为宗教社会学的重要内容，其精辟论述也实质性地推动了宗教社会学的发展。

（六）关于宗教与民族的关系

1. 对宗教与民族关系的基本认识

在古代宗教与民族发展中，两者之间有一定关联。马克思主义的宗教与民族观不是孤立形成的，其本质是指明直接的物质的生活资料的生产构成了一个民族或一个时代的发展基础，而其国家制度、法的观点、艺术以至宗教观念，就是从这个基础上发展起来的。因此，探讨和解决民族与宗教的关系问题，仍需回到经济基础及其构成的社会形态这一本原。比如在当今中国的民族地区，尤其是在新疆或西藏等地一旦出现一些社会上的问题，就往往会与民族和宗教问题直接关联起来，当然这的确是有一定关联的，但是没有必要过于夸大或强调，因为其根本的还是要解决社会存在与发展的问题，这是马克思主义的基本观点。在此，经典作家的所思所论，是对宗教政治学、宗教经济学、宗教人类学等交叉学科的丰富充实。

2. 处理宗教与民族关系的基本策略

处理宗教与民族关系的基本策略是将这一关系与整个社会关系联系起来加以解决。马克思主义在论述宗教与民族问题时，始终坚持民族、宗教问题是社会总问题的一部分，始终将其置于社会发展与社会革命的大框架中来解读，与认识和解决社会制度问题相结合，从对社会结构及社会现实的分析中找到其正确的认识方法，并通过社会关系的协调和社会问题的解决来实现宗教与民族关系的真正理顺及其相关问题的真正解决。此外，宗教与民族问题既有联系又有区别，二者在这种社会关系中交织与发展，对之应该动态地、历史性地分析、论述。其触及的问题乃涵括有宗教人类学和宗教民族志学的基本内容。

（七）关于宗教与文化的关系

1. 宗教与人类文化形态的关系

马克思主义认为，人类的精神创造表现为四种不同的方式——理论方式、艺术精神方式、宗教精神方式和实践精神方式。宗教精神方式是人类文化表达方式的一种，为人类文化形态的重要构成。这一认知在探究宗教的文化本真、精神意蕴时非常重要，可以加深人们对宗教现象的理论认识和文化洞见。曾有中国学者将之理解为马克思关于宗教的定义，但这种观点并没有得到普遍认同。其实，宗教人类学、宗教形态学、宗教文化学和宗教哲学都将这种体认视为其内在构成。

2. 宗教与人类文明发展的关系

马克思主义观察到，在人类文明发展的相关阶段会有着宗教的普遍影响，在其文化中会有宗教的典型因素。为此，马克思主义强调，应从宗教发展与相关文化的关联来研究宗教历史，认识到宗教的萌发、诞生和发展构成了人类文明起源和文化发展的重要内容。这里，有着马克思主义文化观与马克思主义宗教观的交织共构。我们过去强调了宗教与阶级社会的关联，却往往忽略宗教与人类文明的关系。在马克思主义宗教观及宗教学的发展中，这一重要内容是需要我们补进、充实的。

3. 宗教与民族文化精神的关系

马克思主义从一种发展、变化、进化的视角来分析宗教的发展，以及这种发展与相关民族文化的关系、对其精神特质的影响。宗教在早期人类中的联结形式对于蒙昧时代的演进、对于人类文明起源和文化发祥具有不容忽视的重要作用。在这一过程中，宗教亦成为相关民族文化精神的代表或象征。一般而言，作为相关民族文化精神之载体的宗教会与其民族共存亡。不过，宗教所表达的相应民族文化精神也有可能超越其民族之限而得以扩展、延续，因为宗教的文化价值作为人类精神文化遗产往往能够超越时空阻隔和民族、阶级的局限，给人一种意义永恒的感觉。在这种审视中，我们可以窥见民族宗教与世界宗教的复杂关系、演变关联。

4. 宗教与人类思想文化的关系

马克思主义认为，宗教作为文化形态有较大的涵括，宗教的政治属性和意识形态属性仅是其文化形态中的一部分，它们和其整体文化形态一样都受社会存在特别是其中的经济基础所制约、决定。因此，在我们今天的社会发展中，在对宗教政治性的高度警醒中也应凸显宗教的文化属性，尽量让宗教私人化和非政治化，使宗教组织成为一种文化组织。这种思想在今天的社会实践之中也是有一些有益的探讨的，如把当地的民间信仰看作其民俗文化的一种精神层面，从文化角度来理解宗教，这给我们的宗教工作实践也带来一些启迪。

马克思主义从人类思想、思维发展的意义上探讨、分析了宗教与人类思想文化的关系问题，指出宗教观念的产生与发展反映出人的抽象思维能力的发展，如其神灵观念的嬗变、演化实质上说明了人在认识上所表现出的抽象、概括、归纳和整合之思维发展，由此从一个重要侧面展示出人类思想文化发展、演进的过程。这种关系有如下几个方面：首先，宗教观念反映出人对自我的认知，是对人之认识的不断抽象化表达。其次，宗教观念反映出人对外在自然的抽象认知和整体把握。再次，宗教观念反映出人对客体与主体、自然与社会的综合认识能力，从而达到一定的文化升华。最后，宗教观念的系统化、体系化本身还反映了人类思想文化体系的构成形式或其促成作用。从思想的进化、发展上，人类宗教呈现出五彩斑斓的多元景观。

(八) 关于宗教与政治的关系

宗教和政治虽有关联，却分属于两个根本不同的范畴，不可相互替代或混淆。宗教信仰上的不同或对立，并不必然导致其相关人群在政治上的不同或对立。不过，宗教在现实社会生活中却仍与政治发生了密切关联，因此不应回避或无视其相互影响和作用。马克思主义经典作家对宗教与政治的关系之论述包括如下一些基本观点。

其一，宗教会被用于某种政治目的、服务于相关政治利益。

其二，宗教与社会主义、共产主义在世界观即意识形态领域是根本不同的。

其三，推行宗教信仰自由政策，一切宗教和教会、一切信教和不信教的人在法律面前应该一律平等。

宗教与政治的关系在政治思想史和宗教政治学中都有相关讨论，在中国共产党的统一战线理论中也得以体现，如"政治上团结合作，信仰上相互尊重"就是其经典表述之一。

(九) 关于宗教与政权的关系

这种关系主要指宗教与国家的关系，它表现为宗教组织与国家政权的结合、依附、凌驾或分离等关系，由此形成"政教关系"的复杂内容。马克思主义强调应当实行政教分离政策，使宗教真正成为私人的事情。马克思、恩格斯提出："彻底实行政教分离。""政教分离"是马克思主义在看待宗教与政权关系时的基本观点，这种政教分离是近代社会发展的产物，在西方社会的近代进程中尤为重要。宗教由此则成为"私人的事情"，而宗教团体在列宁看来同样也"应当是完全自由的、与政权无关的志同道合的公民联合会"。

政教合一、政教协约、政教分离这三种政权与宗教的关系模式可以说是与西方社会发展相关联的，其中政教合一在历史上许多天主教国家中有着典型体现，伊斯兰教、佛教等亦有政教合一的国家存在。政教协约发生在天主教势力被削弱的欧洲近代历史上，在法国和意大利最为典型。政教分离则出现在16世纪宗教改革之后，意味着宗教势力的衰弱和世俗政权社会掌控力的加强，所谓"在谁的领地，信谁的宗教"这种"教随国定"的现象，就是绝妙的说明。而中国的社会情况则远为复杂，故而不应简单地用这三种模式来加以涵括。比如说中国文化大一统的传统从古到今延续下来，这已经成为中国社会传统中的一种文化信仰，离开了这种"多元通和"的大一统，中国社会将不复存在，中华民族也将会四分五裂。因此，在这种大一统的过程中，宗教与政治及与国家政权的关系就不是简单可用政教分离能够说得清楚的了。对此，我们有些学者用了"政教和谐""政主教从""政主教辅"等表述来描述中国历史上的政教特色，这些表述可能还更加符合中国的国情。

（十）关于宗教与政党的关系

在宗教政治学中，宗教与政党的关系乃其重要内容。历史上有宗教对政党的掌控或宗教建党的现象，如所谓宗教政党。而共产党与宗教的关系则极为复杂。列宁指出，"就国家而言，我们要求宗教是私人的事情，但是就我们自己的党而言，我们无论如何也不能认为宗教是私人的事情"。这在认识论上有着唯物、唯心，无神、有神之隔，看似不可或很难逾越及突破。但列宁在社会政治层面的合作关系上也认为可以吸纳宗教信仰者加入无产阶级政党，以使他们获得党纲精神的教育，而不是让其在党内宣传宗教观点。他指出，"不禁止基督教徒和信仰上帝的人加入我们的党"。在列宁的理解中，党的建设要强调坚持、信守党纲精神，与此同时仍需尊重这些人的宗教信仰，不能对之加以刺激、激化矛盾。对这一问题之理论和实践上的界说仍为难题，其理论逻辑和现实存在的关系如何理顺，必须继续探索、解决。

马克思主义的创始人还强调无产阶级政党的纲领里不要规定直接承认无神论，但其成员不能信仰宗教，更不可将宗教与社会主义、共产主义相等同或相混合。马克思、恩格斯曾坚决反对"基督教就是共产主义"之说。然而，无产阶级政党也不要在社会上公开向宗教宣战或禁止宗教。无神论宣传应服从党的基本任务，重视宗教问题，深入研究宗教，但不要将宗教问题提到其不应有的首要地位，更不要向宗教宣战。这是政党和宗教关系中非常重要的论述，它说明在社会主义革命和建设之中涉及宗教的分歧不是首要的，而是从属的，我们不要向宗教宣战，向宗教宣战其实是帮助宗教发展的最好的方式。不过，其理论和实践之间的逻辑关联和明显存在的张力，说明这一问题并没有得到比较透彻的解答，其疑难仍存，理论研究亦需及时跟进。

三 马克思主义宗教观的"与时俱进"及"中国化"

学习和研究马克思主义的宗教观，一方面要长期坚持其中的一些基本原理，另一方面则应根据历史演变和社会变迁创造性地发展马克思主义宗教观，使之与时俱进。而在当代中国，则应联系中国社会实际，使马克思主义宗教观实现其"中国化"。于此，有着马克思主义宗教观向中国特色社会主义宗教理论的转型发展，有从坚持马克思主义宗教学到建立中国特色宗教学的学科创新。其中，则有着三步转型，一为在坚持马克思主义宗教观基本原理前提下的与时俱进，形成与新马克思主义的关联及区别；二为马克思主义宗教观结合中国国情、解决中国问题的"中国化"，此为其时间、空间处境的中国化；三为从坚持、发展到创新、突破，建立新体系的中国特色社会主义宗教理论。

（一）必须长期坚持的马克思主义宗教观的基本原理

综合来看，必须长期坚持的马克思主义宗教观的基本原理包括以下几条。

1. 以唯物史观来说明宗教

历史唯物主义是马克思主义研究宗教的最基本方法，宗教的起源、发展和演变可以通过唯物史观而得到透彻的审视。在马克思主义经典理论中，唯物史观是我们在方法论意义上的基本原则，不可背离。我们必须以史为依、以史为鉴、以史求真、以史创新。

2. 以社会存在来认识宗教存在

社会存在决定社会意识，宗教是社会存在的反映。我们认识宗教存在，必须根据其社会存在，是以社会来说明宗教，判断宗教的性质，而不是相反。现在不少人仍然是将宗教从其社会存在中剥离出来，对之加以抽象批判和否定。所以，我们必须回归存在，重视处境，将之联系、结合起来论宗教。

3. 指出宗教的本质特征是人们以"幻想的反映"来追求"虚幻幸福"

宗教作为一种社会意识形态有其特点，从而形成与其他社会意识形态的不同。宗教意识形态的本质特征即以"幻想的反映"来说明其社会理想，其追求的往往是来世、彼岸的"虚幻幸福"。显然，我们对宗教中存在的唯心主义浪漫思维、辩证唯心主义特征等还需仔细观察、认真说明。

4. 认清宗教存在的社会根源和认识论根源

宗教存在主要有其社会根源，这与宗教早期发展的自然根源相关联；此外，宗教存在也还有其认识论根源，与之相关的则还有宗教存在的心理根源。这里，不能回避对精神现象学、宗教灵修、宗教思维特征、宗教心理学的深入研究。

5. 认为宗教的消亡是一个长期而自然的发展过程

宗教存在是人类社会长期得以展示的现象，宗教的消亡与人类社会的发展密切相关，是一个长期而自然的发展过程。宗教的历史往往比国家、阶级、政党的历史都悠久，因此，不可能人为地去"消灭"宗教，而只能不断改造社会、改善人们的存在处境，自然地顺应宗教消亡条件的水到渠成。

6. 对宗教社会作用两重性的认识

宗教在现实社会中有其现实的存在处境和利益诉求，这就增加了宗教存在的复杂性。因此，宗教的社会作用也相应地具有两重性，既有积极的社会作用（社会正功能、正能量），也会有消极的社会作用（社会负功能、负能量）。所以，我们应该发扬宗教的积极社会作用，防范其消极的社会作用。对宗教社会作用两重性的认识，旨在我们对宗教的因势利导、积极引导。

7. 注意宗教与民族的关联和区别

宗教与民族既有关联，亦有区别。宗教与民族有着复杂的交织，相关宗教可能体现出相关民族之魂、民族精神及民族文化。不过，宗教与民族仍有不同的本质，一种民族可能只信仰一种宗教，却也可能在其历史演进的纵线和社会存在的横面上信仰过或信仰着多种宗教。此外，一种宗教也会被多个民族所信仰。对此，我们理应重视宗教民族学的发展完善。

8. 坚持宗教对国家来说是私人的事情、对无产阶级政党就不是私事的原则

宗教对于国家而言，乃其公民个人的信仰自由，因而是"私人的事情"；而对于具有政治意识形态特点的无产阶级政党来说，则不是私事，在此可能会产生党的政治理念与宗教的意识形态冲突或斗争，但这种斗争必须服从无产阶级革命事业的大局。辩证处理好无产阶级政党与宗教的社会及认识关系，是一种大智慧。

这些就是马克思主义经典作家关于宗教的一些基本原理，可以说，这些原理在今天还是基本适用的，也是我们应该关注和坚持的。

（二）马克思主义宗教观的"中国化"发展

马克思主义宗教观的"中国化"发展要求我们不能满足于仅仅是跟着说，我们也应该、甚至必须接着说，能有所开拓。回顾马克思主义在中国的发展历史，可以看到在马克思、恩格斯、列宁、毛泽东关于宗教的理论体系中间已经有了一种延续；然后在毛泽东、邓小平之间、自改革开放以来又继续有着一种延续；再接下来在邓小平理论、"三个代表"重要思想、科学发展观、习近平总书记关于"四个全面"等系列讲话中间又有着进一步的联系。从毛主席开始，马克思主义宗教观就进入了一个"中国化"的过程，这种实事求是地"接地气"是非常具有理论和实践意义的。可以说，马克思主义宗教观的"中国化"至少在

如下方面是有待我们发展的。

1. 对宗教本质的认识及不同历史时期宗教问题性质的分析

宗教的本质与其社会存在相关联，因此对宗教本质的认识必须与对其存在的社会性质之认识有机联系起来。在人类发展的不同历史时期，宗教问题的性质亦会有所不同。我们必须注意其特性和差异，以此为基础才能谈宗教的共性及其社会意义。为此，讨论中国宗教必须结合中国实际来科学、辩证地运用马克思主义宗教观的基本原理及方法。

2. 对宗教文化意义的强调

对"宗教是文化"的认识在中国当代社会发展中是从对宗教全然负面的评价到客观、积极评价之间的重要转折，在当代中国宗教理解的发展过程中具有标志性意义。从此，虽然当代中国不是简单地以文化来定义宗教，却开始注意对宗教所具有的文化意义、文化特色之强调。中国是有着悠久文化历史的大国，其中宗教文化起过极为关键的作用，所以对马克思主义宗教观的"中国化"审视和推动，势必有其"文化化"的蕴含。

3. 对宗教价值的重视

"文化大革命"期间对宗教的全盘否定，使人们也否定了任何宗教价值。今天中国通过拨乱反正，开始关注并重视宗教价值，对之从社会服务、文化传承、精神境界等方面来重新评价，主张弘扬宗教中的积极因素，认为在弘扬社会主义核心价值观时要"接地气"，吸纳并运用好包括宗教文化在内的中国优秀传统文化的积极因素。

4. 正确对待和把握宗教的社会功能

宗教的社会功能具有双向互动的意义，因此必须正确对待社会中的宗教，认清其社会功能的双面性，应该努力去发挥宗教的正功能，尽量减少或避免宗教的负功能。在中国社会，其具体有效的举措即对宗教积极引导、加强管理，使之走"中国化"发展道路。

5. 开展对宗教的统一战线工作

统一战线理论及实践对于我们党的成功来说是非常重要的法宝之一，而我们今天的统战工作则更为重要。如果说1949年之前"统战"

于宗教界主要是在"形"上，也就是大家在社会表层的统一的话，那么今天就应该深入到"心"里，也就是达成精神内在的统一战线。这样才能真正构建我们的和谐社会。所以，统战工作在宗教理论方面是非常重要的。这里，也应该推动马克思主义宗教观对中国共产党统一战线理论的积极发展。

6. 将"宗教存在的长期性"视为"根本性"问题

过去，在中国，宗教在人类社会的长期性没有得到深刻的认识，人们曾觉得宗教会很快消亡，不以为然；但随着改革开放以来对宗教社会存在之认识的不断深化，人们已经意识到宗教会长期存在，因此开始从其"根本性"上来考虑社会、政治等与宗教的关系，构设与宗教长期和谐相处的策略。我国理论界常提宗教的"五性"，其中对宗教长期性的认识至关重要，应特别突出。

7. "积极引导宗教与社会主义社会相适应"

当前中国共产党宗教政策的基本方针，主要体现为"全面贯彻党的宗教信仰自由政策，依法管理宗教事务，坚持独立自主自办的原则，积极引导宗教与社会主义社会相适应"这四句话。这四句话是我们必须坚持的，其中"积极引导"的旨趣对于马克思主义宗教观的"中国化"则是至关重要的，起着根本、核心的作用。

8. 发挥宗教在促进经济社会发展与社会和谐方面的积极作用

中国当代马克思主义者提出了"宗教和谐观"，确定了中国共产党的宗教工作基本方针，认为必须促进宗教和谐以及宗教与社会主义社会相和谐。为此，我们应努力推动宗教与当代中国的和谐，使宗教在构建我国和谐社会、促成世界和谐上发挥积极作用。和谐文化是中华文明的典型特质，以此"和谐"理念才可能有力推动中华民族命运共同体及人类命运共同体的建设。

（三）中国特色社会主义宗教理论的建立

中国特色社会主义宗教理论的建立是我们当代人的使命和任务，方兴未艾、任重而道远。这一理论体系的建设则可与中国特色宗教学的建设同步并进。这是前人未有的创新壮举，时不我待，需要摸索、探究的勇气及实践。

总之，马克思主义宗教观是一个博大精深、蕴含丰赡、开放发展的科学体系，对于马克思主义宗教学的创建亦意义深远，需要我们积极开拓、勇敢向前。马克思主义经典作家关于宗教的基本观点构成了这一体系的核心内容，是我们认识马克思主义宗教观的根本所在，是探究马克思主义宗教学的指路明灯。我们正肩负着构建社会主义和谐社会、促进世界和谐的历史使命，并必须在这一进程中坚持科学发展观，深入落实"四个全面"，贯彻执行好习近平总书记的系列讲话精神，弘扬社会主义核心价值观，以能努力推动中国当代社会的和谐发展，早日实现中华民族伟大复兴、繁荣昌盛的"中国梦"。所以，我们研究马克思主义宗教观、系统梳理并摘编其基本观点，展望马克思主义宗教学的发展，是我们今天思想解放、理论创新的根本基础和出发点。我们由此将会获得对宗教的正确认识，以马克思主义来指导我们的宗教学研究及其体系创立，促使宗教与社会主义社会相适应、发挥宗教在促进社会和谐方面的积极作用。

（本章基于为中央编译局马克思主义理论工程《马克思恩格斯列宁论宗教》汇编所写导论专稿而改编）

第二章

论马克思《〈黑格尔法哲学批判〉导言》中的宗教观

关于马克思主义宗教学何时形成的问题，中国学术界有各种看法曾出现对这一问题的分析和争论。综合而论，我认为《〈黑格尔法哲学批判〉导言》（以下简称《导言》）代表着马克思主义宗教学发展的起始，有着重要的理论意义及学术价值。马克思的思想曾受黑格尔哲学的影响，特别是青年黑格尔派引起了马克思的高度重视和追踪调研。这是马克思会熟悉运用青年黑格尔派思维特色的原因，也使其早期写作风格受到一定影响。故而也使一些中国学者认为《导言》一文是马克思受青年黑格尔派影响的证明。马克思先撰写了《黑格尔法哲学批判》，然后又完成了这篇"导言"。虽然这篇文章留下了青年黑格尔派思维逻辑和表述方式上的某些痕迹，其思想主流却标志着马克思主义宗教观独立体系的奠立。任何理论并非凭空产生，而是有其复杂的历史积淀和思想延续，但作为一种新的理论则有与前人及以往理论根本不同之处。那么，从《导言》的问题意识、基本观点和研究方法而言，已经充分展示出了马克思主义历史唯物主义、辩证唯物主义的全新体系及其鲜明特色。所以，《〈黑格尔法哲学批判〉导言》当然可以作为马克思主义宗教观得以创立的学说之始。

从19世纪欧洲学术发展的情况来分析，马克思这篇《导言》关于宗教之论及其展开而推动的社会研究，至少在两个方面对宗教学这一新兴学科的诞生有着推动作用：一是马克思基于19世纪德国的社会情况而进行的宗教社会学研究，故此马克思被西方学术界与马克斯·韦伯、杜尔凯姆并列为19世纪西方宗教社会学开创时的三大流派，而且认为韦伯的宗教社会学研究实质上是对马克思的宗教社会学思想的回应和补充；二是马克思与青年黑格尔派的关联触及当时宗教研究的德国杜宾根学派，19世纪欧洲的思想先贤和社会批判思潮已经比较尖锐而深刻地论及其社会的宗教问题，并且指向宗教与社会政治经济的复杂联系。因此，基于这两个方面的问题意识，马克思在《导言》中公开指出，"就德国来说，对宗教的批判基本上已经结束，而对宗教的批判是其他一切批判的前提"①。必须注意，马克思所强调的是对宗教的批判"已经结束"，而不是其开始或继续，这是我们应该牢记的。与之相对应，对宗教的批判作为其他一切批判的前提，则是让我们沿着马克思主义宗教批判的基本思路来全面展开社会批判、法律批判和政治批判。这里有其历史、社会及思想逻辑关联，不可本末倒置。

当时德国社会流行"批判"之说，其实质是一种"评断"方法或评断学理论体系，而马克思所言德国对宗教的批判是其他一切批判的前提实际上也是指青年黑格尔派，尤其是指杜宾根学派的宗教批判，这种宗教批判构成了当时德国其他一切批判的前提，即由此引发了对德国社会的政治、经济、社会、法律等批判。所谓杜宾根学派乃以德国杜宾根大学为代表，故称"杜宾根学派"，其理论及方法主要用于基督教《圣经》评断，多少亦体现出青年黑格尔学派的气质。当时杜宾根大学实际上有两个杜宾根学派，都与基督教神学研究密切相关，一是天主教的杜宾根学派所形成的天主教神学发展，二是新教的杜宾根学派，其首先注重的就是圣经批判，当时这一学派推出的批判包括章句批判、文学批判、体裁批判、形式批判、史学批判、历史批判、口传批判、编写批判、编纂批判、编著批判等，并且出版了其代表人物施特劳斯的著作《经过批判处理的耶稣生平》（*Das Leben Jesu Kritisch Bearbeitet*，1836）

---

① 《马克思恩格斯文集》第1卷，人民出版社2009年版，第3页。

和鲍威尔的著作《符类福音作者的福音史批判》(*Kritik der Evangelischen Geschichte der Synoptiker*, 1841)。总结这段学术历史，20世纪德国思想家施韦泽还曾写过专著《耶稣生平研究史》。这里与马克思、恩格斯相关联的正是新教杜宾根学派，其圣经批判引发了他们的许多思考，曾有许多专题论述，这在恩格斯的圣经研究中更为直接，我们在论及恩格斯的宗教观时亦有专门探究。源自新教杜宾根学派的圣经批判在传入中国后在翻译表述上有所调整，此即中国"文化大革命"后学术界，特别是中国基督教界所习用的"圣经评断"，本来"评断"与"批判"的这一运用在西方语言中同义，尤其在学术语言的表达上是中性的，并无贬义，而在中国以"评断"代替"批判"则与"文化大革命"期间"大批判"给人们留下的负面影响有关，从而"批判"在中文表达上多有贬义，因此人们比较忌讳"批判"一词。

在当时德国，费尔巴哈从人本主义角度对宗教展开的批判却被诘难，使费尔巴哈在德国学术界乃至德国社会都较为孤立。这不仅引起了马克思的同情，也启迪其将这种抽象、空洞的人本主义宗教批判与社会政治及法律批判相关联，从而使这种批判出现实质性的变化。正因为这种时代背景和思想环境，马克思才将宗教批判视为其他一切批判的前提。我们对马克思的这一表述一定要结合当时的德国社会实际来看，不可离开这种时空处境到处套用或滥用。在马克思奠立其历史唯物主义和辩证唯物主义的思想体系之后，其批判指向也明显发生了重大变化，即把宗教批判直接转为对产生宗教的那个社会的批判，这实际上代表着其批判已从抽象转为具体，有了实实在在的社会内容。既然已经完成这一重大转变，故而马克思宣称，此时在德国对宗教的批判已经基本结束。可以说，认为德国对宗教的批判已经结束而转向社会政治批判是代表马克思主义的宗教观，而马克思所论对宗教的批判是其他一切批判的前提则是指当时在马克思主义宗教观思想成熟之前德国青年黑格尔派、杜宾根学派的宗教观及其宗教批判现状，马克思否定了他们的思路及方法，但承认他们在这种"批判"发展中所起到的转型意义。

因此，《导言》反映出马克思对青年黑格尔派等思潮的超越，以及

第二章　论马克思《〈黑格尔法哲学批判〉导言》中的宗教观

与费尔巴哈宗教思想的对话和辩论，鲜明表达了马克思对费尔巴哈思想的批评及扬弃。马克思最初于1843年3月至9月撰写了《黑格尔法哲学批判》，后于1843年10月至12月之间补入了《〈黑格尔法哲学批判〉导言》此文，发表于1844年2月的《德法年鉴》。马克思看到了费尔巴哈的唯物主义立论，对他从人本主义意义上展开的宗教批判有着客观评价和相对肯定，并指出这种批判的根本缺陷和理论弱点。费尔巴哈把"神"从天国拉回了人间，认为是人创造了宗教，"神"不过是人的投影而已、是人的本质的异化。但是，马克思认为这种思路虽然相对正确，却不够彻底，指出他对人的认识过于抽象，其作为一种非常空洞的人论则毫无意义。在对费尔巴哈思想的分析中，马克思肯定他在剖析宗教中回归到了人的问题，赞赏他在"天国的幻想"和所谓"神祇"中看到了人自身的反映，认为这种从天上回到人间的转向具有重要意义，这样就不再是"神本"主义的旧套路，而乃"人本"主义的新思想。而且，马克思还肯定他提出的在宗教中人的异化这一重大问题。但马克思特别强调费尔巴哈对人的理解只是一种抽象的理解，而这种从社会中抽象剥离出来的人论对批判宗教意义不大。费尔巴哈领悟到宗教中人的意义，但对人的领悟并不透彻，只是表层、浅层而已，这种从抽象层面对人的观察、理解，不可能悟透人的本真和本质。在此，马克思从根本上纠正了费尔巴哈的观点，使这种人论从旧唯物主义即人本主义唯物论升华到新唯物主义即历史唯物论、辩证唯物论。马克思评价说："反宗教的批判的根据是：人创造了宗教，而不是宗教创造人。就是说，宗教是还没有获得自身或已经再度丧失自身的人的自我意识和自我感觉。"但人不可能是纯粹自我之人，也绝不会抽象存在；与费尔巴哈人本主义的人论截然不同，马克思主义的人论乃基于人实实在在的社会存在。马克思认为揭示出人的这种社会存在至关重要，指出"人不是抽象的蛰居于世界之外的存在物。人就是人的世界，就是国家，社会。这个国家，这个社会产生了宗教，一种颠倒的世界意识，因为它们就是颠倒的世界。宗教是这个世界的总理论，是它的包罗万象的纲要，它的狂热，它的道德约束，它的庄严补充，它借以求得慰藉和辩护的总根据。宗教是人的本质在幻想中的实现,因为人的本质不具有真正的现实性。因此,反宗教的斗争间接地就是反对以宗教为精神抚慰的那个世界的斗争"[1]。值得注意的是,马克思在此不仅扬弃了费尔巴哈抽象之人的说法,由此创立了马克思主义的社会之人的理论,而且还对以往的宗教批判画上了句号,指出这种缺乏社会基础和社会分析的宗教批判之不足甚至错谬。

正是以对宗教存在的社会分析,马克思突出了其关于宗教存在与社会有着密切关联的思想,强调不能脱离社会看宗教,而只能结合社会、基于社会来分析、评价宗教。这是马克思主义对宗教分析评价的最根本之处。也正是在这一意义上,马克思才说明在当时的社会处境中,宗教是与社会现实相关的安慰或抗议。马克思在《导言》中指出"宗教里的苦难既是现实的苦难的表现,又是对这种现实的苦难的抗议。宗教是被压迫生灵的叹息,是无情世界的情感,正像它是无精神活力的制度的精神一样。宗教是人民的鸦片"[2]。所谓"宗教鸦片论",所依据的出处就是这段话语,对之我们必须深刻、透彻地体悟。值得注意的是,马克思在此并没有抽象地把宗教比作鸦片,而是直接与社会现实相关联,之后才有这一比喻。宗教本身并无实在独存的天国,而只能置身于人世社会。马克思主义宗教学从一开始的立意就不是要单纯批判宗教,而是结合社会实际客观分析、研究宗教,并且明白告诉人们,宗教所展示、所反映的,都与社会现实直接相关,都关涉其存在的现实处境。马克思不仅把宗教还原到人的存在,而且还原到极为具体的人的社会存在。抽象批判宗教代表着旧唯物主义,历史唯物主义则是根据并结合社会实际来具体地观察、分析和评价宗教,这是马克思主义与费尔巴哈人本主义本质不同之处。在结合宗教存在的社会现实来谈宗教时,马克思在《导言》表述的字里行间都充满着对宗教的同情理解和对现实的社会批判。马克思理论的实质并不是批判宗教,其批判宗教的真正目的是批判产生

---

[1] 《马克思恩格斯文集》第 1 卷,人民出版社 2009 年版,第 3 页。
[2] 同上。

第二章　论马克思《〈黑格尔法哲学批判〉导言》中的宗教观

宗教的社会及其政治、经济、法律制度。所以说，代表马克思主义宗教观之奠立的这篇《导言》，其根本立意不是要抽象地批判宗教，而是要实际地批判与之关联的社会，其实质因而是社会批判而不是宗教批判。马克思说，"废除作为人民的虚幻幸福的宗教，就是要求人民的现实幸福。要求抛弃关于人民处境的幻觉，就是要求抛弃那需要幻觉的处境。因此，对宗教的批判就是对苦难尘世——宗教是它的神圣光环——的批判的胚芽"[①]。马克思在这里始终是借宗教来说社会，其对宗教问题关注的实质是对社会政治问题的真正关注。如果看不到、看不懂这一点，则很难说理解并掌握了马克思主义。马克思不希望因为对虚幻的宗教彼岸世界之批判而妨碍、阻拦了对现实的社会此岸世界之批判，其立意就是要对尘世世界、此岸今生的社会、经济、法律、政治等展开批判。"因此，真理的彼岸世界消逝以后，历史的任务就是确立此岸世界的真理。人的自我异化的神圣形象被揭穿以后，揭露具有非神圣形象的自我异化，就成了为历史服务的哲学的迫切任务。于是，对天国的批判变成对尘世的批判，对宗教的批判变成对法的批判，对神学的批判变成对政治的批判。"[②] 这才是马克思主义社会批判、阶级斗争、社会革命理论的实质之所在。

在这篇《导言》中，既然马克思宣称在德国对宗教的批判基本上已经结束，那么其关注及重点遂转向了对德国国家哲学、法哲学、德国制度的批判。很明显，这种旗帜鲜明的社会批判、政治批判才是马克思的真正目的和兴趣之所在。马克思说，"德国的法哲学和国家哲学是唯一与正式的当代现实保持在同等水平上〔al pari〕的德国历史。因此，德国人民必须把自己这种梦想的历史一并归入自己的现存制度，不仅批判这种现存制度，而且同时还要批判这种制度的抽象继续"[③]。马克思透过宗教而看到其存在的社会现实，并对之展开极为现实、极其实在的

[①] 《马克思恩格斯文集》第 1 卷，人民出版社 2009 年版，第 4 页。
[②] 同上。
[③] 同上书，第 9 页。

社会批判。我们研习马克思主义，一定要学习到这一本真之处。从德国哲学及法学发展的历史来看，可以说近代德国的国家哲学和法哲学都在黑格尔那里"得到了最系统、最丰富和最终的表述"，所以，马克思要开展对黑格尔的这种哲学的批判，并明确指出"对这种哲学的批判既是对现代国家以及同它相联系的现实所作的批判性分析，又是对迄今为止的德国政治意识和法意识的整个形式的坚决否定"。[1] 黑格尔的哲学体系曾成为德国近代主流思想和核心价值，反映出当时资本主义社会的需求，因此马克思从对其哲学的批判而扩展到对整个资本主义社会的批判。在德国古典哲学中，费尔巴哈的哲学则因其唯物主义及无神论性质而被边缘化，却受到马克思的高度重视和积极研讨。不过，马克思在发现费尔巴哈人本论之不足以后，强调要对人的本质加以深入、透彻的剖析。费尔巴哈的无神论结论指向要废除宗教，因而是旧唯物主义的宗教观，而马克思的历史唯物论结论则指向对产生这种宗教的社会及其社会关系必须加以推翻。"德国理论的彻底性的明证，亦即它的实践能力的明证，就在于德国理论是从坚决积极废除宗教出发的。对宗教的批判最后归结为人是人的最高本质这样一个学说，从而也归结为这样的绝对命令：必须推翻使人成为被侮辱、被奴役、被遗弃和被蔑视的东西的一切关系。"[2] 显然，费尔巴哈只是认识到信仰宗教之人，而马克思则深入到产生宗教的人之社会。从"德国理论"的"坚决积极废除宗教"出发，注意这只是一个"出发"，马克思进而推论到"必须推翻使人成为被侮辱、被奴役、被遗弃和被蔑视的东西的""一切关系"即"一切社会关系"，前者只是马克思主义出发、发展的起点，而后者才是马克思主义自身的主张、立场和理论。为此，我们必须看到，马克思对主张"坚决积极废除宗教"的"德国理论"有着一分为二的分析：一方面，这一理论本身所推出的结论是错误的，另一方面，这一理论启迪了马克思继续往前发展，从而奠立了主张"必须推翻"使人异化的一切社会

---

[1] 《马克思恩格斯文集》第1卷，人民出版社2009年版，第10页。
[2] 同上书，第11页。

第二章　论马克思《〈黑格尔法哲学批判〉导言》中的宗教观　　31

关系的马克思主义全新理论体系。所以，马克思所言"对宗教的批判是其他一切批判的前提"就是指代表旧思想的"德国理论"曾成为马克思借以思考宗教问题的"出发点"，但绝不可把这一"出发"完全等同于马克思主义这一新理论本身，因为其强调的已是"对天国的批判变成对尘世的批判，对宗教的批判变成对法的批判，对神学的批判变成对政治的批判"，二者的关联及区别在马克思的表述中是非常明确、清晰的。坚持马克思主义立场观点，在对马克思主义的批判理论认识上就应该有科学、客观的体认，其批判是有具体涵盖和限定的，故而不可简单套用、随意滥用。

　　德国有着思辨传统，是一个非常容易产生头脑风暴、思想理论的国度。但以往的理论多缺乏对社会的真实观察和客观分析，而马克思则特别强调和突出实在、具体的社会依据。对于德国历史上的多种变革或革命，如德国宗教改革和德国农民战争，马克思就认为这些变革或革命的起因及其指导性理论过于侧重理论性思考和发挥，而在实践上却准备不足，缺乏对当时社会状况客观、冷静的分析，缺少正确理论与这种实践的有机结合，结果往往以失败告终。马克思在分析16世纪德国宗教改革时非常尖锐地指出，"德国的革命的过去就是理论性的，这就是宗教改革。正像当时的革命是从僧侣的头脑开始一样，现在的革命则从哲学家的头脑开始"。但这些纯理论层面的哲学家对现实缺乏客观审视和正确指导，结果留下了深刻教训。如马克思在评价德国宗教改革时就指出了路德的不彻底性和妥协性，其改革虽然带来了历史进展和社会革新的一定成就，却并没有摆脱人的异化，而且还给人带来了新的异化："路德战胜了虔信造成的奴役制，是因为他用信念造成的奴役制代替了它。他破除了对权威的信仰，是因为他恢复了信仰的权威。他把僧侣变成了世俗人，是因为他把世俗人变成了僧侣。他把人从外在的宗教笃诚解放出来，是因为他把宗教笃诚变成了人的内在世界。他把肉体从锁链中解放出来，是因为他给人的心灵套上了锁链。"[1] 思想、信仰随社会变迁

---

[1]　《马克思恩格斯文集》第1卷，人民出版社2009年版，第12页。

而改变，这是马克思主义宗教观极为深刻之处。因此，对宗教、信仰的评价，也必须客观、辩证地随着社会、时代的变化而调整、校正。这种理论基于对社会变化、改革的透彻体认，所以我们应该盯住社会变革来认识、评价宗教及其社会和心理功能。

马克思指出，德国宗教改革产生的新教是以宗教革新的方式来解决社会问题，它虽然正确提出了问题，却没能正确解决问题，使社会革新成为宗教转型的流变。为此，马克思非常遗憾地指出，"当时，农民战争，这个德国历史上最彻底的事件，因碰到神学而失败了"。而神学并不能真正解决社会问题，其结果是到了马克思所处的时代，"神学本身遭到失败"[①]。通过分析唯心理论给社会实践所带来的伤害，马克思明确反对近代以来各种资产阶级革命所具有的局限性、私利性和不彻底性，认为这种革命其实只是为了少数人的利益，故乃局部改良而非彻底革命，其实质"就是市民社会的一部分解放自己，取得普遍统治，就是一定的阶级从自己的特殊地位出发，从事社会的普遍解放"。而在马克思的时代，德国所真正需要的已经是"彻底的革命、普遍的人的解放"[②]。这一使命只可能由新生的无产阶级才能完成，这是无产阶级的结构本身所决定的。"无产阶级宣告迄今为止的世界制度的解体，只不过是揭示自己本身的存在的秘密，因为它就是这个世界制度的实际解体。"[③] 马克思寄希望于在当时产生并存在于资本主义社会底层的无产阶级，并认为其革命需要具有实践指导意义的理论，而且由掌握了这种正确理论的无产阶级来承担。"这个解放的头脑是哲学，它的心脏是无产阶级。"[④] 那么今天，我们对于思想认识上的"哲学"、社会认识上的"无产阶级"，则需新的辩证体认和评说。

马克思的这篇《导言》是对以往"德国理论"批判宗教现象的梳

[①] 《马克思恩格斯文集》第1卷，人民出版社2009年版，第12页。
[②] 同上书，第14页。
[③] 同上书，第17页。
[④] 同上书，第18页。

理、总结和扬弃,开始以马克思主义的全新理论来对之取代和重新思考宗教批判与社会批判的关系问题,由此指出在德国对宗教的批判已经结束,说明在转向社会政治、经济、法律批判时这种对宗教的批判乃为其转型提供了前提。马克思的宗教之论绝非凭空之论,而是有着非常具体的关联和结合。正是在19世纪德国这一社会处境和思想语境下,马克思意识到以往对宗教批判的历史局限性和理论缺陷而提出转向社会批判,从而体现出其新奠立的马克思主义之历史唯物主义和辩证唯物主义思想方法对宗教问题的正确解答,因此也是马克思主义宗教观的经典表达。其透彻分析社会存在与社会意识之关系、强调社会存在决定社会意识之规律及其逻辑顺序,是解答宗教现象与其相关社会之关系的基本思路。马克思明确指出,宗教是相关社会的产物,依附于这一社会才可能存在与发展,宗教现象反映的是其社会的存在之状,我们必须在其社会存在中认识宗教的本质、评价宗教的作用。透过现象看本质,通过宗教现象而认清其所反映的社会本质,此即马克思主义宗教观的本意和要义,离开这一思路和基本原则,就不是马克思主义宗教观,也无法发展马克思主义宗教学。所以说,马克思在对德国社会思想文化处境、对黑格尔法哲学批判的具体案例的分析研究中,奠立了马克思主义宗教观,形成马克思主义宗教学发展的坚实基础。

(参见笔者《马克思主义经典作家关于宗教的基本观点研究》书稿,人民出版社2017年12月第1版;以下所引本书出版社及出版日期与此相同。)

第三章

论马克思《论犹太人问题》中的宗教观

马克思是犹太人，对于本民族既有最基本的担当，也表现出其自我批判的反思精神。犹太民族为人类发展提供了极大智慧和众多人才，而犹太人的自我剖析也是意味深长的，《论犹太人问题》这一论著就是在深层次上反映了马克思的犹太民族意识认知及其反思和反省，以及对其民族自我批评的深刻和尖锐，并进而引申出在社会存在中如何看待民族群体的宗教信仰及思想文化问题，因而极有意义。

马克思为了批判青年黑格尔派主要代表布·鲍威尔所著《犹太人问题》和《现代犹太人和基督徒获得自由的能力》而撰写了这部著作，这就充分说明此时的马克思已经与青年黑格尔派乃至整个黑格尔主义分道扬镳。其撰写时间与《〈黑格尔法哲学批判〉导言》的写作基本同时，而且也与之同时发表在1844年2月的《德法年鉴》上。这部著作的论述涉及宗教民族学、犹太教等研究探讨，与宗教学的内容有直接关联。由此我们可以看出马克思摆脱青年黑格尔派思想影响的深刻及细微之处。鲍威尔限于以往的世界观而抽象、空洞地看待民族、宗教问题，认为犹太人的解放就是纯粹宗教问题，而与社会政治问题本无关系。在马克思的分析批判中，我们看到在马克思主义之前的"德国理论"与马克思主义的本质区别。马克思认为，必须深入对宗教的观察研究，不能浮于表面来肤浅谈论，特别是要理顺宗教与政治的关系，认清宗教只是政治压迫的表现，而不可把宗教作为政治压迫的原因，二者的关系不能颠倒。这一思考非常深刻，迄今仍值得我们体味、深思。如果直接把宗教看作政治压迫的本体或造成政治压迫的内因，则已脱离马克思主义的基本观点。这就是不可把宗教直接看作政治对立面的根本原因和马克思主义的理论依据。针对青年黑格尔派所触及的宗教狭隘性问题，马克思以对当时市民社会与宗教关系的分析比较来强调首先要消除政治压迫，只有这样才可能克服宗教的狭隘性。在政治与宗教的关系上，政治之考量乃首选，此乃马克思的真知灼见和高瞻远瞩，值得我们高度重视。这一论著在马克思的思想转型中也具有里程碑意义，列宁指出，马克思的《论犹太人问题》和《〈黑格尔法哲学批判〉导言》代表着马克思转向唯物主义和共产主义的"彻底完成"[①]。这也是列宁对马克思主义宗教观理论著作的基本定位。

一 马克思论鲍威尔的《犹太人问题》

在世界民族史和宗教史上，犹太民族及其犹太教的复杂历史和坎坷命运极为独特。犹太人因为在罗马帝国时期"亡国"而成为在世界各地奔波迁徙的民族，并在其漫长的历史变迁中进入了欧洲基督教国家。此后因为民族、宗教的缘由长期受到欧洲各国统治者及相关社会的欺压。因此，这种特殊经历使犹太人的思想极为敏锐，也非常敏感。19世纪欧洲思想界、学术界非常关注犹太人问题，但观点各异，时有交锋。鲍威尔作为青年黑格尔派的代表人物之一质疑犹太人的解放问题及其解决方案，其焦点集中在犹太人在一个基督教国家中的生存和如何做到自我解放的问题。但鲍威尔只是从宗教层面来考虑这一问题，并未关注到更大的社会层面。于是，马克思在分析了鲍威尔的观点之后指出，"基督教国家，按其本质来看，是不会解放犹太人的；但是，鲍威尔补充说，犹太人按其本质来看，也不会得到解放。只要国家还是基督教国家，犹太人还是犹太人，这两者中的一方就不可能解放另一方，另一方

[①] 《马克思恩格斯文集》第1卷，人民出版社2009年版，第767—768页。

也不可能得到解放"①。这里，马克思现身说法，即作为深受德国社会文化处境影响的犹太人，又进而具体分析了德国的犹太人。"德国的犹太人首先碰到的问题是没有得到政治解放和国家具有鲜明的基督教性质。但是，在鲍威尔看来，犹太人问题是一个不以德国的特殊状况为转移的、具有普遍意义的问题。这就是宗教对国家的关系问题、宗教束缚和政治解放的矛盾问题。他认为从宗教中解放出来，这是一个条件，无论对于想要得到政治解放的犹太人，还是对于应该解放别人从而使自己得到解放的国家，都是一样。"② 鲍威尔将之视为纯粹的宗教问题，只是从宗教平等的角度提出解决方法，要求犹太人放弃其传统所尊崇的犹太教，而其他人也放弃其以往所信奉的宗教，这样大家都是地位平等的公民，从而可以作为公民来获得自己的解放。宗教从来就没有纯粹的、抽象的存在，而是在复杂的现实社会生活中的鲜活呈现，因此，鲍威尔的这种想法显然过于幼稚。鲍威尔觉得宗教如果能在政治意义上被废除掉，那么就是宗教的完全废除，而国家本来就不应该以宗教为前提。显然鲍威尔想使宗教摆脱与政治的干系，寻求对宗教的抽象剥离，以此来争取解决所谓解放问题。鲍威尔谈到了犹太人的解放，但讲不清楚是什么解放，以及其解放的条件是什么。马克思对其观点进行了批评，指出"鲍威尔的错误在于：他批判的只是'基督教国家'，而不是'国家本身'，他没有探讨政治解放对人的解放的关系，因此，他提供的条件只能表明他毫无批判地把政治解放和普遍的人的解放混为一谈。"③ 肤浅地谈论表层的所谓政治解放是毫无意义的，人的思想基于复杂的社会存在，为此所有的解放都有其错综交织的社会关联，而绝非抽象的思想解放。在对宗教的看法上，以往的德国理论家弄不清这究竟是纯宗教问题或纯神学理论问题，还是与社会有机关联的问题，而马克思在此正是克服了以往的纯理论思想家这一不足。鲍威尔没有绕出纯宗教问题之圈，

---

① 《马克思恩格斯文集》第 1 卷，人民出版社 2009 年版，第 22 页。
② 同上书，第 23 页。
③ 同上书，第 25—26 页。

第三章 论马克思《论犹太人问题》中的宗教观

仅仅从废除宗教的意义上来看政治解放，故而把犹太人问题视为纯粹神学的问题，希望能在神学范畴之内来解决。马克思为此评价说："犹太人同承认基督教为自己基础的国家处于宗教对立之中。这个国家是职业神学家。在这里，批判是对神学的批判，是双刃的批判——既是对基督教神学的批判，又是对犹太教神学的批判。不管我们在神学中批判起来可以多么游刃有余，我们毕竟是在神学中移动。"① 但从宗教到宗教不可能解决根本问题，在神学中移动则永远不能冲出其神学之圈。马克思进而回应说，国家的意义究其本质而论更多是社会政治方面的，宗教只是对其社会某一方面的反映。"一旦国家不再从神学的角度对待宗教，一旦国家是作为国家即从政治的角度来对待宗教，对这种关系的批判就不再是对神学的批判了。这样，批判就成了对政治国家的批判。在问题不再是神学问题的地方，鲍威尔的批判就不再是批判的批判了。"② 一旦离开神学领域，鲍威尔的解决方案就会失效，而马克思认为其根本解决则必须走出神学樊篱之限，不能简单地就宗教论宗教。鲍威尔一派只会说神学话语，仅在宗教之内来论宗教，但宗教的存在不是孤立的，而与国家、社会的存在有关联。如果纯从宗教自身来看待并处理宗教问题，那么宗教问题也不可能得到正确的解决。这种单纯就宗教论宗教、对待宗教问题的简单化只可能使宗教问题的社会化更为复杂。正是由于与社会的关联和密切交织，使宗教具有复杂性、长期性，甚至经过政治解放的国家也不一定能够使宗教完全消亡。宗教所表现的局限或缺陷，也并非纯宗教问题，而有其社会原因，反映出其社会、国家本身的问题。因此，宗教只是对其存在社会的直接反映，其本身就受到了社会的影响。马克思的思想在当时与众不同，就在于其从不脱离社会来谈宗教，并始终认为在宗教与社会的关系中社会才是根本性的，宗教不过是其社会的反映。如果单向度地议论宗教对社会的危害等负面因素，就不可能根本解决本来应该率先解决的社会问题，反而会陷入越来越复杂的

---

① 《马克思恩格斯文集》第 1 卷，人民出版社 2009 年版，第 26 页。
② 同上。

境地，其问题的解决也只可能越来越棘手。西方学者注意到马克思强调宗教与社会的关联，故而称马克思为当时重要的宗教社会学家之一。其实，马克思在此更重要的是政治经济学家、社会思想家。

在这篇论述中，马克思以犹太教为个案来分析这种政教关系，并且预见到宗教存在的长期性问题，认为"甚至在政治解放已经完成了的国家，宗教不仅仅存在，而且是生气勃勃的、富有生命力的存在，那么这就证明，宗教的存在和国家的完成是不矛盾的。但是，因为宗教的存在是一种缺陷的存在，那么这种缺陷的根源就只能到国家自身的本质中去寻找。在我们看来，宗教已经不是世俗局限性的原因，而只是它的现象。因此，我们用自由公民的世俗束缚来说明他们的宗教束缚。我们并不宣称：他们必须消除他们的宗教局限性，才能消除他们的世俗限制。我们宣称：他们一旦消除了世俗限制，就能消除他们的宗教局限性。我们不把世俗问题化为神学问题。我们要把神学问题化为世俗问题"①。这一表述非常精辟、特别到位，宗教问题并非其本身问题，而乃社会问题，其毛病、缺陷只是作为表象而反映出深刻的社会问题。因此，如果撇开社会来空洞地谈论宗教、批评宗教的错误和局限乃毫无意义，甚至会适得其反。只有把神学问题化为世俗问题，从实际社会存在、社会关联来寻找宗教的奥秘，才能客观、真实地分析宗教，正确、稳妥地处理好宗教问题，这是马克思主义对宗教进行社会分析而得出的基本结论，我们一定要铭记在心，用以指导我们的宗教认识和宗教工作实践。马克思指出，"相当长的时期以来，人们一直用迷信来说明历史，而我们现在是用历史来说明迷信。在我们看来，政治解放对宗教的关系问题已经成了政治解放对人的解放的关系问题。我们撇开政治国家在宗教上的软弱无能，而去批判政治国家的世俗结构，这样也就批判了它在宗教上的软弱无能"②。破除宗教的迷信不是让人陷入宗教之谜而盲目解谜，而需要摆脱迷信来用真实说明历史。政治解放主要基于世俗社会而言，对

---

① 《马克思恩格斯文集》第 1 卷，人民出版社 2009 年版，第 27 页。
② 同上。

宗教的关系也必须从这一大局来考虑，摆脱了宗教的政治解放仅是其中的一个方面，而最为根本的还是社会的变革，只能在这种社会变动、发展中来观察宗教、谈论宗教。如果忘掉社会来议论宗教，很可能差之毫厘，谬以千里。所以说，我们要真正坚持马克思主义、坚持马克思主义宗教观，那么就必须紧密而有机地结合社会实际来观察宗教、评价宗教、实施宗教工作；脱离社会现实来谈宗教、处理宗教问题，则已经不是站在马克思主义的立场、观点上了，也绝非对马克思主义方法论的科学运用。

马克思特别关心人的解放，认为其社会解放及精神解放是复杂而漫长的历史过程。以往德国理论家所言及的政教分离、无神论的存在，都不可能从根本上解决宗教问题，其最终解决只能是在其社会存在及发展之中。解决社会问题只可能以社会的方法，无神论的解读必须与社会解释相关联，离开了社会这一尺度，任何无神论宣传则可能软弱无力。就政教分离来看，"在绝大多数人还信奉宗教的情况下，国家也是可以从宗教中解放出来的，绝大多数人并不因为自己是私下信奉宗教就不再是宗教信徒"[①]。虽然政教分离可以使宗教在政治层面与国家没有关系，甚至可以出现没有国教的世俗发展，但在一个政教分离、不再有国教的国度中，并不可能排除其国民信奉宗教，把宗教视为私人事务的公民中仍然有宗教信徒，这与政治结构的改变并无本质关联。所以说，政体的发展并不意味着宗教问题的自然解决。到目前为止，尚无任何社会政体在其历史发展过程中彻底摆脱了宗教，所以，当下政体发展仍需面对与宗教共舞这一现实。就无神论而言，国家的无神论性质也并不代表其国民就必然是无神论者，以民众的绝大多数为无神论者的国度在今天仍然是少数，纵令无神论的国家也不得不面对复杂棘手的宗教存在及其引发的相关问题。这一关系处理不好，势必会留下缺陷和隐患，后果很难预想。受马克思这一思路的启迪，后来列宁也曾尝试论说政党与宗教的关系问题，列宁认为虽然无产阶级政党具有无神论性质，但在对其党员的

---

① 《马克思恩格斯文集》第1卷，人民出版社2009年版，第28页。

信仰表述上则比较谨慎，留有相当的回旋余地。在论及党员是否都必须是无神论者时，列宁鉴于当时俄国的复杂政治形势而主张"不在自己的党纲中宣布我们是无神论者"，并且说明在特殊情况下甚至可以允许吸纳宗教信徒入党。当然，列宁的这一看法在当代中国已经引起了复杂讨论，而且在相关实践中对这种做法亦出现了否定之举，但直接针对列宁这种说法与无产阶级政党性质的逻辑关联，迄今未有比较透彻的说明，也没有对其主张在思想理论上和实践政策上的清晰修正和明确否定，更没有人提出一种更为理想、更加科学的取代方式。在无产阶级党建理论学说中，这一问题真是值得认真思考和仔细研究，以便能够尽快找出正确的结论，来指导并贯彻到我们的相关实践之中去。为此，至少可以在理论上对国际无产阶级政党的建党学说和组织原则加以梳理研究，在现状上对世界上现存的社会主义国家及其执政的共产党如何对待党教关系之处境和举措加以深入观察和透彻分析，在实践上结合中国国情对中共建党以来的组织形式与统一战线的理论及实践加以历史的回溯和冷静的思考；以史鉴今，洞若观火，真理自然会显现出来，正确的道路可能就在那里。马克思认为宗教与无神论在这种国家政体中犹如一个硬币的两面而共同存在。这种国家与个人在宗教信仰问题上的关系，也包括在国家中介下宗教与无神论的关系问题。"人即使已经通过国家的中介作用宣布自己是无神论者，就是说，他宣布国家是无神论者，这时他总还是受到宗教的束缚，这正是因为他仅仅以间接的方法承认自己，仅仅通过中介承认自己。宗教正是以间接的方法承认人。"[1] 在国家政体中，宗教不可能阻止无神论的出现，而无神论本身也不可能简单地削弱宗教，二者有其张力，却可在国家政体内共存。人为或绝对地拔高任何一方，都不是真正的马克思主义宗教观。在马克思看来，归根结底，宗教问题的未来或其彻底解决，仍是依赖于社会的发展及社会状况的改变。如果急于消除宗教的负面影响，急忙消解宗教的社会存在，可能会欲速则不达。因此，处理好宗教问题理应实事求是、符合历史及社会的

---

[1] 《马克思恩格斯文集》第 1 卷，人民出版社 2009 年版，第 29 页。

实际情况。

人的政治解放并不意味着从宗教中得到解放，故应将政治解放与宗教解放区分开来看待。我们的重点首先应该是人的政治解放，而其宗教解放则完全可以缓一缓，从长计议，这并非政治解放所力求的，由此才体现出一种辩证思维。马克思指出："人把宗教从公法领域驱逐到私法领域中去，这样人就在政治上从宗教中解放出来。宗教不再是国家的精神；……宗教成了市民社会的、利己主义领域的、一切人反对一切人的战争的精神。它已经不再是共同性的本质，而是差别的本质。它成了人同自己的共同体、同自身并同他人分离的表现……人分为公人和私人，宗教从国家向市民社会的转移，这不是政治解放的一个阶段，这是它的完成；因此，政治解放并没有消除人的实际的宗教笃诚，也不力求消除这种宗教笃诚。"① 对宗教的政治解放乃指宗教脱离了作为代表社会共同性的国家，表示宗教从公共领域转向私人领域，宗教从此为私人的事务而与国家无关，因此并不指宗教从此会在社会上消失。在资本主义国家社会中，如果能够消除宗教与统治者的关联，使之返回私人领域，那就是很大的进步。宗教作为剥削阶级的帮凶，此乃马克思所深恶痛绝的。不过，马克思当时没有丝毫要让宗教立即从社会中消亡的奢望。马克思冷静分析说，任何政治革命也不可能在短时间内真正消灭宗教，相反，在政治革命、社会剧变发生之后，宗教一般也会在遭到打压后重新抬头并逐渐得到恢复。宗教的彻底消失有待于社会政治经济条件的完全成熟，虽然"在政治国家作为政治国家通过暴力从市民内部产生的时期，在人的自我解放力求以政治自我解放的形式进行的时期，国家是能够而且必定会做到废除宗教、根除宗教的。但是，这只有通过废除私有财产、限定财产最高额、没收财产、实行累进税，通过消灭生命、通过断头台，才能做到。……因此，正像战争以和平告终一样，政治剧必然要以宗教、私有财产和市民社会一切要素的恢复而告终。"② 这种警示

---

① 《马克思恩格斯文集》第 1 卷，人民出版社 2009 年版，第 32 页。
② 同上书，第 33 页。

应该如警钟长鸣。回顾历史,法国大革命曾经废除了天主教,并尝试以人为的革命宗教来取代,以革命标志代替传统习俗,但其结果是革命宗教很快消失,而天主教却逐渐得到了恢复,并保持为当今法国大多数人的信仰。中国在"文化大革命"时期似乎也"彻底""消灭"了宗教,但这种"革命"终止后,宗教反而得到比以往更为强劲的发展。"文化大革命"后宗教的反弹,并非简单为其后的发展或复兴,相反,这些宗教以地下宗教的形式早在"文化大革命"中就已悄然发展蔓延。结合社会发展的进展来对待、治理宗教,这种历史的辩证法,值得我们好好体悟。

当然,马克思对以往曾有的宗教国家,特别是以基督教为国教的那些基督教国家明显持有批判态度。马克思说,"的确,那种把基督教当做自己的基础、国教,因而对其他宗教抱排斥态度的所谓基督教国家,并不就是完成了的基督教国家,相反,无神论国家、民主制国家,即把宗教归为市民社会的其他要素的国家,才是这样的国家。那种仍旧持神学家观点、仍旧正式声明自己信奉基督教、仍旧不敢宣布自己成为国家的国家,在其作为国家这一现实性中,还没有做到以世俗的、人的形式来反映人的基础,而基督教是这种基础的过分的表现。所谓基督教国家只不过是非国家,因为通过现实的人的创作所实现的,并不是作为宗教的基督教,而只是基督教的人的背景"[①]。对这类基督教国家的研究,可以成为宗教政治学的极好案例,其以国教之名而排斥其他宗教,成为"不宽容""不公平""不完善"的典型,却很难达其目标。尽管基督教国家通过宗教而否定了国家,却仍不可能通过国家这种形式来实现基督教,反而会使基督教国家成为"不完善的国家",其国教形式也不过是对其"不完善性"的"补充和神圣化"而已。所以,不可以把基督教国家等同于民主国家,历史上一些号称基督教的国家在对外侵略、奴役弱小民族上做了多少坏事,已经没有"神圣性"可言了,而且在今天的现实处境中这些国家所需要的应该是认真反省,而不是继续以

[①] 《马克思恩格斯文集》第1卷,人民出版社2009年版,第33页。

"基督教国家"之名来欺凌霸道。马克思认为"民主制国家,真正的国家则不需要宗教从政治上充实自己。确切地说,它可以撇开宗教,因为它已经用世俗方式实现了宗教的人的基础。而所谓基督教国家则相反,既从政治的角度对待宗教,又从宗教的角度对待政治。"① 欧洲历史长期以来政教相混,二者关系纠缠不清。这在马克思眼里,无论是从纯政治的意义来看待宗教,还是以纯宗教的视域来对待政治,其实都是政教关系的异化,在这种基督教国家中,政治被宗教化使国家失去了真实意义,导致国家结构的解体;而国家本身要想坚持其政治表述,则会被宗教势力指责为"亵渎行为"。其结果,"这个国家,就像它所依靠的庸碌无用之辈一样,陷入了痛苦的、从宗教意识的观点来看是不可克服的矛盾;有人要它注意福音书中的一些箴言,这些箴言,国家'不仅不遵循而且也不可能遵循,如果国家不想使自己作为国家完全解体的话'"②。欧洲基督教国家在国家的世俗目的与宗教意识的真诚性之间出现了混淆,甚至发生过冲突,因为宗教在此有着两重性功能,它既作为国家世俗目的的"掩盖物"而出现,又会自然地把其自身作为"世界的目的"来看待;其结果,"面对着这种主张世俗权力机关是自己的仆从的教会,国家是无能为力的,声称自己是宗教精神的支配者的世俗权力机关也是无能为力的"③。这种政教关系的二律背反实际上也会导致政教双方的两败俱伤。特别值得关注的是,号称世界上最大基督教(新教)国家的美国过去曾以"普世"的责任和使命在世界上亮相,充当"国际警察"来号称"主持公道",而现在却收起了其"博爱"之说,公开宣扬"美国第一""美国优先"。其自相矛盾已不言而喻。然而赢者通吃、零和定律不可能使美国重新凌驾于世界之上对各国颐指气使,却肯定会让其宣称的"神圣信仰"蒙羞。

马克思在这部著作中开始注意到社会的异化问题。"在所谓基督教

---

① 《马克思恩格斯文集》第 1 卷,人民出版社 2009 年版,第 34 页。
② 同上书,第 35 页。
③ 同上书,第 36 页。

国家中，实际上起作用的是异化，而不是人。"① 在看到宗教所反映的异化时，马克思从宗教与"世俗化"的关系来对比，认为宗教精神无论在宗教国家还是民主制国家都不可能出现真正意义上的世俗化。宗教的实质是一种"非世俗的意识"，因与世俗相对而本质有别。而社会的世俗化并不必然解决宗教的"非世俗性"问题、带来宗教的"还俗"或"祛魅"；相反，在社会实现"世俗"化的情况下，宗教的"非世俗性"可能会更为强烈，更有其"复魅"的意趣。这些问题也是当代宗教社会学仍然在关注的，如20世纪末21世纪初的宗教社会学家彼得·贝格尔等人就曾讨论宗教在现代世俗社会中"祛魅"和"复魅"的问题，引起了普遍反应，学术界也一度集中讨论了世界与"灵性"之魅的复杂关系。因此，应该把握宗教的这种精神特性，看到宗教在其表达形式上的独特性，但在审视其政治关联时则应把解决问题的基点放在其社会层面，重点在于解决社会问题，而不是人为地去消灭宗教，实际上也不可能真正消灭。马克思说："宗教精神并没有真正世俗化"，"宗教精神也不可能真正世俗化，因为宗教精神本身除了是人的精神某一发展阶段的非世俗形式外还能是什么呢？只有当人的精神的这一发展阶段——宗教精神是这一阶段的宗教表现——以其世俗形式出现并确立的时候，宗教精神才能实现。在民主制国家就有这种情形。这种国家的基础不是基督教，而是基督教的人的基础。宗教仍然是这种国家的成员的理想的、非世俗的意识，因为宗教是在这种国家中实现的人的发展阶段的理想形式"②。我们在此必须注意到马克思对宗教问题所划分出的两条界线，一是宗教表达形式的精神性，二是解决宗教问题的社会性。我们有必要尊重宗教存在的精神形式，但应把精力放在解决宗教问题的社会层面上。

对于人之社会存在的两重性，马克思用了"二元性"或双重性等表达，以描述人在其精神生活与物质生活、个人与社会、信仰与政治等

---

① 《马克思恩格斯文集》第1卷，人民出版社2009年版，第36页。
② 同上。

第三章 论马克思《论犹太人问题》中的宗教观　45

方面的张力和分裂。马克思认为,"政治国家的成员信奉宗教,是由于个人生活和类生活之间、市民社会生活和政治生活之间的二元性;他们信奉宗教是由于人把处于自己的现实个性彼岸的国家生活当做他的真实生活;他们信奉宗教是由于宗教在这里是市民社会的精神,是人与人分离和疏远的表现"。在人的现实存在中,社会的异化使"人还不是现实的类存在物",而是"由于我们整个社会组织而堕落的人、丧失了自身的人、外化的人,是受非人的关系和自然力控制的人"①。在关注宗教的精神特性时,马克思并没有把宗教与社会政治机械关联,而是深入思考了宗教精神的独特性及与之相关的相对独立性和超越性,指出人在这种社会存在中的丧失、隳沉、外化,使宗教的精神诉求成为必要和补偿。而且这种精神意义上"真正彼岸的生活"甚至在解决社会政治的异化之后,在某种程度上也会依然存在。马克思在这里提醒我们,尽管宗教意识与其社会存在有着密切关联,但宗教的精神表现形式却有其独立性或某种意义的超脱性。这种宗教精神领域的存在,其"任意""幻想"的空间,我们切不可根本忽视或简单否定。这一思考正是马克思与众不同之处及其思想的深邃所在。马克思在谈到这种宗教特性时说道,"在完成了的民主制中,宗教意识和神学意识本身之所以自认为更富有宗教意义、神学意义,这是因为从表面上看来,它没有政治意义、没有世俗目的,而只是关系到厌世情绪,只是理智有局限性的表现,只是任意和幻想的产物,这是因为它是真正彼岸的生活"②。在此,则没有必要将宗教与政治交织在一起,避免其本可分开的纠缠。所以说,宗教与政治相关联,但不可相等同。在世俗国家中,"摆脱了宗教的政治解放"仍然会"让宗教持续存在,虽然不是享有特权的宗教"。③ "国家从宗教中解放出来并不等于现实的人从宗教中解放出来。"④ 摆脱了

---

① 《马克思恩格斯文集》第 1 卷,人民出版社 2009 年版,第 36—37 页。
② 同上书,第 37 页。
③ 同上。
④ 同上书,第 38 页。

宗教权威存在的世俗社会，当然应该保持其政教分离之态，但同样也应该容忍、善待其公民私人的宗教信仰，而不要人为地、牵强地将其宗教信仰与政治取向挂上钩来。应尽量避免宗教的矛盾冲突，即令出现这些矛盾时也应实事求是，不要在宗教问题上过度地偏向政治，更不能使之变成政治批判上的上纲上线，从而扩大矛盾、激化矛盾。其正确态度及恰当处置，就是要看到"任何一种特殊宗教的信徒同自己的公民身份的矛盾，只是政治国家和市民社会之间的普遍世俗矛盾的一部分"[①]，这种审视及态度则可化解矛盾，使宗教问题在从世俗问题的处理上得到妥善解决，并可避免将之政治化或在其政治上过度夸大。同理，我们今天在处理宗教问题时，也应该宗教的归宗教，政治的归政治，非政治的宗教问题则不要以处理政治问题的方式来对待。或许，在处理宗教问题上政治解决的手段比较"干脆""省事"，但其留下的"后遗症"却难以评估，其隐患难测。

　　回到鲍威尔的基本见解，马克思不同意其政治解放以宗教解放为前提的说法："我们不像鲍威尔那样对犹太人说，你们不从犹太教彻底解放出来，就不能在政治上得到解放。"相反，犹太人"不用完全地、毫无异议地放弃犹太教就可以在政治上得到解放"；也就是说，宗教信仰者在这种政治处境中完全不必放弃其宗教信仰，而仍可以与社会大众在政治上保持一致，并得到其政治意义上的解放。这一思路促使人们冷静思考，是否宗教徒只有彻底放弃了其宗教信仰才能参加政治革命、加入无产阶级政党的难题；其实马克思在这里就是告诉人们，宗教信仰与政治信仰是可以区分开的，而且宗教信仰从根本上也并不妨碍人们参加政治革命、获得政治解放。中国共产党在其统战理论及实践中也正是这样来推行的，而且已经取得了非常好的效果。马克思在此还冷静地告诉人们，这种"政治解放本身并不就是人的解放"[②]，人的解放则更加意味深长，其历程显然也会更加长久。

---

① 《马克思恩格斯文集》第 1 卷，人民出版社 2009 年版，第 37 页。
② 同上书，第 38 页。

关于"人权"与"信仰的特权",马克思认为二者有着关联,指出"信仰的特权是普遍的人权",从而把保护人们的信仰自由放到了保护人权的高度。马克思说,"这种人权一部分是政治权利,只是与别人共同行使的权利。这种权利的内容就是参加共同体,确切地说,就是参加政治共同体,参加国家。这些权利属于政治自由的范畴,属于公民权利的范畴;而公民权利,如上所述,决不以毫无异议地和实际地废除宗教为前提";建立这种"政治共同体"是重要的第一步,也是其他继续发展的起步与基础,我们今天所倡导的"共建人类命运共同体"首先也是致力于这种政治共同体的建设,由此才可能有经济共同体和文化共同体的成功建设。当然,后者的建设也会给前者提供巨大的反作用和有力保障。"共同体"是奠立于基本"人权"之上的,对个人如此,对国家依然。"信仰自由就属于这些权利之列,即履行任何一种礼拜的权利。信仰的特权或者被明确承认为一种人权,或者被明确承认为人权之一——自由——的结果。"① "在人权这一概念中并没有宗教和人权互不相容的含义。相反,信奉宗教,用任何方式信奉宗教、履行自己特殊宗教的礼拜的权利,都被明确列入人权,信仰的特权是普遍的人权。"② 这无疑是对那些贬损宗教信仰者,蔑视或否定人们的宗教信仰之举提出了批评和反对意见。按照马克思的见解,我们没有必要将宗教信仰与政治追求完全对立,而应认识到在我们的社会政治层面的解放,并不是使人摆脱宗教;相反,在这种政治解放的氛围中,"人没有摆脱宗教,他取得了信仰宗教的自由"③。我们的宗教信仰自由政策,在马克思的这一理论中得到了经典解释。对待宗教,正确的态度即中国共产党所强调的"政治上团结合作"。共产党在其政治任务中并没有要急忙"消灭宗教"的这一使命;相反,我们努力建设中华民族命运共同体和人类命运共同体,就必须包容宗教,保护人们这一"信仰的特权"。

---

① 《马克思恩格斯文集》第1卷,人民出版社2009年版,第39页。
② 同上书,第40页。
③ 同上书,第45页。

二　马克思论鲍威尔的《现代犹太人和
　　基督徒获得自由的能力》

自由与解放，是犹太人和基督徒都关注的问题，马克思在剖析了鲍威尔的观点之后，表达了对其所论犹太教与基督教关系之不同见解。在马克思看来，鲍威尔"在这里把犹太人的解放问题变成了纯粹的宗教问题"①，显然这种观察视角就有偏差，是一种颠倒的思维。马克思不仅不欣赏，而且是基本否定这种纯"神学"范式内的宗教认知。鲍威尔以此来探究犹太人问题，其在犹太教中所能找到的结果仅仅是"宗教意义"，于是他把宗教视为犹太人的"全部本质"，夸大了宗教的作用，同时也把犹太人的宗教抽象化了。这种纯宗教审视的局限，使鲍威尔只能把犹太人的解放理解为"哲学兼神学的行动"②。这样，鲍威尔就把犹太人的问题化为纯宗教问题了。

以万流归"宗"的惯性思维来谈论人的宗教，只能是宗教话语的内涵式讨论。在欧洲文化传统中，相关思路已形成习惯、积重难返。这种从宗教来观察犹太人的路径，势必走向神学之思，但犹太人问题并不是纯神学理论所能解决的。马克思指出了鲍威尔的错误，认为其正确解决则必须换一种思路，突破神学讨论的限制和束缚。马克思说，"我们现在试着突破对问题的神学提法。在我们看来，犹太人获得解放的能力问题，变成了必须克服什么样的特殊社会要素才能废除犹太教的问题。因为现代犹太人获得解放的能力就是犹太教和现代世界解放的关系。这种关系是由于犹太教在现代被奴役的世界中的特殊地位而必然产生的"。这种突破即从神学领域回到世俗社会，不是把重点放在犹太人的宗教存在，而是强调其社会存在。马克思认为不应该像鲍威尔那样"考察安息日的犹太人"，而应该把精力放在考察"日常的犹太人"，即

---

① 《马克思恩格斯文集》第1卷，人民出版社2009年版，第47页。
② 同上书，第48页。

考察"现实的世俗犹太人",这才是能真正发现问题、解决问题的场景。于是,马克思在这部著作中又提出了他的另一经典表述:"我们不是到犹太人的宗教里去寻找犹太人的秘密,而是到现实的犹太人里去寻找他的宗教的秘密。"① 马克思把现实社会存在作为找寻宗教奥秘之地,并以这种社会存在作为探索宗教起源、发展和演变的依据。所以,对待宗教问题我们也应该坚持社会之思,而不可重蹈鲍威尔"神学之思"的窠臼。马克思强调宗教的根源在于其社会现实存在,而宗教的发展则不离社会历史的进程。"犹太精神不是违反历史,而是通过历史保持下来的。"② 这样,人们对如何观察犹太人问题就有了豁然开朗之感。也就是说,对犹太人的观察研究不能脱离犹太人的社会、历史。同样,离开了中国的历史进程、脱离了中国的社会发展,对中国宗教的任何奢谈、评论也都是空洞的、无效的。谈论、评价今天中国的宗教,尤其应该把握好这一分寸。

马克思非常熟悉犹太人的宗教信仰,其作为犹太人本身却对之有着客观、冷静的观察和深刻、透彻的分析。按其传统,犹太教是留存至今历史最久、最有影响的绝对一神教,犹太精神给人的印象就是突出强调其绝对一神的信仰。但马克思根据其历史唯物主义方法的审视却说明这种绝对一神教其实也并非绝对的,深刻敏锐地指出"犹太人的一神教,在其现实性上是许多需要的多神教"③。此语一出惊人引人遐思。"绝对一神"乃一种思辨的观念,而作为一种贴近现实生活的神明崇拜,则势必反映广大老百姓的各种实际需求,故而会出现神明观念上"一"与"多"的对峙、博弈,或涵容、整合。此外,马克思还对犹太精神中的"商人"性质加以揭示和批评,认为"犹太精神随着市民社会的完成而达到自己的顶点"④,已经走到了尽头。这种抽象的、局限于犹

---

① 《马克思恩格斯文集》第 1 卷,人民出版社 2009 年版,第 49 页。
② 同上书,第 51 页。
③ 同上书,第 52 页。
④ 同上书,第 54 页。

太教信仰的"犹太精神不可能创造任何新的世界","犹太精神不可能作为宗教继续发展,即不可能在理论上继续发展,因为实际需要的世界观,按其本性来说是狭隘的,很快就会穷尽"。"实际需要的宗教,按其本质来说不可能在理论上完成,而是只能在实践中完成,因为实践才是它的真理。"① 这里,我们已经可以看出马克思关于实践是检验真理的唯一标准的闪亮思想之雏形。而其触及的犹太精神之"商人"气质,也会引导我们去深入探究世界经济、全球商业中的犹太之谜。

马克思在此直言不讳地批评了犹太精神的"经验本质"即"经商牟利",指责这种旨趣导致了犹太宗教的世俗化嬗变。于是,"金钱是以色列人的妒忌之神","金钱贬低了人所崇奉的一切神,并把一切神都变成商品",曾经纯洁的宗教精神经过世俗社会的熏染而已经变色、变味、变质,"犹太人的神世俗化了,它成了世界的神。票据是犹太人的现实的神"②。马克思的这一对犹太精神及其宗教传统之变异的批评是非常深刻,也是极为独特的,对西方民族及其资本主义精神的嬗变同样起着颇为明显的警醒作用。作为犹太人,马克思对本民族的自我批判是需要勇气的,而这种大气和自省同样非常令我们钦佩。我们中华民族也有悠久的文化传统,形成了令我们自豪的中华民族精神,而马克思的这种精神豁达和站位高度,也启迪我们应对本民族的精神传统加以反思,具有自我批评精神。尤其是在今天中国市场经济的发展中,宗教中的重利谋利为利现象值得我们高度警惕,当"宗教搭台"只为"经济唱戏"时,其本身就会出现嬗变、隳沉。马克思对犹太商品社会的分析批判,实际上为其在后来《资本论》等相关论著中对商品、金钱拜物教的分析批判埋下了伏笔。马克思从对犹太人经商牟利、金融运作的分析批判开始,最后则揭露了金钱对整个世界固有价值的剥夺,指出"金钱是人的劳动和人的存在的同人相异化的本质;这种异己的本质统

---

① 《马克思恩格斯文集》第1卷,人民出版社2009年版,第53页。
② 同上书,第52页。

治了人，而人则向它顶礼膜拜"①。在这些论述中，马克思将其"异化"理论更加深化，并有了结合经济社会、朝向政治经济学的具体思考。一旦宗教朝金钱异化，宗教本身则势必异化。

马克思对犹太教、基督教都十分了解，这两大宗教都是他在社会学和政治经济学意义上研讨的重点，其实这也是宗教史学及宗教思想史所探究的重点。对于基督教而言，其信仰之根在犹太教，故有"亚伯拉罕传统宗教"之说。但因其社会接触的不同和历史路径之异，又形成了与犹太教的巨大区别。马克思指出，"基督教起源于犹太教，又还原为犹太教"。基督教在与近代资本主义发展及其商品生产和交易的关系上，其思想观念与犹太教的社会经济观有许多相似之处，故而才会出现这种时代不同的"还原"。这一"还原"论非常独到且恰到好处。针对这种实际追求与精神理想的脱节，马克思将两教联系起来分析评说："基督徒起初是理论化的犹太人，因此，犹太人是实际的基督徒，而实际的基督徒又成了犹太人。""基督徒只是表面上制服了实在的犹太教。基督教太高尚了，太唯灵论了，因此要消除实际需要的粗陋性，只有使它升天了。""基督教是犹太教的思想升华，犹太教是基督教的鄙俗的功利应用。但这种应用只有在基督教作为完善的宗教从理论上完成了人从自身、从自然界的自我异化之后，才能成为普遍的。"② 马克思的这种讽喻鞭辟入里，击中要害。马克思在此描述了犹太教、基督教所经历的"自我异化"，指出其通过"让渡"而实现的所谓"外化"和"异己"都与经济社会相关。"只有这样，犹太教才能实现普遍的统治，才能把外化了的人、外化了的自然界，变成可让渡的、可出售的、屈从于利己需要的、听任买卖的对象。""让渡是外化的实践。正像一个受宗教束缚的人，只有使自己的本质成为异己的幻想的本质，才能把这种本质对象化，同样，在利己的需要的统治下，人只有使自己的产品和自己的活动处于异己本质的支配之下，使其具有异己本质——金钱——的作

---

① 《马克思恩格斯文集》第 1 卷，人民出版社 2009 年版，第 52 页。
② 同上书，第 54 页。

用，才能实际进行活动，才能实际生产出物品。"[①] 商品生产和经济活动与近代市民社会的形成基本上是同步的，犹太教的社会经济观已经有了呼应市民社会的迹象，而在近代西方资本主义诞生和发展进程中则被基督教尤其是其经过宗教改革后的新教所充分展现。这里，马克思也有着宗教发展史的思考，非常敏锐地察觉到从民族宗教到世界宗教转型过程中其社会经济结构之外化所实现的重构，从而对基督教之世界宗教性质从宗教社会学、宗教经济学、宗教发展演化论等角度加以系统阐述。

总之，马克思坚持了其社会存在第一性的原则，这是他一以贯之的历史唯物论立场，他认为犹太人的真正本质是在市民社会中得到了其普遍实现，但这种实现只能以一种世俗化的形式才会达到；犹太精神体现出对市民社会的向往，而"市民社会只有在基督教世界才能完成。基督教把一切民族的、自然的、伦理的、理论的关系变成对人来说是外在的东西，因此只有在基督教的统治下，市民社会才能完全从国家生活分离出来，扯断人的一切类联系，代之以利己主义和自私自利的需要，使人的世界分解为原子式的相互敌对的个人的世界"[②]。马克思在此突出了基督教在欧洲社会发展历史上的独特性和重要性，强调了对基督教专门而深入的研究。在西方传统中，个人意识的凸显乃市民社会的一大特点，它增强了资本主义社会中的竞争，这使人不可能真正获得解脱或解放，而是导致人的本质之异化。这也是我们必须警惕西方个人主义、西方民主的重要原因。为此，马克思还对基督教和犹太教的利己主义进行了具体比较，认为"基督徒的天堂幸福的利己主义，通过自己完成了的实践，必然要变成犹太人的肉体的利己主义，天国的需要必然要变成尘世的需要，主观主义必然要变成自私自利。我们不是用犹太人的宗教来说明犹太人的顽强性，而是相反，用犹太人的宗教的人的基础、实际需要、利己主义来说明这种顽强性"[③]。存在决定意识，犹太人、基督

---

① 《马克思恩格斯文集》第 1 卷，人民出版社 2009 年版，第 54 页。
② 同上。
③ 《马克思恩格斯文集》第 1 卷，人民出版社 2009 年版，第 54—55 页。

徒的真实社会存在使其抽象的理想、理念只能有一种颠倒、歪曲的展现。虽然其看似远离社会、高高在上，却仍需从其曲折地反映的社会存在上才能得以说明。研究宗教不能脱离其社会，此乃真正的"接地气"。这就是要从人的社会经济基础、人的社会存在来非常现实、客观地看待人的宗教信仰，此即历史唯物主义认识和评价宗教的基本原则和必须遵守的准则。当然，马克思也充分注意到宗教精神超越其社会存在的种种表现及特点，找出其超然与实存、幻想与现实、抽象与具体之间的复杂连线，从而既历史又辩证地正确看待宗教的延续及发展，揭示出宗教存在的社会真实及规律。以犹太教这一生动实例，历史唯物主义的研究落到了实处。

（参见笔者《马克思主义经典作家关于宗教的基本观点研究》书稿）

第四章

论马克思《1844年经济学—哲学手稿》中的宗教观

马克思生前没有写完这部手稿,其公开发表也是在1932年。但其发表引起了后世的普遍关注,因为这部手稿中关于宗教与异化之关系问题的思考极大深化了人们对马克思主义的认识。在此之前,匈牙利共产党负责人卢卡奇曾于1923年发表其代表著作《历史和阶级意识》,提出了"异化"问题,并系统论述了自己批判异化、拯救主体的思想,使人们开始特别关注"异化"问题。由于卢卡奇这部著作的副标题为"关于马克思主义辩证法的研究",故此被视为"西方马克思主义的圣经",而卢卡奇本人也具有西方马克思主义思潮开创者的重要地位。但马克思这部手稿在1932年发表之后,人们才得以正本清源,意识到马克思才是论及"异化"问题的真正开创者和奠基人。

"异化"问题不仅是洞观阶级社会的重要入手,而且也是理解、悟透宗教的关键一环,理论家对之高度重视。但当时人们一般只是从神学的语境来看待宗教及其社会的变异,并没有对此打通、想透。而马克思则坚持了其社会批判的思想,在宗教认知上超越了当时欧洲思想界风行的神学批判。这种社会批判独树一帜,与以往的神学批判及哲学批判截然不同,其特点就是结合社会实际而有的放矢,而不再是抽象的空谈、玄论。马克思在手稿"序言"中表达了其对黑格尔辩证法及其整个哲学体系之剖析的与众不同,指出其分析超出了以往神学家从神学范畴内对黑格尔的相关批判，认为当时神学家们所从事的这类批判都带有"一种必然的不彻底性"，"因为即使是批判的神学家，毕竟还是神学家"，这些神学家摆脱不了其神学樊篱，也不得不屈从某种宗教或哲学权威，甚至就是有对这种权威的质疑，也不过是采取"消极的、无意识的、诡变的方式"来表达①。马克思分析了当时理论批判的复杂情况，即至少分有神学、唯心主义哲学和唯物主义思想等多个层面，他指出这些神学家一方面绝对服从其宗教权威，但另一方面却对倡导唯物主义思想的费尔巴哈猛烈攻击，而且还"以隐晦的、阴险的、怀疑的方式"来反对费尔巴哈对黑格尔辩证法的批判。神学家在对待黑格尔和费尔巴哈态度上的截然不同，折射出其世界观、社会立场的选边定位。因此，马克思对这种神学批判表示否定，认为"神学的批判——尽管在运动之初曾是一个真正的进步因素——归根结底不外是旧哲学的、特别是黑格尔的超验性被歪曲为神学漫画的顶点和结果"。马克思明示了欧洲思想传统中神学与哲学的内在关联，并认为近代神学仍与传统哲学复杂交织，"历史现在仍然指派神学这个历来的哲学的溃烂区本身来显示哲学的消极解体，即哲学的腐烂过程"②。这样，马克思的社会批判和实践哲学就成为突破神学及旧哲学局限的创新之路。

马克思在这部手稿中专门讨论了"异化"问题，对宗教异化进行了深入而透彻的分析。马克思说，"人同自身以及同自然界的任何自我异化，都表现在他使自身、使自然界跟另一些与他不同的人所发生的关系上。因此，宗教的自我异化也必然表现在世俗人对僧侣或者世俗人对耶稣基督——因为这里涉及精神世界——等等的关系上。在实践的、现实的世界中，自我异化只有通过对他人的实践的、现实的关系才能表现出来。异化借以实现的手段本身就是实践的"③。马克思在此论及人的自我异化和外在异化，因此异化不是空洞的、抽象的，而是有着复杂的

---

① 《马克思恩格斯文集》第 1 卷，人民出版社 2009 年版，第 112 页。
② 同上书，第 113 页。
③ 同上书，第 165 页。

现实内容。马克思在异化现象虚玄的形式中看到了这种异化与现实社会的复杂关系，而且指明了异化与人的实践之密切关联。由此，不能将异化中的嬗变视为绝对虚幻的，而必须认识到它曲折反映出的社会现实性，异化即这种现实性非真实的"外化的实现"。异化现象有着虚化的形式，但异化的根源却是实在的，故而有其复杂的现实内容。应该在社会现实中来寻找看似虚幻的异化现象之根源，异化不再是神学玄谈，而乃社会实论。异化理论是20世纪哲学界讨论的热门话题之一，而宗教理论也与异化之究密切相关，这部手稿的价值就在于证明马克思最早关注并探讨了异化问题，并对异化有着科学的说明。

  从对异化之析出发，马克思进而对欧洲基督教信仰从外化至内化的过程进行了比较，恰似其在《〈黑格尔法哲学批判〉导言》中对路德神学思想所做的剖析和批判，这一过程"正像路德把信仰看成是宗教的外部世界的本质，因而起来反对天主教异教一样，正像他把宗教笃诚变成人的内在本质，从而扬弃了外在的宗教笃诚一样，正像他把僧侣移入世俗人心中，因而否定了在世俗人之外存在的僧侣一样，由于私有财产体现在人本身中，人本身被认为是私有财产的本质，从而人本身被设定为私有财产的规定，就像在路德那里被设定为宗教的规定一样"[①]，马克思反对抽象空谈，而具体指明私有财产的异化与人的异化相关联，其外化或内化都有相应的逻辑关系。在马克思看来，所谓内化结果是使人本身成为私有财产这种紧张的本质，即原本看似外在的张力，在此却内化为自我的矛盾，其性质就是彻底否认人本身。从历史的视域来看，欧洲社会发展及转型与基督教的发展及转型相关联，这一社会转型还采用了宗教改革的形式。欧洲社会制度由此从封建社会发展到资本主义社会，其中突出体现了这种私有化的转移及发展；其轨迹及特点则可以通过西欧宗教的发展来说明。这里，马克思将社会发展史与宗教发展史密切结合，指出从中世纪天主教的宗教外在权威转向近代基督新教的内向虔诚之发展中可以得到这种曲折转化的印证，找到其历史演变线索。其

[①] 《马克思恩格斯文集》第1卷，人民出版社2009年版，第178—179页。

实，马克思在此还是强调要从社会生产中来寻找私有财产的秘密，财产的异化反映出人的异化，特别是人的社会存在之异化，而宗教异化只是其反映，并非其根本。马克思认为"这种物质的、直接感性的私有财产，是异化了的人的生命的物质的、感性的表现。私有财产的运动——生产和消费——是迄今为止全部生产的运动的感性展现，就是说，是人的实现或人的现实。宗教、家庭、国家、法、道德、科学、艺术等，都不过是生产的一些特殊的方式，并且受生产的普遍规律的支配。因此，对私有财产的积极的扬弃，作为对人的生命的占有，是对一切异化的积极的扬弃，从而是人从宗教、家庭、国家等等向自己的合乎人性的存在即社会的存在的复归"①。只有通过人的社会存在，才能将人的异化现象说清楚。不过，马克思在此从宗教的意识领域特征层面也看到了宗教与经济的不同之处、对宗教在心理学上的意义亦有推测和揣摩，从而对宗教心理学的发展有其独特贡献。马克思指出，"宗教的异化本身只是发生在意识领域、人的内心领域，而经济的异化是现实生活的异化"②；现实生活的异化反映在人的思想上则是宗教意识所代表的异化。而内观人心，这种宗教作为人的本质力量的现实性、作为人的类活动之表征，则已经向人们展示出一种心理学的视域。不过，当时人们对宗教的心理学理解还很肤浅，且尚未弄清其与人的本质之复杂关联。"对这种心理学人们至今还没有从它同人的本质的联系，而总是仅仅从外在的有用性这种关系来理解，因为在异化范围内活动的人们仅仅把人的普遍存在，宗教，或者具有抽象普遍本质的历史，如政治、艺术和文学等等，理解为人的本质力量的现实性和人的类活动。"③ 在这部手稿的构思中，可以说马克思不仅强调了宗教所反映的社会本质，同时也敏锐地察觉、领悟到宗教内涵所体现出的心理、精神本质。这样，马克思在坚持对人的社会本质之把握和界说的同时，也在考虑宗教作为人之自然的自然本性

---

① 《马克思恩格斯文集》第 1 卷，人民出版社 2009 年版，第 186 页。
② 同上。
③ 同上书，第 192 页。

之存在，既要以社会现象来说明精神现象，也必须注意到精神现象的独特性。

马克思在此还论及对无神论的理解，而且是与宗教发展和社会进步结合来谈。马克思特别分析了无神论，以及无神论与共产主义的关系，阐述了无神论及共产主义思想的产生及发展，指出"共产主义是径直从无神论开始的，而无神论最初还根本不是共产主义；那种无神论主要还是一个抽象。——因此，无神论的博爱最初还只是哲学的、抽象的博爱，而共产主义的博爱则径直是现实的和直接追求实效的"①。显然，无神论与共产主义有着历史关联，但无神论并不等同于共产主义，其性质有着明显的区别。在马克思的系统表述中，有着清晰的从抽象的无神论观念到现实的共产主义追求之发展演变。将二者相比较，无神论是针对有神论的批判，其理论领域都关涉"虚"之层面，有神论作为虚幻观念，其虚幻性自然是无神论所批判的关键和重点。而共产主义则很快就转向"实"的社会，立足于对人们"现实"诉求的思考。所以说，无神论在学科层面涉及的是神学、哲学，故此有着与宗教学的自然关联，而共产主义则更多面向社会学、政治学和经济学。随着人的自然发展之不断成熟，以及对人和自然界的"实在性"有越来越多的认识与把握，马克思认为可以扬弃对"非实在性的承认的问题"，从而也就可以扬弃"否定这种非实在性"的无神论。马克思看到了无神论的历史贡献，但不同意在历史发展中把无神论过于夸大或抬高。其基本思路是主张从精神批判转至社会批判，由神学领域转向政治领域，社会主义、共产主义发展的重点应是社会建设、经济建设。任何"神论"都可能是虚之又虚、玄而又玄，易于抽象、空洞而难接地气。马克思指出："因为对社会主义的人来说，整个所谓世界历史不外是人通过人的劳动而诞生的过程，是自然界对人来说的生成过程，所以关于他通过自身而诞生、关于他的形成过程，他有直观的、无可辩驳的证明。因为人和自然界的实在性，即人对人来说作为自然界的存在以及自然界对人来说作

---

① 《马克思恩格斯文集》第 1 卷，人民出版社 2009 年版，第 186—187 页。

为人的存在,已经成为实际的、可以通过感觉直观的,所以关于某种异己的存在物、关于凌驾于自然界和人之上的存在物的问题,即包含着对自然界的和人的非实在性的承认的问题,实际上已经成为不可能的了。无神论,作为对这种非实在性的否定,已不再有任何意义,因为无神论是对神的否定,并且正是通过这种否定而设定人的存在;但是,社会主义作为社会主义已经不再需要这样的中介;它是从把人和自然界看作本质这种理论上和实践上的感性意识开始的。社会主义是人的不再以宗教的扬弃为中介的积极的自我意识,正像现实生活是人的不再以私有财产的扬弃即共产主义为中介的积极的现实一样。"① 这里马克思把无神论、社会主义的关系说得很清楚,表达了其重实在、实践和现实的立场。

马克思在此也充分肯定了无神论、共产主义所追求实现的理想内容,希望争取这种最终体现为现实的东西的真正实现。"正像无神论作为神的扬弃就是理论的人道主义的生成,而共产主义作为私有财产的扬弃就是要求归还真正人的生命即人的财产,就是实践的人道主义的生成一样;或者说,无神论是以扬弃宗教作为自己的中介的人道主义,共产主义则是以扬弃私有财产作为自己的中介的人道主义。只有通过对这种中介的扬弃——但这种中介是一个必要的前提——积极地从自身开始的即积极的人道主义才能产生。"马克思谈到了对"这种中介"的态度,一是要充分认识到它是"一个必要的前提",二是最终要将之加以"扬弃"。基于这一冷静的分析,马克思透彻阐述了无神论、共产主义追求的价值、意义和作用:"无神论、共产主义决不是人所创造的对象世界的消逝、舍弃和丧失,决不是人的采取对象形式的本质力量的消逝、舍弃和丧失,决不是返回到非自然的、不发达的简单状态去的贫困。恰恰相反,无神论、共产主义才是人的本质的现实的生成,是人的本质对人来说的真正的实现,或者说,是人的本质作为某种现实的东西的实现。"② 马克思对无神论的这种评价及其与社会主义、共产主义之关系

---

① 《马克思恩格斯文集》第1卷,人民出版社2009年版,第196—197页。
② 同上书,第216—217页。

的阐发,已经远远超越了传统无神论包括战斗无神论的认知,其现实关注亦得以凸显。马克思明确指出了社会主义、共产主义与无神论的不同及相关之处,强调了无神论、共产主义实际上所要达到的真实目标。因此,研究无神论,首先要有对马克思主义无神论的系统理解,绝不可把马克思主义无神论泛化为任何其他无神论。所以,我们必须坚持和宣传的应该是马克思主义无神论,而不是其他无神论。西方无神论有着非常久远的传统,虽然其在批判宗教上有所建树,值得我们认真研究和科学对待,但这些无神论思潮仍有着其历史及社会局限性,存在不少问题和缺陷,仍需必要的补充和完善,对之应该理性、科学地审视和判断。马克思主义无神论建基于历史唯物主义和辩证唯物主义之上,与其他旧唯物主义无神论(如费尔巴哈的人本主义无神论)和古今唯心主义无神论、虚无主义无神论(如尼采"上帝死了"的无神论)等本质有别。为此,我们今天的无神论研究不仅应该与现实社会研究相结合,而且也有必要系统、深入地研究无神论的历史、理论及其本质,对其发展演变和理论流派做出客观、正确的判断,从而使这种科学研究和运用落在实处,审慎、正确地联系实际。从这一意义来看,马克思主义无神论与马克思主义宗教观乃有机共构、实为一体,不可人为分割。同理,科学的宗教学研究也是与无神论研究密切结合的,也没有必要将之人为地分开,更不可使之分道扬镳。研究无神论必然触及宗教学的相关领域及其理论方法,无神论研究也有必要与宗教学研究有机结合。其实,无神论是要将社会中的宗教异化加以还原,消除其异化之态,但只有马克思主义无神论才找到了真正可以消除这种异化的正确途径,而对其他无神论的探索及实践仍需持有批评性审视。

"异化"问题在费尔巴哈和黑格尔的思想中也曾论及,黑格尔、费尔巴哈、马克思对之各有不同理解,马克思肯定了费尔巴哈在哲学和宗教层面对黑格尔的剖析及批评,欣赏费尔巴哈对黑格尔哲学"不过是变成思想的并且通过思维加以阐明的宗教,不过是人的本质的异化的另一种形式和存在方式"之评价,并宣称这种"异化"哲学"同样应当受到谴责";实际上,这种"异化"的唯心主义哲学与宗教思辨走得很近，因为这种宗教神学体系本身就是辩证唯心主义的表述，是宗教异化这种颠倒认知的精致形式。费尔巴哈批评黑格尔的唯心主义辩证法是"从异化出发"，"从绝对的和不变的抽象出发"，因而是空洞、抽象的思辨，其实质就是"从宗教和神学出发"，由此将二者合并和归类；至于黑格尔的"否定之否定"这种辩证方法，也只不过是以哲学"对宗教和神学的扬弃"为始点，而在其空对空的论辩中却又回到了对"宗教和神学的恢复"。马克思指出，"由此可见，费尔巴哈把否定的否定仅仅看作哲学同自身的矛盾，看作在否定神学（超验性等等）之后又肯定神学的哲学，即同自身相对立而肯定神学的哲学"①。在西方这种唯心主义思辨体系中，其神学与哲学的复杂交织，故有神哲学的共构并存。

马克思在对黑格尔哲学的分析中也论及其对"异化"的理解和评估，其中直接讨论了宗教与异化的关联。马克思说，"宗教、财富等不过是人的对象化的异化了的现实，是客体化了的人的本质力量的异化了的现实；因此，宗教、财富等不过是通向真正人的现实的道路——这种对人的本质力量的占有或对这一过程的理解，在黑格尔那里是这样表现的：感性、宗教、国家权力等是精神的本质，因为只有精神才是人的真正的本质，而精神的真正的形式则是思维着的精神，逻辑的、思辨的精神。自然界的人性和历史所创造的自然界——人的产品——的人性，就表现在它们是抽象精神的产品，因此，在这个限度内，它们是精神的环节即思想本质"②。在马克思看来，黑格尔对精神现象的论证实质上不过是"虚假的实证主义"而已。"因此，在扬弃例如宗教之后，在承认宗教是自我外化的产物之后，他仍然在作为宗教的宗教中找到自身的确证。黑格尔的虚假的实证主义或他那只是虚有其表的批判主义的根源就在于此，这也就是费尔巴哈所说的宗

---

① 《马克思恩格斯文集》第 1 卷，人民出版社 2009 年版，第 200 页。
② 同上书，第 204 页。

教或神学的设定、否定和恢复。"① 黑格尔竭力要完成其思辨哲学的建构，并试图将哲学与宗教有所区分，甚至在表面上赋予哲学更高的层次和地位，实际上却并没有脱离宗教的窠臼和基督教神学的模式，其体系仍然保留着中世纪以来曾达鼎盛的宗教哲学之印痕，只不过以其思辨方式将之加以淋漓尽致的发挥。黑格尔体系中这种极为典型的抽象思想性，与其追寻绝对精神是一脉相承的，但所反映的不过是一种"假本质"而已。"在黑格尔那里，否定的否定不是通过否定假本质来确定真本质，而是通过否定假本质来确证假本质或同自身相异化的本质"；黑格尔以其抽象思辨的逻辑将自我封闭在社会之外，不去了解或触动社会的真实性，故此也不可能真正揭示宗教的本质，使其理论发展走入死胡同。马克思评价说，"如果我知道宗教是外化的人的自我意识，那么我也就知道，在作为宗教的宗教中得到确证的不是我的自我意识，而是我的外化的自我意识。这就是说，我知道我的属于自身的、属于我的本质的自我意识，不是在宗教中，倒是在被消灭、被扬弃的宗教中得到确证的"②。

　　脱离现实是唯心主义的通病，因此马克思主张以对宗教的社会认知来弥补以往对宗教之哲学认知的不足，强调必须关注现实社会中的宗教信徒及其信仰生活与宗教实践，从而填补抽象思想的空白。"如果只有宗教哲学等对我来说才是真正的宗教存在，那么我也就只有作为宗教哲学家才算是真正信教的，而这样一来，我就否定了现实的宗教信仰和现实的信教的人。"③ 这里，马克思提醒我们，宗教研究不是从概念到概念、从思想到思想，不是纯粹书本之谈或头脑中的想当然，而必须注意到其与现实的结合，对真实的反映，以及其在社会中的实际作用。如果把宗教研究沦为凭空之谈，成为学者之间的文字游戏、笔墨官司，那就

---

① 《马克思恩格斯文集》第 1 卷，人民出版社 2009 年版，第 213 页。
② 同上书，第 214 页。
③ 同上书，第 215 页。

第四章　论马克思《1844年经济学—哲学手稿》中的宗教观　63

会使这种研究变质变味，滑向唯心主义宗教认知的老路；所以我们在论辩宗教之前，首先要有对"现实的宗教信仰和现实的信教的人"之真实审视和科学评价；马克思主义历史唯物论及辩证唯物论的宗教研究，就是要对宗教存在的客观真实加以实事求是的反映，对其存在意义及其功能加以客观科学的分析，而且还应该对现实社会中的宗教起到积极引导的作用。马克思批评了黑格尔的宗教理论，认为它只是从概念到概念来玩空洞的文字游戏，其思辨方式的思想运动和逻辑推理脱离了现实，结果其精神现象学也就成了抽象辩证法，成为唯心主义的极致发展。马克思总结说："黑格尔在哲学中扬弃的存在，并不是现实的宗教、国家、自然界，而是已经成为知识的对象的宗教本身，即教义学"[1]。所以，必须揭破宗教中那种在认知上被看成人的"神性的过程"之真实本质，将之还原为"人的生命的抽象、异化"过程[2]，并进而看到人的社会生存本质。马克思强调，消除宗教"异化"的探究应该归于真实，走向社会，回到人间，深入生活。理解宗教要认识到其"外化"或"异化"，但不能靠其外化和异化来作出判断或结论，而必须回归这种宗教信仰得以产生的人之社会现实、人的真实存在，以及人的实践活动；"异化"理论与研究认识宗教有密切联系，是揭示宗教本质的重要钥匙之一；但识破这种宗教的"异化"必须靠马克思主义对"异化"的理解及剖析，认识到准确把握宗教就必须回到其不可缺少的经济、政治条件及其历史氛围之中，弄明白宗教的"异化"不是在其抽象认知之中，而乃在其存在的社会之内，由此才能对之作出令人信服的评断。马克思主义宗教观突出宗教研究要理论联系实际、要实事求是，要从哲学思辨的审视进入社会学、政治学、经济学、人类学的调研。而马克思主义对宗教"异化"的解读，也使我们认识到宗教研究必须从宗教哲学扩展到宗教社会学、宗教政治学、宗教经济学、宗教心理学等研究。

---

[1]《马克思恩格斯文集》第1卷，人民出版社2009年版，第216页。
[2] 同上书，第217页。

总之，宗教的"异化"并非其自身的异化，而是社会异化的曲折反映，其复杂性使我们认识到宗教异化一定要结合其相关社会来展开，如果孤立、脱离社会现实来抽象地谈论并处理宗教的异化，则已违背了马克思主义关于"异化"问题的基本思想精神。

（参见笔者《马克思主义经典作家关于宗教的基本观点研究》书稿）

第五章

论马克思《关于费尔巴哈的提纲》中的宗教观

马克思的这篇文章首发于1888年恩格斯出版的《路德维希·费尔巴哈和德国古典哲学的终结》一书，收入在其附录之中，以"马克思论费尔巴哈"为题。恩格斯对此文评价极高，称之为"包含着新世界观的天才萌芽的第一个文献"①。这是指马克思主义唯物论与旧唯物主义的分道扬镳，标志着一种全新思想体系及研究方法的奠立。应该说，这篇文章代表着马克思主义已经超越了欧洲古典唯物主义和人本主义无神论的发展，进入了人类思想史发展的一个全新阶段。

费尔巴哈通过批判黑格尔的唯心主义体系而完成了德国近代哲学从唯心主义到唯物主义发展的重要过渡，这对于马克思转向并创立历史唯物主义和辩证唯物主义理论体系至关重要：马克思借助于费尔巴哈而批判、改造了黑格尔的唯心主义辩证法，创立了唯物主义辩证法，同时也吸收了费尔巴哈唯物主义的基本内核，创立了历史唯物主义理论体系。所以，费尔巴哈在马克思的思想转型过程中曾起到重要作用，马克思为此在晚年还曾将他这一时段的经历称为"费尔巴哈崇拜"。可以说，马克思主义哲学理论体系的创立以费尔巴哈为起点，由此结合、扬弃了费尔巴哈的唯物论和黑格尔的辩证法，形成了马克思主义的历史唯物主义

---

① 《马克思恩格斯文集》第1卷，人民出版社2009年版，第805页。

和辩证唯物主义；但这种起点、启迪并不能等同于马克思主义本身，我们所关注的应该是马克思主义本身的发展和创见。

马克思关于费尔巴哈提纲的十一条中有三条直接论及宗教，即第四、六、七条。它们集中体现了马克思主义宗教观的核心思想。

马克思在第四条提纲中论述了费尔巴哈关于宗教自我异化的理论，指出费尔巴哈这一理论的意义在于他看到了宗教所反映出的人的自我异化，但其不足是对人的异化理解缺乏深度、没有找到异化的根本原因。费尔巴哈注意到宗教的世俗基础，认为宗教与人有关联，但其理解只看到表层、仅围绕着抽象之人来展开，而没有意识到这种世俗基础的关键和根本乃在于其世俗社会的存在。马克思指出："费尔巴哈是从宗教上的自我异化，从世界被二重化为宗教世界和世俗世界这一事实出发的。他做的工作是把宗教世界归结于它的世俗基础。但是，世俗基础使自己从自身中分离出去，并在云霄中固定为一个独立王国，这只能用这个世俗基础的自我分裂和自我矛盾来说明。因此，对于这个世俗基础本身应当在自身中、从它的矛盾中去理解，并且在实践中使之发生革命。因此，例如，自从发现神圣家族的秘密在于世俗家庭之后，世俗家庭本身就应当在理论上和实践中被消灭。"[①] 费尔巴哈的认知是分裂性的，割裂了宗教与真实社会的关联，马克思则把对宗教的认知与对产生相关宗教的世俗社会联系起来分析评价。马克思从宗教的异化看到其世俗基础的异化，并进而指出这种异化实质上就是社会的异化，这是马克思认知的突破及创新之点，由此而从就宗教看宗教、或从抽象的世俗之人看宗教的这种传统、有限视域中跳了出来，而从最根本的解决之途来思考宗教异化问题，这就是要努力去消除社会异化，即消灭产生这种异化的旧的社会制度。马克思认为不能靠人本主义的理论解释来消除异化，而只能靠革命的实践来改变这种会导致异化的现状。旧唯物主义仅仅从宗教表层来论宗教，而马克思主义则深入到宗教得以产生和存在的社会之中。我们今天关于宗教之论是就宗教来论宗教、还是结合社会来看宗

---

① 《马克思恩格斯文集》第 1 卷，人民出版社 2009 年版，第 500 页。

教，这是旧唯物主义与马克思主义的根本区别；我们不能看是否口头上喊坚持马克思主义，而必须注意到是否在结合社会分析这种方法上实实在在地坚持了马克思主义。

马克思在第六条提纲中进而指出了费尔巴哈人本主义宗教观的根本缺陷，即费尔巴哈虽然意识到宗教反映出"人的本质"，而对这种"本质"其在认识上却有着两个弱点，从而引向了费尔巴哈理论上的偏差和错误："（1）撇开历史的进程，把宗教感情固定为独立的东西，并假定有一种抽象的——孤立的——人的个体"；"（2）因此，本质只能被理解为'类'，理解为一种内在的、无声的、把许多个人自然地联系起来的普遍性"。在马克思看来，仅仅看到人的自然本质还远远不够，这仍是孤立地、抽象地看人，但这种自然、"纯粹"之人在现实中根本就不存在。针对费尔巴哈对宗教认知的这一局限性，马克思指出"费尔巴哈把宗教的本质归结于人的本质。但是，人的本质不是单个人所固有的抽象物，在其现实性上，它是一切社会关系的总和"[①]。马克思对人的本质这一定义乃质的突破，这就是从社会存在上来剖析人的本质，指明人的本质就是人的社会性、人的社会存在、人的社会关系之总和。

马克思在第七条提纲中再次明确了对人的社会属性之认知，认为与宗教相关联的一切，包括人的"宗教感情"都是社会的产物，都与其存在的社会有着千丝万缕的关系。马克思说，"费尔巴哈没有看到，'宗教感情'本身是社会的产物，而他所分析的抽象的个人，是属于一定的社会形式的"[②]。从社会存在及其社会关系的总和来看待人，以及人的宗教信仰等，这是马克思在这篇文章中所提出的非常重要的观点。如果脱离具体社会来奢谈宗教问题，显然不是马克思主义者。

社会生活的实践本质是马克思的根本关切，马克思突出实践的意义，认为科学的理论不应该仅仅是解释，不能纯为从理论到理论的阐述，并特别指出解释的哲学应该提升为行动的哲学。马克思在这里提出

[①] 《马克思恩格斯文集》第1卷，人民出版社2009年版，第501页。

[②] 同上。

了"哲学家们只是用不同的方式解释世界,问题在于改变世界"[①] 这一名言,从而实质性地推动了近现代哲学的转型发展,形成了迄今仍广有影响的行动哲学、实践哲学和革命哲学,这不仅是19世纪人类智慧发展的重大贡献之一,而且还非常直接地为20世纪的社会革命和人类巨变提供了理论指南和实践路径。我们常言"实践出真知",研究宗教也应该尊重事实、深入实际,突出其实践的意义及启迪,以此来摆脱教条主义、形式主义的羁绊。所以,坚持马克思主义宗教观的要义,就是充分体现出其社会"实践论"。

(参见笔者《马克思主义经典作家关于宗教的基本观点研究》书稿)

[①] 《马克思恩格斯文集》第1卷,人民出版社2009年版,第502页。

第六章

论马克思、恩格斯《神圣家族》中的宗教观

在马克思主义的创建中,马克思与恩格斯的合作至关重要。《神圣家族或对批判的批判所做的批判》则是这种合作的典型代表,是马克思与恩格斯合写的第一部著作,体现出两人在思想观点上的相互呼应、珠联璧合。具体来看,此书主要由马克思执笔,约1844年9月写于巴黎,大约用了几个月的时间,而恩格斯则分担了少部分章节,仅用了约十天时间写完,全书于1845年2月在法兰克福出版。

一 超越青年黑格尔派和费尔巴哈来重新审视宗教

《神圣家族》不仅是马克思、恩格斯对以布鲁诺·鲍威尔等人为代表的青年黑格尔派唯心主义思想的批判,而且是两人对费尔巴哈旧唯物主义思想的彻底清算,尤其是马克思在此透彻剖析了费尔巴哈的思想缺陷,根本跳出了其抽象人论的窠臼,从而真正走向了历史唯物主义、辩证唯物主义的科学发展。为此,恩格斯评价说,"费尔巴哈没有走的一步,必定会有人走的。对抽象的人的崇拜,即费尔巴哈的新宗教的核心,必定会由关于现实的人及其历史发展的科学来代替。这个超出费尔巴哈而进一步发展费尔巴哈观点的工作,是由马克思于1845年在《神圣家族》中开始的"[①]。

[①] 《马克思恩格斯文集》第4卷,人民出版社2009年版,第295页。

马克思和恩格斯在《神圣家族》中论述了他们对宗教及无神论的看法，其出发点就是针对以布鲁诺·鲍威尔为代表的青年黑格尔派所推行的思辨唯心主义及其用"自我意识"即"精神"代替"现实的个体的人"之错误主张。《神圣家族》的立意就是对这种错误观点展开公开批判，其"序言"即挑明了其立场："显而易见，这种没有肉体的精神只是在自己的臆想中才具有精神。在鲍威尔的批判中，我们所反对的正是以漫画形式再现出来的思辨。我们认为这种思辨是基督教日耳曼原则的最完备的表现，这种原则通过把'批判'本身变为某种超验的力量来作为自己的最后一次尝试。"[①] 为此，《神圣家族》正是对这种批判的批判所做的批判。

宗教就其观念而言涉及绝对的东西，但绝对只是与相对比较而言的，是在关系中、对比中存在，因而不能将这种绝对加以绝对化。基于这种对立统一、互为存在的观点，《神圣家族》对埃德加·鲍威尔和蒲鲁东的理论进行了分析："对埃德加先生说来，由于蒲鲁东提出了历史上的绝对的东西，由于他坚持对公平的信仰，所以他就成了神学的对象；而批判的批判由于职业的缘故就是神学的批判，现在就可以抓住蒲鲁东，从而在'宗教观念'上大做文章了。"而宗教观念的特点就是要在两个对立面中找出一个最后成为胜利和唯一真实的东西，因此"宗教的批判的批判是把这样一种情况奉为信条：两个对立面中有一个——'批判'——最后会作为唯一的真理战胜另一个对立面——'群众'。可是蒲鲁东却把群众的公平当作绝对的东西，奉为历史上的神，从而就犯下了更不公平的过错，因为公平的批判已经非常明确地为自己保留了这个绝对的东西、这个历史上的神的地位。"[②] 然而这两种对立的东西并非纯想象的行为，且不可能截然分开，因此必须将之作为一个整体来看待。同理，宗教中的神明既不能凭空来想象，也不可抽象来批判，而必须看到这种认知与现实的对立统一，认识到神之抽象观念乃是现实生

[①] 《马克思恩格斯文集》第 1 卷，人民出版社 2009 年版，第 253 页。
[②] 同上书，第 258—259 页。

第六章 论马克思、恩格斯《神圣家族》中的宗教观

存中人及其社会异化所折射出来的反映,其表现形式是抽象的、虚无的,但其曲折反映的内容却是具体的、真实的。

在分析蒲鲁东对国民经济学所做的批判时,马克思、恩格斯认为其做法是和鲍威尔兄弟这些德国批判家的做法基本相同的,"因为德国的批判家发现了人是证明神的存在的根据以后,就从人这个观点出发振振有词地直接反对神的存在"。但这是纯粹的、空洞的、抽象的理论批判,从概念到概念而缺乏实践基础,而且本身也因此是自相矛盾的。"按照布鲁诺·鲍威尔先生的观点,自我意识是一切宗教观念的基础。在他看来,自我意识是福音书的创造原则。为什么自我意识的原则所造成的结果比自我意识本身更强有力呢?人们用德国的方式回答我们说,这是因为:自我意识固然是宗教观念的创造原则,但是它只有作为脱离自我的、自相矛盾的、外化和异化了的自我意识,才能成为这种创造原则。因此,达到了自身、理解了自身、认识了自己本质的自我意识,就是支配着它的自我外化的各种产物的力量。"[①] 在马克思、恩格斯看来,宗教观念不是从人的头脑中凭空产生的,不是自我意识的纯然外化或异化的产物;宗教观念所反映的是人的社会异化,即"是他同他人的人的关系,是人同人的社会关系"的异化。[②]

不是从具体来分析问题,而是把具体的事物抽象化,使之成为"抽象的理智本质",这在马克思、恩格斯看来是青年黑格尔派之思辨哲学的最根本问题。"人们可以看出,基督教认为,上帝只有一个化身,而思辨哲学则认为,有多少事物就有多少化身,比如在这里,在思辨哲学看来,每一种果实都是实体的化身,即绝对的果实的化身。所以,思辨哲学家最感兴趣的就是,把现实的、普通的果实的存在制造出来,然后以神秘的口吻说,有苹果、梨、扁桃、葡萄干。但是,我们在思辨的世界里重新找到的这些苹果、梨、扁桃和葡萄干最多不过是虚幻的苹果、虚幻的梨、虚幻的扁桃和虚幻的葡萄干,因为它们是'果品'

[①]《马克思恩格斯文集》第1卷,人民出版社2009年版,第265—266页。
[②] 同上书,第268页。

这种抽象的理智本质的生命的各个环节，因而就是抽象的理智本质本身。……这些果实已经是具有更高的神秘意义的果实，它们是从你的脑子的以太中，而不是从物质的土地中生长出来的，它们是'果品'的化身，是绝对主体的化身。因此，当你从抽象，从'果品'这一超自然的理智本质返回到各种现实的天然的果实时，你倒使这些天然的果实具有了一种超自然的意义，使它们变成了纯粹的抽象。"[1] 把事物抽象化，则会走向其虚幻化，并导致其神秘意义的产生，但这种理智本身的游戏却脱离了实际，成为毫无意义的空谈。同理，看待宗教也不能仅仅将之视为自我观念的幻影或自我意识的单纯外化，而必须看到人的自我之外的社会关联，看到人在自我意识之外的真实存在。马克思、恩格斯并不赞赏"一个人用反对上帝存在的办法来反对他自己的宗教热忱"，而是强调，"因为群众的这些实际的自我外化以外在的方式存在于现实世界中，所以群众必须同时以外在的方式同它们进行斗争。群众决不会把自己的自我外化的这些产物仅仅看做观念的幻影，看做自我意识的单纯的外化，同时也不想通过纯粹内在的唯灵论的活动来消灭物质的外化"[2]。由此观之，青年黑格尔派承袭了黑格尔的思辨哲学传统，其特点就是将现实的事物、历史的存在加以思辨化、抽象化；黑格尔把历史看作绝对精神的抽象运动，也就是说，"黑格尔的历史观以抽象的或绝对的精神为前提"，而人只是其精神的承担者；所以，青年黑格尔派关于精神与人群的关系之论"事实上不过是黑格尔历史观的批判的漫画式的完成，而黑格尔的历史观又不过是关于精神和物质、上帝和世界相对立的基督教日耳曼教条的思辨表现"[3]。"黑格尔是在经验的、公开的历史内部让思辨的、隐秘的历史发生的"，在黑格尔的思辨体系中，"人类的历史变成了抽象精神的历史，因而也就变成了同现实的人相脱

---

[1] 《马克思恩格斯文集》第 1 卷，人民出版社 2009 年版，第 278—279 页。
[2] 同上书，第 288 页。
[3] 同上书，第 291 页。

第六章 论马克思、恩格斯《神圣家族》中的宗教观

离的人类彼岸精神的历史"①。

按此推理，宗教的自由不过就是一种抽象的自由、空洞的自由，"基督教关于精神自由、理论自由的教义，那是一种唯灵论的自由，那种自由即使戴着锁链也把自己想象成是自由的，那种自由在'观念'中是称心如意的"②，其抽象就使宗教等脱离了实际，并以这种抽象达到其绝对化，"正像宗教同全部世俗内容的脱离使宗教成为抽象的、绝对的宗教一样"，结果是在该"谈法的地方谈情感和良心，在谈法律教义的地方谈神学教义"，③ 在要运用政治经济学时却用上了思辨哲学；但这种思维一旦面对现实存在，其"观念"的自由就显得软弱无力，其空谈亦毫无用武之地。

从思辨哲学的性质及其特点来看，其实质乃一种精致的宗教，并没有脱离基督教日耳曼原则本身。马克思、恩格斯对之讽刺说，"正如上帝把自己的意志赋予自己的创造物——人一样，批判也把自己的意志赋予自己的创造物——命运。所以创造命运的批判也像上帝一样是万能的。甚至它所'遭遇到的'来自身外的'反抗'也是它自己的创造物"。"既然批判像上帝一样是万能的，那么它也像上帝一样是无所不知的，并且善于把它的万能同个人的自由、意志和天职结合起来。"④ 鲍威尔等青年黑格尔派仍然是囿于宗教本身的范围，其思辨因而只是一种神学的思辨，这势必脱离实践，脱离社会政治。这种抽象来看宗教的态度则正是马克思、恩格斯所坚决反对的。

在《神圣家族》中，马克思延续了其《论犹太人问题》对鲍威尔的批判。鲍威尔宣称其对犹太人问题的批判既不持宗教的观点，也不持政治的观点，但实际上其对犹太人问题的探讨是作为"纯粹宗教的"问题来探讨的，即"为真正神学的探讨和虚假政治的探讨"，"甚至在

---

① 《马克思恩格斯文集》第 1 卷，人民出版社 2009 年版，第 292 页。
② 同上书，第 297 页。
③ 同上书，第 300 页。
④ 同上书，第 302、303 页。

政治上研究的也不是政治，而是神学"①。《神圣家族》在此批评鲍威尔说，"这位神学家将根据表面现象作出判断，把宗教问题就看成宗教问题"。但鲍威尔却根本没有意识到，"宗教的焦点问题在当前具有社会意义。关于宗教利益本身再也没有什么可谈的了"。"鲍威尔先生只了解犹太教的宗教本质，但不了解这一宗教本质的世俗的现实的基础。他把宗教意识当做某种独立的本质来反对。所以，鲍威尔先生不是用现实的犹太人去说明犹太人的宗教的秘密，而是用犹太人的宗教去说明现实的犹太人。因此，鲍威尔先生对犹太人的理解仅限于犹太人是神学的直接对象或犹太人是神学家。"这种纯思辨的认知陷入抽象、空洞之中而找不到宗教的真实性之所在。马克思、恩格斯指出了鲍威尔等人在认知方向及方式上的错误，提出了与之对立的正确方向及方式："在剥掉了犹太教的宗教外壳，使它只剩下经验的、世俗的、实际的内核之后，才能够指明那种可以消除这个内核的实际的、真正社会的方式。""现实的世俗的犹太精神，因而也连同宗教的犹太精神，是由现今的市民生活所不断地产生出来的，并且是在货币制度中最终形成的。"鲍威尔"之所以未能意识到这一点，是因为他没有认识到犹太精神是现实世界的一环，而只把它当做是他的世界即神学的一环；是因为他作为一个虔诚的、忠实于上帝的人，不是把进行工作的、从事日常劳动的犹太人，而是把在安息日里假装正经的犹太人视为现实的犹太人"②。显然，在宗教与社会的关系上，鲍威尔的认知乃本末颠倒的，他只看到了宗教场景的人，而没有看到或没有真正重视现实社会生活中的人。这样，鲍威尔就彻底否认了犹太人的社会历史存在及其现实意义。"在这位笃信基督的神学家鲍威尔先生看来，犹太教的世界历史意义已经必不可免地从基督教诞生的那一时刻起荡然无存。所以，他必然要重复那种认为犹太教是违反历史而保存下来的陈旧的正统观点；而认为犹太教只是作为神的诅咒的确证，作为基督启示的明证而存在的陈旧的神学偏见，则必然要

---

① 《马克思恩格斯文集》第 1 卷，人民出版社 2009 年版，第 306 页。
② 同上书，第 307 页。

第六章　论马克思、恩格斯《神圣家族》中的宗教观

在鲍威尔那里以批判的神学的形式屡屡出现。根据这种形式，犹太教现在和过去都只是作为在宗教上对基督教的超世俗起源的肆无忌惮的怀疑而存在，也就是作为反抗基督启示的明证而存在。"[1] 在鲍威尔等人的眼里，犹太教的历史存在消失了，犹太教的社会意义亦荡然无存；犹太教在此只有了反衬基督教信仰存在的消极意义，只能在这种神学的审视和批判中才得以现形。这种思路显然延续了黑格尔抽象思辨的唯心主义哲学思想，脱离了历史、脱离了现实，因而也只能是以虚幻来遮蔽真实，在神学之维中难以自拔。对此，《神圣家族》在这里继续批评说，"鲍威尔先生虽然是批判的神学家或者说是神学的批判家，但却是名副其实的神学家，他并没有能够超越宗教的对立。他把犹太人对基督教世界的关系仅仅看做是犹太人的宗教对基督徒的宗教的关系。他甚至不得不在犹太人和基督徒与批判的宗教——无神论、有神论的最后阶段、对神的否定性的承认——的对立中批判地恢复宗教对立。最后，他由于自己的神学狂热，不得不把'现代犹太人和基督徒'即现代世界'获得自由'的能力，仅仅局限于他们理解并亲自从事神学'批判'的能力。在正统的神学家看来，整个世界都应归结为'宗教和神学'……同样，在激进的批判的神学家看来，世界获得解放的能力就应归结为把'宗教和神学'作为'宗教和神学'加以批判的唯一的抽象能力。他所知道的唯一的斗争是反对自我意识的宗教局限性的斗争，然而自我意识的批判的'纯粹性'和'无限性'也同样是神学的局限性"[2]。就宗教和神学本身来讨论其问题，是得不出任何正确结论的，因为其出发点和对问题的提法就不正确，顺此思路故而势必走向谬误。宗教本身既无根源亦无本质，绝不可能有纯粹的存在。"鲍威尔先生之所以用宗教和神学的方式来考察宗教和神学问题，就是因为他把现代的'宗教'问题看做'纯粹宗教的'问题。"[3]

---

[1]　《马克思恩格斯文集》第1卷，人民出版社2009年版，第307—308页。
[2]　同上书，第308—309页。
[3]　同上书，第309页。

与鲍威尔完全相反，《神圣家族》对这一问题给出了正确的解释说明，指出"犹太精神是通过历史、在历史中并且同历史一起保存下来和发展起来的，然而，这种发展不是用神学家的眼睛，而是只有用世俗人的眼睛才能看到，因为这种发展不是在宗教学说中，而是只有在工商业的实践中才能看到"。鲍威尔竟然把犹太人的宗教视为"一种特殊的自为地存在的本质"，以此作为其观察、审视世界之基，结果乃本末倒置、与正确方向背道而驰。所以，正确之途"不是用犹太人的宗教……来说明现代犹太人的生活，而是用那些在犹太人的宗教中得到幻想反映的市民社会的实际要素来说明犹太人宗教的顽强生命力"。而"犹太人解放成为人，或者说人从犹太精神中获得解放"应该"被理解为彻头彻尾渗透着犹太精神的现代世界的普遍的实践任务"，"消除犹太本质的任务实际上就是消除市民社会中的犹太精神的任务，就是消除现代生活实践中的非人性的任务，这种非人性的最高表现就是货币制度"①。显然，问题的关键不是宗教批判，而是对这种宗教所反映的存在着剥削、压迫之社会的批判，更具体而言即对当时欧洲资本主义制度的批判。因此，至关重要的是要找出这种宗教与其赖以生存的现代社会、现代国家的现实关系，透过这种社会、国家来观察、审视并理解其宗教，将鲍威尔等人所颠倒的关系再颠倒回来。

二 对犹太人与"基督教国家"关系的深入剖析

《神圣家族》还对当时欧洲犹太人与其生存的"基督教国家"或"基督教世界"的复杂关系进行了非常深刻的剖析。

首先，其实际体现的犹太精神不离其生存的基督教世界，"实际的犹太精神只有在完备的基督教世界里才达到完备的程度"，因为"这种实际的犹太精神正是基督教世界本身的完备的实践"②。这充分体现出

---

① 《马克思恩格斯文集》第 1 卷，人民出版社 2009 年版，第 308 页。

② 同上。

第六章　论马克思、恩格斯《神圣家族》中的宗教观　77

马克思主义社会存在决定社会意识的基本原则，看似异样的犹太精神在欧洲基督教世界中所反映的同样是这个基督教社会的特质而不是其他社会。

其次，所谓"完备的基督教国家"不是指具有宗教特权的那种"基督教日耳曼国家"；鲍威尔是"用'基督教国家'不可能在政治上解放犹太人这一点来说明犹太人在德意志各邦的处境"，"他把特权国家、基督教日耳曼国家设想成绝对的基督教国家"。但恰恰相反，"那种没有任何宗教特权的政治上完备的现代国家，也就是完备的基督教国家；因此，完备的基督教国家不仅能够解放犹太教，而且已经解放了他们，同时按这种国家的本质来说，也必定会解放他们"①。这里，马克思、恩格斯实际上是对政教分离及其意义进行了探讨，在其看来，"当国家摆脱了国教，而在市民社会范围内则让宗教自由行事时，国家就从宗教中解放出来了，同样，当单个的人不再把宗教当做公共事务而当做自己的私人事务来对待时，他在政治上也就从宗教中解放出来了"。能够把宗教作为私人事务来对待，而不把信奉宗教视为一种政治参与，并且也不再有国教那种政治权威，此即对宗教的政治解放；这是对宗教问题的正确处理，"法国革命对宗教采取的恐怖行动远没有驳倒这种看法，相反倒证实了这种看法"②。

最后，人们信仰宗教与否，不是他们能否参加政治、能否获得政治解放的必要前提，这种宗教信仰选择与政治参与并无直接关联。"把人划分为不信宗教的公民和信奉宗教的私人，这同政治解放毫不矛盾。"③ 因此，在现实政治中，不信宗教的公民和信奉宗教的私人都面对政治解放的同样问题。批判宗教、批判神学并非政治解放的必要任务，不要把政治批判与宗教批判相混，政治斗争及其政治解放也不可变为对宗教的批判。但在鲍威尔那里，"国家和宗教的对立成了议论的主旨，以致对

---

① 《马克思恩格斯文集》第 1 卷，人民出版社 2009 年版，第 310 页。
② 同上书，第 310—311 页。
③ 同上书，第 310 页。

政治解放的批判变成了对犹太人的宗教的批判"。"鲍威尔先生没有去研究现代国家对宗教的现实关系，就必然要幻想出一个批判的国家来，这样的国家其实无非就是那种在自己的幻想中狂妄地自认为体现着国家的神学批判家。每当鲍威尔先生陷入政治的时候，他总是重新把政治当做自己的信仰即批判的信仰的俘虏。只要他研究国家，他总是把它变成对付'敌人'即非批判的宗教和神学的论据。国家以批判神学的心愿的实现者身份来效力尽职。"① 鲍威尔批判宗教神学却有其政治目的，他试图为国家的绝对化而牺牲宗教，希望以此树立政治的权威。《神圣家族》指出，"当鲍威尔先生第一次摆脱了正统的非批判的神学时，在他的心目中，政治的权威就代替了宗教的权威。他对耶和华的信仰就变成了对普鲁士国家的信仰。……不仅普鲁士国家，而且——这是合乎逻辑的——普鲁士王室也被设想为绝对的。"但实际上，"这个国家的功绩就在于通过教会合并来取消宗教信条，并利用警察来迫害持不同意见的教派"②。这样，鲍威尔批判宗教的目的乃在于消灭宗教。"宗教为国家制度而牺牲，或者更确切地说，国家制度仅仅是消灭'批判'的敌人即非批判的宗教和神学的工具。"③ 然而，这种宗教批判既不是政治解放，更不是人的解放。因此，对政治解放或人的解放必须要有客观、冷静的审视，不能把矛头对准宗教。其实，在马克思、恩格斯看来，"人权并不是使人摆脱宗教，而是使人有信仰宗教的自由"④。所以，早在马克思、恩格斯这里，宗教信仰自由已经是人权的基本内容之一了，而侵犯了宗教自由也就是侵犯了人权。"批判曾经断言，犹太人和基督徒为了使别人和自己获得普遍的人权，就必须牺牲信仰的特权（批判的神学家是用自己的唯一的固定观念来解释一切事物的）。为了反驳这种论断，《德法年鉴》最后专门指出了在一切非批判的人权宣言中写明

---

① 《马克思恩格斯文集》第1卷，人民出版社2009年版，第311页。
② 同上。
③ 同上书，第312页。
④ 同上。

的一项事实,即按照自己的意愿选择信仰的权利,进行任何宗教礼拜的权利,都作为普遍的人权得到了明确承认。"[1] 按照自己的意愿选择信仰,参与宗教礼拜,被马克思、恩格斯承认为普遍的人权,这也是共产党坚持宗教信仰自由原则的理论依据和思想根底。有无宗教信仰并不妨碍人们为共同的政治目标而团结合作、共同努力。因此,政治合作与政治解放并不以有无宗教信仰为前提,这些不同信仰的人群都可以为了一个共同的政治理想而走到一起,而共产党领导的政治革命则理应团结一切可以团结的人群,自然也包括宗教信仰者。

三 论近代唯物主义和无神论的产生及发展

《神圣家族》还分析了欧洲近代唯物主义和无神论的产生,以及其发展演变与欧洲唯心主义和宗教神学历史发展的复杂关联,指出其奠立乃一漫长发展过程的产物,二者有着千丝万缕的联系。这一思想领域的重大突破产生在近代法国,但与德国哲学和英国思想也直接相关。"18世纪的法国启蒙运动,特别是法国唯物主义,不仅是反对现存政治制度的斗争,同时是反对现存宗教和神学的斗争,而且还是反对17世纪的形而上学和反对一切形而上学,特别是反对笛卡儿、马勒伯朗士、斯宾诺莎和莱布尼茨的形而上学的公开的、旗帜鲜明的斗争。人们用哲学来对抗形而上学,正像费尔巴哈在他第一次坚决地站出来反对黑格尔时以清醒的哲学来对抗醉醺醺的思辨一样。被法国启蒙运动特别是18世纪的法国唯物主义所击败的17世纪的形而上学,在德国哲学中,特别是在19世纪的德国思辨哲学中,曾经历过胜利的和富有内容的复辟。在黑格尔天才地把17世纪的形而上学同后来的一切形而上学以及德国唯心主义结合起来并建立了一个形而上学的包罗万象的王国之后,对思辨的形而上学和一切形而上学的进攻,就像在18世纪那样,又同对神学的进攻再次配合起来。这种形而上学将永远屈服于现在为思辨本身的活

---

[1] 《马克思恩格斯文集》第 1 卷,人民出版社 2009 年版,第 313 页。

动所完善化并和人道主义相吻合的唯物主义。费尔巴哈在理论领域体现了和人道主义相吻合的唯物主义，而法国和英国的社会主义和共产主义则在实践领域体现了这种和人道主义相吻合的唯物主义。"[1] 在古希腊创立哲学的时代，哲学与形而上学几乎同义，但亚里士多德的形而上学体系从一开始就追求超越物体的抽象思辨，故而逐渐发展为黑格尔的思辨哲学体系，而这种形而之上的超然追求亦使之有了宗教神学思辨的蕴含，从而遭到与法国大革命相伴随的法国唯物主义的批判。但唯物主义也不是凭空产生的，其在理论上则与当时的形而上学相对应，并有着对相关形而上学理论家的吸纳与扬弃，其中就典型体现在对笛卡儿理论体系的运用及批判上。笛卡儿在当时既是形而上学唯心主义体系的突出代表，同时又是出名的机械唯物主义理论家。笛卡儿代表着中古与近代欧洲哲学极为关键的分水岭，他以"我思故我在"的名言一方面宣布了主体之我的存在，另一方面则强调了思辨的意义。一方面，他是当时形而上学的代表。"17世纪的形而上学，在法国以笛卡儿为主要代表，它从诞生之日起就遇上了唯物主义这一对抗者。代表唯物主义同笛卡儿较量的人物，是伊壁鸠鲁唯物主义的恢复者伽桑狄。法国和英国的唯物主义始终同德谟克利特和伊壁鸠鲁保持着紧密的联系。笛卡儿的形而上学所遇见的另一个对抗者是英国的唯物主义者霍布斯。"[2] 从这一意义上说，笛卡儿乃当时唯心主义的典型代表。另一方面，他却也与唯物主义有着直接关联。"法国唯物主义有两个派别：一派起源于笛卡儿，一派起源于洛克。后一派主要是法国有教养的分子，它直接导向社会主义。前一派是机械唯物主义，它汇入了真正的法国自然科学。"[3] 这里，法国唯物主义又直接起源于笛卡儿。"笛卡儿在其物理学中认为物质具有自主创造的力量，并把机械运动看做是物质的生命活动。……在他的物

---

[1] 《马克思恩格斯文集》第1卷，人民出版社2009年版，第327页。
[2] 同上书，第328—329页。
[3] 同上书，第327—328页。

理学的范围内，物质是唯一的实体，是存在和认识的唯一根据。"① 在笛卡儿本人的思想中就出现了裂变，有着唯物、唯心思想因素的奇特共构，并影响到其所在社会及其思想传承。"他把他的物理学和他的形而上学完全分开。""法国的机械唯物主义附和笛卡儿的物理学而同他的形而上学相对立。他的学生按职业来说都是反形而上学者，即物理学家。"② 而当时法国唯物主义的兴起是与其社会发展密切关联的，因而并非简单地因哲学的发展而使然。这种发展是法国经济社会现状的复杂反映，"人们之所以能用18世纪的唯物主义理论来解释17世纪的形而上学的衰败，仅仅是因为人们对这种理论运动本身是用当时法国生活的实践形态来解释的。这种生活所关注的是直接的现实，是世俗的享乐和世俗的利益，是尘俗的世界。同它那反神学的、反形而上学的、唯物主义的实践相适应的，必然是反神学的、反形而上学的、唯物主义的理论。形而上学在实践上已经威信扫地。"③ 在此，马克思、恩格斯对唯物主义的产生及其社会关联亦有客观、冷静的分析，其对待唯物主义、唯心主义的态度都不是截然地全盘否定或全盘肯定，而是具体问题具体分析。他们对法国唯物主义的产生既给予充分肯定，也指出当时其反映的是法国"尘俗的世界"，包括其"世俗的享乐和世俗的利益"，从而脱离了以往形而上学所具有的那种超脱和抽象。正是在这种意义上，唯物主义在当时欧洲的语境中亦具有"物质主义"之蕴含，并非为马克思主义所完全肯定或接受。

在《神圣家族》中，马克思、恩格斯进而对唯物主义的萌生及其发展演变与形而上学唯心主义和宗教神学的复杂联系展开了深入、透彻的剖析。随着近代欧洲自然科学的发展及其经济社会的孕育成熟，传统的形而上学及宗教神学亦发生了复杂嬗变。"17世纪的形而上学（请大家想一想笛卡儿、莱布尼茨等人）还具有实证的、世俗的内容。它在

---

① 《马克思恩格斯文集》第1卷，人民出版社2009年版，第328页。
② 同上。
③ 同上书，第329页。

数学、物理学以及其他一些表面看来从属于它的特定科学领域都有所发现。但是在 18 世纪初这种表面现象就已经被消除了。实证科学脱离了形而上学,给自己划定了独立的活动范围。全部形而上学的财富只剩下思想之类的东西和天国的事物,而正是在这个时候,实在的东西和尘俗的事物却开始吸引人们的全部注意力。形而上学变得枯燥乏味了。"① 科学的实用和社会的世俗化使思辨哲学显得既枯燥乏味、又毫无用处,形而上学成为脱离实际、不食人间烟火的代名词。而真正突破形而上学樊篱、迎来近代哲学全新发展的分水岭,则是皮埃尔·培尔的思想体系及其理论创新。马克思、恩格斯宣称,"使 17 世纪的形而上学和一切形而上学在理论上威信扫地的人是皮埃尔·培尔"②。他的思想始于与形而上学有着关联的怀疑论,而且是以笛卡儿的形而上学为出发点。但是,"正像反对思辨神学的斗争把费尔巴哈推向反对思辨哲学的斗争,就是因为他认为思辨是神学的最后支柱,因为他不得不迫使神学家从伪科学逃回到粗野的、可恶的信仰,同样,对宗教的怀疑引起了培尔对作为这种信仰的支柱的形而上学的怀疑。因此,他批判了形而上学的整个历史发展过程"③。皮埃尔·培尔的历史意义及其贡献一方面在于其以对形而上学体系的破坏而为唯物主义的立足奠立了基础,另一方面则是其对无神论的推崇。这种思想理论的萌芽为法国战斗无神论乃至法国大革命的发展提供了舆论准备,营造了历史氛围。所以,《神圣家族》对皮埃尔·培尔如此评价说:"皮埃尔·培尔不仅用怀疑论摧毁了形而上学,从而为在法国接受唯物主义和合乎健全理智的哲学作了准备,而且他还证明,由清一色的无神论者所组成的社会是能够存在的,无神论者能够成为可敬的人,玷污人的尊严的不是无神论,而是迷信和偶像崇拜,通过这种证明,他宣告了不久将要开始存在的无神论社会的来临。"正是在上述意义上,马克思、恩格斯肯定皮埃尔·培尔"是 17

---

① 《马克思恩格斯文集》第 1 卷,人民出版社 2009 年版,第 329 页。
② 同上书,第 329—330 页。
③ 同上书,第 330 页。

世纪意义上的最后一个形而上学者,也是 18 世纪意义上的第一个哲学家"①。这里,经典作家并没有否定新旧理论之间的关联,以及从旧往新的过渡。思想认知和社会发展基本上是一条历史连线,只是在其关键路段会出现转折或开拓,由其里程碑式的人物实现并见证了这种历史的延续。所以,我们应该看到不同理论的本质区别,但不应该将之绝对隔开、完全分离。历史的突变和质变是建立在其渐变和量变的发展基础上的。

不过,马克思、恩格斯并不认为近代欧洲唯物论是在法国出现的,却强调英国是其诞生地,而且还是在中世纪与近代交接之间的欧洲唯心论甚至宗教神学中逐渐产生出来的。这一唯物论并非凭空而降,相反是在代表欧洲中世纪唯心主义之典范的经院哲学之中得以产生,而经院哲学恰好就是当时基督宗教神学的独特表述。《神圣家族》在此指出,"唯物主义是大不列颠本土的产儿。大不列颠的经院哲学家邓斯·司各脱就曾经问过自己:'物质是否不能思维?'""为了使这种奇迹能够实现,他求助于上帝的万能,即迫使神学本身来宣讲唯物主义。此外,他还是一个唯名论者。唯名论是英国唯物主义者理论的主要成分之一,而且一般说来它是唯物主义的最初表现。"② 而对经院哲学展开批判的弗兰西斯·培根才是"英国唯物主义和整个现代实验科学的真正始祖",但培根还没有彻底摆脱有神论的窠臼,所以《神圣家族》才对之有着如此评价,"唯物主义在它的第一个创始人培根那里,还以朴素的形式包含着全面发展的萌芽。物质带着诗意的感性光辉对整个人发出微笑。但是,那种格言警句式的学说本身却还充满了神学的不彻底性。"③ 从邓斯·司各脱经培根、霍布斯、洛克等人,英国唯物主义经历了从有神论到自然神论的发展,由此也使无神论得以隐蔽其内悄然发展。自然神论之神乃"世界理性"或"有智慧的意志",这种神明被理解为创世之

---

① 《马克思恩格斯文集》第 1 卷,人民出版社 2009 年版,第 330 页。
② 同上书,第 330—331 页。
③ 同上书,第 331 页。

后就遁隐、不再过问世界存在及发展的非人格的始因，就如此后人们所言物质运动的"第一推动力"那样完成了其使命，"所以人们对神的存在就一无所知了"，于是，人们只能理解"物质是一切变化的主体"，也"只有物质的东西才是可以被感知、被认识的"，人们还进而认识到"只有我自己的存在才是确实可信的"，但又"不能把思想同思维着的物质分开"。① 这样遂有了"我思故我在"的存在意识和"物质会思维"的新奇观念，而唯物主义则从唯心主义、宗教神学的束缚中破茧化蝶、脱颖而出。在此过程中，"霍布斯消除了培根唯物主义中的有神论的偏见，而柯林斯、多德威尔、考尔德、哈特莱、普利斯特列等人则消除了洛克感觉论的最后的神学樊篱"。所以，"自然神论至少对唯物主义者来说不过是一种摆脱宗教的简便易行、凑合使用的方法罢了"②。这里，马克思主义经典作家谈到了欧洲近代唯物主义的起源与宗教神学的复杂关联，以及二者之间存在的辩证关系和张力。

除了上述关涉宗教的内容之外，《神圣家族》最后还论及形而上学思辨在德国青年黑格尔派的批判哲学那里，从宗教神学之神明信仰所体现的客观唯心主义即绝对唯心主义到自我意识的哲学之主观唯心主义的嬗变。马克思、恩格斯认为，青年黑格尔派的所谓批判哲学"'只是'暴露了一种'不彻底性'。这'一个'批判性的领域无非就是神学领域。这个领域的纯粹的疆土从布鲁诺·鲍威尔的《符类福音作者考证》开始，一直延伸到布鲁诺·鲍威尔的最远的边境要塞——《基督教真相》。"③ 鲍威尔、施特劳斯这两人主要代表着青年黑格尔派，"两人各自在神学的领域内彻底地贯彻黑格尔体系。……他们两人在自己的批判中都超出了黑格尔体系，但同时他们两人都继续停留在黑格尔思辨的范围内"，相比之下，在受黑格尔影响的同时代德国哲学家中，"只有费尔巴哈才立足于黑格尔的观点之上而结束和批判了黑格尔的体系，因为

---

① 《马克思恩格斯文集》第1卷，人民出版社2009年版，第332页。
② 同上。
③ 同上书，第338页。

费尔巴哈消解了形而上学的绝对精神，使之变为'以自然为基础的现实的人'；费尔巴哈完成了对宗教的批判，因为他同时也为批判黑格尔的思潮以及全部形而上学拟定了博大恢宏、堪称典范的纲要"①。鲍威尔不再坚持黑格尔的绝对精神之说，尤其在当时他所展开的基督教福音书研究中不再强调按绝对精神所理解的神圣精神，他认为福音书关于耶稣的故事及说教体系不可能由人们无意识地流传而成，而是有某种个人"自我意识"的观念形成；但他却又过于夸大了这种自我意识的作用，使之成为"无限的自我意识"。其自我意识的哲学使之没能走向唯物主义，而是在唯物、唯心二者之间徘徊。"这样，鲍威尔先生既为反对非批判的神学的唯物主义作辩护，同时又指责唯物主义'还没有'成为批判的神学、理智的神学、黑格尔的思辨。"② 这一局限使鲍威尔没能走出唯心主义的樊篱，没有正确理解意识与存在的关系，故而仍然停留在思想史上的旧时代，仍然抽象、单纯地就宗教来论宗教。"因为'宗教世界作为宗教世界'只是作为自我意识的世界而存在，所以批判的批判家——职业的神学家——无论如何也不可能想到，竟然有这样一个世界，在那里意识和存在是不同的……因此，存在和思维的思辨的神秘的同一，在批判那里作为实践和理论的同样神秘的同一重复着。"③ 没有认识到人的存在及人的思维所依靠的社会，这是旧唯物主义和唯心主义的根本缺陷。马克思、恩格斯的成就正是在于其创造性地突破了这种缺陷，从而在认识、分析、评价宗教上有了质的改变、取得了划时代的成功。

（原载《宗教学研究》2016 年第 4 期）

---

① 《马克思恩格斯文集》第 1 卷，人民出版社 2009 年版，第 342 页。
② 同上书，第 344—345 页。
③ 同上书，第 358 页。

第七章

论马克思、恩格斯《德意志意识形态》中的宗教观

这是马克思和恩格斯共同合作的另一经典著作,其全称为《德意志意识形态——对费尔巴哈、布·鲍威尔和施蒂纳所代表的现代德国哲学以及各式各样先知所代表的德国社会主义的批判》。两人写作的目的是批判现代青年黑格尔派哲学。其中部分内容并没有写完,还有一些内容则是恩格斯在马克思逝世之后,在整理马克思的遗稿时加以补充完成的。

一 2009年版《马克思恩格斯文集》第1卷新译本中所论及的宗教观

在这部著作中,马克思和恩格斯针对青年黑格尔派的宗教观念进行了分析评价,认为其泛宗教性批判并没有找出问题的根本所在,故而只是一种较为肤浅和表层的认知。"从施特劳斯到施蒂纳的整个德国哲学批判都局限于对宗教观念的批判。他们的出发点是现实的宗教和真正的神学。至于什么是宗教意识,什么是宗教观念,他们后来下的定义各有不同。其进步在于:所谓占统治地位的形而上学观念、政治观念、法律观念、道德观念以及其他观念也被归入宗教观念或神学观念的领域;还在于:政治意识、法律意识、道德意识被宣布为宗教意识或神学意识,

第七章　论马克思、恩格斯《德意志意识形态》中的宗教观　　87

而政治的、法律的、道德的人，总而言之，'人'，则被宣布为宗教的人。宗教的统治被当成了前提。一切占统治地位的关系逐渐地都被宣布为宗教的关系，继而被转化为迷信——对法的迷信，对国家的迷信等等。到处涉及的都只是教义和对教义的信仰。"① 这里，马克思、恩格斯指出青年黑格尔派把宗教视为一切社会问题及矛盾的根源是把宗教与社会的关系完全颠倒了，认为这种把宗教直接作为批判对象的认知并没有找到问题的根本，因此不同意他们将宗教作为"所厌恶的一切关系的终极原因，他们的主要敌人"。显然，青年黑格尔派和老年黑格尔派在宗教的评价问题上如出一辙，他们都"认为宗教、概念、普遍的东西统治着现存世界"，结果也都没有走出其历史的局限，在抽象思辨的空论中转不出其死胡同。但相比之下，青年黑格尔派更富有批判精神，他们不同意老年黑格尔派对这种统治合法性的理解，开始否定这种统治并展开思想批判，从而有着相对的理论进步。

但马克思、恩格斯认为青年黑格尔派仅立足于观念上的批判也还是错误的。青年黑格尔派将宗教、思想等属于意识范畴的东西看作"人们的真正枷锁"，对之采取了抽象排拒的态度，"硬说一切都包含宗教观念或者宣布一切都是神学上的东西，由此来批判一切"②。马克思、恩格斯指出，青年黑格尔派的思想局限，使之只能以"改变意识的要求"来开展所谓革新，即就意识论意识，而没有看到意识的社会关联，没有认识到意识只是社会存在的反映。青年黑格尔派的改革，也只不过是希望人们按照他们所主张的抽象道德基准，"用人的、批判的或利己的意识来代替他们现在的意识，从而消除束缚他们的限制"，但这只不过"要求用另一种方式来解释存在的东西"，即只是换了解释的方式而没有改变其解释的本质，对其存在的现实故而乃"借助于另外的解释来承认它"；这样，青年黑格尔派的实质乃为持守传统的"保守派"，他们并没有触动根本性的内容，而仅仅在"词句"上做文章，只是空

---

① 《马克思恩格斯文集》第 1 卷，人民出版社 2009 年版，第 514—515 页。
② 同上书，第 515 页。

洞地"用词句来反对这些词句";可以说,青年黑格尔派实质上仍旧维系着传统世界,他们"仅仅反对这个世界的词句",而"绝对不是反对现实的现存世界"①。马克思、恩格斯在此戳穿了青年黑格尔派所谓"震撼世界的"词句,揭露了其精神本质,指出他们显然还保持着旧世界的基本特质,并对之起着维护作用,他们所改变的,只是所谓的意识,只想到精神上的变化,而根本没有触及任何社会意义上的改变或革命;其旨归在思想行动而不是社会行动。这充分说明青年黑格尔派在哲学上仍属唯心主义的思想体系,而在社会政治的选择上也只可能起到守旧作用,持有保守主义、维系现状的态度;马克思、恩格斯虽然看到了青年黑格尔派哲学批判的合理意义,但认为"这种哲学批判所能达到的唯一结果,是从宗教史上对基督教作一些说明,而且还是片面的说明"②。

人与自然界的区别何在,人的本质究竟是什么?这是单凭哲学思辨所不能根本解决的问题,而涉及经济、社会、政治等更为关键、更加根本的领域。对于人的意识所起的作用,马克思、恩格斯承认,"可以根据意识、宗教或随便别的什么来区别人和动物",但这种认识仍过于肤浅,从而不能解决根本问题。马克思、恩格斯强调,认识人的本质最根本地要靠对人的生产力、生产方式和生活资料这些要素本身的认识,由此才可揭示出其社会存在的惊人秘密。"一旦人开始生产自己的生活资料,即迈出由他们的肉体组织所决定的这一步的时候,人本身就开始把自己和动物区别开来。人们生产自己的生活资料,同时间接地生产着自己的物质生活本身。""人们用以生产自己的生活资料的方式,首先取决于他们已有的和需要再生产的生活资料本身的特性。"③ 马克思、恩格斯是基于对人的生产力、生产方式和生产关系的考察来认识人、认识人之社会的。而在研究民族、宗教问题时,同样要坚持这一基本原则和

---

① 《马克思恩格斯文集》第1卷,人民出版社2009年版,第515页。
② 同上书,第516页。
③ 同上书,第519—520页。

第七章　论马克思、恩格斯《德意志意识形态》中的宗教观

正确思路。"各民族之间的相互关系取决于每一个民族的生产力、分工和内部交往的发展程度。这个原理是公认的。"[①] 不能抽象地看人、抽象地谈人的思想，因为人本身按其本质就不可能以抽象的人来界定；人是生活在现实社会之中，因此也只能在其鲜活的社会关系中、从其现实生存来观察、分析和界定人，把握其真正的本质属性。"个人不是他们自己或别人想象中的那种个人，而是现实中的个人，也就是说，这些个人是从事活动的，进行物质生产的，因而是在一定的物质的、不受他们任意支配的界限、前提和条件下活动着的。"在现实中并没有在抽象中相互隔离之人，而只有在社会生活过程、生产方式中所共同存在、形成其连接纽带的社会之人、关系之人，有着错综复杂的社会关系和政治关系。所以说，人的本质就在于其乃社会之人，是以"经济""政治"为本质的群居"动物"。真正认识人只能根据人的这种社会生产、社会生活及社会关系来认识。人是鲜活的社会存在，人有着实在的社会关系，人际交往首先就是这种社会层面及意义上的关系之展开。因此，只能这样来对人加以定性，故而不能"带有任何神秘和思辨的色彩"[②]。这里，马克思、恩格斯以德语词汇那独特而形象的结构来对之说明，所谓"意识"（das Bewußtsein）只能是那"被意识到了的存在"（das bewußte Sein），也就是说，先有存在，然后才有对之反映或意识，意识的实质正是存在的反映，意识的家园或者说其根源就在人的这种物质生产活动的社会之中。"思想、观念、意识的生产最初是直接与人们的物质活动，与人们的物质交往，与现实生活的语言交织在一起的。人们的想象、思维、精神交往在这里还是人们物质行动的直接产物。表现在某一民族的政治、法律、道德、宗教、形而上学等的语言中的精神生产也是这样。人们是自己的观念、思想等的生产者，但这里所说的人们是现实的、从事活动的人们，他们受自己的生产力和与之相适应的交往的一

[①]《马克思恩格斯文集》第 1 卷，人民出版社 2009 年版，第 520 页。
[②] 同上书，第 524 页。

定发展——直到交往的最遥远的形态——所制约。"① 人的意识不是"从天国降到人间",而是"从人间升到天国",是在现实社会中产生出来并逐渐得以抽象地升华,其牢固的现实基础乃不言而喻的;意识因而只能是人的现实生活实践、人的经济政治社会存在的反射和反映。"甚至人们头脑中的模糊幻象也是他们的可以通过经验来确认的、与物质前提相联系的物质生活过程的必然升华物。因此,道德、宗教、形而上学和其他意识形态,以及与它们相适应的意识形态便不再保留独立性的外观了。它们没有历史,没有发展,而发展着自己的物质生产和物质交往的人们,在改变自己的这个现实的同时也改变着自己的思维和思维的产物。不是意识决定生活,而是生活决定意识。"② 灰色的理论必须修改,而生活之树常青。分析意识基于其现实生活,生活乃意识之源。当人们抽象地空谈宗教意识,对之褒贬臧否、品头评足时,实在应该好好琢磨、体悟经典作家这些鞭辟入里的论述。马克思、恩格斯在此彻底打破了那种认为人的思想乃抽象、独立地运行的传统观念,使人的思想有了坚实的社会生存基础。宗教也是由现实生活所决定的,人在其存在中因为不同的社会生活或物质基础则会产生不同的宗教,对宗教有着不同的领悟和实践。如果作为宗教存在基础的社会性质发生了变化,反映这一社会基础的宗教当然也会在其性质上发生相应的变化。青年黑格尔派虽然已经承认思想意识本身并没有绝对独立的抽象存在,但他们却缺乏历史唯物主义的审视。"凡是在他们缺乏实证材料的地方,凡是神学、政治和文学的谬论不能立足的地方,就没有任何历史,那里只有'史前时期',至于如何从这个荒谬的'史前历史'过渡到真正的历史,他们却没有对我们作任何解释。"③ 由于缺乏与社会现实的关联,青年黑格尔派等德国唯心主义者并不了解思想意识的真正所依,他们所能关注的并加以相应分析的只是观念史,而社会史、政治经济史却没有映入其眼

---

① 《马克思恩格斯文集》第 1 卷,人民出版社 2009 年版,第 524—525 页。
② 同上书,第 525 页。
③ 同上书,第 532 页。

第七章　论马克思、恩格斯《德意志意识形态》中的宗教观

帘，所以他们的解释有着唯心主义之虚与空。马克思、恩格斯对这种传统解释的扬弃，就是从关注人的社会生产及其社会关系出发，从而给出了科学的、历史唯物主义的解释。由此可见，马克思主义经典作家的这种宗教观，是结合社会史、政治经济史的科学研究来展开的。

在宗教起源问题上，宗教学理论对之有着"原生性"和"创生性"宗教之分，前者有其自然发展，但后者则基于人为创立。马克思、恩格斯于此指出了"自然宗教"与"人为宗教"的不同性质，前者的产生乃自然而然的过程，后者则与人的主观创建直接关联，而其区别则涉及原始宗教与文明宗教，以及其所反映的原始社会到阶级社会的过渡和转型等问题。这里，马克思、恩格斯的见解与上述宗教学理论有着异曲同工之效，而且其对宗教的历史起源及发展做出了更加科学的解释，由此建立起了历史唯物主义的宗教观。马克思和恩格斯强调宗教作为一种意识是相关社会的产物，宗教的发展、变迁、提升的经历是伴随着人类社会历史的相应发展、变化而出现的，有着如影随形的关联。而人的意识所涉及的范围也是逐渐扩大而达到全面覆盖的。自然宗教反映出人的认识发展的客体阶段，人并没有将自己从自然界剥离出来，而是视自己为自然界的普通一员，并无特别的凸显。这种对人所生存的自然界之机械反映，就是以自然宗教为典型代表。不可否认，人对自然界的原初意识在其初起阶段是非常低下的，故有原始思维之说。"自然界起初是作为一种完全异己的、有无限威力的和不可制服的力量与人们对立的，人们同自然界的关系完全像动物同自然界的关系一样，人们就像牲畜一样慑服于自然界，因而，这是对自然界的一种纯粹动物式的意识（自然宗教）。"[①] 这种自然宗教所表现的"纯粹动物式的意识"、其对自然界的认知关系，同样也反映出人与原初自然社会的关系，由人在当时得以生存的那种社会形式所决定的。在无文字记载的人类发展阶段，传说就是先民的历史，这种口传史迄今在文化史、民族史的研究中仍然有其独特的魅力。而朴实幼稚却充满浪漫想象的神话则是先民的哲学，从中可以

---

① 《马克思恩格斯文集》第1卷，人民出版社2009年版，第534页。

窥测其对外在世界及人之自我的认识和思考。人类的进化不仅使社会出现了不同的社会分工，而且也开始萌生对这种分工的自我认识，其最初也是"自发的"或"自然的"，这是人的原始意识的典型特征。一旦到了人类社会有了物质劳动与精神劳动的区分，人的意识也从原始走向文明，开始了其独立思考，有了"认识你自己"这种意味深长的主体思考，于是人就将自己从自然界分开来看，并把自己作为观察、研究自然的主体，而自然界则成为人的研究对象，甚至是人的对立面。从此，人不再局限于"纯粹动物式的意识"，而是有了人的"自我意识""主体意识"，而超越自然宗教的、由人所主动创立的"人为宗教"亦应运而生。这里，马克思、恩格斯推出了属于马克思主义宗教史学的发展观、进化观。对这种宗教进化、发展，马克思、恩格斯追溯到了劳动分工的意义，并对之有着非常精辟的分析："分工只是从物质劳动和精神劳动分离的时候起才真正成为分工。从这时候起意识才能现实地想象：它是和现存实践的意识不同的某种东西；它不用想象某种现实的东西就能现实地想象某种东西。从这时候起，意识才能摆脱世界而去构造'纯粹的'理论、神学、哲学、道德等。但是，如果这种理论、神学、哲学、道德等同现存的关系发生矛盾，那么，这仅仅是因为现存的社会关系同现存的生产力发生了矛盾。"[①] 自然宗教作为人类原始时期的宗教尚无明确的自我意识，或者说几乎只是有着"纯粹动物"的意识，此即后来宗教学所理解的原生性宗教。而人为宗教则显然具有独立的自我意识，是人的主观创造或者说是人的作为，这就是宗教学所言之创生性宗教。不过，这两种类型的宗教都不是凭空产生，都不能脱离人当时所依存的社会生产力及其社会关系的发展，尽管前者较为直接和感性，是对其社会较为模糊的反映，却不离其反映的实质；而后者的反映却较为间接和复杂，这也从一个侧面说明社会的进步与发展。"此外，不言而喻，'幽灵'、'枷锁'、'最高存在物'、'概念'、'疑虑'显然只是孤立的个人的一种观念上的、思辨的、精神的表现"，其表现也是关涉现

---

① 《马克思恩格斯文集》第 1 卷，人民出版社 2009 年版，第 534—535 页。

第七章　论马克思、恩格斯《德意志意识形态》中的宗教观

实社会存在的，是以幻想来复杂地再现其真实社会的存在；对之加以反映的观念"即关于真正经验的束缚和界限的观念；生活的生产方式以及与此相联系的交往形式就在这些束缚和界限的范围内运动着"①。任何宗教观念自古至今都不是凭空产生的，都以其看似想象的形式反映出相关之人的现实存在，曲折地说明了其社会生产结构。这些反映有局限，但也会有变化，会随其社会的发展变化而不断调适、调整自我，所以，我们应该实事求是、辩证发展地看待宗教意识的传承与革新。

马克思、恩格斯关注宗教和政治的关系，认为二者都不过"是时代的现实动因的形式"，但青年黑格尔派却错误地把"这些特定的人关于自己的真正实践的'想象'、'观念'变成了一种支配和决定这些人的实践的唯一起决定作用的和积极的力量"。政教关系的根本在于其社会，其社会性质决定了其宗教的发展及特点。马克思、恩格斯举例指出，"印度人和埃及人借以实现分工的粗陋形式在这些民族的国家和宗教中产生了种姓制度，于是历史学家就以为种姓制度是产生这种粗陋的社会形式的力量"；而在"纯粹精神"领域中兜圈子的德国思想者们也犯了同样的错误，他们"把宗教幻想推崇为历史的动力"，以为宗教可以决定历史的进程。于是，好似"只有借助于'不信神'才能摆脱这种历史的幻觉而得救"。这种错误的认识在反对宗教的表层之下却掩盖了其宗教思维之实，而"这种观点实际上是宗教的观点：它把宗教的人假设为全部历史起点的原人，它在自己的想象中用宗教的幻想生产代替生活资料和生活本身的现实生产"。这种虚幻的代替却被人信以为真，"似乎这个'神的王国'不是存在于想象之中，而是存在于其他什么地方"②；他们忘了自己其实就生活在现实社会"人的王国"之中，却以"神人"等虚构来作为"支配着各个历史时代"③的主体。其结果，他们眼中只有"观念的历史"、却没有"社会的历史"，鲜活、生

---

① 《马克思恩格斯文集》第 1 卷，人民出版社 2009 年版，第 535 页。
② 同上书，第 546 页。
③ 同上书，第 547 页。

动的人类社会进程竟然被其解构，社会史在观念史中消失了。因此，不可满足于"不信神"的宗教解脱，而必须追求"不受压迫"的社会解放。

据其本源，青年黑格尔派早已形成了其唯心论的空虚历史观，"黑格尔本人在《历史哲学》的结尾承认，他'所考察的仅仅是概念的前进运动'，他在历史方面描述了'真正的神正论'"[①]。而马克思、恩格斯正是以对这一德国唯心主义大厦的拆除和摧毁来宣布其全新思想体系的诞生，实现了与德国唯心主义传统和旧唯物主义思想的彻底决裂。马克思、恩格斯一针见血地指出德国思想传统对宗教纯精神批判的局限和迷误，明确要求人们回到社会现实、认识社会生产力和生产关系的真实发展，宣布只能于此之中才能寻觅到宗教存在的真正缘由，说明宗教的发展绝不可能脱离现实社会存在，认为"宗教从一开始就是超验性的意识，这种意识是从现实的力量中产生的"[②]。人们在对宗教的认知必须从虚幻的"天国"回到坚实的"人间"，不能被其"超验性的意识"所迷惑而必须看到其得以产生的"现实的力量"。谈论宗教不是在飘浮的思想虚空中，而必须在"接地气"的社会现实中。

二 1960年版《马克思恩格斯全集》第三卷旧译本中所论及的宗教观

马克思、恩格斯在这里同样是围绕对青年黑格尔派思想观念的批判而展开其论述，并回溯了德国唯心主义历史观的发展传统。青年黑格尔派认知上的唯心史观实际上与德国哲学唯心主义传统有着内在关联，是其逻辑发展。在这种德国哲学的历史观中，"思辨的观念、抽象的观点变成了历史的动力，因此历史也就变成了单纯的哲学史。然而，就是这种哲学史也不是根据现有材料所载的真实面貌来理解的……它被理解成

[①] 《马克思恩格斯文集》第1卷，人民出版社2009年版，第553页。
[②] 同上书，第587页。

现代德国哲学家、特别是黑格尔和费尔巴哈所理解和阐述的那样。而从这些阐述中所采取的也只是那些能够适合当前目的的东西,根据传统转归我们圣者的东西。这样,历史便成为单纯的先入之见的历史,成为关于精神和怪影的神话,而构成这些神话的基础的真实的经验的历史,却仅仅被利用来赋予这些怪影以形体,从中借用一些必要的名称来把这些怪影装点得仿佛真有实在性似的"①。哲学史上的这种怪异现象是要历史服从其思想的需求,其中的宗教史观也是空洞的"神话",其对宗教的起源及发展的解说自然经不起科学研究的推敲,被马克思、恩格斯所否定。

历史唯物主义是以客观历史来说明宗教,而唯心史观则是以宗教来解释历史真实,其历史的社会内容被抽空而成为"神创史",以"上帝的话"来代表历史的真理。马克思、恩格斯认为这种唯心主义的宗教史观乃"头脚颠倒"、本末倒置之举。宗教史并非纯宗教的历史,而是现实社会生动、复杂之历史的写照,这可以在对古代世界的认知与基督教的理解之比较上得以察觉:"古代人没有照基督教的办法去对待他们的世界。一旦非真理性在他们的世界后面产生……古代的哲学家便力图洞察真理世界或他们世界的真理,而到那时,当然发现它已非真理了。他们的探寻本身就已是这一世界的内部解体的征兆。乡下佬雅各把唯心主义的征兆变成解体的物质原因,他以德国圣师的姿态迫使古代自身寻找自身的否定——寻找基督教。……乡下佬雅各只要把古代世界变成后来的关于古代世界的意识,当然就可以从唯物主义的古代世界一跃而转到宗教的世界,即基督教。于是立刻就有'上帝的话'来与现实的古代世界相对立,就有处于现代怀疑家状态的基督教徒来与处于哲学家状态的古代人相对立。他的基督教徒'决不会相信上帝的话是空的',并且由于这种不相信而'相信''上帝的话是永恒的和不可磨灭的真理'。他的古代人之所以是古代的,就是因为这古代人是非基督教徒,还不是基督教徒或潜在的基督教徒;同样,他的原始基督教徒之所以是基督教

---

① 《马克思恩格斯全集》第 3 卷,人民出版社 1960 年版,第 131—132 页。

徒，就是因为这原始基督教徒是非无神论者，还不是无神论者、潜在的无神论者。结果他倒让古代人来否定基督教，让原始基督教徒来否定现代无神论，而不是相反。乡下佬雅各像所有其他思辨哲学家一样，是从事物的哲学尾巴上来抓一切事物的。"① 这种"让观念的历史来产生物质的历史"之说显然"颠倒事实"，故而有必要正本清源，把这种认识与实际的颠倒摆正过来，即从物质的历史、人的社会史来说明观念历史、理解宗教历史，而不可相反。

对无神论史的研究，是马克思主义宗教学的重要内容。马克思、恩格斯在此论及欧洲古代无神论的发展，尤其对伊壁鸠鲁评价颇高。欧洲无神论学说体系的历史传统可以追溯到伊壁鸠鲁，他"是古代真正激进的启蒙者，他公开地攻击古代的宗教，如果说罗马人有过无神论，那末这种无神论就是由伊壁鸠鲁奠定的。因此卢克莱修歌颂伊壁鸠鲁是最先打倒众神和脚踹宗教的英雄；因此从普卢塔克直到路德，所有的圣师都把伊壁鸠鲁称为头号无神哲学家"。② 马克思主义经典作家曾对伊壁鸠鲁有过专门研究，非常欣赏他对现实世界所采取的客观对待的态度。"我们由此可以看出，这位公开的无神论者在公然进攻世界的宗教的时候是如何'狡猾、诡谲'和'聪明'地对付世界；而斯多葛派却使古宗教去适应自己的思辨，怀疑论派则是用他们的'假象'概念作为借口，使他们的一切判断都带有 reservatio mentalis〔精神上的保留〕。"③ 聪明地对待世界乃真正的哲学智慧，古代唯心主义哲学流派的根本弱点，恰如黑格尔所言的"使精神对现实界的一切漠不关心"④。虽然可以在抽象的精神世界中展开漫无边际的思辨，但这并不能真实地反映现实世界，而且还会使哲学失去睿智、变得愚拙。只有基于对现实的观察

---

① 《马克思恩格斯全集》第 3 卷，人民出版社 1960 年版，第 140—141 页。
② 同上书，第 147 页。
③ 同上。
④ 同上书，第 148 页。

第七章　论马克思、恩格斯《德意志意识形态》中的宗教观

及客观反映，思想才可能真实可信，也才有其真正价值。青年黑格尔派"不去描绘作为基督教的物质基础的'事物世界'，却让这个'事物世界'毁灭在精神世界、基督教中"①，其颠倒之途即选择从宗教出发来考察"事物世界"，以宗教来描述、界说现实，而不是踏踏实实地以在"事物世界"的"现实历史联系"中探索精神世界的正确方法来考察宗教，其结果是与正确方向背道而驰、越离越远；青年黑格尔派等唯心主义历史理解只有"精神现象学"，而无其真正需要的"政治经济学"。这种思辨哲学看似天马行空、可以肆意驰骋，而实际上只是在非常狭小、远离实际的空间中兜圈子，因此与真实世界失之交臂，不了解人之实实在在的社会生活。唯心史观只可能在欧洲中世纪和近代的历史中找到"宗教和哲学的历史"，因此其基本思考及其思路仍然属于传统神学认知范畴，也"从来没有超出神学的学问"；在这种唯心史观中，人类"迄今为止的历史"只不过是"精神的人的历史"，也就是说，他们对历史的解释只能是一种"信仰"的表述②，而没有找到或触及这种信仰、精神的本源和本质。

青年黑格尔派仅就宗教来论宗教，没能从宗教中走出来以更正确、更可靠的方法来看宗教。他们以自我循环的方式而将宗教视为其"自身原因"，对"自我意识"和"人"的本质都以宗教来解读。其结果他们只有超验而无经验、只有抽象而无具体、只有思辨而无实证、只有神话而无史实，"不去从经验条件解释宗教，不去说明：一定的工业关系和交往关系如何必然地和一定的社会形式，从而和一定的国家形式以及一定的宗教意识形式相联系"③。与之针锋相对，马克思、恩格斯认为："'基督教本身'没有任何历史，基督教在不同时代所采取的不同形式，不是'宗教精神的自我规定'和'它的继续发展'，而是受完全经验的

---

① 《马克思恩格斯全集》第 3 卷，人民出版社 1960 年版，第 149 页。
② 同上书，第 151 页。
③ 同上书，第 162 页。

原因、丝毫不受宗教精神影响的原因所制约的。"① 因此，必须用社会发展史、政治经济史来补充宗教史、神学史。

在马克思、恩格斯看来，思想史不是空洞精神活动的反映，宗教史也绝非纯神明观念的写照。一切思想史、精神史、宗教史都必须以经济生产为基础的社会发展史作为其本源和根基，它们一旦离开现实真实就会变成"怪影""异在"，出现异化，失去其真实性。只有社会生产及其形成的经济基础才具有根本意义，一切思想、意识、精神、观念等都与社会经济基础及其形成的社会关系、社会制度和社会结构有着密切联系，社会决定思想，而思想只是对社会的反映。当然，思想精神尤其宗教意识对现实社会的反映不可能非常直接、直白，而有歪曲和颠倒，让人很难看得明白、清晰，只能留下复杂、模糊的图像；但这种水中倒影、雾里观花却是在反映、重现其现实存在，启迪我们透过模糊云雾而把握真实存在。马克思、恩格斯认为青年黑格尔派将"生活和历史的全部多样性都归结为'意识'对'对象'的各种关系"乃明显错误的，②强调不要从宗教本身来看社会，而必须从社会本身来看宗教，在社会存在中找出宗教现象的秘密，而不是相反而行。"宗教本身既无本质也无王国。在宗教中，人们把自己的经验世界变成一种只是在思想中的、想象中的本质，这个本质作为某种异物与人们对立着。这决不是又可以用其他概念，用'自我意识'以及诸如此类的胡言乱语来解释的，而是应该用一向存在的生产和交往的方式来解释的。"宗教基于社会而存在，宗教的本质"既不在'人的本质'中，也不在上帝的宾词中去寻找这个本质，而只有到宗教的每个发展阶段的现成物质世界中去寻找这个本质"③。宗教只有在现实社会中获得其真实存在，宗教也只能依附这个现实世界来真正存在。回归历史，"古代基督教徒在这个世界上没有任何所有物，因此他们满足于自己想象出来的天国的所有物和自己

---

① 《马克思恩格斯全集》第3卷，人民出版社1960年版，第163页。
② 同上。
③ 同上书，第170页。

的神的财产权。他们不是使世界成为人民的所有物,而是宣布自己及自己的贫苦伙伴是'属上帝的子民'"①。由于在这个世界的异化,他们故而觉得自己不属于这个世界,而找寻另一个世界,但另一个世界只能是在彼岸世界即来世呈现,这种宗教思维所理解的超然存在并不存在;但宗教作为社会群体存在却不可能从根本上彻底超越这一现实世界,而会作为社会利益集团或政治群体卷入现实的经济争夺或政治纷争,但其经济、政治性已不属于宗教的本有范畴,由此而描述了宗教跨越此岸与彼岸、今生与来世、现实与超越、世俗与神圣的真实处境。宗教的超越只有虚幻梦境的意义,其实际存在则不可能摆脱现实社会对宗教的约束或要求。而宗教在社会政治存在及其社会活动中也不可能得到真正脱离世俗管束的任何"特权"或"豁免",宗教的社会存在使之在社会中并无绝对自由。宗教只是在精神世界中得到自我"解救",这是与其在现实世界中得不到真正"解脱"相呼应、相对应的。在现实世界中,难有真正的纯宗教利益,其诉求仍然曲折地反映出其现实社会的利益。所以说,宗教抽象的超世也难掩盖其真实的经世。

不可否认,历史上的世俗利益往往会异化为"宗教利益"来出现,相关的社会阶级及其集团的利益,也经常可能会以宗教的形式来寻求或得到保护。在历史实存中不可能有纯而又纯的宗教存在,不可能有超越真实世界、"不食人间烟火"的绝对宗教现象。正因为宗教会曲折地反映出社会的需求、世人的处境,所以宗教被用来掩盖、藏匿、粉饰或辩护各种现实的、社会的即世俗的利益也就不足为怪了。在历史和现实中没有纯化的、彻底摆脱世俗的宗教存在。各种不同宗教都有各种复杂的现实诉求,折射出其世俗的利益。所以,我们对宗教的审视首先应是社会的、政治的、经济的,然后才是哲学的、思辨的、抽象的。马克思、恩格斯承认青年黑格尔派发现了"在历史上表现出来的两个方面,即个别人的私人利益和所谓普遍利益,总是互相伴随着的",但认为其发现、分析、思考的立场、方法却是有问题的,因为"这一事实是在错

---

① 《马克思恩格斯全集》第 3 卷,人民出版社 1960 年版,第 205 页。

误的形式，神圣的形式下，从理想的利益、圣物、幻觉的角度去发现的"；青年黑格尔派所谓的宗教解答，即"市民等'感到他们个人太微不足道'"，其"无可置疑的证明""就是他们的宗教信仰，就是他们把自己分为暂时的和永恒的人这件事"；这种宗教解答方式即"先把普遍利益和个人利益的斗争变成斗争的幻想，变成宗教幻想中的简单反思，然后以他们的宗教信仰来解释他们的宗教信仰"①。但显然这种解释陷入了自说自话、同语反复的自我解释怪圈，绝非正确答案。马克思、恩格斯则指出其根本出路只能是面向生活、面向社会、面向现实，应该把"思维的产物的东西理解为生活的产物"。而且，历史唯物主义的社会分析还必须包括阶级分析，说明"个人利益总是违反个人的意志而发展为阶级利益，发展为共同利益，后者脱离单独的个人而获得独立性，并在独立化过程中取得普遍利益的形式，作为普遍利益又与真正的个人发生矛盾，而在这个矛盾中既然被确定为普遍利益，就可以由意识想象成为理想的，甚至是宗教的、神圣的利益，这是怎么回事呢？在个人利益变为阶级利益而获得独立存在的这个过程中，个人的行为不可避免地受到物化、异化，同时又表现为不依赖于个人的、通过交往而形成的力量，从而个人的行为转化为社会关系，转化为某些力量，决定着和管制着个人，因此这些力量在观念中就成为'神圣的'力量"，异化显然与社会阶级的划分有关，"在一定的、当然不以意志为转移的生产方式内，总有某些异己的、不仅不以分散的个人而且也不以他们的总和为转移的实际力量统治着人们"，对此必须加以社会关系、阶级利益的分析，而不能"把这一事实作为宗教去想象"②。马克思主义唯物史观对待宗教的根本立场就是把宗教现象复原到社会存在现象来考察，以鲜活、真实的社会存在来解释其看似虚幻的宗教存在，在异化的宗教中看到社会阶级的区分及矛盾斗争，从而说明宗教现象的本质所在，破解其神圣面纱下的秘密。

---

① 《马克思恩格斯全集》第 3 卷，人民出版社 1960 年版，第 272—273 页。
② 同上书，第 273—274 页。

第七章 论马克思、恩格斯《德意志意识形态》中的宗教观

在《德意志意识形态》中，马克思、恩格斯针对青年黑格尔派用宗教来观察、解释社会现象之错误方法及路径而展开了分析、批判，强调要坚持用现实社会存在来解释宗教，对宗教揭秘和解密。在马克思主义看来，宗教并无独立的自我"王国"，人们并无凭空、抽象的意识，这一切精神现象都可以用社会分析来做出解答，都必须根据其现实社会存在来真正理解。因此，分析宗教不可能局限于神学和哲学，不只是批判神学，其更重要的乃是基于人们真实存在的经济基础及其带来的社会关系和社会制度来认识、理解宗教，结合社会现实来找寻宗教真实，分析、解决其相关问题。

（参见笔者《马克思主义经典作家关于宗教的基本观点研究》书稿）

第八章

论马克思《〈政治经济学批判〉序言》中的宗教观

马克思在为《政治经济学批判，第一分册》所写的这一序言中，对其唯物史观的宗教理解作了进一步阐述，所强调的仍然是在对宗教等社会意识形态的分析中必须注意并基于其社会经济结构、生产方式，通过社会存在来解释宗教存在，而不能相反。这种在宗教与社会之关系中突出社会、强调社会的第一性，乃是马克思主义宗教观的主旋律和核心思想。马克思指出："人们在自己生活的社会生产中发生一定的、必然的、不以他们的意志为转移的关系，即同他们的物质生产力的一定发展阶段相适应的生产关系。这些生产关系的总和构成社会的经济结构，即有法律的和政治的上层建筑竖立其上并有一定的社会意识形式与之相适应的现实基础。物质生活的生产方式制约着整个社会生活、政治生活和精神生活的过程。不是人们的意识决定人们的存在，相反，是人们的社会存在决定人们的意识。"[1] 这里，马克思的基本观点再次得以经典表述。马克思非常清楚地说明，经济基础决定上层建筑，经济基础是第一性的，是最为根本的，是分析上层建筑的出发点和基本前提；而经济基础的变更也自然会带来上层建筑的变化，上层建筑随经济基础的变更而变化，这种相应性和呼应性是了解二者关系所必须注意的，不应该使这

---

[1] 《马克思恩格斯文集》第2卷，人民出版社2009年版，第591页。

第八章 论马克思《〈政治经济学批判〉序言》中的宗教观　　103

种关系出现脱节,其中有着辩证逻辑和内在秩序。如果将其分开,则会误判上层建筑,回过头来也会影响对其经济基础的基本理解。在人类历史发展、社会进步的过程中,势必发生经济基础的变革,这种变革则包括物质、经济上和意识形态上这两个层面的变革,"一种是生产的经济条件方面所发生的物质的、可以用自然科学的精确性指明的变革,一种是人们借以意识到这个冲突并力求把它克服的那些法律的、政治的、宗教的、艺术的或哲学的,简言之,意识形态的形式"[①]。如果在社会经济基础、社会经济制度发生根本变化之后,仍以僵化、形而上学的态度看待宗教,无视宗教的发展变化,其论说显然不是马克思主义立场的,也肯定是错误的。

在此,马克思已经说明,宗教属于社会上层建筑,是社会意识形态的形式之一,因而自然也会受到其赖以生存的经济基础的影响和制约。宗教意识并非孤立存在,而是有其社会基础,与其存在的社会直接关联;宗教是这一社会的有机构建和内在因素,没有脱离其社会的独立存在。因此,我们认识、解释宗教和对待、处理宗教问题,则必须与相关社会结合来看,而不应该从这一社会剥离宗教的态度来看宗教。把宗教与其社会隔离开来论说宗教,显然是空洞的、唯心的,其结果或是毫无意义的空谈,或会带来社会对宗教认识及态度的误导。根据马克思主义的这一基本立场观点,我们在看待当今宗教时,也必须将相关宗教与其关联的社会结合起来考虑。这一基本观点,在任何变化的社会中都是适用的,有其普遍意义。不顾其社会关联而空洞地否定宗教、批判宗教,并不是马克思主义所持守的基本立场,而是违背马克思主义基本思想原则的。对宗教这种意识形态的分析、认识,"必须从物质生活的矛盾中,从社会生产力和生产关系之间的现存冲突中去解释"[②]。马克思对二者关系的论述清晰、明确,不可对之熟视无睹,更不应对之加以割裂和误解。在当今中国社会,如果不顾中国社会所发生的巨大变化而仍然

[①] 《马克思恩格斯文集》第 2 卷,人民出版社 2009 年版,第 592 页。
[②] 同上。

简单套用马克思主义经典作家对 19 世纪欧洲宗教的评断，同样是对马克思主义理论权威的挑战，是对马克思主义方法逻辑的否定。

  对于宗教问题的解决，马克思强调要实事求是、因势利导，不可操之过急，不能违背历史的发展规律。现在对于宗教仍然只是在发现和认识问题的历史阶段，奢谈其问题的根本解决显然为时尚早，不能头脑发热、操之过急，并应防止欲速而不达所带来的相反效果和负面影响。"所以人类始终只提出自己能够解决的任务，因为只要仔细考察就可以发现，任务本身，只有在解决它的物质条件已经存在或者至少是在生成过程中的时候，才会产生。"① 这种精辟思想对我们当前妥善处理宗教问题亦具有历史的洞见和前瞻意义，为我们提供了重要思路和政治睿智。我们今天的任务不是消极对待宗教、具体实施使宗教"消亡"的举措；与之恰恰相关，我们今天的任务乃是，而且也只应该是对宗教的"积极引导"，在我们社会主义的初级阶段使之能够积极适应，与我们当下的社会发展相协调、相吻合。虽然对宗教思想观念存在的问题不能熟视无睹、顺其自然，对其错误应该展开有针对性的批评，但这种对宗教的批评也必须把握好分寸，实事求是，有机结合其时空背景及社会处境来展开，不可抽象而论，也没有必要过度发挥、漫无边际。

  （参见笔者《马克思主义经典作家关于宗教的基本观点研究》书稿）

---

 ① 《马克思恩格斯文集》第 2 卷，人民出版社 2009 年版，第 592 页。

第九章

论马克思《经济学手稿（1857—1858年）》中的宗教观

马克思撰写的《经济学手稿》虽没有完成，但其内容中有着马克思主义宗教观的重大理论突破。马克思结合其对人类学的观察和研习，在对宗教本质的认识上提出了"宗教是人类掌握世界的一种方式"的基本思路，这种观点不仅深化了对宗教基本要素的认知，而且扩大了人们观察宗教的视野，在其认识论和世界观的研究上都有着独特意义。在中国当代学术界对马克思主义宗教观的研究中，有不少学者对上述论点评价极高，认为此乃马克思主义关于宗教的真正定义，而且是马克思根本走出黑格尔哲学思维模式影响之后对宗教本质的独立解释，故而具有里程碑意义。当然，对这种评价尚需认真推敲，才能给出科学的结论。

马克思在论述政治经济学的方法时，曾旁征博引，普遍联系，其中也涉及人类究竟如何来认识世界的问题，表达了他对这一问题的思考、分析和理解。德国思想传统习惯于抽象的分析，所以唯心主义的思辨哲学较为成熟和流行。但与这种思想传统截然不同，马克思更注重具体问题具体分析、有理有据，使其思想有着坚实的实际基础。马克思坚持从综合、整体的意义上来谈论具体，指出"具体之所以具体，因为它是许多规定的综合，因而是多样性的统一。因此它在思维中表现为综合的过程，表现为结果，而不是表现为起点，虽然它是现实的起点，因而也是直观和表象的起点"；这里，具体与抽象有着辩证的关联，形成呼应和对应,"抽象的规定在思维行程中导致具体的再现"。但在黑格尔那里,马克思却认为黑格尔把这种关系已经弄颠倒了:"黑格尔陷入幻觉,把实在理解为自我综合、自我深化和自我运动的思维的结果,其实,从抽象上升到具体的方法,只是思维用来掌握具体、把它当做一个精神上的具体再现出来的方式。但决不是具体本身的产生过程。"具体有其客观存在,也可以在人的思想中以精神的方式来将之再现。在此,马克思亦论及人的主体认知意义,肯定了人的思维有其独立性和主观能动性,从而在观察世界中凸显其意义。"在意识看来(而哲学意识就是被这样规定的:在它看来,正在理解着的思维是现实的人,而被理解了的世界本身才是现实的世界),范畴的运动表现为现实的生产行为……而世界是这种生产行为的结果。"真实世界并非彼岸世界,并不是与人的意识和认识格格不入;相反,人的思想可以认识真实世界、把握具体存在。而在人的这种思想运动中,"具体总体作为思想总体、作为思想具体,事实上是思维的、理解的产物;但是,决不是处于直观和表象之外或驾于其上而思维着的、自我产生着的概念的产物,而是把直观和表象加工成概念这一过程的产物"①。这里,马克思论及思维与存在、抽象与具体的关系问题,进而从认识论上探究了人因具有"思维着的头脑"而在把握世界上有其独特意义。于是,马克思为理解宗教开辟了新的领域,提供了新的视野,深化了对宗教本质的认识问题。

马克思在这部作品中前所未有地提出了他关于宗教本质作用及其意义的一个重要见解:"整体,当它在头脑中作为思想整体而出现时,是思维着的头脑的产物,这个头脑用它所专有的方式掌握世界,而这种方式是不同于对于世界的艺术精神的,宗教精神的,实践精神的掌握的。实在主体仍然是在头脑之外保持着它的独立性;只要这个头脑还仅仅是思辨地、理论地活动着。因此,就是在理论方法上,主体,即社会,也必须始终作为前提浮现在表象面前。"②马克思在此之前主要是从社会

---

① 《马克思恩格斯文集》第 8 卷,人民出版社 2009 年版,第 25 页。

② 同上书,第 25—26 页。

存在论意义上来谈论宗教,而这一段论述的特别之处,则是马克思在这里专门从认识论的意义上来正面肯定宗教的认识功能,并且把"宗教精神"与理论思想、艺术精神和实践精神并列为人类"掌握世界"的四种基本方式。这一论述大大开阔了我们的视野和对马克思主义宗教观的认识。马克思以往主要是从消极、被动意义上论及宗教与社会的关系,以及宗教的社会作用,但在此却是明确地从思想认识论和社会文化论等角度来支持并肯定宗教参与认识世界、改造世界,即从比较积极的态度上肯定宗教的这种"掌握世界"的功能。鉴于马克思以往在论述宗教上与青年黑格尔派的纠葛,其相关语气被视为"黑格尔"式的,所以有人认为这是马克思彻底摆脱黑格尔流派影响之后对宗教本质的真正界说,而且是从肯定层面将宗教作为人类掌握世界的一种特殊方式来加以正面论述和说明。宗教在人类认识世界、掌握世界上的意义及作用,在此显然得到了正面的肯定,马克思从积极意义上承认宗教作为对自然世界和人类社会的认识及其反作用的价值,表达了对宗教掌握自然、掌握自我、掌握社会的这种方式的重要关切。但必须承认,马克思在此并非系统论述宗教的本质,只是点到为止的神来之笔,而没有体系化的论证,也没有将这一思想亮点加以充分展开。对其在马克思主义宗教观体系中的意义与作用,有待进一步探究。这里有一点值得深思的,就是马克思所论及的"整体"观。熟悉西方思想传统的人都知道,西方思维的主流是"二元分殊""神人对立"的分化观,哲学如此,神学依然,其在分析哲学上有其优杰之处,逻辑的缜密亦得以凸显,但其综合思想欠缺,几乎没有合二为一、多元整合、多层共构的整体思维。而东方特别是中国的思想特征则是整体观、整合论。马克思在此所论"整体"虽然仅是思想火花的一闪,却给我们带来了中西智慧对话的启迪,照亮了未来跨越东西方之路。

这一"导言"的另一重大意义,则是马克思在其中还专门谈到了宗教的发展变迁问题,以及对神话的积极评价。宗教不是一成不变的,其发展变化乃是事实,也是历史使然。宗教的发展变化一方面是对其之前已不适应历史进程之古旧形态的淘汰,另一方面是继承、发扬其中有着鲜活生命力和发展潜力的因素,体现出宗教的"跟上时代"或"与时俱进",否则宗教不可能会有长达千余年的存在及发展。宗教的思想观念、组织结构、社会形态都不可能凭空发展,而会对其传统加以保存、扬弃,在今天的相关宗教中都在一定程度上有其历史传统的积淀。在宗教历史上,宗教改革就是典型的推陈出新之举,这种改变模式通常都是批判并扬弃其传统,使其宗教形态出现范式的转换。而且,宗教也只是当其发展到有了自我批判精神,为社会、时代所要求时才会产生其内在的革新,从而在反思自我、回顾过去的基础上往前推进。马克思说,"历史发展总是建立在这样的基础上的:最后的形式总是把过去的形式看成是向着自己发展的各个阶段,并且因为它很少而且只是在特定条件下才能够进行自我批判……所以总是对过去的形式作片面的理解。基督教只有在它的自我批判在一定程度上,可说是在可能范围内完成时,才有助于对早期神话作客观的理解。……在资产阶级经济学没有用编造神话的办法把自己同过去的经济完全等同起来时,它对于以前的经济,特别是它曾经还不得不与之直接斗争的封建经济的批判,是与基督教对异教的批判或者新教对旧教的批判相似的"[①]。这种宗教在批判中的否定之否定,就形成宗教的革新与发展。从神话到宗教,也有着人类思维不断成熟之伴随。

马克思专门研究过西方信仰传统中的早期神话,还高度评价了古希腊神话。从历史唯物主义的视角,马克思认为神话同样是人的社会现实存在的曲折反映,并进而剖析了希腊神话对相关社会历史的独特反映,阐述了其得以产生及存在的条件、其所形成的历史文化价值和其最终消亡的原因。马克思说,"希腊神话不只是希腊艺术的武库,而且是它的土壤。成为希腊人的幻想的基础、从而成为希腊(艺术)的基础的那种对自然的观点和对社会关系的观点,能够同走锭精纺机、铁道、机车和电报并存吗?……任何神话都是用想象和借助想象以征服自然力、支配自然力,把自然力加以形象化;因而,随着这些自然力实际上被支

[①] 《马克思恩格斯文集》第8卷,人民出版社2009年版,第30页。

配，神话也就消失了"。这句耳熟能详的警言对神话的浪漫精神及其积极意义有着充分的肯定。马克思在这里所强调的仍然是社会对宗教神话的影响，指出不同的神话实质上就是反映了不同的社会文化背景，并发展出不同的艺术特色及其成果。"希腊艺术的前提是希腊神话，也就是已经通过人民的幻想用一种不自觉的艺术方式加工过的自然和社会形式本身。这是希腊艺术的素材。不是随便一种神话，就是说，不是对自然（这里指一切对象的东西，包括社会在内）的随便一种不自觉的艺术加工。埃及神话决不能成为希腊艺术的土壤或母胎。但是无论如何总得是一种神话。因此，决不是这样一种社会发展，这种发展排斥一切对自然的神话态度，一切把自然神话化的态度；因而要求艺术家具备一种与神话无关的幻想。"[1] 神话是远古先民的哲思与遐想，其朦胧与浪漫相交织、幻想与期盼相融合，质朴却情深，这种神话的"幼稚"给人们留下了丰富的想象力，其自身亦有着永恒的艺术魅力。其实，中国古代神话就充满了积极意义，有着丰富的人文情怀。随着人类的成熟，好像已告别了神话，但其所保留的童趣仍让人怀念和珍视。马克思通过对神话的充分肯定和积极评价，表达了他对宗教文化意义的肯定和赞赏，这是我们今天审视宗教文化价值时应该好好学习的。马克思主义对人类文明历史包括人类宗教文化史有着充分的肯定和高度的赞赏，这是历史唯物主义对待人类文化遗产和以往文化传承的积极态度和客观评价。马克思非常欣赏这种具有天性和童趣的古希腊神话，在此书中曾有着如此的评说，"困难不在于理解希腊艺术和史诗同一定社会发展形式结合在一起。困难的是，它们何以仍然能够给我们以艺术享受，而且就某方面说还是一种规范和高不可及的范本"[2]。"在每一个时代，它固有的性格不是以其纯真性又活跃在儿童的天性中吗？为什么历史上的人类童年时代，在它发展得最完美的地方，不该作为永不复返的阶段而显示出永久的魅力呢？……希腊人是正常的儿童，他们的艺术对我们所产生的魅

---

[1] 《马克思恩格斯文集》第8卷，人民出版社2009年版，第35页。
[2] 同上。

力，同这种艺术在其中生长的那个不发达的社会阶段并不矛盾。这种艺术倒是这个社会阶段的结果，并且是同这种艺术在其中产生而且只能在其中产生的那些未成熟的社会条件永远不能复返这一点分不开的。"①在宗教学的发展历史上，最早宗教学的雏形就是以比较神话学、比较语言学来表述和推出。西方宗教学创始人麦克斯·缪勒就是著名的比较神话学家和比较语言学家，他研究了各种神话，比较了神话语言，并试图找出并解释相关神话语言的原初寓意及其后来嬗变，从而非常直接地推动了西方宗教学的起源与发展。而马克思对上述神话的研究，对宗教学的发展亦具有无限意蕴。

马克思在这部著作中的一个明显突破，就是特别论及宗教与人类文化、艺术、精神发展的密切关联，并对其重要意义加以充分肯定和详细阐述，因而乃为文化史、艺术史研究的重要指导思想。在对人类文化史的回顾与反思中，马克思显然对宗教的文化意义有着独特的审视和极高的评价。他在这一"导言"中还说："历来的观念的历史叙述同现实的历史叙述的关系。特别是所谓的文化史，这所谓的文化史全部是宗教史和政治史。"② 从宗教史和政治史来概括全部文化史，说明马克思对宗教的高度重视和深入研究。马克思这时还专门展开了文化史的研究，他至少摘录了三部文化史著作，即威·瓦克斯穆特的《文化通史》、威·德鲁曼的《文化史大纲》和古·克列姆的《人类文化通史》③。这说明马克思此时已有对宗教的文化史思考，并在尝试构建其宗教文化史理论体系。这种尝试虽然没能完成，却应引起我们今天在进行文化反思时的高度重视，并加以仔细推敲。马克思不仅从社会经济角度论及宗教与社会的关系和意义，而且也从社会文化视野看到宗教与文化的关联及其价值。这是马克思主义宗教观发展的一个重要理论突破，我们应该注意到这一重大进展及其意味深长的蕴含，这也有助于我们全面理解马克思对

---

① 《马克思恩格斯文集》第 8 卷，人民出版社 2009 年版，第 36 页。
② 同上书，第 33 页。
③ 同上书，第 598 页。

宗教的认识，体悟其思想理论的整体性、系统性和发展性。中国在 20 世纪 80 年代之改革开放的初期，其宗教学理论界曾经历了"宗教是否为文化"的讨论，对"宗教是文化""宗教史是文化史"的观点，在马克思的上述阐发中得到了印证和肯定。因此，马克思主义宗教学与宗教文化学的发展也是可以有其内在关联的。马克思从社会经济来看宗教是其宗教观的基础与前提，但马克思的认知并不是到此为止，而是继续发展，在构思其开放的文化理论或文化史体系。马克思在此考虑到了宗教的社会意义、宗教的自然意义和精神意义，以一种整体、系统观来看待宗教在人类"掌握世界"上的作用，这种开放性的宗教理解与研究，值得我们今天继往开来，发扬光大。

（参见笔者《马克思主义经典作家关于宗教的基本观点研究》书稿）

第十章

论马克思《资本论》中的宗教观

《资本论》代表着马克思主义思想体系的完成和其达到的高峰，以其政治经济学的全貌和对资本的关注及剖析为马克思主义哲学实践其"行动的哲学"奠定了基础、做好了准备，因而具有划时代的意义，迄今仍被全世界所重视和运用。如法国学者托马斯·皮凯蒂所著《21世纪资本论》就成了当代最有影响的畅销书之一，而其标题、创意及思路显然是来自并学自马克思。当然，也可以说，马克思通过深入、系统的社会经济研究而已经意识到"宗教不是世俗狭隘性的原因，而只是它的表现"，为此将其研究重点转向政治、经济问题。所以，《资本论》本身也代表着马克思对宗教的研究已基本结束，其精力主要转向了深入、系统地研究资本主义社会的经济运动规律，找出资本的奥秘及其破解资本主义社会的路径。

《资本论》是马克思、恩格斯两人的智慧结晶，代表着其珠联璧合、天衣无缝的思想共构。马克思本来有着独自撰写《资本论》的庞大计划，但整个撰写和出版计划未能完成。在马克思逝世后，恩格斯则承担起这一艰巨任务，他根据马克思的手稿对《资本论》第二卷、第三卷加以编辑整理，终于将之完成出版。《资本论》的出版使经典马克思主义的发展达到高潮，并给当时西方的工人阶级运动带来了鼓舞和推动，形成巨大的社会影响。因此，《资本论》获得了"工人阶级的圣经"之殊荣①。本来，恩格斯还想根据整理的《剩余价值理论》而计划进而推出《资本论》第四卷的出版，但在其有生之年未能完成，该书内容此后由考茨基于1905年至1910年陆续整理出版，故而没有作为《资本论》的主体内容来流传。

马克思在《资本论》中对宗教的探究，重点放在其对"拜物教"的剖析，主要内容集中在《资本论》第一卷之中。从其结构来看，《资本论》第一卷包括一册七篇二十五章，专门论述"资本的生产过程"。其对宗教问题的论述，散见于相关文章之中，但对涉及宗教最主要、最基本的问题都有相应的阐述。这里，马克思以对拜物教的分析而与其对资本的研究相关联，其中涉及理解宗教的一个重要方面，即对"异化"的认识，所谓宗教的异化实际上是对社会异化的反映。此后卢卡奇受马克思主义的影响，亦在其代表著作《历史和阶级意识——马克思主义辩证法研究》中以对拜物教的分析研究论及这种异化理论。可以说，卢卡奇的拜物教研究代表着西方新马克思主义的发展，虽然这一流派提供了对马克思主义的另一种解读，仍然值得我们关注和研究。

马克思在《资本论》第一卷中探讨了"商品的拜物教性质及其秘密"，主要涉及商品拜物教与货币拜物教。他在分析商品时认为商品"是一种很古怪的东西，充满形而上学的微妙和神学的怪诞"；一些普通而可感觉的物"一旦作为商品出现，就转化为一个可感觉而又超感觉的物"。物品作为商品后会发生微妙变化，出现原本没有的某种特质；但"商品的神秘性质不是来源于商品的使用价值"及"价值规定的内容"②，而是从商品"这种形式本身来的"；也就是说，商品的所谓神秘性质与商品的这种价值形式本身有关，其关键乃在于商品在此反映出一种异化，"商品形式在人们面前把人们本身劳动的社会性质反映成劳动产品本身的物的性质，反映成这些物的天然的社会属性，从而把生产者同总劳动的社会关系反映成存在于生产者之外的物与物之间的社会

---

① 《马克思恩格斯文集》第5卷，人民出版社2009年版，第34页。
② 同上书，第88页。

关系"①。对此，我们在商品大潮的今天亦深有体会。人际关系、社会生产关系在商品这里发生了物化，变成了物与物之间的关系，于是，人们自己原本彼此相关的社会关系"在人们面前采取了物与物的关系的虚幻形式"。这样，对商品的理解就与对宗教的理解奇特关联起来；"因此，要找一个比喻，我们就得逃到宗教世界的幻境中去。在那里，人脑的产物表现为赋有生命的、彼此发生关系并同人发生关系的独立存在的东西。在商品世界里，人手的产物也是这样。我把这叫做拜物教。劳动产品一旦作为商品来生产，就带上拜物教性质，因此拜物教是同商品生产分不开的"。"商品世界的这种拜物教性质……是来源于生产商品的劳动所特有的社会性质。"② 出现这种变化的原因，则在于商品的形式本身在这种生产商品的社会中出现了异化。物品自身本来非常简单，而当它作为劳动产品的商品则因其价值形式的无序变幻而在社会市场中成为神秘莫测的、超乎常态的、使人陌生而难以驾驭或掌控的异己力量；这种力量不以人的意志为转移，却会以市场的波动、价格的变化等经济形式来决定人们的命运。在市场面前，一些人莫名其妙地一夜致富，而另一些人却莫名其妙地破产。对于商品所能造成的波动、起伏，并由此决定人们命运的这种神秘作用，人们感到软弱无力、孤立无援，只好将之视为某种超自然的异己力量来敬畏，对之顶礼膜拜，从而就形成了与原始自然崇拜极为相似的那种商品拜物教。在商品社会，人际关系的异化通过这种拜物教的形式而得以典型呈现。为此，马克思探究了商品价值形式的异化，发现其与商品生产这种社会生产方式及其生产关系直接有关。"对于这个历史上一定的社会生产方式即商品生产的生产关系来说，这些范畴是有社会效力的，因而是客观的思维形式。因此，一旦我们逃到其他的生产形式中去，商品世界的全部神秘性，在商品生产的基础上笼罩着劳动产品的一切魔法妖术，就立刻消失了。"③ 无论

---

① 《马克思恩格斯文集》第5卷，人民出版社2009年版，第89页。
② 同上书，第90页。
③ 同上书，第93页。

世界如何变化，马克思观察和分析世界的方法如一，即基于社会的生产方式及生产关系的发展变迁来审视，有了这一法宝，错综复杂的世界在人们眼前云开雾散，得以清楚、澄明的展现。

而货币拜物教则与商品拜物教有着密切关系，有其从生产到流动、从产业到金融的关联。商品价格的体现乃靠货币，而劳动产品的所谓价值就是会以价格的方式来表现；这样，劳动产品就有了商品的烙印，以价格来体现其价值。实际上，"给劳动产品打上商品烙印，因而成为商品流通的前提的那些形式，在人们试图了解它们的内容而不是了解它们的历史性质（这些形式在人们看来已经是不变的了）以前，就已经取得了社会生活的自然形式的固定性。因此，只有商品价格的分析才导致价值量的决定，只有商品共同的货币表现才导致商品的价值性质的确定。但是，正是商品世界的这个完成的形式——货币形式，用物的形式掩盖了私人劳动的社会性质以及私人劳动者的社会关系，而不是把它们揭示出来。"[①] 货币是人类经济生活的奇特发明，人们对之亦形成了又喜又畏的心境，其原因就是货币可以其形成的假象来支配人们的命运，让人们在这种异化中难以左右自我，只能听天由命。正因为商品通过货币而体现出自己的价值，所以货币在其流通领域中也就代表着财富，是"财富的随时可用的绝对社会形式"。货币使社会生产中的劳动关系不再稳定，货币市场扑朔迷离，风云变幻，深不可测，瞬间就可给人带来大喜大悲。货币的这种神奇魅力及其不可预测性，就形成了货币拜物教，导致人们迷信金钱、"一切朝钱看"的异化趋向。美元钞面上对之有着生动写照："我们信任的是上帝"（In God We Trust）、而我们使用的是货币！其把对神明的信仰与金钱的使用奇特地结合在一起了。在市场经济变幻莫测的大潮中，商品拜物教和货币拜物教如影随形、时起时伏，改变着人们的命运，冲击着人们的灵魂。本来货币最初是从商品的价值意义转换而来的，但货币的出现和被使用，却使货币能够以一种独立的形式而成为商品世界中具有统治作用的神明。这里，一切物品、一

---

① 《马克思恩格斯文集》第 5 卷，人民出版社 2009 年版，第 93 页。

切价值、一切关系都可以转化为货币,而由于货币的这种通吃功能则又使一切都能拿来交易买卖;这种市场效应会使人们对金钱趋之若鹜,追求金钱、崇拜货币,结果就由商品拜物教发展出了货币拜物教。金钱代表着人的身份地位、成功与否,金钱成为人们追逐的目标、人生的目的,"缺什么不能缺钱"被视为社会生存的底线。在金钱至上、金钱排斥一切的社会,不少腰缠万贯的土豪也感慨"穷得只剩钱了"。马克思对之分析道:"当一般等价形式同一种特殊商品的自然形式结合在一起,即结晶为货币形式的时候,这种假象就完全形成了。一种商品成为货币,似乎不是因为其他商品都通过它来表现自己的价值,相反,似乎因为这种商品是货币,其他商品才都通过它来表现自己的价值。中介运动在它本身的结果中消失了,而且没有留下任何痕迹。商品没有出什么力就发现一个在它们之外、与它们并存的商品体是它们自身的现成的价值形态。这些物,即金和银,一从地底下出来,就是一切人类劳动的直接化身。货币的魔术就是由此而来的。人们在自己的社会生产过程中的单纯原子般的关系,从而,人们自己的生产关系的不受他们控制和不以他们有意识的个人活动为转移的物的形式,首先就是通过他们的劳动产品普遍采取商品形式这一点而表现出来。因此,货币拜物教的谜就是商品拜物教的谜,只不过变得明显了,耀眼了。"[①] 根据马克思的上述分析,可以看出商品拜物教和货币拜物教正是这种资本主义商品社会的反映,商品关系在金钱关系上变得更为赤裸裸了,已经扯掉了所有的遮羞布,因而拜金主义也就成为这种社会"日常生活中的宗教"。拜物教以商品与货币的形式来显示,反映出资本主义商品社会的性质,其市场经济社会的异化、商品买卖流通的异化,乃商品、货币拜物教之源。

资本主义社会是阶级社会发展的高级阶段,也是剥削制度所进入的最后发展时期。马克思在论及宗教与社会发展的关联时,曾特别指出基督教在商品生产者的社会里是最适当的宗教形式:"对于这种社会来说,崇拜抽象人的基督教,特别是资产阶级发展阶段的基督教,如新

[①] 《马克思恩格斯文集》第5卷,人民出版社2009年版,第112—113页。

教、自然神教等，是最适当的宗教形式。"① 在商品生产的社会里，货币已从商品中抽象出来，作为其价值的典型表达；而基督教则在宗教的发展进程中成功实现了人的抽象化，这种抽象性发展是与其生存的社会进展基本一致的。这也说明了基督教的历史存在与当时社会的相适应。而同样相应的是，资产阶级对以往的经济形式，以及基督教对以往的宗教发展，都持有否定和排拒的态度。马克思对这种资产阶级否定过去、基督教排除异己的做法表示出反对和批评，指出这些"政治经济学对待资产阶级以前的社会生产有机体形式，就像教父对待基督教以前的宗教一样"②，其共同问题都是持有历史虚无主义的态度，否认了历史的发展进化。资产阶级经济学家认为社会形态只表现为人为或天然这两种制度，其中封建制度被视为人为的，故有着种种不合理，他们只相信资产阶级制度是天然的，以此为其合法性辩护；而神学家们则把宗教也分为两类，他们把一切异教都斥为人们臆造的，对之贬损、否定，却相信自己所信奉的宗教乃来自"神的启示"，故有其合理性和神圣性。从基督教与资本主义的这种关联来审视现代世界宗教的发展则洞若观火，给人们带来许多启迪和思考。

马克思在《资本论》中还分析了宗教与其社会发展时空的密切关联。在不同的历史时期、不同的社会区域，其存在和发展的宗教也是不同的，宗教对其社会的依存和反映乃有其时间、空间的独特性。例如，"在古亚细亚的、古代的等生产方式下……劳动生产力处于低级发展阶段，与此相应，人们在物质生活生产过程内部的关系，即他们彼此之间以及他们同自然之间的关系是很狭隘的。这种实际的狭隘性，观念地反映在古代的自然宗教和民间宗教中"③。这是对宗教存在与发展的历史唯物主义、辩证唯物主义的经典解读，而且也为我们观察分析中国古代的自然宗教和现实社会仍然大量存在的民间宗教提供了重要思路。同

---

① 《马克思恩格斯文集》第 5 卷，人民出版社 2009 年版，第 97 页。
② 同上书，第 99 页。
③ 同上书，第 97 页。

理，宗教的未来及其可能消亡，也受到其社会存在之时空特性的支配与影响。马克思在此前瞻性地、科学地谈到宗教在未来的消失问题，并且特别指出"只有当实际日常生活的关系，在人们面前表现为人与人之间和人与自然之间极明白而合理的关系的时候，现实世界的宗教反映才会消失。只有当社会生活过程即物质生产过程的形态，作为自由联合的人的产物，处于人的有意识有计划的控制之下的时候，它才会把自己的神秘的纱幕揭掉。但是，这需要有一定的社会物质基础或一系列物质生存条件，而这些条件本身又是长期的、痛苦的发展史的自然产物"[1]。对于人们非常感兴趣的宗教消亡问题，马克思在这里实际上已经说得非常清楚，为此指出并强调了未来社会发展的目标，以及人们应该努力的方向。这就是要经历非常漫长的社会发展、社会改造、社会革新、社会进步的历史过程，这种对宗教仍会长期性存在的透彻说明，提醒我们处理宗教问题切不可操之过急。仅就资本主义的发展而言，马克思认为，"资本关系就是在作为一个长期发展过程的产物的经济土壤之上产生的。作为资本关系的基础和起点的现有的劳动生产率，不是自然的恩惠，而是几十万年历史的恩惠。"[2]

在《资本论》中，马克思已经意识到资本主义社会发展的长期性、复杂性，也由此预见到资本主义消亡后人类社会发展的曙光。在这种分析中，马克思批评了对资本积累的一些历史唯心主义的错误见解，指出"这种积累不是资本主义生产方式的结果，而是它的起点"[3]。"这种原始积累在政治经济学中所起的作用，同原罪在神学中所起的作用几乎是一样的。亚当吃了苹果，人类就有罪了。人们在解释这种原始积累的起源的时候，就像在谈过去的奇闻逸事。在很久很久以前有两种人，一种是勤劳的、聪明的，而且首先是节俭的精英，另一种是懒惰的，耗尽了自己的一切，甚至耗费过了头的无赖汉。诚然，神学中关于原罪的传说

---

[1] 《马克思恩格斯文集》第5卷，人民出版社2009年版，第97页。
[2] 同上书，第586页。
[3] 同上书，第820页。

第十章　论马克思《资本论》中的宗教观　119

告诉我们，人怎样被注定必须汗流满面才得糊口；而经济学中关于原罪的故事则向我们揭示，怎么会有人根本不需要这样做。……大多数人的贫穷和少数人的富有就是从这种原罪开始的；前者无论怎样劳动，除了自己本身以外仍然没有可出卖的东西，而后者虽然早就不再劳动，但他们的财富却不断增加。"但真实历史发展并非如此，"在真正的历史上，征服、奴役、劫掠、杀戮，总之，暴力起着巨大作用。……事实上，原始积累的方法决不是田园诗式的东西"①。欧洲近代发展转型实际上与社会变革包括宗教改革相关联，宗教改革实质上反映出当时社会革新的需求，是这种革新的一种标志和象征。马克思认为，在从封建制度向资本主义制度的转变过程中，与封建制度遭到破坏、摧毁相吻合，作为封建财产的教会地产也被剥夺。"在16世纪，宗教改革和随之而来的对教会地产的大规模的盗窃，使暴力剥夺人民群众的过程得到新的惊人的推动。在宗教改革的时候，天主教会是英国相当大一部分土地的封建所有者。对修道院等的压迫，把住在里面的人抛进了无产阶级的行列。很大一部分教会地产送给了贪得无厌的国王宠臣，或者非常便宜地卖给了投机的租地农场主和市民，这些人把旧的世袭佃农大批地赶走，把他们耕种的土地合并在一起。法律保证贫苦农民对一部分教会什一税的所有权，也被暗中取消了。"②"教会所有权是古老的土地所有权关系的宗教堡垒。随着这一堡垒的倾覆，这些关系也就不能维持了。"③ 显然，从封建主义到资本主义并非温和的进化或过渡，而乃暴力掠夺和社会革命。在肯定欧洲宗教改革对欧洲社会发展及转型到资本主义的相对历史进步意义的同时，马克思却对欧洲资本原始积累过程中基督教所参与的海外掠夺等暴力行为加以谴责："美洲金银产地的发现，土著居民的被剿灭、被奴役和被埋葬于矿井，对东印度开始进行的征服和掠夺，非洲

---

① 《马克思恩格斯文集》第5卷，人民出版社2009年版，第820—821页。
② 同上书，第828页。
③ 同上书，第829—830页。

变成商业性地猎获黑人的场所——这一切标志着资本主义生产时代的曙光。这些田园诗式的过程是原始积累的主要因素。接踵而来的是欧洲各国以地球为战场而进行的商业战争。这场战争以尼德兰脱离西班牙开始,在英国的反雅各宾战争中具有巨大的规模,并且在对中国的鸦片战争中继续进行下去,等等。"[1] 在对这种海外侵略扩张及殖民剥削进行揭露批判时,马克思还引用当时威·豪伊特等人的观点来斥责西方基督教在其中的参与:"所谓的基督教人种在世界各地对他们所能奴役的一切民族所采取的野蛮和残酷的暴行,是世界历史上任何时期,任何野蛮愚昧和残暴无耻的人种都无法比拟的。"[2] 马克思因此指出,"即使在真正的殖民地,原始积累的基督教性质也是无可否认的"[3]。西方社会从中古到近代的转型,严重打击了中世纪封建主义的天主教,而宗教改革中诞生的反映资本主义社会需求的新兴教会形式即基督新教则既有废除封建制度的功绩,也有参与资本原始积累时期海外暴力掠夺的罪过,由此揭示出宗教的历史作用是极为复杂的。马克思从历史唯物主义的观点对之有着客观、中肯的分析,冷静地指出,"这些方法一部分是以最残酷的暴力为基础,例如,殖民制度就是这样。但所有这些方法都利用国家权力,也就是利用集中的、有组织的社会暴力,来大力促进从封建生产方式向资本主义生产方式的转化过程,缩短过渡时间。暴力是每一个孕育着新社会的旧社会的助产婆。暴力本身就是一种经济力"[4]。暴力革命在此获得一种符合历史发展、社会正义需求的客观评价;而以宗教改革形式出现的革命归根结底仍是由社会经济基础的变化所引起的社会革命,宗教只是起着"形式""外衣"或"旗帜"等象征作用,宗教改革本身并没有以纯精神革命的方式发生过,而始终与社会变革交织在一起。

---

[1] 《马克思恩格斯文集》第 5 卷,人民出版社 2009 年版,第 860—861 页。
[2] 同上书,第 861 页。
[3] 同上书,第 863 页。
[4] 同上书,第 861 页。

进入资本主义发展阶段之后，西方社会似乎获得了相对稳态。当帝国主义战争爆发、社会主义国家崛起时，人们曾经预言资本主义进入了垂死的、腐朽的时刻，列宁在1916年还写了《帝国主义是资本主义的最高阶段》这一专著，论及帝国主义是垄断的、寄生的、腐朽的、垂死的资本主义，是无产阶级革命的前夜。列宁随之建立了世界上第一个社会主义国家苏联。但百年之后，资本主义仍然存在，而且还相对保持着其强大。对此，有西方学者曾分析说，不仅无产阶级研读《资本论》，资产阶级同样也拜读了《资本论》，无产阶级从《资本论》中听到了对资本主义所敲响的丧钟，而资产阶级却从中听到了对之警告、警醒的警钟，从而对资本主义社会有所改良，尝试缓和了劳资关系，调整了商品分配，形成了当代改良资本主义、福利资本主义等发展，以致中国改革开放初期走出去的中国人也曾有着当前"资本主义垂而不死、腐而不朽"的感觉。笔者在20世纪80年代当时的西德留学时曾请教我国著名政治经济学家于光远先生，问他如何评价西方学者的上述见解，于光远先生非常强调《资本论》就是敲响了资本主义的丧钟，以苏联、东欧社会主义国家的建立为例来论证，然而没过几年苏东社会主义国家就消失了，而其周围的资本主义国家却依然存在。对此，的确值得我们沉思。在当前全球化的氛围中，我们应该看到资本主义国家在受到《资本论》的启迪后有着明显的调整和改变，从而延长了其生存，也必须警惕在我们尝试市场经济、与商品、货币的关系走向深化和复杂化的社会中可能出现的异化和嬗变。西方学者写了《21世纪资本论》，剖析了当今资本主义的新发展及其特点，而我们在国际市场上与资本主义的博弈，在国际冲突中与帝国主义的较量，都值得我们仔细分析资本主义的基本特点和最新发展，都需要马克思主义经典作家的思想指导。这样，《资本论》在东西方及其不同的社会制度中都成为得到公认的伟大著作，影响深远，迄今仍是我们观察、分析资本主义社会乃至一切商品社会的一面明镜。

在主要由恩格斯所编辑出版的《资本论》第二卷中，马克思也论及"拜物教"问题，其指向则是对资产阶级经济学的批评，与对固定资本和流动资本的理论分析相关联。马克思指出，"在这里，以生产资料和生活资料的形式预付到生产中去的资本价值，都同样再现在产品的价值中。这样一来，资本主义的生产过程就幸运地变成一个神秘莫测的东西了，产品中包含的剩余价值的起源，也就完全被掩盖起来"。"其次，资产阶级经济学特有的拜物教也就由此完成了。这种拜物教把物在社会生产过程中像被打上烙印一样获得的社会的经济的性质，变为一种自然的、由这些物的物质本性产生的性质。"① 这些论述基本上是对《资本论》第一卷关涉拜物教内容的相关补充，在此再次强调资本在社会流通过程中的异化影响，指出资产阶级经济学对之做出的解释给人带来了拜物教性质的困惑，没能给出科学、正确的解答。

在马克思关于宗教的系列论述中，体现出历史唯物主义和辩证唯物主义的阐发，其强调的是社会存在对宗教这种社会意识的决定，并指出这种社会影响及社会决定有着直接的时空关联，故而对宗教不能有脱离社会、脱离时空的虚论、空谈。马克思所论宗教问题，按其实质都是针对社会发展和变革，而不是简单地专指宗教，更不是对宗教展开空洞批判。我们今天研究马克思的宗教观，并没有看到其将宗教从社会剥离而专门针对宗教的否定、贬损和批判。马克思的这种基本立场，是我们今天坚持马克思主义的宗教观所必须注意、认真学习的。综合来看，《资本论》代表着马克思和恩格斯的精神合作和理论共建，其内容不仅有对资本主义的客观分析和对科学社会主义的前瞻性论证，而且也是马克思主义宗教观的精辟论述和重要构建。马克思的宗教研究有着与政治经济学和社会经济结构问题的密切结合，这正是我们今天认识宗教的最为关键之处。

在《资本论》中马克思对商品拜物教与货币拜物教的分析，不仅有利于我们认清资本主义的本质及资本主义社会所存在的宗教现象，也

---

① 《马克思恩格斯文集》第 6 卷，人民出版社 2009 年版，第 251 页。

有助于我们认识、探究在今天全球化时代的宗教现象,特别是包括我们中国在商品经济、市场经济状况下宗教的存在与发展。于此,我们也有责任探究、弄清当代版的马克思主义宗教经济学。

(参见笔者《经典作家关于宗教的基本观点研究》书稿)

第十一章

论恩格斯《英国状况》
（评托马斯·卡莱尔的《过去和现在》）
中的宗教观

在《英国状况》（评托马斯·卡莱尔的《过去和现在》）一文中，恩格斯开始专门注意宗教问题，因此，这是他最早尝试以历史唯物主义、辩证唯物主义基本思想观点来研究宗教问题的开篇著作。这里，恩格斯观察到英国的"社会偏见"，其中就包括所谓"有教养的英国人"在宗教问题上的特别偏见："您声明您不信基督的神圣性，那您就会被抛弃；尤其您承认您是无神论者，那他们第二天就会装作不认识您。"[①]因此，"当施特劳斯的《耶稣传》及其声誉越过海峡的时候，没有一个有身份的人敢于把这本书翻译出来，没有一个有名望的出版商敢于把这本书付印"。甚至当一位社会主义者将之翻译并分册付印后，英国人中的有教养者也对之毫不关心，而对比之下，"曼彻斯特、伯明翰和伦敦的工人却是施特劳斯这本书在英国的惟一读者"[②]。这说明在当时英国以一种全新的、批判性的眼光来审视基督教，乃是代表着"独立自主的思考"，而且也只有新兴的、先进的阶级才能够承担这一使命。恩格斯对《耶稣传》的注意，则成为他日后专门研究圣经、探讨早期基督

[①] 《马克思恩格斯全集》第3卷，人民出版社2002年版，第497页。
[②] 同上书，第498页。

教发展的兴趣和动力。于此,恩格斯吸纳却又超越了19世纪德国杜宾根学派的研究成果。

恩格斯认为,站在"以维护工厂工人反对工厂主为己任"的托利党人立场上的卡莱尔,是"英国有教养人士中"唯一研究英国社会状况问题的;而他对照、比较12世纪和19世纪英国所写的《过去和现在》,在恩格斯看来也还算是一本"通达人情的书"。不过,卡莱尔关于"大自然是斯芬克斯"这一神秘主义之解答,说明其对历史上不幸民族之命运并没有找到正确的答案,为此卡莱尔怪罪"英国为无神论所害",而其思路则如同早期谢林的泛神论那样既抽象、又模糊。关于英国状况及其民族命运之谜语,恩格斯认为其结语或谜底是可以弄清并加以表达的,"现在,如同在神话里一样,谜底是人,确切地说,人是最广义的谜底。而这个谜底也将会被猜中"[①]。当然,恩格斯在这里所论乃社会中之人,而且是与其研究英国工人命运密切结合的。

在资本主义社会发展中,传统宗教受到了挑战,否定上帝存在、否定宗教意义的现象已经时有发生。卡莱尔注意到了这一现象,曾指出当时社会风尚已经江河日下、人心不古,人们"抛弃了中世纪的宗教笃诚","已经忘了上帝",其所追求的不再是"事物的永恒的本质";面对"事物的骗人的假象"却认为"宇宙按其本质"乃是"巨大的、不可理解的'可能'","这个宇宙的全部真相是不确定的",而取而代之的则是人们所追求的现实的、俗世的物质利益,"盈利和亏本,食物和赞美,只有这些对讲究实际的人才是而且永远是十分清楚的";于是,"不再有上帝存在了",由此也导致"人丧失了自己的灵魂,现在开始发觉它不存在了"。卡莱尔得出的结论是:"宗教不存在了,上帝不存在了,人丧失了自己的灵魂","这是真正的病根,是全社会坏疽的中心"[②]。按照卡莱尔的逻辑,既然精神、道德意义上的宗教不再为人所持守,那么伴随社会发展的则是拜物质、拜金钱的宗教,即一种追逐金

[①] 《马克思恩格斯全集》第3卷,人民出版社2002年版,第502页。
[②] 同上书,第503—504页。

钱财利的"玛门"（财神）崇拜。恩格斯顺着卡莱尔的这一思路分析道，"但是，旧宗教的地位不能老是空缺，于是我们有新福音取而代之，与时代的空虚和无思想内容相应的福音——玛门福音。基督教的天堂和基督教的地狱都被抛弃，因为前者值得怀疑，后者近乎荒谬——新地狱又代替了旧地狱；现代英国的地狱就是人们意识到自己'不发迹，赚不到钱'！"①卡莱尔在此亦谴责了无所作为的政府，认为它推波助澜，使人们的物欲得以凸显和加强："还有另外一种更坏的无所作为的福音，它塑造的是无所事事的政府，它使人丧失一切严肃性，迫使他们想去显露并非他们本性的东西——一味追求'幸福'，就是说，追求吃得好，喝得好；它把粗陋的物质捧上宝座，毁掉了一切精神内容。"②恩格斯正视卡莱尔对英国状况的描述，如"寄生的、占有土地的贵族"，"劳动的贵族沉溺于玛门主义"，"单纯旁观、无所事事和 Laissez-faire 等的人生哲学；宗教被破坏并日益瓦解，所有普遍的人类利益彻底崩溃，对真理和人类普遍失望，因此，人们普遍孤立，具有各自'粗陋的个体性'，一切生活关系混乱不堪、杂乱无序，一切人反对一切人的战争，普遍的精神沦丧，缺乏'灵魂'即缺乏真正的人的意识；人数众多的工人阶级忍受着难以忍受的压迫和贫困，异常不满并反抗旧的社会制度，因此，具有威胁性的民主主义不可阻挡地向前推进；到处是混乱，没有秩序，无政府状态，旧的社会联系瓦解，到处是精神空虚，思想贫乏和意志衰退"；③并认为从基本事实及其现状勾勒来看，"他的叙述是完全对的"，"至少是正视事实的"，"至少是正确地理解了眼前的现状"，因而也"的确是很了不起的"。④不过，恩格斯对卡莱尔的观点亦有明显保留，因为卡莱尔对这一问题的解决并不指望社会变革，认为"绞死国王，法国大革命，改革法案，曼彻斯特的反抗行动，

---

① 《马克思恩格斯全集》第 3 卷，人民出版社 2002 年版，第 504 页。
② 同上书，第 505 页。
③ 同上书，第 510—511 页。
④ 同上书，第 511 页。

第十一章 论恩格斯《英国状况》中的宗教观 127

这是徒劳的，这一切都不是灵丹妙药"①。这是因为"卡莱尔认为，人们只要坚持无神论，只要还未重新获得自己的'灵魂'，那么一切都是无益的、无结果的"②。但卡莱尔虽然对旧宗教进行了相对批判和否定，不同意维持宗教现状，却仍坚持要恢复宗教、保持宗教的存在。卡莱尔并不主张"应当恢复旧天主教的能量和生命力，或者仅仅维持目前的宗教——他很清楚，仪式、教义、连祷和西奈山的雷鸣都无济于事；西奈山的任何雷鸣都不会使真理更加真实，不会使理智的人恐惧不安，人们早已超越了令人畏惧的宗教。但是，他说宗教本身必须予以恢复，因为我们亲眼看到，自查理二世的'神圣'复辟以来，'两个世纪的无神论政府'把我们搞到了什么地步，我们渐渐地也一定会相信，这种无神论已经开始衰退和失效"③。显然，恩格斯在此看到了英国从封建社会走向资本主义社会这一转型过程中的动荡和斗争，其中亦包括宗教转型期间新与旧的碰撞、新对旧之扬弃。

恩格斯对卡莱尔所理解的宗教及无神论在此表达了自己的引申性理解。他指出，"卡莱尔所说的无神论与其说是不相信神本身，不如说是不相信宇宙的内在本质及其无限性，不相信理性，对精神和真理感到失望；他的斗争不是反对不相信圣经的启示，而是反对'不相信"世界史圣经"这样一种最可怕的不相信。这种圣经据说是万古长存的圣书，凡是没有失去灵魂和视力的人都能从中看到神的旨意。讥讽它就是最大的不相信，你们因此将受到的惩罚不是用火和柴堆，而是最坚决地命令你们保持缄默，直到你们说一些更好的东西为止。……如果说过去不存在神的理性，而只有魔鬼的非理性，那它已经一去不复返，就别再谈它了'"。这里，恩格斯从有神与无神之争中领悟出社会的冲突及其发展变迁。这说明恩格斯从一开始就没有空洞地谈论无神论问题，而是将之与社会理解有机结合。社会转型造成社会的隔断，但后一时期的社会总

---

① 《马克思恩格斯全集》第 3 卷，人民出版社 2002 年版，第 504 页。
② 同上书，第 511 页。
③ 同上书，第 511—512 页。

是会对此前的社会既有批判、亦有继承,其相应的保留就显露出其延续性,使人类历史不是彼此毫无关系的隔绝,而乃首尾相连的整体。"无神的世纪似乎无法理解有神的时代。这种世纪从过去(中世纪)只能看到无谓的争斗和粗野暴力的普遍统治,却看不见到头来强权和公理是同时发生的;它只看到愚昧和野蛮的非理性,这种愚昧和野蛮的非理性与其说是人类世界所持有的,不如说是疯人院所持有的。由此自然会得出这样的结论:这些特性在现代仍然继续占统治地位。"① 同理,在这种理解中,恩格斯认为宗教并没有消失,但其随历史的发展而发生了嬗变却是不言而喻的;社会出现了变迁,而宗教则以新的形式保留下来继续传播。为此,恩格斯指出,"现在这个时代还没有完全被神遗弃"。用卡莱尔的话来说,在当时"贫穷的、四分五裂的欧洲",已经"出现了一些主张笃信宗教的呼声——宣扬一种在人人心目中无可争辩地既是新的同时又是最老的宗教",主张这种宗教的"不认为自己是预言家。但是,这些人确实是再一次表露了发自大自然的永恒胸怀的宏亮呼声,是永远应当受到一切有灵魂的人崇敬的灵魂。法国大革命是一种现象;作为它的补充和精神体现……诗人歌德和德国文学是一种现象。当旧的世俗领域或实际领域化为灰烬时,这里不就出现了新的精神领域——一些新的更高尚更广阔的实际领域——的预兆和曙光吗?"而从中人们则"听到了新的天体乐声的初音"。② 按照卡莱尔的理解,"歌德是'未来的宗教'的预言家,这种宗教崇拜的是劳动"。"因为劳动有一种永恒的高尚性,甚至神圣性。……尽管劳动崇拜玛门,受到鄙视,但它还是人和自然界之间的纽带;……劳动具有不可估量的意义;人通过劳动而不断完美。"③ "古代僧侣有句绝妙的格言:Laborare,est orare,劳动就是崇拜。……劳动吧,在劳动中寻找慰藉。……任何真正的劳动都是神圣的;你汗流满面,绞尽脑汁和付出心血,就是劳动;……如果这还不

---

① 《马克思恩格斯全集》第 3 卷,人民出版社 2002 年版,第 512 页。
② 同上书,第 513 页。
③ 同上书,第 513—514 页。

第十一章　论恩格斯《英国状况》中的宗教观　129

是崇拜，那一切崇拜都见鬼去吧！"① 与之相对比，那些寄生者的"宗教归结起来不外是：大自然是幻影，神是欺骗，人以及人的生活也都是欺骗"。② 而呼应这种崇拜劳动的宗教，那种无所作为的政府则会被"确立'英雄崇拜'"的"真正的领导和真正的政府"所代替。恩格斯在此所提醒的是，宗教这一形式虽然会在不同时代、不同社会保持住其存在，但宗教的内容却会随着时代、社会的变化而也发生相应的变化。注重宗教内容的时空变化，是宗教学研究不可忽略的。

　　经过上述分析，恩格斯指出卡莱尔的"整个思想方式实质上是泛神论的，更确切地说，是德国泛神论的思想方式"，与"英国人不讲泛神论，只承认怀疑论"、英国哲学怀疑理性、认为理性不能解决最终矛盾相对比，"卡莱尔及其源于德国文学的泛神论也是英国的'现象'；而且是那些注重实践和主张怀疑论的英国人几乎无法理解的现象"，由此而被贴上了"德国神秘主义"的标签。③ 不过，恩格斯认为卡莱尔虽然受到这种"德国"影响，其实他并不深入了解德国哲学。"卡莱尔像所有泛神论者一样，还没有摆脱矛盾，而且他的二元论越来越严重，因为他虽然了解德国文学，却不了解德国文学的必然补充——德国哲学"。而且，恩格斯指出卡莱尔的这种直觉观点与早期的谢林相似，却与真正代表德国哲学的黑格尔相距甚远，其思想方式只是在某些方面与施特劳斯相同。"他的全部观点都是直接的、直觉的，谢林的成分多于黑格尔的成分。卡莱尔和谢林——……早期的谢林……——确实有很多共同点：在'英雄崇拜'或'天才崇拜'方面，他和同样具有泛神论思想方式的施特劳斯是一致的。"④

　　既然有了这一定位，恩格斯遂以费尔巴哈的唯物主义观点来对比卡莱尔的说法，并指出其不足："卡莱尔控诉时代的空洞无物和空虚，控

---

① 《马克思恩格斯全集》第3卷，人民出版社2002年版，第514页。
② 同上书，第515页。
③ 同上书，第516页。
④ 同上。

诉整个社会制度内部的腐败。这种控诉是正当的，但是，仅仅控诉也无济于事；要消除祸害，就必须找出它的原因；要是卡莱尔这样做，他就会发现，这种涣散和空虚，这种'无灵魂'，这种非宗教和这种'无神论'，其根由均在宗教本身。"① 显然，无神论不可脱离宗教而言。但宗教本身并无实质性根基，而只是人与大自然的颠倒性、幻想性投影。这里，恩格斯对宗教的本质给出了一种非常经典的说法："宗教按它的本质来说就是抽掉人和大自然的整个内容，把它转给彼岸之神的幻影，然后彼岸之神大发慈悲，又反过来使人和大自然从它的丰富宝库中得到一点东西。"② 也就是说，人和大自然在此被异化为宗教的本质内容，并以一种幻想即"幻影"的形式来"表现"为宗教的本质，人性即人的本质的"神化"遂得以呈现。所以说，宗教所表现出来的异化实质上乃人自己本质的异化。"只要对彼岸幻影的信仰还很强烈，还起作用，人用这种迂回的办法至少可以取得一些内容。中世纪的强烈信仰无疑地曾以这种办法赋予这整个时代以巨大的能量，不过这是一种并非来自外部，而是已经在人的本性之中的能量，尽管它还是不自觉的和未开发的。信仰逐渐淡化，宗教随着文化的日益提高而瓦解，但人还是没有看清，他正在把自己的本质当作一种异己的本质来朝拜，并加以神化。人处于这种不自觉而又无信仰的状态，不可能有什么内容，他对真理、理性和大自然必定绝望，而且这种空虚和无思想内容以及对宇宙的永恒事实的绝望将存在下去，直到人看清楚，他当作神来崇敬的本质就是他自己的、迄今为止他还不认识的本质。"③ 正因为人在现实社会的生存挣扎中失去了自我，所以会表现出其"空虚"的存在，而这就是宗教的出现。"空虚早已存在，因为宗教是人使自我空虚的行为；现在，当掩盖这种空虚的紫袍褪色，遮蔽它的烟雾消失之后，这种空虚才暴露出

---

① 《马克思恩格斯全集》第 3 卷，人民出版社 2002 年版，第 517 页。
② 同上。
③ 同上书，第 517—518 页。

第十一章　论恩格斯《英国状况》中的宗教观　　131

来，令你惊恐。"① 空虚的宗教反映出人之空虚的生存，其宗教表现则为"伪善和谎言"，卡莱尔因其认识的局限性而对之感到"陌生和不可理解"。所以，恩格斯指出，"我们也抨击现代基督教世界秩序的伪善；我们惟一迫切的任务归根结底就是同它进行斗争，使我们摆脱它，使世界摆脱它；但是，因为我们是随着哲学的发展认识这种伪善，在科学的基础上进行斗争的，所以这种伪善的本质对我们来说不再是那么陌生和不可理解"。② 这种世界秩序即西方资本主义社会的所谓秩序，而其宗教则以"伪善和谎言"为之辩护、对之粉饰。在此，恩格斯进而认为，"我们把这种伪善也归咎于宗教，因为宗教的第一句话就是谎言——或者说，宗教一开头向我们说起某种有关人的事物的时候，不就把这种事物硬说成某种超人的、神的事物吗？但是，因为我们知道：所有这些谎言和不道德现象都来源于宗教，宗教伪善、神学是其他一切谎言和伪善的蓝本，所以我们就有理由像费尔巴哈和布·鲍威尔首创的那样，把神学这个名称扩大到当代一切假话和伪善"③。在这种认识及解释上，经历了从有神论向无神论转化的恩格斯表达了对宗教、神学的尖锐批判，此时他仍然推崇费尔巴哈和青年黑格尔派的思想认知，并建议卡莱尔在了解"毒化我们一切关系的不道德现象的由来"时，应该"读一读费尔巴哈和布·鲍威尔的著作"。④

恩格斯在这篇文章中非常乐观地认为，在经历了资本主义发展之后，宗教的时代也应该寿终正寝了，此时再"创立一种新的宗教，即泛神论的英雄崇拜、劳动崇拜，或者应当等待将来产生这样一种宗教"已经"是不可能的"，"产生宗教的可能性一点也没有；继基督教，继绝对的即抽象的宗教之后，继'宗教本身'之后，不可能再出现任何其他形式的宗教"⑤。而且在恩格斯看来，甚至"泛神论也是不可能产

---

① 《马克思恩格斯全集》第 3 卷，人民出版社 2002 年版，第 518 页。
② 同上。
③ 同上。
④ 同上。
⑤ 同上。

生的"。① 本来，按照马克思主义的理解，在欧洲思想史上，泛神论是从有神论走向无神论的一种过渡形态，泛神论因持有万有皆神的看法而乃西欧近代无神论的最初表述，即以自然为神而对无神论的一种掩饰性说法。"泛神论本身只是自由的、人的观点的最后一个预备阶段。"② 但就其思想起源来看，"泛神论本身就是基督教的结论，它与自己的前提是分不开的，至少现代的、斯宾诺莎的、谢林的、黑格尔的以及卡莱尔的泛神论是这样"③。恩格斯在这里并没有将有神论与无神论做截然、绝对的区分，而是提醒人们思想认知在连贯、延续中的发展演变，指出在基督教内部就已经产生了从有神论转向无神论的重要因素，只是其经过长时间的量的积累才会产生看似突然的质变。这种辩证、发展的思维对于我们今天认识、讨论有神论与无神论的关系问题，无疑有着重要的启发作用。

受费尔巴哈人本主义唯物论的影响，恩格斯看到了宗教的本质即人的本质曲折、歪曲的反映，其强调的因而主要是对人的审视，而对人之社会存在的深刻意义在此表达得尚不够清晰，说得也不太直接。由此我们也可以看出恩格斯关于宗教的思想发展之渐进性，其后来对宗教的尖锐批判与其少年时对宗教的崇敬虽形成了鲜明反差，但他对宗教反映之人的社会性认知却是逐渐深化、明确的。当然，恩格斯在这一时期也已经开始与旧的唯物主义、旧的无神论思想形成区别，阐明各自的不同。当恩格斯肯定了卡莱尔的思想具有一定历史进步意义之后，在这里所强调的更多是与卡莱尔的观点之不同，以及对之超越性发展。恩格斯说，"我们要推翻卡莱尔描述的那种无神论，我们要把人因宗教而失去的内容归还给人；这内容不是神的内容，而是人的内容，整个归还过程就是唤起自我意识。我们要消除一切预示为超自然的和超人的事物，从而消除不诚实，因为人和大自然的事物妄想成为超人的和超自然的，是一切

---

① 《马克思恩格斯全集》第 3 卷，人民出版社 2002 年版，第 519 页。
② 同上书，第 522 页。
③ 同上书，第 519 页。

第十一章　论恩格斯《英国状况》中的宗教观　133

不真实和谎言的根源。正因为如此，我们才彻底向宗教和宗教观念宣战，不在乎别人把我们称作无神论者或者别的什么"①。如果按照卡莱尔对无神论的理解，那么"我们那些信基督教的对手"则会被视为"真正的无神论者"了。因此，对于历史上出现过的无神论，也必须具体问题具体分析，不可轻率地不加区别地肯定一切无神论。在恩格斯看来，其所追求并坚持的正确的无神论者会承认并真正论证"宇宙的永恒内在的事实"，并使之"不受某个自相矛盾的神的威力无比的专断的危害"；而"使世界和人依附于某个神的恩典"，乃是"那些信基督教的对手干出"的"不道德的事"，② 新的无神论坚持启蒙而反对蒙昧，倡导解放而抨击奴役，追求人本而放弃神本。所谓"神"也依然是对"人"的本质的颠倒反映，"其实神不过是通过人在自己的不发达意识这个混沌物质（Hyle）中对人的反映而创造出来的"。③ 这样，恩格斯就把"神"还原为"人"，把"天上"拉回到"人间"，使"彼岸"回归为"此岸"，让"神话"复原为"历史"。恩格斯说，"基督徒编造了一部别具一格的'天国史'，否认真实的历史具有任何内在实质，只承认他们的彼岸的抽象的而且是杜撰出来的历史才需要这种实质。他们借助人类的完美在于他们的基督这一说法，使历史达到一个想象的目的；……但我们认为历史不是'神'的启示，而是人的启示，并且只能是人的启示。……我们没有必要首先召来什么'神'的抽象概念，把一切美好的、伟大的、崇高的、真正人性的事物归在它的名下。为了确信人的事物的伟大和美好，我们没有必要采取这种迂回的办法，没有必要给真正人性的事物打上'神性的'烙印。相反，任何一种事物，越是'神性的'即非人性的，我们就越不能称赞它"④。

恩格斯否定宗教和神，是站在人的立场上，旨在重新回到人的历

---

①　《马克思恩格斯全集》第3卷，人民出版社2002年版，第519页。
②　同上。
③　同上书，第519—520页。
④　同上书，第520页。

史；其所突出和强调的也是"人"。同理，正因为这种在宗教中对"人"的审视和考虑，恩格斯在从认识论的角度尖锐批判宗教时才没有根本否定宗教，而是洞幽烛微，非常客观地、犀利地看到了宗教的意义及价值，对宗教有着积极、中肯的评价。这里，恩格斯表达了其对宗教相对积极评价的名言："只是由于一切宗教的内容起源于人，它们才在某些地方还可求得人的尊敬；只有意识到，即使是最疯狂的迷信，其实也包含有人类本质的永恒规定性，尽管具有的形式已经是歪曲了的和走了样的；只有意识到这一点，才能使宗教的历史，特别是中世纪宗教的历史，不致被全盘否定，被永远忘记。"① 宗教的重要价值之一，就是其包含有"人类本质的永恒规定性"。所以说，对宗教的认识应该回到和还原"充满人性"的历史。否则，这种"充满神性的"历史就会有着被人们永远忘记的命运。"历史越是'充满神性'，就越具有非人性和兽性；……'充满神性的'中世纪造成人性兽化的完善，产生农奴制和初夜权，等等。"而根据德国哲学的启迪，"神是人。人只须认识自身，使自己成为衡量一切生活关系的尺度，按照自己的本质去评价这些关系，根据人的本性的要求，真正依照人的方式来安排世界……不应当到彼岸的太虚幻境，不是超越时间和空间，不是到存在于世界之中或与世界对立的什么'神'那里去寻找真理，而应当到最近处，到人的心胸中去寻找真理"。这里所强调的已经是"人本"而不再是"神本"，"人"的地位及意义得以凸显。"人所固有的本质比臆想出来的各种各样的'神'的本质，要美好得多，高尚得多，因为'神'只是人本身的相当模糊和歪曲了的反映。"② 恩格斯在此呼唤一种人的本质的"复归"，认为这种从神到人的"复归"思想正是德国哲学的特点，是歌德思想的伟大之处。恩格斯之所以从小就喜欢歌德，就在于"歌德不喜欢跟'神'打交道；'神'这个字眼使他感到不愉快，他觉得只有人性的事物使他感到自如，而这种人性，这种使艺术摆脱宗教桎梏的解

---

① 《马克思恩格斯全集》第3卷，人民出版社2002年版，第520—521页。
② 同上书，第521页。

放……无论是古人，还是莎士比亚，都不能和他相比"。当然，歌德也"只能直接地""以预言方式"来表达其思想。① 总而言之，只有熟悉德国的哲学，"才能理解这种完善的人性，这种对宗教二元论的克服所具有的全部历史意义"②。而卡莱尔当时却还达不到这种对德国哲学的认知高度，"卡莱尔视为真正'启示'的历史，只包含人性的事物；只有用强制的办法才能从人类那里夺走历史的内容，并记在什么'神'的名下"③。

恩格斯充分肯定了从"神"到"人"的还原与回归，并将这种还原和回归视为人重新获得自我的革命："人在宗教中丧失了他固有的本质，使自己的人性外化，现在，在宗教由于历史的进步而动摇了之后，他才觉察到自己的空虚和不坚定。但是，他没有其他拯救的办法，只有彻底克服一切宗教观念，坚决地真诚地复归，不是向'神'，而是向自己本身复归，才能重新获得自己的人性，自己的本质。"④ 在关注宗教的本质及意义时，恩格斯考虑问题的重点显然是落在"人"、人的"社会"及人的"历史"之上。

恩格斯在这篇重要文章中不仅剖析了"卡莱尔观点的内在的即宗教的方面"，而且也对他的观点之外在、即"政治社会"方面有所评价。不过，恩格斯发现卡莱尔对社会发展看得仍然不太透彻，而且其"宗教信仰还很浓厚，以致仍然处于不自由的境地"⑤。恩格斯不同意卡莱尔要恢复宗教的想法，并且还前瞻性地预见宗教消亡的问题，指出"当代的无宗教信仰最终将导致时代完全摆脱一切宗教的、超人的、超自然的事物，而不是恢复这一切"⑥。当然，恩格斯关于宗教消亡的这种表述显得比较乐观，而且没有进而加以具体说明和阐述；在其后来的

---

① 《马克思恩格斯全集》第 3 卷，人民出版社 2002 年版，第 521—522 页。
② 同上书，第 522 页。
③ 同上。
④ 同上书，第 521 页。
⑤ 同上书，第 522 页。
⑥ 同上书，第 523 页。

著作中，恩格斯则对宗教消亡的漫长历史进程，其社会、经济、政治及思想认知条件有了非常具体的补充和更为透彻的阐述。

在恩格斯关于宗教的这些论述中，费尔巴哈和青年黑格尔派的思想痕迹尚很明显。但这是恩格斯尝试用全新的理论及方法来系统阐述宗教问题的第一次亮相，故而值得特别关注。恩格斯在这一阐述中已经天才地预见到社会主义的发展和未来宗教的消亡，并以历史唯物主义和辩证唯物主义的立场方法对宗教及"神"的本质加以剖析和界说。可以这样认为，恩格斯在此文中反映出其从费尔巴哈等旧唯物主义到历史唯物主义科学方法的转型，亦说明他在积极参与创立马克思主义宗教观时对宗教和"神"之本质的解释已经回到人间、回返社会、回归真实，并且指出了宗教空虚、异化的根源乃在于社会私有制的存在，从而开始有了从宗教批判到社会批判的转向，有了从旧唯物主义及青年黑格尔派立场、观点到历史唯物主义、辩证唯物主义之思想体系的过渡。而且，此文也标志着恩格斯开始了他对宗教严肃、科学的系统研究，使其成为马克思主义宗教学的重要奠基人之一。从这些方面来看，恩格斯的这一著述在马克思主义宗教观的创立及发展过程中，具有分水岭的深刻蕴含和里程碑的重大意义。

（参见笔者《经典作家关于宗教的基本观点研究》书稿）

第十二章

论恩格斯《德国农民战争》中的宗教观

恩格斯这部著作以德国 16 世纪农民战争为例展开剖析，论及恩格斯自己的诸多思想，代表着他对德国宗教改革史和基督教近代史的深入研究。恩格斯在总结德国农民战争的历史经验时，在不少方面触及宗教问题，因此这部著作也是马克思主义宗教观的集中体现。恩格斯撰写这部著作的目的，就是"打算指明：当时德国的政治制度，反对这一制度的起义，以及当时那个时代的政治的和宗教的理论，并不是当时德国农业、工业、水陆交通、商品交易和货币交易所达到的发展程度的原因，而是这种发展程度的结果"[①]，以这一思路为切入点，则是要阐明"由马克思发现的""这个唯一唯物主义的历史观"。恩格斯对德国农民战争有着充分肯定，但也有深刻反思。这一农民战争在德国历史上占有重要位置，也展示了德国人民的伟大。为此，恩格斯对之有着高度赞扬："德国人民也有自己的革命传统。在历史上德国也产生过能和其他国家最优秀的革命人物媲美的人才；在历史上德国人民也曾表现出韧性和毅力，如果是在一个中央集权程度较高的国家，这种韧性和毅力会创造出极其辉煌的成果；在历史上德国农民和平民所怀抱的理想和计划，常常使他们的后代为之惊惧。"[②] 而从德国农民战争失败的后果来看，

[①] 《马克思恩格斯文集》第 2 卷，人民出版社 2009 年版，第 204 页。
[②] 同上书，第 220 页。

则有许多问题值得反省,因为这场战争的胜负改变了德国近代发展的历史轨迹,恩格斯故而对之感慨颇多。

德国农民战争的爆发,与德国宗教改革运动有着直接的关联,而这一宗教改革则是欧洲由中世纪走入近代的重要标志。为此,恩格斯专门分析了欧洲从中世纪向近代过渡时期的宗教状况,特别是对基督教僧侣有着重点分析:"僧侣是中世纪封建主义意识形态的代表,他们也同样感受到了这种历史转折的影响。书刊印刷业的兴起和商业发展的需要,不仅打破了僧侣对读书写字的垄断,而且也打破了他们对较高层次的文化教育的垄断。在知识领域也出现了分工。新兴的法学家等级把僧侣从一系列最有影响的职位中排挤出去了。"[1] 基督教僧侣在欧洲中世纪的地位显赫、举足轻重,他们"拥有巨大的财富,而且还在用一切手段不断增殖财富"[2]。但在此时的僧侣也分为不同阶层,主要包括"两个极其不同的阶级",即贵族和平民。这两个阶层的分化对于欧洲走向近代的方式起了决定性作用,其中贵族乃是旧制度的维系者,而平民则成为旧制度的掘墓者和新时代的开创人。在此,恩格斯把宗教史的研究与社会变革史的研究紧密结合起来。

欧洲中世纪在社会政治和思想文化上是天主教的一统天下,中世纪的僧侣贵族是中世纪封建制度的重要支撑力量,并构成其复杂庞大的等级结构。恩格斯说,"僧侣中的封建教权等级构成了贵族阶级,包括主教和大主教,修道院院长、副院长以及其他高级教士。这些教会显贵或者本身就是帝国诸侯,或者在其他诸侯手下以封建主身份控制着大片土地,拥有许多农奴和依附农。他们不仅像贵族和诸侯一样肆无忌惮地榨取自己属下的人民,而且采取了更加无耻的手段。他们除了使用残酷的暴力,还玩弄一切宗教上的刁钻伎俩,除了用严刑拷打来威胁,还用革除教籍和拒绝赦罪来威胁,此外还利用忏悔室来玩弄形形色色诡谲的花招儿,总之是要从他们的臣民身上榨取最后一文钱,以增添教会的产

---

[1] 《马克思恩格斯文集》第2卷,人民出版社2009年版,第225页。
[2] 同上书,第226页。

业。伪造文书是这些道貌岸然的人经常乐于使用的欺骗手段。虽然他们除了通常的封建贡赋和地租以外还要征收什一税,但是,所有这些收入还是不够挥霍。于是他们便求助于其他各种手段,通过制造灵验的圣像和圣徒遗物、组织超度礼拜场、贩卖赦罪符,从人民身上榨取更多的财物,而且在长时期内收到了极好的效果"[1]。这里,恩格斯对之有着批判性审视,揭露出僧侣贵族在中世纪欧洲宗教体制及其在社会剥削和压迫中所起的负面作用。而这些上层僧侣扮演的反面角色及其恶行,使之势必既遭到世俗贵族的反对,又面对普通民众的反抗。"这些高级教士及其人数众多的、随着政治煽动和宗教煽动的扩大而日益强横的修道士打手队伍,不仅引起了人民,而且也引起了贵族的切齿痛恨。只要他们还直属于帝国,他们就总是诸侯前进的障碍。脑满肠肥的主教、修道院院长以及他们的修道士走卒的奢侈生活引起了贵族的忌妒,激起了人民的愤怒。人民不得不承担他们这种生活的耗费;他们的奢侈生活越是同他们的说教形成鲜明的对照,人民就越是怒不可遏。"[2] 所以说,中世纪发展到这一状况已经激化了社会矛盾,达到了引致革命爆发的节点,出现了历史发展的重要拐点。而僧侣贵族则将面临历史的冲击和淘汰,这也是欧洲基督教发展走出中古、进入近代的社会转型及范式转变。

至于僧侣平民,则与其僧侣贵族形成巨大的反差和鲜明的对照。他们处境艰辛,步履维艰,正如恩格斯所言,"僧侣中的平民集团是由农村传教士和城市传教士组成的。他们不属于教会的封建教权等级,不能分享教会的财富。他们的工作不大有人过问;虽然他们的工作对教会十分重要,可是在当时却远不像兵营内的修道士警察活动那样不可缺少。因此,他们的报酬就少得多,其薪俸多半都很菲薄。他们出身于市民或平民,生活状况同群众十分接近,因此他们尽管身为僧侣,还是保持着市民和平民的思想感情。参加当时的运动,在修道士中间只是例外,而在传教士中间却很普遍。他们为运动贡献出理论家和思想家,其中许多

---

[1] 《马克思恩格斯文集》第2卷,人民出版社2009年版,第226页。
[2] 同上。

人都成了平民和农民的代表,并为此而牺牲在断头台上。"① 很显然,这些平民僧侣代表着未来发展及其希望,其中一些人因其文化知识积淀和思想精神的优杰而成为代表广大群众的精英分子。他们不仅顺应了历史潮流,而且成为当时历史革命的引领者、发起者。

中世纪欧洲虽有封建割据的四分五裂,却同时有着宗教信仰生活的大一统。各国教会固然有其等级区别、阶级差异,但共属一个更高的宗教权威来统治,即为罗马教皇所掌控。罗马教廷在经济、政治分裂的欧洲封建社会中却实现并维系了整个西欧精神生活、宗教信仰的统一。在这种复杂的社会格局及其精神生活处境中,各地教会有着宗教和世俗领域中的双重压力。而罗马教会以其大一统的结构来实现其跨国活动和越界盘剥,对于欧洲各国民族意识有着巨大打压;但这种张力也随着欧洲近代民族国家意识的增强而有力推动着地方教会的反抗及独立运动。社会革命和宗教改革相互呼应、有机共构,最终形成了其水到渠成的发展。由此可以看到,这些底层的僧侣在社会反抗上得以与广大民众联合,在民族独立上亦亮出了民族教会的旗帜,他们既反抗社会上层的压迫,也抵御以宗教之名而外来的干涉。当时德国在这两个方面都已经危机频发,形成大火之前已布满干柴之势。恩格斯为此指出,"正如在诸侯和贵族之上有皇帝一样,在高级僧侣和低级僧侣之上也有教皇。正如对皇帝要纳'公捐',即帝国税一样,对教皇也要纳一般教会税,而教皇就是用教会税去支付罗马教廷的豪华生活费用的。德国由于僧侣人多势众,因此这种教会税比任何其他国家都征收得更加认真和严格。特别是在主教出缺后新任者要向教皇交纳上任年贡时,就更是如此。随着需要的日益增长,搜刮钱财的新花样也相继发明出来了,诸如贩卖圣徒遗物、收取赎罪金和庆祝费等等。大宗钱财就这样年复一年地从德国流入罗马;由此而增加的沉重负担不仅加深了人们对僧侣的憎恨,而且激发了民族感情,特别是激起了贵族们的民族感情,贵族们在当时是最有民

---

① 《马克思恩格斯文集》第 2 卷,人民出版社 2009 年版,第 226—227 页。

第十二章　论恩格斯《德国农民战争》中的宗教观　　141

族意识的等级"①。其社会结构及各界人士的复杂交织，其利益诉求各有不同，使欧洲近代革命充满戏剧性，有着很难预料的变数。

恩格斯指出，中世纪城市市民已经分化为城市贵族、市民反对派和平民反对派这三类不同群体，他们扮演着不同历史角色，彼此之间既有合作、亦有冲突，而在此后的资本主义社会中也有着完全不同的命运和处境。正因为其社会地位不同，他们在德国宗教改革运动中的参与，以及对德国农民战争的态度也有着非常明显的不同。在观察这一独特历史时期之际，恩格斯慧眼独具，敏锐地发现在产生新生资产阶级的同时，已经出现了这一阶级未来掘墓人的无产阶级，然而这一阶级的代表人物在当时毕竟太超前了，因此其出现恰如昙花，生不逢时，只能以燃烧自我的瞬间光辉让人们看到其失败并不是结局，其演奏的序曲只是告诉人们未来必定会来的曙光和希望。这就是恩格斯对基层传教士闵采尔的高度评价："只是在受闵采尔直接影响的图林根和其他某些受他的弟子直接影响的地方，城市平民集团才被卷入整个风暴，以致其中处于萌芽状态的无产阶级成分比运动中的其他一切集团都暂居上风。这段插曲构成了整个农民战争的最高潮，它的中心是农民战争中最伟大的人物托马斯·闵采尔，可是这段插曲为时极其短暂。城市平民集团势必垮得最快，同时，他们势必在很大程度上带有幻想的色彩，他们的要求也必然表达得极其含糊，所有这些都是不言而喻的；因为在当时的情况下，正是他们这一集团最缺乏牢固的基础。"② 无产阶级尚未诞生，无产阶级的代表却以闵采尔的形象而过早亮相。但闵采尔多塞的命运却画出了意味深长的历史延伸线，让人们对未来永远持有信心。思想的先行在历史上无独有偶，他们作为先知而孤寂独行，超越了其时代、脱离了其社会，因而往往会以悲剧结局，留下历史的遗憾和悲壮。无产阶级思想的先行者闵采尔生不逢时，以血洒疆场而谢幕。在约三个世纪后才有"全世界无产者联合起来"的时代强音。然而历史并不以成败论英雄，

---

① 《马克思恩格斯文集》第 2 卷，人民出版社 2009 年版，第 227 页。
② 同上书，第 231 页。

这些先知、先驱虽然在社会行动中失败了，并由此失去其社会存在，却展现出其思想的魅力、人格的伟大，流传下他们的音容笑貌、有着悠久的历史回声。值得思考的是，这一先进阶级的先行者当时却以宗教身份即宗教领袖的形象来亮相。恩格斯在反思历史时告诫人们，宗教在历史发展中并非只能代表落后，其曾发挥的社会先行先进作用，也必须受到正视。

在德国宗教改革时期，最积极参加社会变革运动的是德国广大农民群众。这是因为他们处于社会底层，受到政治和宗教上的双重压迫，故而对解放和解脱有着最强呼声。但德国农民乃分散而居，形如散沙而难以汇聚，故而需要有人引领、指导。恩格斯分析了德国农民的状况："处于所有这些阶级（平民反对派除外）之下的，就是这个民族中遭受剥削的广大群众——农民。压在农民头上的是社会的各个阶层：诸侯、官吏、贵族、僧侣、城市贵族和市民。无论农民是属于一个诸侯、一个帝国直属贵族、一个主教、一个寺院，还是属于一个城市，他们都毫无例外地被当做一件东西看待，被当做牛马，甚至连牛马都不如。……谁来保护农民呢？法庭上坐着的都是权贵、僧侣、城市贵族或律师。……帝国官场中各等级本来就是靠从农民身上吮血吸髓过活的。"[①] 可以说，德国农民的这种底层处境使之易与当时各个阶级发生矛盾、出现冲突。而当农民"这个民族中遭受所有其他等级剥削的最下层人民"起来反抗时，也会带来整个德国社会结构的变化和社会阶层的分化，其趋势多会出现"分裂为两大营垒的情形"。德国农民战争的失败有其历史必然，却给近代德国带来了意想不到的变化，使其更加步履维艰。

社会革命乃大浪淘沙、促使德国各种势力在其历史潮流的冲撞中出现归并，"这种归并是在宗教改革时期随着革命的宗教政治思想的普遍传播才开始出现的。赞成或者反对这些思想的各个等级（当然只是很费劲地而且勉强地）把全民族集结成三大营垒，即天主教或反动营垒、路德的市民改良营垒、革命营垒。这次全民族大分化并不彻底，而且在

---

① 《马克思恩格斯文集》第 2 卷，人民出版社 2009 年版，第 231—232 页。

第十二章 论恩格斯《德国农民战争》中的宗教观

第一第二两大营垒中还有一部分成分是相同的，这是因为从中世纪沿袭下来的大多数正式的等级此时已经处于解体状态；又因为地方分权状态使同样的等级在不同的地方暂时向完全相反的方向前进"[1]。以宗教改革运动的表面形式来看，社会好像主要是出现了宗教纷争，如天主教与改革运动诞生的新教之争、教会上层与底层之争、罗马教廷与德国民族教会之争等，诸事好似都与宗教相关。"照德意志意识形态看来，把中世纪送入坟墓的那些斗争仍然只不过是激烈的神学上的争论。"[2] 然而恩格斯却以其敏锐的观察而有入木三分的洞见，通过纷繁复杂的宗教之争而揭示出其社会斗争、阶级斗争的本质："其实在这些大震荡中，始终贯穿着阶级斗争，而且每次写在旗帜上的政治口号都是阶级斗争的赤裸裸的表现"，"16世纪的所谓宗教战争首先也是为着十分实际的物质的阶级利益而进行的。这些战争同后来英国和法国的国内冲突完全一样，都是阶级斗争"[3]。恩格斯以阶级斗争的观点来指出德国宗教战争的实质，并进而说明在欧洲浓厚的宗教氛围中历史上的这些阶级斗争显然也需要借用宗教的标志和外衣，所以必须透过历史现象而看到其本质。

对于阶级斗争为何需要宗教改革的外形，恩格斯解释说："如果说这些阶级斗争当时是在宗教的标志下进行的，如果说各阶级的利益、需要和要求都还隐蔽在宗教外衣之下，那么，这并没有改变事情的实质，而且也不难用时代条件来加以解释。"欧洲中世纪社会是一个宗教氛围浓厚的社会，人们习惯于宗教的审视、宗教的预言，一切皆有"万流归宗"之态势。从欧洲古代到中世纪的发展转型来看，"中世纪完全是从野蛮状态发展而来的。它把古代文明、古代哲学、政治和法学一扫而光，以便一切都从头做起。它从没落的古代世界接受的唯一事物就是基督教和一些残破不全而且丧失文明的城市。其结果正如一切原始发展阶

---

[1] 《马克思恩格斯文集》第2卷，人民出版社2009年版，第234页。
[2] 同上。
[3] 同上书，第235页。

段的情形一样，僧侣获得了知识教育的垄断地位，因而教育本身也渗透了神学的性质。在僧侣手中，政治和法学同其他一切科学一样，不过是神学的分支，一切都按照神学中适用的原则来处理。教会的教条同时就是政治信条，圣经词句在各个法庭都具有法律效力。甚至在法学家已经形成一个等级的时候，法学还久久处于神学控制之下。神学在知识活动的整个领域的这种至高无上的权威，同时也是教会在当时封建统治下万流归宗的地位的必然结果"①。古代给中世纪欧洲留下的只有宗教，故此形成中世纪欧洲社会的宗教色彩，宗教成为其政治、文化、道德、精神的代表。所以，在新的社会转型期能够推动社会前进的有效举措就是借用让民众通俗易懂的宗教形式，正如恩格斯所言，"显然，这种情况下，一切针对封建制度发出的全面攻击必然首先就是对教会的攻击，而一切革命的、社会和政治的理论大体上必然同时就是神学异端。为了有可能触犯当时的社会关系，就必须抹掉笼罩在这些关系上的灵光圈"②。显然，恩格斯在此是就欧洲社会由中古往近代转型的时代处境而论及对宗教和神学的批判，有着非常明确的时空视域，亦由此而说明当时欧洲的阶级斗争为什么要采取宗教的形式、借助宗教的外衣。这是恩格斯具体问题具体分析的经典表述。

对于欧洲中世纪社会中宗教异端和神学异端的状况，恩格斯在此还作了具体分析："反封建的革命反对派活跃于整个中世纪。随着时代条件的不同，他们或者是以神秘主义的形式出现，或者是以公开的异教的形式出现，或者是以武装起义的形式出现。说到神秘主义，大家知道，16世纪的宗教改革派同它有着很深的依赖关系；就连闵采尔也从神秘主义中吸取了许多东西。至于各种异教，其中一部分是实行宗法制的阿尔卑斯山牧民反对封建势力侵入他们生活的表现（韦尔登派）；一部分是越出封建制度的城市同封建制度对抗的表现（阿尔比派、布雷西亚的阿尔诺德等）；一部分是农民直接暴动的表现（约翰·保尔、皮卡第

---

① 《马克思恩格斯文集》第2卷，人民出版社2009年版，第235页。
② 同上书，第235—236页。

第十二章 论恩格斯《德国农民战争》中的宗教观　　145

地方的匈牙利牧师等）。"① 这些异端运动鱼龙混杂、情况不一，恩格斯对之有着具体分析和不同评价。例如，他对韦尔登派持否定态度，认为它是"阻碍历史运动的一种反动企图"。他还在这些异端运动中看到了新兴市民阶级与农民的矛盾，并指出其冲突对历史发展的可能影响："在其余的两种中世纪异教形态中，我们看到，早在12世纪就已经出现了市民反对派和农民反对派大规模对立的先兆，农民战争后来就是由于这种对立而归于失败的。这一对立贯穿于整个中世纪末期。"② 市民反对派与农民反对派的矛盾、对立，给中世纪末期跌宕起伏的历史发展带来了各种复杂因素，尤其使德国近代转型过程变得曲折、漫长。

　　恩格斯对新兴的市民阶层有着特别关注和专门评价，指出他们是资产阶级的前身，是在社会城市化的进程中脱颖而出的，并得以在近代欧洲社会世俗化和民族化的过程中独占鳌头，起到领导作用。新兴市民阶级强烈要求摆脱封建制度及其神权统治，但他们从一开始就在社会革命中暴露出了其软弱性和妥协性。他们推动的资产阶级革命因而也有明显不足，并多以其改良之举而表现出其不彻底性。欧洲资产阶级革命的这些缺憾，迄今仍然可以觉察得到，形成欧洲社会、政治的一些特点。但历史并非理想主义的，而是现实的结晶。恩格斯对当时欧洲社会处境有着如下分析："城市的异教——这是中世纪真正公开的异教——主要是反对僧侣，对他们的豪富殷实和政治地位进行抨击。正如资产阶级要求一个廉价政府一样，中世纪市民首先要求一个廉价教会。市民异教同所有把教会和教条的发展仅仅看成是一种蜕变的异教一样，从形式上来看是反动的，它要求恢复原始基督教的简单教规，要求取消自成一统的僧侣等级。实行这种廉价措施，就会取消修道士，取消高级教士，取消罗马教廷，一言以蔽之，就会取消教会中一切耗费钱财的东西。这些城市虽然还处于君主保护之下，但它们本身已经是共和国，它们在对教皇权力进行攻击时，就第一次以一般形式提出：资产阶级统治的正常形式是

---

　　① 《马克思恩格斯文集》第2卷，人民出版社2009年版，第236页。
　　② 同上。

共和国。这些城市之所以对一系列教条和戒律如此敌视，一部分可以由上述情况来说明，一部分也可以由当时城市的其他生活条件来说明……至于反对封建制度的反对派在这里只是以反对教会封建势力的反对派姿态出现，其理由十分简单，因为各城市都已经被承认为等级，它们已经能够运用武力或在等级会议中以足够的力量去反对世俗的封建势力及其特权了。"① 这种"廉价"的要求其实是对"廉政"的呼吁，也是当时社会、教会反对腐败的开端。而值得玩味的是，这些以反腐要求开始的社会内部改革或改良，却往往以社会革命、阶级斗争、人民战争、改朝换代、历史变迁为结局。

在中古到近代的欧洲发展中，这种改革、革命又与城市、市民有着密切关联。在此过程中，中世纪的下层贵族开始向城市集中，分化为市民阶层，他们以正在采取资本主义生产方式而发展的城市为依托，与之结成天然联盟，共同反对封建上层和宗教上层。对于资本主义发展、资产阶级诞生与城市的密切关系，恩格斯亦作了如此解释："绝大部分下层贵族在反对僧侣的斗争中和从事异教活动时都加入城市一方。产生这种现象的原因，是由于下层贵族依赖城市，也是由于在面对诸侯和高级教士时，下层贵族和城市有着共同的利益。"②

与新兴资产阶级相比，来自社会底层的农民反对派则表现出革命的更加彻底性。但他们的革命热忱却因历史条件的限制而使他们不能成为当时社会变革的主导者。而其真正的历史命运，则是在这种社会转型发展中也完成了自己的身份幻变，即因为其在资本主义发展进程中被剥夺得一无所有、成为赤贫而变身为在资本主义制度中所产生的无产阶级。不过，无产阶级的主体乃是在资本主义制度形成后其社会发展得相对成熟时的产物，在资本主义社会的初期则不能与资产阶级的发展相比。欧洲中世纪与近代之交所产生的主要是资产阶级，所以农民反对派所表达的诉求显然为期太远、为时太早、难以实现，故而带有空想、虚幻成

---

① 《马克思恩格斯文集》第 2 卷，人民出版社 2009 年版，第 236—237 页。
② 同上书，第 237 页。

第十二章 论恩格斯《德国农民战争》中的宗教观　147

分。恩格斯说,"另一种异教则有完全不同的性质,这种异教是农民和平民的要求的直接表现,并且几乎总是同起义结合在一起的。这种异教虽然也同意市民异教关于僧侣、教皇权力以及恢复原始基督教教规的一切要求,但是它却走得更远。它要求在教区成员间恢复原始基督教的平等关系,要求承认这种关系也是市民间的准则。它从'上帝儿女的平等'得出有关市民平等的结论,甚至已经部分地得出有关财产平等的结论。它要求贵族同农民平等,要求城市贵族和享有特权的市民同平民平等,它要求取消徭役、地租、捐税、特权,要求至少消除那些极其悬殊的贫富差别——这些要求,都是带着或多或少的明确性提出来的,而且被说成是原始基督教教义的必然结论。这种农民平民异教,在封建制度全盛时期……还不易同市民异教相区别,但是到了 14 世纪和 15 世纪,它就发展成一种与市民异教截然不同的派别见解了,这时,农民平民异教通常总是完全独立地出现,同市民异教并立。例如,在英国,在威克利夫运动之外有瓦特·泰勒起义的传教者约翰·保尔。又如在波希米亚,在加里克斯廷派之外有塔博尔派。在塔博尔派里,甚至已经在神权政治的掩饰下出现了共和制倾向。而在 15 世纪末、16 世纪初,德国的平民代表人物又进一步发展了这种倾向"①。对于中世纪宗教异端和民众起义,可以看到其普遍会有神秘主义的形式,以之而做出超现实、超历史的表达及诉求。这种脱离历史现实的憧憬或渴望,在当时当然也只能以神秘主义的方式来表达。因此,"有些神秘主义宗派的狂想就同上述这种异教形式结合在一起,例如鞭笞派、罗拉德派等的狂想就是如此。这些宗派在被迫害时期还继续保持着革命传统"②。这些平民阶层在从封建制度走向资本主义制度的过渡时期,以其独特的分化形式而预言了无产阶级的诞生。他们与新生资产阶级的诉求全然不同,但因过于超前而出师未捷、壮志难酬。

但对欧洲中世纪晚期平民运动中诞生的这一全新阶级,恩格斯却刮

---

① 《马克思恩格斯文集》第 2 卷,人民出版社 2009 年版,第 237—238 页。
② 同上书,第 238 页。

目相看、格外关注。虽然因其过于早产而生不逢时，在当时的历史舞台上只能昙花一现、稍纵即逝，与此历史时期擦肩而过，却给恩格斯留下了深刻印象，并得到恩格斯的赞誉："平民在当时是完全被排斥于正式存在的社会之外的唯一阶级。他们处于封建组织之外，也处于市民组织之外。他们既没有特权，又没有财产；他们甚至不如农民和小市民，连一点带着沉重税负的产业也没有。他们在任何情况下都是既没有产业又没有权利的。他们的生活条件甚至同当时的公共机构毫无直接关系，这种公共机构完全不理会他们。他们是封建社会和行会市民社会解体的生动的象征，同时又是现代资产阶级社会的最初的先驱者。"[①] 由平民演化而来的这一新兴阶级远远超越了他们诞生时所处的时代，因而使之只能用空想、幻想、神秘主义的方式来表达其理想、抱负。"从平民的这种地位就可以解释，为什么平民集团早在当时就不可能仅限于反对封建制度和享有特权的城关市民，为什么这个集团——至少在幻想里——甚至已经超出当时刚刚萌生的现代资产阶级社会，为什么这个完全无产的集团早在当时就必须对一切以阶级对立为基础的社会形式所共有的公共机构、观点和看法提出疑问。原始基督教中的锡利亚式狂想同这类想法就很容易联系起来。但是，这种超越不仅超出了现在，甚至超出了未来。因此，它只能是武断的、空想的超越，而在第一次付诸实践的尝试之后，就不得不退到当时条件所容许的有限范围中去。对私有制的攻击，对财产公有制的要求，都必然烟消云散，结果出现的只是原始的慈善团体；意义模糊的基督教平等，至多只能归结为资产阶级的'法律面前一律平等'；要废除一切官厅，最后变成了要建立民选的共和政府。这种靠幻想来对共产主义所作的预见，在实际上成了对现代资产阶级关系的预见。"[②] 这里，恩格斯对基督教的评价有了与在其《英国状况》（评托马斯·卡莱尔的《过去和现在》）一文中的微妙不同。恩格斯在此察觉到，作为传统意识形态和价值体系的基督教在欧洲中世纪向

---

① 《马克思恩格斯文集》第 2 卷，人民出版社 2009 年版，第 238 页。
② 同上书，第 238—239 页。

近代的社会转型过程中被用来作各种解读，既有资产阶级以它为其革命的旗帜及外衣之用，也有无产阶级用它来幻想、虚拟地表达对共产主义理想的预见和期盼之举。恩格斯于此深刻指出，尽管基督教会被用来作为社会变革的各种表层形式，但要究其实质，则仍须回到当时社会经济基础、社会关系的变革、发展。所以，恩格斯不再单纯围绕宗教而论，开始有意识地将宗教问题与其相关的社会处境密切关联起来。

在论及德国宗教改革和农民战争时，恩格斯特别谈到了两个人的作用，一是宗教改革运动的发起者马丁·路德，二是农民战争的领导者托马斯·闵采尔。恩格斯对二人有着分析比较，依此也有相应的评价，其中路德被作为新生市民阶级（资产阶级）的代表人物，而闵采尔则被作为底层平民阶级（未来无产阶级）的象征人物："路德和闵采尔，无论就其理论来说，还是就其性格和行动来说，都不折不扣地代表着他们各自的派别。"恩格斯在此把路德定位为"市民宗教改革家"，而视闵采尔为"平民革命家"。当时德国社会分为"三大营垒"或"三大阶层"。"在三大营垒中的第一营垒即保守的天主教营垒中，集结了所有希望维持现状的势力，即帝国政府、僧侣诸侯以及一部分世俗诸侯、富裕贵族、高级教士、城市贵族；而聚集在市民阶级温和派路德改革旗帜下的是反对派中的有产者势力，即大量的下层贵族、市民阶级，甚至还包括一部分希望通过没收教会财产中饱私囊并想乘机脱离帝国羁绊而扩大独立地位的世俗诸侯。至于农民和平民则组成了革命派，其要求和理论都由闵采尔作了极其鲜明的表述。"[①] 当然，从推动历史发展的积极意义上，恩格斯对二人有着充分的肯定，认为他们都属于当时的革命派，都以各自的方式来试图推动历史发展、社会进步。但恩格斯对闵采尔显然有着更多的青睐，他认为路德代表着新兴资产阶级，搞了一场改良性革命，并取得相对成功；而闵采尔则要求一种彻底革命，他以空想之论表达了未来无产阶级的心声，其革命实践虽未成功，却给人带来对未来的希望和遐想。

[①] 《马克思恩格斯文集》第 2 卷，人民出版社 2009 年版，第 239 页。

路德是一位极为复杂的历史人物，欧洲宗教改革的历史乃以这一名字为标志，其历史功绩故不言而喻。恩格斯在路德身上看到了当时新生资产阶级的活力及其革命的诉求，但路德同时也表现出这一资产阶级的软弱，因其革命的不彻底性而往往使之以社会改良来告终。路德发动了德国宗教改革运动，但在其后期却出现了动摇，并走到了革命者的对立面，这也反映出新兴资产阶级的思想特征及历史作用。恩格斯说，"路德在1517年到1525年这几年间所经历的转变，恰恰就是现代德国立宪派从1846年到1849年所经历的转变，也恰恰就是一切资产阶级党派目前正在经历的转变，这些资产阶级党派一度被推到运动的领导地位，但在这种运动中一转眼就被站在它背后的平民党派或无产阶级党派抛到后面去了"。"当路德在1517年开始反对天主教会的教条和制度的时候，他的反对立场还根本没有明确的性质。这种反对立场没有超出以往的市民异教所提出的要求的范围，可是，它没有也不可能排斥任何一种更为激进的思潮。因为在最初它不能不把一切反对派势力团结起来，不能不表现出最坚决的革命魄力，不能不代表迄今所有的异教去同天主教正宗信仰对抗。……路德在他活动的最初阶段，以无比激烈的方式表现出他那强健有力的农民本性。"[①] 为了反抗罗马教廷对德国的欺诈和勒索，路德以反对赎罪券为名发起了宗教改革，并在罗马教廷的逼迫下而与天主教分道扬镳，建立起宗教改革的新教，开创了一个时代。不过，路德本来无意推动一场席卷全社会的革命，而是在其视野所致之范围内进行有限的改革，但在当时已经人声鼎沸、普遍不满的德国大地，路德改革之举如同开启了闸门，大水扑面而来势不可当，冲击到方方面面。其结果，德国社会的各个阶层、各种势力都卷了进来，参与其中，而纯宗教的诉求之声则已被不同的政治诉求和社会呼声所压住。路德在这一巨变面前毫无准备，在感到震惊之余亦开始动摇。路德本来只想发起宗教改革，并无全面、彻底之政治革命的意欲，但"路德对天主教教阶制度

[①] 《马克思恩格斯文集》第2卷，人民出版社2009年版，第240页。

第十二章 论恩格斯《德国农民战争》中的宗教观 151

宣战，把德国一切反对派分子都发动了起来"①，这是他始料未及的，也是他很不愿意的。如果说路德在推动基督教内部的宗教改革上还比较坚定的话，那么他对于社会政治革命却比较犹豫，尤其对基层民众的反抗和起义并不想支持。这样，路德并不看好、更不支持在其影响下而兴起的底层农民运动，最终抛弃了这些革命的最坚定参与者，甚至走向了主张镇压农民革命的反面。

路德的这种变化，使恩格斯感慨不已，他看到了宗教改革的历史意义，也对路德的半途而废深感遗憾，因而对他有着如下评价："但是早期的这种火一般的革命热情并没有维持多久。路德放出的闪电引起了燎原烈火。全体德国人民都投入了运动。一方面，农民与平民把路德反对僧侣的号召和关于基督教自由的说教看成是起义的信号；另一方面，较温和的市民和一大部分下层贵族也站到了路德一边，甚至诸侯也被卷入了这个潮流。农民与平民认为向一切压迫他们的人进行清算的日子来到了；而市民、贵族和诸侯只想剥夺僧侣的权力，摆脱对罗马的依附，废除天主教教阶制度，并且没收教会财产而大发横财。两派势力壁垒分明，并且各自找到了自己的代表人物。路德不得不在两派中进行抉择。这个受到萨克森选帝侯保护的人，这个维滕贝格的名教授，这个一鸣惊人、声势煊赫而被一群趋炎附势之徒簇拥着的大人物，毫不踌躇地抛弃了运动中的下层人民，倒向了市民、贵族和诸侯一边。剿灭罗马的号召销声匿迹了；现在路德吹起了和平发展和消极抵抗的调子。"② 路德在宗教改革初期与罗马教廷决裂，其间得到了德国贵族的保护；而宗教改革所带动的各阶层人士的亮相和参与，也使路德不得不重新审视自己的社会定位。而当基层群众对封建制度全面反抗，其革命要求触动各方面利益时，路德的表态则出现了嬗变，不再代表下层平民的利益，更不愿为底层农民发声。"路德如今公然成了市民阶级改革的代表人物。"当然，恩格斯认为路德这种立场态度的改变是由其社会定位所决定的，而

---

① 《马克思恩格斯文集》第 2 卷，人民出版社 2009 年版，第 276 页。
② 同上书，第 240—241 页。

当时德国社会的发展变迁及市民阶级地位的提高、影响扩大，也促使路德向新生资产阶级的立场转变。"他鼓吹合法的进步是有他的理由的。当时多数城市已经倾向于温和的改革；下层贵族参加温和改革的越来越多，一部分诸侯也随声附和，另一部分诸侯则举棋不定。至少在德国的大部分地区，温和的改革可以说已经稳操胜券。如果形势继续和平地发展下去，其余地区也不能长久抵挡温和反对派的进逼。但是，任何激烈的动荡都必然促使温和派同激进的平民农民派发生冲突，必然导致诸侯、贵族和一些城市退出运动，其结果不是市民派被农民与平民所压倒，就是参加运动的所有派别一齐被天主教复辟势力所镇压，二者必居其一。资产阶级政党只要稍微取得一点点胜利，就立即企图利用合法进步的手段周旋于革命的岩礁和复辟的漩涡之间。"① 可以说，路德对自己的定位选择乃理所当然，他作为宗教改革家本来就是为了资产阶级的利益而出面，是作为市民阶级的重要代表而发声。所以，路德从根本上不可能代表底层民众的利益，只是在宗教改革运动初期的复杂局面中，他还没有时间及精力对这种社会变迁和阶级分类特别关注和自我定位而已；随着局势的逐渐明朗化，路德的这种选择只是迟早而已，势必会出现这一结局。

由于路德基本上是站在市民阶级的立场，故而对德国农民战争所提出的诉求并不支持；从当时历史发展的趋势上，路德希望这两大对立的阶级能够达到调和。他一方面认为实行苛政的当权者对农民造反负有责任，但另一方面则指责农民的起义已经过于极端，故脱离了其宗教信仰。恩格斯对此分析说，"当农民战争在诸侯和贵族绝大部分都信天主教的地区爆发时，路德企图采取调解的态度。他极力攻击这些地区的政府，认为起义是由于他们施行苛政而引起的；并不是农民要反对他们，而是上帝本身要反对他们。另一方面在他看来起义当然也是亵渎上帝、违反福音的。最后他劝告双方让步，实行和解"②。但此时已经组织起

---

① 《马克思恩格斯文集》第 2 卷，人民出版社 2009 年版，第 242 页。
② 同上书，第 242—243 页。

来、发起革命的农民对路德的态度很不满意,并认为路德实际上已经站在统治者的立场上来说事,他们指责路德是"诸侯的奴仆",而且还愤怒地"向他投掷石块"。被农民所激怒的路德也掀掉其原想寻求和解的面纱,干脆鼓动、纵容诸侯贵族对农民起义实施打击、镇压。"在这种时候,就再也没有什么慎重考虑的余地了。在革命面前,一切旧仇都抛到了九霄云外;同农民暴徒相比,罗马罪恶城的奴仆们都成了无罪的羔羊,成了上帝的温顺的孩子;市民和诸侯、贵族和僧侣、路德和教皇都联合起来'反对杀人越货的农民暴徒'。""路德认为,决不可对农民乱发慈悲。谁怜悯上帝所不怜悯的人,谁怜悯上帝所要惩罚和毁灭的人,谁就是置身于叛乱者的行列。"[①] 由此可见,这种以路德等人为代表的宗教改革家实际上已在新的历史时期来临之际开展两面作战,一方面则要对付封建社会的残渣余孽,将长达千年的欧洲封建时代彻底推翻;另一方面则已开始防范新生的无产阶级,将之视为洪水猛兽来残酷镇压。

　　对于这段复杂历史和路德这样代表历史转型时期的重要人物,恩格斯有着非常客观、冷静的分析研究。他充分肯定了路德的历史作用及其价值,尤其对路德在文化理论上的贡献表示认可。然而,对于路德后来的变化,恩格斯则颇为不满,并提出了尖锐批评。恩格斯以客观、辩证的态度,对路德的个人作用及其历史功过加以了总结:"路德通过翻译圣经给平民运动提供了一种强有力的武器。他在圣经译本中使公元最初几个世纪的纯朴基督教同当时已经封建化了的基督教形成鲜明的对照,提供了一幅没有层层叠叠的、人为的封建等级制度的社会图景,同正在崩溃的封建社会形成鲜明的对照。农民利用这种武器从各方面反对诸侯、贵族、僧侣。而现在路德竟把这一武器掉转过来反对农民,他从圣经中拼凑了真正的赞美诗去歌颂那些由上帝委派的当权者,这是任何一个舔食专制君主残羹的臣仆从来没有能够做到的。神授君权、唯命是从,甚至农奴制度都由圣经认可了。在这方面,不仅农民起义,就连路德本人对教会权威和世俗权威的反抗活动也被全盘否定;这样,路德不

[①]《马克思恩格斯文集》第 2 卷,人民出版社 2009 年版,第 243 页。

仅把下层人民的运动,而且连市民阶级的运动也出卖给诸侯了。"① 由于路德的阶级局限和思想短视,路德虽然创立了一个时代,却阻拦了更为革命的发展,并被这种革命所淘汰。

恩格斯对于闵采尔的评价则更加同情、更为支持、更多肯定。在闵采尔具有空想性质和宗教神秘主义色彩的政治理想中,恩格斯洞见到一个先进阶级、一种全新社会的必然出现。为此,恩格斯将闵采尔的思想评价为一种无产阶级运动的雏形、一种共产主义思想的萌生:"这种武断的、但是很容易从平民集团的生活状况中得到解释的对于未来历史的预见,最初出现在德国,出现在托马斯·闵采尔和他那一派中。诚然,在塔博尔派那里已经存在过一种锡利亚式的财产公有制,但只是作为纯粹军事措施而存在的。直到闵采尔才用这种刚刚萌生的共产主义思想来表达一个现实的社会集团的要求,直到闵采尔才以一定的明确性把它表达出来;自闵采尔以来,民众在每一次动荡中都出现这种思想,直到它渐渐同现代无产阶级运动合流为止。"② 恩格斯从闵采尔领导的农民起义上看到了与后来无产阶级革命的关联,指出闵采尔的思想虽然脱离了当时的现实社会和历史处境,但这种超前意识却很值得思考和研究。很显然,当时恩格斯的这种见解既大胆、又深刻。

为此,恩格斯对闵采尔的神学思想及理论探究也有颇为积极的评价:"他在当时神学领域的渊博知识使他早就获得了博士学位,并取得了哈雷的一个女修道院神父助手的职位",而且,他以"极端蔑视的态度"来对待传统教会的教义教规及其礼仪实践。为了探寻一条新的道路,闵采尔"研究的主要对象是中世纪神秘主义者,特别是卡拉布里亚人约雅敬撰写的论述锡利亚教义的著作。在闵采尔看来,约雅敬所宣告和描绘的千年王国以及对堕落教会和腐败世界的末日审判,随着宗教改革以及当时遍及各地的风潮而即将来临"③。这样,在传统基督教的

---

① 《马克思恩格斯文集》第 2 卷,人民出版社 2009 年版,第 244 页。
② 同上书,第 239 页。
③ 同上书,第 245 页。

认知模式中，闵采尔补入了全新的思想。他对路德发起的宗教改革运动积极支持，在其早期就曾"作为第一个宣讲新教教义的布道者前往茨维考"，由此而与"狂热的锡利亚教派中的一支"相遇，从而受到其颇为极端之教义思想的刺激和启迪。"这个教派就是再洗礼派，其领导者是尼克拉斯·施托尔希。他们宣称末日审判和千年王国的实现已为期不远，"① 在对基督教"末日审判"和"千年王国"的重新审视和解读中，闵采尔开始有了自己的激进想法，他觉得需要一场更为暴猛的革命，以对反对落后的社会加以致命打击，从而迎来一个新天新地的新时代。这样，他逐渐不满路德的改良和非暴力革命的观点，与之渐行渐远。虽然闵采尔与路德一样，其最初的攻击目标都是罗马教会，但闵采尔却主张采取更为激烈的行动。恩格斯评价说，"当时闵采尔主要还是神学家；他所攻击的对象几乎还只是僧侣。但是，他却不像路德当时所做的那样，提倡平心静气的辩论与和平的进步，而是把路德早期那种激烈的布道继续下去，并号召萨克森诸侯和人民起来用武力对付罗马僧侣"②。这种革命思想在诸侯贵族那里显然不受欢迎，却得到来自基层民众的大力支持，其发起的革命运动也得到他们的积极参与。这样一来，"闵采尔的思想越来越犀利，也越来越果敢，于是他坚决地同市民阶级宗教改革分道扬镳，从此之后他就同时直接以政治鼓动家的姿态出现了"③。在时代的需求和底层民众的支持下，闵采尔没有退路而义无反顾，走到了历史变革时期的风口浪尖上。

尽管闵采尔发起的农民起义运动具有政治运动的性质，然其指导思想却仍然在基督教神学理论范围之内。所以，恩格斯看到了这场革命乃始于教会内部、神学理论界的革命，指出闵采尔的神学具有与传统决裂的激进性和革命性，"他的神学—哲学理论不仅攻击天主教的一切主要论点，而且也攻击整个基督教的一切主要论点。他利用基督教形式宣讲

---

① 《马克思恩格斯文集》第 2 卷，人民出版社 2009 年版，第 245 页。
② 同上书，第 246 页。
③ 同上书，第 247 页。

一种泛神论,这种泛神论同近代的思辨观点有着惊人的相似之处,有些地方甚至已经接近无神论。他既否认圣经是唯一的启示,也否认圣经是无误的启示。照他看来,真正的、生动活泼的启示是理性,这种启示曾经存在于一切时代和一切民族之中,而且现在依然存在。他认为,如果把圣经同理性对立起来,那就意味着以经文扼杀圣灵。因为圣经所宣讲的圣灵并不是我们身外的存在物;圣灵本来就是理性。信仰无非是理性在人身上的复苏,因此非基督徒同样可以有信仰。通过这种信仰,通过这种复苏的理性,人人可以有神性,人人可以升入天堂。因此天堂并不是什么彼岸世界的事物,天堂必须在此生中寻找,信徒的使命就是要把天堂即天国在人世间建立起来。既然无所谓彼岸的天堂,当然也就无所谓彼岸的阴间或地狱。同样,也就没有什么魔鬼,有的只是人的邪念和贪欲。基督同我们一样也曾是人,不过他是先知和师长,他的圣餐其实只是简单的纪念宴会,在宴会上大家享用的饼和酒并没有加入任何神秘的佐料"。[1] 在此,恩格斯并没有把基督教及其神学思想看作不可改变的铁板一块,而是看到了其内在的变革、发展、进步。这对于我们客观、辩证、发展地评价基督教乃至整个宗教都具有非常重大的意义。我们不应该僵死地、孤立地、固定不变地、形而上学地看待基督教和一切宗教,而且也要辩证地、变化地看待有神论与无神论的关系,体悟恩格斯在这儿所讲的闵采尔的神学、其泛神论表述"已经接近无神论"之深刻意义。无神论并非凭空产生,在历史上也绝非与有神论泾渭分明、毫不相干。恰恰相反,无神论与有神论在历史发展中有着复杂的交织,一些无神论思想甚至是从有神论思想内部包括基督教神学思想体系内产生出现、嬗变而成的。所以,我们研究、论述无神论与有神论的关系及其对立,不能凭空、抽象而论,而必须结合其外部社会现状和内部神学发展来具体分析,准确评价,看清其社会交织及历史演变。故此对无神论、有神论的研究乃一系统工程,很难将之隔离或完全分开来研究。在对闵采尔神学思想的研究及评价上,恩格斯树立了一个正确研究、评价

---

[1] 《马克思恩格斯文集》第 2 卷,人民出版社 2009 年版,第 247 页。

无神论与有神论关系及其意义上的光辉典范，其对神学有着科学的分析和历史的审视，既有尖锐的批判，也冷静、客观地看到其历史意义及价值，承认神学随历史演进而有其发展演变，甚至在一定社会历史背景中会起到相对的积极作用。我们看到，以往历史上革命思想的兴起，无神论理论的产生，都不可能脱离其时代及社会，而其表述形式也势必会受到这种时空条件的复杂影响。所以，"近代哲学曾经在一段时期里不得不以基督教辞令作掩饰，闵采尔宣讲上述这些教义也大半是以同样的基督教辞令为掩饰。但他的著作到处都流露出他那极端异教的基本思想，可以看出，闵采尔对这件圣经外衣的态度远不像近代某些黑格尔门徒那样郑重。然而在闵采尔与近代哲学之间却相隔 300 年之久"[①]。在传统表述的形式下，闵采尔提出了全新的思想，故而远远超越了他所存在的时代。恩格斯对之有着高度评价："闵采尔的政治理论是同他的革命的宗教观紧密相连的；正如他的神学远远超出了当时流行的看法一样，他的政治理论也远远超出了当时的社会政治条件。正如他的宗教哲学接近无神论一样，他的政治纲领也接近共产主义。……闵采尔的纲领，与其说是当时平民要求的总汇，不如说是对当时平民中刚刚开始发展的无产阶级因素的解放条件的天才预见。"闵采尔虽然以基督教"早已预言的千年王国"这一表述为目标，所追求的却是"立即在人间建立天国"，从而把基督教的神学期望化为一种现实革命的理想。"闵采尔所理解的天国不是别的，只不过是这样一种社会状态，在那里不再有阶级差别，不再有私人财产，不再有对社会成员而言是独立的和异己的国家政权。"[②] 由此，闵采尔从宗教转向政治，把彼岸的追求变为现实的努力。恩格斯高度评价了闵采尔以幻想形式"对共产主义所作的预见"，以此而微妙地阐述了宗教信仰与政治信仰的区别及其复杂关联，指出在一定条件下宗教信仰可以转向或转化为政治信仰，这在闵采尔身上就是一个极好的案例。其实，在中国革命历史上，也有不少宗教信徒就是从其宗

---

① 《马克思恩格斯文集》第 2 卷，人民出版社 2009 年版，第 247 页。
② 同上书，第 248 页。

教信仰转向社会主义、共产主义信仰而参加革命的。当然，由于其构设远离现实条件之许可，闵采尔的政治理想仍然具有空想的性质，故而也只有以宗教形式才能找到其最恰当的表达方式。在此，我们可在恩格斯对闵采尔思想的分析中看到政治信仰与宗教信仰在信仰层面上的关联，以及在实践层面上的区别；恩格斯对宗教、神学的认知都具有一定的开放性，在研讨上也持有积极的开放态度。在他看来，宗教、神学的转型在历史发展上是完全可能的，受到其社会发展的影响或制约，而一旦"空想"方式的宗教信仰转向"人间"实践的政治努力，这种转型遂成为可能；恩格斯对闵采尔思想及社会经历的生动分析，使我们看到了宗教及其神学与现实及其政治有着密切而复杂的关联，这种见解对我们科学处理好政治信仰与宗教信仰的关系也带来了非常充分的思考空间。

当闵采尔走上其思想独立发展之路、并推动发起了德国农民战争这一重大历史实践之后，他与路德及其盟友遂处于尖锐对立的地位。路德和梅兰希顿公开向闵采尔挑战，要求其与之展开神学辩论。但闵采尔认为此时这种神学辩论已经毫无意义，故而不加搭理。恼羞成怒的"路德就以告发者的姿态公开出来反对闵采尔了"，"称闵采尔为撒旦的工具，要求诸侯采取措施"[①]。而闵采尔则走入民众，面向基层来发展革命。"在这期间，农民和平民中的鼓动热潮日益高涨，使得闵采尔的宣传工作进行得极为顺利。闵采尔把再洗礼派争取过来，作为宣传工作的极宝贵的代言人。这个教派本来没有确定成文的教义，他们只是通过反对一切统治阶级的共同立场，通过再洗礼派的共同象征而结合起来的，他们在生活上力修苦行，在鼓动方面狂热不倦，勇敢无畏；这一派人日益紧密地团结在闵采尔周围。由于遭受种种迫害，他们居无所定，在整个德国到处漂泊，到处宣讲新的教义，因为闵采尔在这种教义中明确地表达了他们自身的需要和愿望。他们当中有无数的人遭受刑讯，被火焚，或死于其他酷刑之下，但是这些密使坚贞不屈；在人民的激情迅速

[①] 《马克思恩格斯文集》第 2 卷，人民出版社 2009 年版，第 251 页。

高涨的过程中，他们的活动取得了无法估量的成就。"① 这里，恩格斯完全是以一种赞扬无产阶级革命的口吻来评说闵采尔及其领导的这场革命，而且指出闵采尔还已经"远远超出平民和农民的直接想法和要求，并且只从当时的革命队伍中挑选优秀分子组成一派，这一派既要站在他那样的思想高度，又要具有他那样的魄力"。但在积极肯定和评价之余，恩格斯也察觉了闵采尔这种脱离现实社会条件之举实际上也是铤而走险，并且不被大多数农民群众所理解。"这样一来，这一派就始终只占起义群众的极少数"了②。恩格斯对闵采尔思想的超前性十分感慨，说"闵采尔是完全处于当时正式社会联系之外的那一阶级的代表人物，也就是初期无产阶级的代表人物，他在形势的推动下已经预感到共产主义必将实现"，当闵采尔预见到无产阶级革命和共产主义社会将会来临之际，现实社会却还只是处于从封建主义社会往资本主义社会的转型阶段，人们可能看到的也只是"近代资产阶级社会必将实现"③。这种对"共产主义必将实现"的"预感"最早是出自一位欧洲中世纪后期的基督徒、一位宗教改革时期的神学家，这的确是告诫我们不可轻率、简单地对待基督教及其神学。恩格斯的眼光及其洞见，非常值得我们今天研究基督教神学时深思和体悟。

在德国农民战争中，恩格斯敏锐地发现这种早期类似"无产阶级"的革命运动通常会提出禁欲主义的要求。"在这个地方，也就是在运动的第一个先驱者这里，我们可以发现中世纪一切带着宗教色彩的起义以及近代任何无产阶级运动的初期都具有的那种禁欲主义。这种严格的禁欲主义的道德规范，这种摒弃一切人生享受和娱乐的要求，一方面是要针对统治阶级而确立斯巴达式的平等原则，另一方面又是一个必经的阶段，不经过这个阶段，社会的最底层是决不能发动起来的。社会的最底层要展示自己的革命毅力，要明确自己同其他一切社会成员处于敌对的

---

① 《马克思恩格斯文集》第 2 卷，人民出版社 2009 年版，第 252 页。
② 同上书，第 254 页。
③ 同上书，第 294 页。

地位，要使自己集结成一个阶级，就必须一开始就彻底抛弃自己身上还能同现存社会制度和平相处的一切；就必须放弃那些使深受压抑的生活有时尚堪忍受的一点点乐趣，放弃连最残酷的压迫也不能剥夺的一点点乐趣。这种平民的和无产阶级的禁欲主义，无论就它的粗犷狂热形式来看，还是就它的内容来看，都和市民阶级的、路德派的道德以及英国的清教徒（不同于独立派和更激进的各教派）所鼓吹的市民阶级禁欲主义大不相同；市民阶级禁欲主义的全部奥秘不过是市民阶级的节俭而已。"[1] 与市民阶级即早期资产阶级倡导"节俭"那种虚伪、表层的禁欲主义不同，这种早期无产阶级的禁欲主义则更为坚决，更加彻底。不过，恩格斯也担心这种"禁欲主义"过于极端会对革命运动反而不利，会因脱离实际、脱离群众而"失掉其革命性质"。这对于我们防范各种极"左"思潮，无疑乃非常重要的警醒之论。

由于闵采尔所发动的德国农民战争远远超出了其时代所能满足或达到的要求，因此这场运动的失败在恩格斯看来也是意料之中、必然之果。恩格斯十分冷静地分析说，"不仅当时的运动，就连他所生活的整个世纪，也都没有达到实现他自己刚刚开始隐约意识到的那些思想的成熟地步。他所代表的阶级刚刚处于形成阶段，还远远没有得到充分的发展，也远远没有具备征服和改造整个社会的能力。他所幻想的那种社会变革，在当时的物质条件下还缺乏基础，这些物质条件甚至正在孕育产生一种同他所梦想的社会制度恰恰相反的社会制度"[2]。既然闵采尔的思想太不符合实际需求，故而其社会实践也自然会如同孱弱的早产儿那样夭折。就是在理论探究层面上，恩格斯也认为基督教神学毕竟只是一种宗教教义的表述，而不可能、也不应该成为革命理论的表达，因此以之来指导社会实践则非失败不可。正如马克思在1843年时所言，"当时，农民战争，这个德国历史上最彻底的事件，因碰到神学而失败

---

[1] 《马克思恩格斯文集》第 2 卷，人民出版社 2009 年版，第 255—256 页。
[2] 同上书，第 304—305 页。

了"①。恩格斯在此对闵采尔的神学局限性也有相应的批评："他仍然不得不恪守自己一向宣讲的关于基督教平等以及按照新教精神实现财产公有的教义；他不能不为实现他的教义至少作一番尝试。"而他鼓动、发起群众革命的基本方式也主要是煽动"狂热"，"他在信件和传教中流露出一种革命的狂热情绪……他不断激起群众对统治阶级的仇恨，激发狂放不羁的热情，所用的完全是旧约中的先知表达宗教狂热和民族狂热的那种激烈的语调"②。这样，德国农民运动实质上不可能成为真正的无产阶级革命，而多为一种不现实的宗教狂热的表现。这种经验教训，也是恩格斯在研究德国农民战争时所强调的。

虽然闵采尔有着良好的动机，德国农民战争也顺应了底层民众的需求，但历史规律有其发展的轨迹和惯性，并不为人的主观意志所掌握。由于闵采尔的思想过于超前，德国农民战争的诉求超出了其时代条件所允许的可能性，所以这一政治运动的结果乃欲速却不达，反而制约、阻碍了德国近代历史的发展。在德国农民战争使农民阶级与新生的市民阶级（资产阶级）两败俱伤的结局下，资本主义在德国的发展被延缓，而封建诸侯因此"捞到好处"而得以较长时间保护其分裂割据之状。除了农民阶级因起义失败而受到的严重打击之外，恩格斯在此还分析了当时德国三大社会力量因农民战争而蒙受的损失，已经因此给整个德国的近代发展所带来的不利影响：首先，德国教会的僧侣阶层最为受挫；恩格斯说，"遭受农民战争打击最大的是僧侣。他们的寺院和教堂被焚毁，他们的金银财宝被抢走……他们贮存的物资都耗尽了。……人民仇恨的怒火完全集中在他们身上。其他等级，即诸侯、贵族和市民阶级，甚至眼看高级教士陷入窘境成了众矢之的而暗中称快。农民战争普遍推广了将教会财产收归俗用以利农民的做法，而世俗诸侯以及一些城市则极力设法按照他们最有利的方式将教会财产收归俗用，在新教各邦中，高级教士的产业很快就转入诸侯或名门望族手中。甚至连僧侣诸侯的权

---

① 《马克思恩格斯文集》第 1 卷，人民出版社 2009 年版，第 12 页。
② 《马克思恩格斯文集》第 2 卷，人民出版社 2009 年版，第 305 页。

势也已受到侵犯,世俗诸侯则很善于从这方面去利用人民的仇恨"。其次,德国贵族也为此而破落;"贵族也同样受到沉重的打击。他们的城堡大半被毁,一些极其显赫的家族破落了,只有靠为诸侯效劳来维持生存。"最后,城市及其市民阶级的发展亦受阻;"整个看来,城市也没有从农民战争中得到什么好处。名门望族的统治几乎到处都重新得到巩固;市民阶级反对派很久都不能复原"①。所以,恩格斯认为,"在这种情况下,唯一从农民战争的结局中捞到好处的是诸侯"。② 在德国农民战争之后,遭受巨大破坏的德国社会元气大伤,很难短期内得以恢复。因此,德国虽然是欧洲近代宗教改革运动的发源地,并由此带来了整个欧洲社会的发展和转型,而德国本身却停滞不前,步履维艰,反倒落后于其他欧洲国家的发展。总结这一历史的经验教训,面对这一不可回避的历史辩证法之实际结果,恩格斯不得不沉痛地指出:"德国分裂割据状态的加剧和巩固是农民战争的主要结果,同时也是农民战争失败的原因。"③ 2017 年是德国宗教改革 500 周年纪念,在我们对宗教改革的专门研究中重温恩格斯分析宗教改革的这一巨作,给我们带来了不少新的启迪、感悟和收获。

(参见笔者《经典作家关于宗教的基本观点研究》书稿)

---

① 《马克思恩格斯文集》第 2 卷,人民出版社 2009 年版,第 315 页。
② 同上书,第 316 页。
③ 同上书,第 316—317 页。

第十三章

论恩格斯《反杜林论》中的宗教观

在《反杜林论》这部重要著作中，恩格斯对马克思主义宗教观中关于宗教的界定有着精辟阐述，由此对宗教学的研究及发展产生了巨大影响。从其思路的逻辑关联来看，恩格斯首先肯定了闵采尔及其领导的德国农民战争的历史政治意义，由此揭示出在欧洲社会发展中宗教现状与政治处境的交织及互动，并发现在这种宗教改革的纵深发展中有着无产阶级革命运动的最初意蕴。在欧洲资本主义社会发展的初期，作为资产阶级掘墓人的无产阶级亦开始悄然登场，并有着众多的社会表现和相应的理论发展。此乃恩格斯极为独到之见，他为此还举例说，"在每一个大的资产阶级运动中，都爆发过作为现代无产阶级的发展程度不同的先驱者的那个阶级的独立运动。例如，德国宗教改革和农民战争时期的托马斯·闵采尔派，英国大革命时期的平等派，法国大革命时期的巴贝夫。伴随着一个还没有成熟的阶级的这些革命暴动，产生了相应的理论表现；在16世纪和17世纪有理想社会制度的空想的描写，而在18世纪已经有了直接共产主义的理论"①。这里，恩格斯开始追溯、勾勒和描述共产主义理论在欧洲的形成，并以此说明共产主义在欧洲并不是凭空产生的，而是基于其丰富的思想资源才得以脱颖而出，其中也吸纳、而不是排拒了基督教的精神资源。所以说，在思想发展上没有任何纯而

---

① 《马克思恩格斯文集》第9卷，人民出版社2009年版，第20—21页。

又纯的独立发展,而是反映出一道吸纳、改造、重构、扬弃的变革轨迹。共产主义思潮与欧洲宗教精神资源的这种曲折联系,有助于我们审视、评价今天社会中的宗教,以及宗教与社会主义社会、无产阶级组织、共产主义理论的复杂联系,学会整体性、发展性、辩证性地看待宗教问题。中国特色社会主义理论需要面对和吸纳中华优秀传统文化,其中亦有正确面对、评价和处理好中国宗教的问题。

根据恩格斯的审视,闵采尔所发动的德国农民战争,在其政治理想追求上显然具有乌托邦性质。其实,乌托邦在人类思想理论和社会实践的历史上乃频频出现。恩格斯在此以基督教所追求的"平等"为例,对这一人类所憧憬的理想追求进行了分析:"基督教只承认一切人的一种平等,即原罪的平等,这同它曾经作为奴隶和被压迫者的宗教的性质是完全适合的。此外,基督教至多还承认上帝的选民的平等,但是这种平等只是在开始时才被强调过。在新宗教的最初阶段同样可以发现财产共有的痕迹,这与其说是来源于真正的平等观念,不如说是来源于被迫害者的团结。僧侣和俗人对立的确立,很快就使这种基督教平等的萌芽也归于消失。——日耳曼人在西欧的横行,逐渐建立了空前复杂的社会的和政治的等级制度,从而在几个世纪内消除了一切平等观念,但是同时使西欧和中欧卷入了历史的运动,在那里第一次创造了一个牢固的文化区域,并在这个区域内第一次建立了一个由互相影响和互相防范的、主要是民族国家所组成的体系。这样就准备了一个基础,后来只是在这个基础上才有可能谈人的平等和人权的问题。"[①] 所谓宗教层面上所言之"平等",说明这一宗教表达了社会底层民众的迫切需求。这里,恩格斯对基督教的社会结构发展、演变有着历史性审视和极为客观的分析,指出早期基督教会具有贫民性质,是被压迫者的运动,故此会以追求"平等"来表达自己的生存诉求,希望能改变其社会处境。但基督教本身后来却由被压迫者的宗教演变为统治者的宗教,其追求的"平等"不仅没能在社会上实现,甚至连在教会内部也成为没有实现的奢

---

① 《马克思恩格斯文集》第9卷,人民出版社2009年版,第109—110页。

第十三章　论恩格斯《反杜林论》中的宗教观　165

望；其教阶等级制的出现使之与其原初对"平等"的追求相距更远。所以，这种宗教所言的"平等"实际上只是一种乌托邦空想。而真正的"平等"则需要人们在现实社会中不断去努力争取，它并非将会突然降临的"永恒的真理"，而是历史上逐渐进步发展的结果。恩格斯因此说："可见，平等的观念，无论以资产阶级的形式出现，还是以无产阶级的形式出现，本身都是一种历史的产物，这一观念的形成，需要一定的历史条件，而这种历史条件本身又以长期的以往的历史为前提。所以，这样的平等观念说它是什么都行，就不能说它是永恒的真理。"① 人们不能满足于对"平等"的奢谈或坐等，不应该将之变为一种宗教的空想，而只能在历史中创造这样的条件，以历史的进步来促成其实现。

在恩格斯所处的时代及其欧洲理论界，主张尽早以人为方式来消灭宗教的已经大有人在，其中杜林就是典型代表。恩格斯在批驳杜林人为地反对宗教、主张"把宗教消灭"的错误思想时，认为宗教曲折地反映了人类现实生活，宗教的起源、发展与消亡有自身的发展规律，而且其本质与社会发展规律密切关联。因此，杜林认为"不能静待宗教这样自然地死亡"，要人为地去消灭宗教，这是完全违背历史规律的。这里，恩格斯提出了马克思主义关于宗教的最经典表述："一切宗教都不过是支配着人们日常生活的外部力量在人们头脑中的幻想的反映，在这种反映中，人间的力量采取了超人间的力量的形式。"② 此后不少人都将这一表述视为马克思主义关于宗教的标准定义，认为其中基本涵括了宗教的几大关键要素：其一，信仰"支配着人们日常生活的外部力量"是宗教的基本信仰观念，表达了宗教神明观的基本要素；其二，以"幻想的反映"、以"超人间的力量"来反映这种信仰观念，说明了宗教的独特表现形式，展示了宗教的思维模式、认知方法；这就凸显了宗教敬拜的本质要素；其三，"支配着人们日常生活"的本为"人间的力

---

① 《马克思恩格斯文集》第9卷，人民出版社2009年版，第113页。
② 同上书，第333页。

量"、自然的力量，而在宗教中却被视为"超人间"、超自然的力量的形式，揭示出宗教使客观存在的"外部力量"异化为神秘力量、幻想对象的途径和方式，披露了宗教异化之本质要素。必须看到，恩格斯在此并没有以一种学究的方式来给宗教专门下定义，而是在其行文过程中非常自然地论及，其中主要是从人的主体认识意义上论及宗教中的信仰对象（神明观）、信仰方式（实践观）、信仰性质（异化观）；因此，恩格斯这里并没有专门从社会现象，尤其是社会组织体系结构意义上来论宗教，而主要是认识论意义上的宗教界说。当然，恩格斯在论及"支配着人们日常生活的外部力量"，"人间的力量"时，实质上已经含蓄地、间接地触及宗教也是人对其社会存在状况的反映，有着对其社会存在处境的依属，故而并没有忽略宗教与社会的必然关联。因此，笔者认为恩格斯的这一表述迄今仍是对宗教最精准、最简练的界定，已经准确表达了理解宗教的最核心要素。这种宗教模式虽然是"在人们头脑中的幻想的反映"，其反映的内容却不应该在"人们的头脑中"去找寻。宗教、哲学等思想、意识方式都不是找寻其社会原因的正确场景。对此，恩格斯明确指出："所以，一切社会变迁和政治变革的终极原因，不应当到人们的头脑中，到人们对永恒的真理和正义的日益增进的认识中去寻找，而应当到生产方式和交换方式的变更中去寻找；不应当到有关时代的哲学中去寻找，而应当到有关时代的经济中去寻找。对现存社会制度的不合理性和不公平，对'理性化为无稽，幸福变成苦痛'的日益觉醒的认识，只是一种征兆，表示在生产方法和交换形式中已经不知不觉地发生了变化。适合于早先的经济条件的社会制度已经不再同这些变化相适应了。同时这还说明，用来消除已经发现的弊病的手段，也必然以或多或少发展了的形式存在于已经发生变化的生产关系本身中。这些手段不应当从头脑中发明出来，而应当通过头脑从生产的现成物质事实中发现出来。"[①] 只能从社会存在中找寻宗教存在的原因，这是马克思主义经典作家表达得再明白不过的关键之点，马克思与恩格斯

---

① 《马克思恩格斯文集》第9卷，人民出版社2009年版，第284页。

在这一点上乃绝对一致。任何脱离社会现实、不顾社会存在而空谈宗教的好或坏之意义、正或负之作用的做法，都是违背马克思主义这一基本立场和方法的。

什么是影响宗教反映的"外部力量"？恩格斯进而有着具体分析，其中包括对"自然力量"和"社会力量"的区分与比较，对"自发宗教"和"人为宗教"之发展、变化的勾勒与说明。这样，在恩格斯的思路中，宗教从原始宗教发展到文明宗教、从多神教升华到一神教的进化演变路径清晰可辨，一目了然。在早期宗教学关于宗教起源之"宗教进化论"与"宗教退化论"之争中，恩格斯的观点显然是倾向"宗教进化论"的。恩格斯说，"在历史的初期，首先是自然力量获得了这样的反映，而在进一步的发展中，在不同的民族那里又经历了极为不同和极为复杂的人格化。根据比较神话学，这一最初的过程，至少就印欧语系各民族来看，可以一直追溯到它的起源——印度的吠陀，以后又在印度人、波斯人、希腊人、罗马人、日耳曼人中间，而且就材料所及的范围而言，也可以在凯尔特人、立陶宛人和斯拉夫人中间得到详尽的证明。但是除自然力量外，不久社会力量也起了作用，这种力量和自然力量本身一样，对人来说是异己的，最初也是不能解释的，它以同样的表面上的自然必然性支配着人。最初仅仅反映自然界的神秘力量的幻想的形象，现在又获得了社会的属性，成为历史力量的代表者。在更进一步的发展阶段上，许多神的全部自然属性和社会属性都转移到一个万能的神身上，而这个神本身又只是抽象的人的反映。这样就产生了一神教，从历史上说它是后期希腊庸俗哲学的最后产物，并在犹太的独一无二的民族神雅赫维身上得到了体现"[①]。恩格斯在这里以历史唯物主义、辩证唯物主义的思想方法阐述了宗教的起源与发展的历史进程，并且关注到当时刚刚兴起的西方宗教学（由研究比较神话学的专家麦克斯·缪勒于1873年发表《宗教学导论》而奠立）的基本理论，甚至还批评了其比较神话学在论及"神的形象"时仅仅关注到"自然力量"而没有

[①] 《马克思恩格斯文集》第9卷，人民出版社2009年版，第333—334页。

看到"社会力量"这一重大缺陷。恩格斯所强调的,则是宗教从最初在原始社会所反映的自然属性,逐渐过渡到在阶级社会所反映的社会属性这一发展变化,从而突出了从社会层面来观察、研究宗教这一根本立场。

在恩格斯的论述中,特别注意到社会异化对宗教存在及其反映的决定作用。正因为有着社会之颠倒,才出现宗教这种颠倒的反映,社会异化导致人的异化,故有宗教这种异化形式。在当时恩格斯所能观察到的社会存在中,社会异化,以及人被异化基本乃世界历史之常态,所以其认知宗教的基点在于社会的异化,认为宗教正是这种社会异化的反映,并且为代表着这种异化的最典型形式。恩格斯指出,"在这个适宜的、方便和普遍适用的形式中,宗教可以作为人们对支配着他们的异己的自然力量和社会力量的这种关系的直接形式即感情上的现实而继续存在,只要人们还处在这种力量的支配之下"[1]。而且,这种社会异化在资本主义社会更为凸显,更加严重。"我们已经不止一次地看到,在目前的资产阶级社会中,人们就像受某种异己力量的支配一样,受自己所创造的经济关系、自己所生产的生产资料的支配。因此,宗教反映活动的事实基础就继续存在,而且宗教反映本身也同这种基础一起继续存在。即使资产阶级经济学对这种异己力量的支配作用的因果关系有一定的认识,事情并不因此而有丝毫改变。资产阶级经济学既不能制止整个危机,又不能使各个资本家避免损失、负债和破产,或者使各个工人避免失业和贫困。"[2] 恩格斯还非常冷静地说明,尽管人们已经认识到这种社会异化现象,却不可能马上摆脱异化、消除异化;因为社会异化的消失、社会人际关系的理顺,需要相应的物质经济条件,有其必然的历史进程,此即我们所论及的"长期性"问题。宗教作为对社会异化关系的反映会长期存在,只有等到社会关系正常化、社会异化消失,宗教作为反映社会异化的形式才可能消失。由此可见,宗教作为社会反映,

---

[1] 《马克思恩格斯文集》第9卷,人民出版社2009年版,第334页。
[2] 同上。

第十三章 论恩格斯《反杜林论》中的宗教观　169

也势必随社会的变化而变化，不可能一成不变；社会异化的排除是渐进的过程，不可能突然达到；因此宗教的这种反映也会在渐进中发生相应的变化，也不可能就突然消失。

恩格斯的这种认知思路，或许对我们审视社会主义时期的宗教亦有启迪作用。社会主义处于从资本主义到共产主义的过渡阶段，其特点是已在消除资本主义的存在形式，但还没有达到共产主义社会的那种理想完善。因此，在社会主义社会中亦有异化，但异化在逐渐减少，社会关系在向理想中的正常化发展；而社会主义时期的宗教所反映的不应该仍然是资本主义的社会，因而其反映随社会变化而变化也是必然的，我们不应该否认这种渐变的积极意义。如果仍以对资本主义、封建主义社会的传统观念来看待宗教在社会主义社会的反映，显然有着时空错位的不妥，没有做到实事求是，由此也不可能正确、客观地界说宗教。社会主义时期的宗教反映会有积极的变化，不再是纯为消极或负面的因素，这也是历史的辩证法。当然，这是一个非常漫长的过程，包括社会主义历史时期的发展，所以我们对宗教存在的长期性也应该客观、冷静地对待。

恩格斯于此已经论及宗教消亡的问题，而且在其所处的资本主义发展鼎盛时期所达到的认识，则明显说明人类社会还远没有达到消除宗教异化即宗教本身消亡的可能。恩格斯对之说得非常清楚："现在还是这样：谋事在人，成事在神（即资本主义生产方式的异己力量的支配作用），仅仅有认识，即使这种认识比资产阶级经济学的认识更进一步和更深刻，也不足以使社会力量服从于社会的支配。为此首先需要有某种社会的行动。当这种行动完成的时候，当社会通过占有和有计划地使用全部生产资料而使自己和一切社会成员摆脱奴役状态的时候（现在，人们正被这些由他们自己所生产的、但作为不可抗拒的异己力量而同自己相对立的生产资料所奴役），当谋事在人，成事也在人的时候，现在还在宗教中反映出来的最后的异己力量才会消失，因而宗教反映本身也就随着消失。理由很简单，因为那时再没有什么东西可以反映了。"① 所以，恩格斯不主张将精力和思考放在宗教消亡的问题上，而是强调应该集中精力、专门思考社会改造、社会发展、社会进步的问题。社会的发展是"硬道理"，推进社会建设发展则是"硬任务"。我们所面对、且需要考虑的，并不是如杜林那样费心琢磨如何"把宗教消灭"或找到加快宗教消亡之途；相反，我们的主要且根本的任务，是努力展开社会建设、推动社会发展，从而能够真正使人"成为自己的社会结合的主人"，"成为自然界的主人，成为自身的主人——自由的人"②。

根据"否定之否定"这一历史辩证法的思路，恩格斯不把唯物主义与唯心主义思想、无神论与有神论截然分离，而是结合二者并超越二者来思考，看到其历史关联及相互转变。仅就西方历史的发展而言，恩格斯指出，"古希腊罗马哲学最初是自发的唯物主义。从这种唯物主义中产生了唯心主义、唯灵论，即唯物主义的否定，它先是采取灵魂和肉体对立的形式，后来又采取灵魂不死说和一神教的形式。这种唯灵论借助基督教普遍地传播开来。对这种否定的否定就是古代唯物主义在更高阶段上的再现，即现代的唯物主义，它和过去相比，是以科学社会主义为其理论成果的"③。由此而论，我们理应辩证地、发展地看待唯物或唯心、无神与有神的认知关系；僵化、绝对地看待唯物主义，也就可能滑向唯心主义；固定、绝对地抬高无神论，或许也会将之变为有神论。恩格斯对我们的警示和警醒作用，给我们今天认识宗教与无神论问题，提供了一盏明灯，照亮了认知之途。

（参见笔者《经典作家关于宗教的基本观点研究》书稿）

---

① 《马克思恩格斯文集》第9卷，人民出版社2009年版，第334页。
② 同上书，第398页。
③ 同上书，第357页。

第十四章

论恩格斯《布鲁诺·鲍威尔和原始基督教》中的宗教观

这是恩格斯研究宗教史尤其是早期基督教历史的经典著作，是马克思主义宗教学中研究宗教史学的典范。从这部著作开始，恩格斯展开了对《圣经》历史文献及早期基督教历史的系统探究，将这种研究视之为专门的科学，并有了对德国杜宾根学派的特别关注和深入探讨。在这一过程中，恩格斯长期观察、追踪并评论了布鲁诺·鲍威尔等人对原始基督教及《圣经》的研究。布鲁诺·鲍威尔于1882年4月13日逝世，这触发了恩格斯的相关感想，故而在同一月就立即撰写、随之于5月在《社会民主党人报》发表了这一专论，专门用来纪念并评价布鲁诺·鲍威尔。

宗教究竟是如何产生的，这一问题一直是人们所特别关注的，且众说纷纭，并无定论。西方社会对宗教的出现、特别是西方主流宗教基督教的出现，在历史上曾有多种评说。而自欧洲近代出现法国战斗的无神论、启蒙运动以来，则开始流行宗教的产生乃"骗子加傻子"之结果的说法。这类看法看似形象、简明，却缺乏深度，故此并未终止人们的探索，此后这种认知在鲍威尔等人那里亦有了新的进展。那么，究竟应该如何回答这一复杂问题？恩格斯在这篇文章中通过回应、总结鲍威尔的观点，深刻阐述了其历史唯物主义的解释。恩格斯在此首先点出，"从中世纪的自由思想者到18世纪的启蒙学者中间"通行着"认为一切宗教，包括基督教在内，都是骗子的捏造"① 的说法；对此，恩格斯认为，不能简单地、随意地谈论宗教具有欺骗性这种说法，而必须从这种认知的表层深入下去，找出其真相，做出客观、准确的回答。所以，恩格斯回应说，"事情很清楚，自发的宗教，如黑人对物神的膜拜或雅利安人共有的原始宗教，在它们产生的时候，并没有欺骗的成分，但在以后的发展中，僧侣的欺诈很快就成为不可避免的了。至于人为的宗教，虽然充满着虔诚的狂热，但在其创立的时候，便少不了欺骗和伪造历史，而基督教，正如鲍威尔在考证新约时所指出的，也一开始就在这方面做出了可观的成绩。但这只是指出了一般现象，并没有说明这里所要谈的具体情况"②。显而易见，恩格斯并不简单认同战斗无神论关于宗教即"骗子加傻子"的结论。在马克思主义宗教观对这一问题有了科学的解答之后，再回到法国战斗无神论的上述解释则是一种理论上的历史退步。

要真正说明相关宗教问题的具体情况，揭示事物的内在本真，则需要根据历史事实来全面地、辩证地分析、阐释。恩格斯指出，"对于一种征服罗马世界帝国，统治文明人类的绝大多数达1800年之久的宗教，简单地说它是骗子凑集而成的无稽之谈，是不能解决问题的。只有根据宗教借以产生和取得统治地位的历史条件，去说明它的起源和发展，才能解决问题。对基督教更是这样。这里要解决的问题是：为什么罗马帝国的民众，在一切宗教中特别爱好这种还是由奴隶和被压迫者所宣扬的无稽之谈，以致野心勃勃的君士坦丁最后竟认为接受这种荒诞无稽的宗教，是自己一跃而为罗马世界独裁者的最好手段？"③ 恩格斯在此对基督教所做出的客观、科学的评价，也适合于我们对整个人类宗教本身发展的研究及理解。对宗教历史的界说，必须基于历史唯物主义，而不可选择历史虚无主义的态度。因此，恩格斯的这一研究及其论断，非常值

---

① 《马克思恩格斯文集》第3卷，人民出版社2009年版，第591页。
② 同上书，第591—592页。
③ 同上书，第592页。

第十四章　论恩格斯《布鲁诺·鲍威尔和原始基督教》中的宗教观　　173

得我们深刻思考和认真琢磨。

在认真回答基督教究竟具有什么性质这一问题时，恩格斯首先对维耳克、鲍威尔等人的研究进行了认真梳理，同意他们否认"把福音书的记载完全当做历史的记述"的看法，而且也赞同他们对以往一些说法"非科学性"的见解。不过，恩格斯进而认为，透过圣经所记载的"非历史性"表面文字，仍可以从中找出其隐藏的历史真实性。一方面，恩格斯肯定鲍威尔的研究具有一定的合理性，值得让人借鉴和深入思考。"既然福音书的全部内容中几乎绝对没有一件事情是可以证实的历史事实，以致连耶稣基督在历史上是否实有其人也可以认为是成问题的，鲍威尔就扫清了解决下述问题的基地：在基督教中被联结成了一种体系的那些观念和思想，是从哪里来的，而且是怎样取得世界统治地位的？"[①] 另一方面，恩格斯则认为具有"神话"、象征的圣经表述之"非历史性"，却可启发人们去找寻圣经背景之文化真实及其历史真相，尤其是可从原始基督教的渊源找出希伯来、希腊文化的真实性，以及其在希腊化时代的交织与共构。为此，恩格斯指出鲍威尔发现"公元40年还以高龄活着的亚历山大里亚的犹太人斐洛是基督教的真正父亲，而罗马的斯多亚派的塞涅卡可以说是基督教的叔父"[②] 代表着他"最卓越的研究成果"。这是对两希（希伯来、希罗）文明影响基督教的诞生及发展最为形象而经典的表述。从鲍威尔的研究中，恩格斯进而分析出基督教得以起源的社会背景及其历史文化背景，特别是当基督教作为希伯来文化与希腊文化之结合以后、在罗马帝国时期所代表的人群、阶层之微妙变化："在斐洛名下流传到现在的许多著作，实际上是讽喻体的理性主义的犹太传说和希腊哲学特别是斯多亚派哲学的混合物。西方观点和东方观点的这种调和，已经包含着本质上是基督教的全部观念——人的原罪、逻各斯（这个词是神所有的并且本身就是神，它是神与人之间的中介）、不是通过供奉牺牲而是通过把自己的心灵奉献给神来进行

[①] 《马克思恩格斯文集》第3卷，人民出版社2009年版，第592页。
[②] 同上书，第593页。

忏悔，最后还有以下的本质特点，即新的宗教哲学倒转了以前的世界秩序，它在穷人、受苦受难的人、奴隶和被排斥的人中寻找信徒，蔑视有钱人、有势力的人和有特权的人，因而也就有蔑视一切尘世享乐和禁止肉欲的规定。"[①] 恩格斯在此从两大层面剖析了原始基督教的意义：一是其在文化传承上对犹太宗教和古希腊罗马文化的有机吸纳，由此形成其思想精神传统；二是其在社会存在上由基层民众所代表，故而成为穷人和被压迫者的运动。而鲍威尔思想认识的不足，就在于他虽然看出、并指明了原始基督教的这种思想传承，却没有重视其社会存在形式及其意义。而从社会需求意义上来看，基督教则不可能是由斐洛所创立，因此鲍威尔所谓"斐洛是基督教的真正父亲"之说就大大打了折扣。根据历史唯物主义的观点，宗教首先是社会存在，从根本上所反映的是社会群众运动，宗教所表现的思想理论运动不过是对这种社会群众运动的反映而已。所以，恩格斯说，"宗教是由那些本身感到宗教的需要，并且懂得群众对宗教的需要的人创立的，而那些组成学派的哲学家通常不是这样"[②]。宗教的产生源自社会需求，而相应的宗教思想理论也是因顺应这种社会需求才得以创立。

不过，宗教思想或哲学思潮并非毫无意义；相反，其出现也是相关社会的产物。宗教运动和哲学思潮尤其在社会解体或社会转型的独特历史时期容易发生。而且，在这种关键时期也容易出现不同思潮的发展，出现原本一种宗教或思潮内发生分裂、导致分道扬镳的现象。恩格斯说，"在总解体的时期（如现在还是这样），我们看到哲学和宗教教义都以粗俗的形式被庸俗化，并且得到广泛传播。如果说希腊古典哲学的最终形式（尤其是伊壁鸠鲁学派）发展为无神论的唯物主义，那么希腊的庸俗哲学则发展为一神论和灵魂不死说。犹太教也是这样。它在同外族人和半犹太人的混合和交往中理性主义地庸俗化了，忽视了法定的仪式，把过去犹太人独有的民族神雅赫维变成唯一的真神——天地的创

---

① 《马克思恩格斯文集》第3卷，人民出版社2009年版，第593页。
② 同上。

第十四章　论恩格斯《布鲁诺·鲍威尔和原始基督教》中的宗教观

造主，并且接受了原先同犹太教格格不入的灵魂不死说。这样，一神论的庸俗哲学就和庸俗宗教相遇了，后者为前者提供了现成的唯一的神。这就为犹太人准备了基地，使他们在吸收同样庸俗化了的斐洛派的观念以后，能够创立基督教，而且基督教一经创立，也就能够为希腊人和罗马人所接受"①。这里，恩格斯阐述了无神论、一神论、犹太教和基督教的产生，以及它们得以存在的理由和被群众接受的原因。与鲍威尔的看法不同，恩格斯不仅观察到基督教的产生对犹太教思想的继承，而且更强调了其与犹太教的不同："基督教起源于通俗化了的斐洛派的观念，而不是直接产生于斐洛的著作，可以证明这一点的是：新约几乎完全忽略了斐洛著作的主要部分，即忽略了旧约记述的那种讽喻式的哲理解释。这是鲍威尔没有充分注意到的一个方面。"② 恩格斯在这种研究中体现出很高的学术水平，他在分析犹太教与基督教的神名发生的演变时还专门论及德国学者埃瓦尔德在《以色列民族史》（1864 年格丁根第 3 版）著作中的重大发现："埃瓦尔德已经证明，犹太人在注有元音和发音符号的手稿中，在雅赫维（Jahweh）这个忌讳说出的名字的福音底下，写上了这个名字的代称阿特乃（Adonai）一词中的元音。后来的人就把它读成耶和华（Jehovah）。可见，这个词不是某位神的名字，而只是一个重大的语法错误，因为在希伯来语中根本就不可能有这个词。"③ 当基督徒们仍很习惯将其神名读成"耶和华"时，恩格斯则已点出了其神名发音嬗变的奥妙。正是这一发现使 20 世纪出版的《圣经》不少又重新采用了雅赫维之表述的神名。由此可见，恩格斯的上述研究乃与宗教史学的发展同步，而且表现出相关研究的最新成就。

基督教的产生与犹太教有着不解之缘，其萌芽之态往往被视为是犹太教的一个分支，但被犹太教主流及其上层看作离经叛道的异端。至于原始基督教与犹太教的区别，恩格斯指出其与基督教诞生时的社会背景

---

① 《马克思恩格斯文集》第 3 卷，人民出版社 2009 年版，第 593—594 页。
② 同上书，第 594 页。
③ 同上书，第 594 页注一。

及思想背景之关联:"基督教的最初形态究竟是什么样子,读一读所谓约翰启示录就可以有一个概念。粗野的混乱的狂热,教义还处于萌芽时期,所谓基督教道德只有禁止肉欲这一条,相反,幻想和预言却很多。教义和伦理学是在较晚时期形成的,那时福音书和所谓使徒书信已经写成。其中不客气地利用了斯多亚派哲学,特别是塞涅卡哲学——至少在训诫方面是这样。鲍威尔已经证明,使徒书信常常一字不差地抄袭塞涅卡。实际上,这件事情正统的基督徒也已经看到了,不过他们硬说塞涅卡抄袭了当时还没有编写成的新约。教义一方面是在同正在形成的关于耶稣的福音传说的联系中,另一方面是在犹太裔基督徒和非犹太裔基督徒之间的斗争中发展起来的。"[1] 恩格斯在一定程度上肯定了鲍威尔的分析,但更多强调了基督教得以产生的社会变迁之背景,以及在这种变迁中不同宗教的态度与选择。恩格斯生动描述了基督教产生之际的社会变迁和社会动乱,正是在这种激烈的社会分化之中,基督教虽然产生于犹太教却又迅即脱离了犹太教,其有犹太教之源却不被犹太教所承认,故有恩格斯关于"基督教是犹太教的私生子"[2]之说。

　　缺少历史唯物主义审视的鲍威尔却因其认知局限,而对基督教在罗马帝国的存在及其后来所获得的国教地位"不能作明晰的观察和精确的说明"。而恩格斯则以更为宽广的视域来观察分析罗马帝国在基督教产生时期的经济、社会和政治状况,看到罗马帝国在征服、吞并异国异族的同时,也带来了其自身内在结构的分化和变化,因而在已称为"罗马帝国"的广大地域里出现了原有政体及其制度的解体和消亡。"罗马的占领,在所有被征服的国家,首先直接破坏了过去的政治秩序,其次也间接破坏了旧有的社会生活条件。"[3] 而与其经济、社会状况的剧变相关联的,则是人们思想观念和精神需求的变化,这在基层民众中尤为突出,"同普遍的无权地位和对改善现状的可能表示绝望的情

---

[1] 《马克思恩格斯文集》第3卷,人民出版社2009年版,第594—595页。
[2] 《马克思恩格斯全集》第38卷,人民出版社1972年版,第27页。
[3] 《马克思恩格斯文集》第3卷,人民出版社2009年版,第595页。

第十四章 论恩格斯《布鲁诺·鲍威尔和原始基督教》中的宗教观

况相适应的,是普遍的意志消沉和精神颓废"①。社会阶层在社会动荡中出现分化、重组,而随着以往上流社会的崩塌、社会地位的改变,整个社会乃至其思想意识都出现了消沉之势,原有宗教亦遭毁灭。恩格斯描述了当时社会变革带来的巨大变化,指出"罗马帝国在消灭各民族政治和社会独特性的同时,也消灭了他们独特的宗教。古代一切宗教都是自发的部落宗教和后来的民族宗教,它们从各民族的社会条件和政治条件中产生,并和这些条件紧紧连在一起。宗教的这种基础一旦遭到破坏,沿袭的社会形式、传统的政治设施和民族独立一旦遭到毁灭,那么从属于此的宗教自然也就会崩溃。本民族神可以容许异民族神和自己并立(这在古代是通常现象),但不能容许他们居于自己之上。东方的祭神仪式移植到罗马,只损害罗马宗教,但不能阻止东方宗教的衰落。民族神一旦不能保卫本民族的独立和自主,就会自取灭亡"②。恩格斯在此精辟地阐明了古代社会民族神与其民族兴亡的紧密关联,揭示出社会存在对宗教信仰的直接影响。与社会的颓败相呼应的,则是人们感到"现状不堪忍受,未来也许更加可怕。没有任何出路。悲观绝望,或从最猥鄙的感官享乐中寻求解脱——至少有可能让自己这样做的那些人是如此,可是这只是极少数人。其余的人就只好俯首帖耳地服从于不可避免的命运"③。在对现实社会的绝望中,则会出现具有"幻想反映"的对彼岸世界的空想、盼望。于是,"在各阶级中必然有一些人,他们既然对物质上的得救感到绝望,就去追寻灵魂得救来代替,即追寻思想上的安慰,以免陷入彻底绝望的境地"。而且,陷于绝望之境的人们在此并不需要"哲学的慰藉",而更想得到宗教的安抚。"这样的安慰既不是斯多亚学派,也不是伊壁鸠鲁学派所能提供的……安慰不是要代替那失去了的哲学,而是要代替那失去了的宗教,它必须以宗教形式出现,

---

① 《马克思恩格斯文集》第3卷,人民出版社2009年版,第596页。
② 同上书,第597页。
③ 同上书,第598页。

当时甚至直到17世纪，一切能够打动群众的东西莫不如此。"[1] 哲学乃一种思辨形式，有着其学科的冷静和超脱，与社会现实故有一定距离。但宗教则与社会有着密不可分的关联和结合，尤其是代表着社会变动时期人之精神脉搏的跳动，反映着人们的社会需求及精神回应。所以，基督教在当时的历史处境中遂应运而生，"正是在这经济、政治、智力和道德的总解体时期，出现了基督教"。基督教满足了当时罗马帝国各民族民众的精神需求，而与以往以单一民族为根基的宗教截然不同，即使其由各族神灵集合而成的"万神庙"也不能起到真正的整合作用，缺乏一种整体的观念及气势，只有打破了民族之界限的基督教才能担当此任，因而也势必"和以前的一切宗教发生了尖锐的对立"[2]。基督教在大浪淘沙的多元整合时代以一种全新的宗教形式顺应了时势，在罗马这一当时的世界帝国得以立足，并发展成为世界性宗教，因而逐渐淘汰了古代民族宗教，使其宗教本身作为大一统的世界宗教来呈现。

以宗教史学的独到视域及见解，恩格斯在此非常具体而客观地分析了当时古代宗教的衰落和基督教的崛起。

其一，基督教代表着全新的世界宗教而在超越以往民族宗教的存在。

不言而喻，这些古代宗教有其民族和地域的局限，在多民族共聚的罗马帝国已不适应其代表单一民族或局部地区的发展形态。恩格斯指出，这些古代宗教因其"造成隔绝的仪式"而不能融入罗马帝国这样具有国际性、跨民族及跨地域性的社会。"在以前的一切宗教中，仪式是主要的事情。只有参加祭祀和巡礼，在东方还须遵守十分烦琐的饮食和洁净方面的清规，才能证明自己的教籍。罗马和希腊在后一方面是宽容的，而在东方则盛行着一套宗教戒律，这在不小程度上促使它终于崩溃。属于两种不同宗教的人（埃及人、波斯人、犹太人、迦勒底人等等）不能共同饮食，不能共同进行日常活动，几乎不能交谈。人与人

---

[1]《马克思恩格斯文集》第3卷，人民出版社2009年版，第598页。
[2] 同上。

第十四章 论恩格斯《布鲁诺·鲍威尔和原始基督教》中的宗教观　179

之间的这种隔绝状态，是古代东方衰落的很大一部分原因。"① 例如，犹太教所坚持的代表其民族身份的"割礼"就是这种"造成隔绝的仪式"，从而使之不可能发展为世界宗教。与之相比，"基督教没有造成隔绝的仪式，甚至没有古典世界的祭祀和巡礼。这样一来，由于它否定一切民族宗教及其共有仪式，毫无差别地对待一切民族，它本身就成了第一个可行的世界宗教，犹太教由于有新的万能的神，原也有成为世界宗教的趋势。但是以色列子女在信徒和行割礼的人中，依然保持着贵族身份。连基督教也必须先打破关于犹太裔基督徒的优越地位的观念（这种观念在所谓约翰启示录中仍很流行），才能变成真正的世界宗教。另一方面，是伊斯兰教由于保持着它的特殊东方仪式，它的传播范围就局限在东方以及被征服的和由阿拉伯贝都因人新垦殖的北非。在这些地方它能够成为主要的宗教，而在西方却不能"②。恩格斯以其世界宗教的宽阔视野和对罗马帝国社会处境的深刻洞见，对基督教当时的成功加以了令人信服的说明，指出基督教作为一种"世界宗教"而与古代各种民族宗教区别开来。也正因为如此，所以罗马帝国才会最后选定基督教为国教，并下令禁止其他古代民族宗教。由民族宗教发展为世界宗教、从地方宗教扩大为全球宗教，世界宗教的发展演变史在恩格斯这儿被描述得一清二楚。

其二，基督教最初作为基层贫民的宗教而出现，有着广泛的群众基础。

基督教问世时乃采取了面向底层、关注劳苦大众的姿态，给在苦难深重之中挣扎的民众一种精神解脱，故被视为"穷人的宗教"。这种灵性安慰对于在现实生活中看不到希望的人们无疑是非常及时的"心灵鸡汤"，满足了在绝望中的民众如饥似渴的精神要求，故而一下子就取得了巨大成功。恩格斯说，"基督教拨动的琴弦，必然会在无数人的心胸中唤起共鸣。人们抱怨时代的败坏、普遍的物质匮乏和道德沦丧。对

---

① 《马克思恩格斯文集》第 3 卷，人民出版社 2009 年版，第 598—599 页。
② 同上书，第 599 页。

于这一切抱怨,基督教的罪孽意识回答道:事情就是这样,并且只能是这样,世界的堕落,罪在于你,在于你们大家,在于你和你们自己内心的堕落!……承认每个人在总的不幸中都有一份罪孽,这是无可非议的,这种承认也成了基督教同时宣布的灵魂得救的前提。并且,这种灵魂得救被安排得使每个旧宗教团体的成员都易于理解。一切旧宗教都熟悉献祭赎罪这一观念,它能使被亵渎的神怒气冰释。那么,一位中间调停人牺牲自己永远赎清人类罪孽的观念,怎么会不容易获得地盘呢?这样,由于基督教把人们的普遍堕落罪在自己这一普遍流行的感觉,明白地表现为每个人的罪孽意识;同时,由于基督教通过它的创始人的牺牲,为普遍渴求的摆脱堕落世界而获得内心得救即心灵上的安慰提供了人人容易理解的形式,它就再一次证实自己能够成为世界宗教——而且是适合于现世的宗教"①。这种产生及存在方式使人们很容易联想到"哪里有苦难,那里就有宗教"之名言。从早期基督教的历史来看,恩格斯对于基督教的起源持有一种同情的态度、客观的分析和中肯的评价,认为基督教"适合于现世",故而能成为"第一个可行的宗教"。而产生了基督教的母体——犹太教却仍旧保留了其本民族的宗教传统及其局限,它虽然后来顽强地保住了犹太民族的生存及其精神生活,却没能成为一种突破民族局限、影响众多民族的世界大教。犹太教宣称其为犹太民族的宗教,且为社会上流所把持并为之服务。而基督教从一开始就突破了这一限制,走向基层、深入穷苦民众,强调其"福音"的普世性。此后,犹太教在罗马帝国时期的历史使命就已完成,而把更大的世界舞台让给了虽属新兴却后来居上的基督教。这里,恩格斯非常辩证地展示了从被压迫民众的宗教到统治阶级的宗教之复杂嬗变。在代表底层民众且为穷人代言这一方面,恩格斯显然对早期的基督教有一定程度的历史肯定。

其三,基督教审时度势,适应了当时社会基层的需求。

由此,基督教在众多宗教的竞争中脱颖而出,在当时的地中海周边

---

① 《马克思恩格斯文集》第3卷,人民出版社2009年版,第599页。

世界取得了成功。这是基督教顺应时势的自然结果。恩格斯说,"当时在荒漠中,成千上万的预言家和宣教者提出了无数革新宗教的东西,但只有基督教的创始人获得了成功。不仅在巴勒斯坦,而且在整个东方,曾麇集着这样一些宗教创始人,他们之间进行着一种可以说是达尔文式的精神上的生存斗争。主要由于上述各种原因,基督教取得了胜利。而基督教怎样在教派的相互斗争中,在同异教世界的斗争中,通过自然选择逐渐形成为世界宗教,这已由最初三个世纪的教会史详细作了说明"①。恩格斯以对原始基督教的研究而用历史唯物主义的见解肯定了基督教的早期历史,认为初始的基督教是基层群众的运动,在当时各种宗教的竞争中,基督教以其世界宗教的姿态而独占鳌头、技压群芳,战胜了众多的精神竞争者。这样,在罗马帝国的发展后期,基督教成为其唯一的思想意识和文化形态,并为基督教给此后西方的发展提供价值体系奠定了基础。

从宗教产生与发展的历史角度,恩格斯以历史唯物主义的视野和宗教史学的方法对早期基督教这一个案进行了深入、透彻的探究,这也为我们全面、系统地研究基督教的历史提供了典范和样板。所以,对于今天已经发展为世界第一大宗教的基督教,我们的态度不应该是无视或回避,而必须果断面对和深入研究。

(参见笔者《经典作家关于宗教的基本观点研究》书稿)

---

① 《马克思恩格斯文集》第3卷,人民出版社2009年版,第600页。

第十五章

论恩格斯《启示录》中的宗教观

恩格斯积极参与了宗教史学的构建，尤其是对圣经学的进展有着直接的贡献。可以说，恩格斯这篇文章在1883年的发表，是其研究鲍威尔及杜宾根学派的延续和扩展，标志着其在《圣经》研究上取得的新进展。而且，这还是他专门探究《新约》的重要论述，是对基督教创立早期流行的"启示文学"之重要文献的成功探究。

在马克思主义经典作家中，恩格斯是最早明确指出宗教研究所具有的科学学科性质的。恩格斯在其研究中态度鲜明地肯定了宗教研究的科学性，指出当时在德国杜宾根大学兴起的圣经批评学（在中国大陆通常译为"圣经评断学"）是一门"科学"，这对当时方兴未艾的圣经研究学科乃是非常客观的评价和积极的支持。恩格斯说，"有一门科学是从历史学和语言学角度来批判圣经，来研究新旧约各篇章的年代、起源和历史价值的"[1]；杜宾根学派的圣经研究是当时宗教学得以创立的重要动因之一，在宗教学说史上占有突出地位。不过，这门异军突起的圣经学在当时的英国却并不为众人所知晓。"这门科学在英国除了少数自由主义化的神学家以外，几乎无人知晓，而这些神学家又千方百计地使它秘而不宣。"[2] 而在德国，这种圣经研究却已有广远影响，成为一门

---

[1] 引自中央编译局编《马克思恩格斯列宁斯大林论宗教和无神论》，人民出版社1999年版，第61页。

[2] 同上。

第十五章　论恩格斯《启示录》中的宗教观　183

受到学术界普遍欢迎的学科，而且其诞生本身也反映出基督教内部的自我批评精神，恰如恩格斯所言，"这就是自诩为不偏不倚而又不失基督教本色的那种自由大胆的批判"①。一个不争的事实是，当时对宗教的批判，特别是对基督教的批判和被视为无神论的相关表述，很多都来自基督教内部，反映出基督教思想的自我反省和检查。特别是在当时的欧洲，已有一些学者在以新的视域、新的方法来研究被视为基督教信仰根本来源的《圣经》和早期基督教的历史，其特点是悬置《圣经》的信仰神圣性而将之作为历史史料来对待，从历史梳理、考古发掘的视角来探索耶稣基督的历史本来面目，尤其是对"耶稣生平"有着多种研究，推出了众多《耶稣传》。在与之相关的研究中，就包括应运而生的圣经考古学或更大范围的希伯来考古学。

恩格斯在对耶稣生平的探究中还提到了厄内斯特·勒南的研究，认为他虽然有剽窃德国学者圣经研究成果之嫌，却也肯定了他关于早期基督教会"更像国际工人协会的那些地方支部"②之说。恩格斯总结了早期基督教运动与早期社会主义运动的一些相同之处，这些想法在当时乃非常大胆的，反映出其天才的洞见。恩格斯甚至认为"基督教同现代社会主义完全一样，是以各种宗派的形式，尤其是通过彼此矛盾的个人观点来掌握群众的，这些观点有的比较明确，有的比较混乱，而后者又占绝大多数；不过所有这些观点都敌视统治制度，敌视'当局'"③。当我们阅读马克思主义经典作家对作为剥削阶级、统治阶级意识形态的基督教严加批判的时候，也应该知道马克思主义经典作家同样曾充分肯定了早期基督教运动的群众性、革命性和对统治制度及其政权的反抗性。由此而论，宗教的社会性质并非一成不变的，而其阶级性的确定也必须根据宗教所存在的历史条件，以及其社会地位和所发挥的社会作用来具

---

① 引自中央编译局编《马克思恩格斯列宁斯大林论宗教和无神论》，人民出版社1999年版，第61页。
② 同上。
③ 同上书，第61—62页。

体分析、界定。

恩格斯认为《启示录》是《圣经·新约》中"最古老的一篇",但它不是"最晦涩神秘的,而是最简单明了的"①,所以有助于人们弄清楚原初基督教的本来面目,把握其历史真实性。虽然对《启示录》的成书年代有不同看法,但其与"启示文学"的关联却可辨认。恩格斯指出,"这一篇章写于公元68年或69年1月,因此不仅是新约中日期确凿的惟一的一篇,而且也是最古老的一篇。公元68年时的基督教是什么样子,我们可以像看镜中映象一样从这一篇章中看到"②。在罗马帝国多元文化的汇聚大潮中,其社会也呈现出众多宗教的起伏竞争,其信仰特点因而"首先是宗派众多,无穷无尽"③。不过,基督教却在这种多元宗教所呈现的沧海横流中显露头角,逐渐淘汰了其他大部分宗教,成为引领历史潮流的最主要宗教,最终还被立为罗马帝国官方唯一承认的国家宗教。

如何给原始基督教定性,这是众说纷纭的一大焦点争议问题。恩格斯在此对其性质从历史唯物主义的观察角度加以了充分肯定和符合实际的评价,指出"基督教同任何大的革命运动一样,也是群众创造的。它以我们完全不知道的方式产生于巴勒斯坦,当时是数以百计的新宗派、新宗教、新先知纷纷出现的时代。事实上,基督教是自发兴起的,是这些宗派中比较发达的派别相互影响而产生的中间物,后来增加了亚历山大里亚犹太人斐洛的一些理论,稍后又受到斯多亚派思想的广泛渗透,才形成一种教义"。在此,恩格斯也再次肯定了鲍威尔的研究结论,并借用其论重申道:"的确,如果我们能把斐洛称为基督教教义之父,那么塞涅卡便是它的叔父。新约中有些文字几乎就像是从他的著作中逐字抄来的。"④

---

① 引自中央编译局编《马克思恩格斯列宁斯大林论宗教和无神论》,人民出版社1999年版,第62页。
② 同上。
③ 同上。
④ 同上书,第62—63页。

第十五章 论恩格斯《启示录》中的宗教观

在思想认知层面上，恩格斯承认了基督教对犹太精神文明和古希腊罗马思想的吸纳与继承；而在社会存在层面上，恩格斯则指出其乃基层群众运动，有着较为普遍的群众性。而在基督教教义层面上，恩格斯则进而指出，"在这里，基督教还保有流传至今的那种最粗糙的形式。贯穿全篇的只有一个教条：信徒因基督的牺牲而得救。但是怎样得救和为什么得救，全然模糊不清。这里只是将犹太人和异教徒关于必须用牺牲来祈求神或众神宽宥的旧观念，变成了基督教所特有的观念（这种观念实质上使基督教成了普遍的宗教），就是说，基督之死是伟大的献祭，献祭一次，永远有效。"① 超出基督教传统的教义及神学说明，恩格斯认为原始基督教并无此后逐渐成形的基督教基本教义系统，而只是用基督为世人牺牲以拯救世人来说明其刚刚诞生的信仰。恩格斯对基督教信仰的核心观念即基督牺牲是一次永远有效的献祭加以了社会学和传播学意义上的理解及界说，认为其目的是以此作为一种包容的形式，旨在以基督为其信仰核心来团结以往各种宗教的信仰人群、凝聚人心。根据上述判断，恩格斯尖锐地指出，"基督教只不过是犹太教的一个宗派"，不过，尚无这种自我意识的《启示录》作者并没有意识到"他代表着一个行将成为革命最重要因素之一的宗教发展的崭新阶段"②，不知道自己乃推动了一个全新宗教的创立。因此，对于宗教的所谓无意识或自我意识，必须在社会历史环境中来加以说明。

在学术考究层面上，恩格斯认为《启示录》仍属于犹太教"启示文学"的基本范畴，有着其相关文献的明显痕迹。一方面，早期基督教社团反映了犹太教的传统及其延续；另一方面，早期基督教再现了复杂的社会矛盾及冲突，揭示了当时阶级斗争之剧烈。很显然，基督教参与了这一阶级斗争，但是以宗教的形式将之表达为"上帝和被称之为

---

① 引自中央编译局编《马克思恩格斯列宁斯大林论宗教和无神论》，人民出版社1999年版，第63页。
② 同上书，第64页。

'敌基督'之间的一场伟大的最后决战"①。这种宗教反映现实社会的基本特点之一，被恩格斯在此栩栩如生地描绘了出来。

此外，恩格斯还指出，《启示录》乃是对罗马帝国尼禄皇帝迫害基督徒的生动描述，认为"尼禄是第一个凶恶迫害基督徒的人"②。罗马时期的基督教教会史家曾经记载了当时罗马帝国上层对早期基督教的十次大迫害，起止年代为公元64年至313年，这种迫害最早就是始于尼禄，而《启示录》所撰写的时期，即称为"约翰"的作者撰写新约《启示录》的时间，则恰好就是尼禄开始掀起迫害基督徒的高潮时刻。这里，恩格斯对当时犹太人的数字神秘主义加以破解，指出早期基督徒是以犹太人"进行神秘诠释即喀巴拉的方法"来"把他们的字母用作表示数目的符号"③，其中恩格斯还以666和616等数推算出尼禄迫害基督徒的具体时间，认为这两个数被早期基督徒视为尼禄"在位期间要施行的恐怖统治，将继续42个月，即1260天。过了这段时间，神就会出现，战胜尼禄这个敌基督，用火焚毁这座大城，并把这个魔鬼捆绑一千年。千年王国就会到来"④。所谓兽数666这一"启示文学"中的神秘之数，实际上就是将基督教创立时期罗马暴君尼禄名字的各字母按希伯来字母顺序的数码相加所得出的总数。而其中关于基督复临和千年王国之说，也都直接反映出基督教最早的社会处境和思想认知。因此，恩格斯将《启示录》评价为最早反映基督教真实图像之作，认为"这一篇章，作为几乎最早的基督教的真实的图画，作为真正基督徒之一所描绘的图画，其价值远远超过新约其他各篇的总和"⑤。

恩格斯自幼以来所喜好的《圣经》研究，在这篇文章上得到了最为经典的表述。这一研究也成为恩格斯关于基督教研究的重要组成部

---

① 引自中央编译局编《马克思恩格斯列宁斯大林论宗教和无神论》，人民出版社1999年版，第65页。
② 同上书，第66页。
③ 同上书，第67页。
④ 同上书，第68页。
⑤ 同上。

分。在马克思主义经典作家中,恩格斯对基督教的研究最为系统、全面,这充分说明其对宗教史研究的高度重视,而基督教作为世界第一大宗教更是恩格斯宗教史研究中的重中之重。从恩格斯的相关研究则充分说明,我们对基督教的了解和评说,不可想当然而为,所需要的应是基于其历史发展演变而展开的系统、深入和全面之研究。

(参见笔者《经典作家关于宗教的基本观点研究》书稿)

第十六章

论恩格斯《路德维希·费尔巴哈和德国古典哲学的终结》中的宗教观

恩格斯的《路德维希·费尔巴哈和德国古典哲学的终结》是马克思主义基本理论历史唯物主义奠立的标志性著作之一,也是马克思主义宗教观成熟表述的重要代表作,故而被视为马克思主义宗教观的集大成之作。本文将以系统阅读原著的方式对这部著作中的宗教观加以较为全面的阐述,从中探讨马克思主义经典作家对宗教与社会、政治、经济等方面关系的分析研究,旨在弄清马克思主义宗教观的基本理论及其社会历史关联。

一 写作年代与背景

恩格斯的《路德维希·费尔巴哈和德国古典哲学的终结》写于1886年初,是马克思主义理论体系得以系统、标志性表述的代表性著作,也是马克思主义宗教观成熟时期的重要著作。恩格斯在这部著作中对宗教问题多有论及,其基本观点在一定意义上反映了当时宗教学研究的理论学说和思想成果。这一著作的历史背景在学术意义上主要有两个方面,一是恩格斯和马克思通过对德国古典哲学系统、深入的研究、批判,而以扬弃、提升其辩证法、唯物主义的方式得以彻底摆脱黑格尔、费尔巴哈等德国古典哲学的影响,全新地创立了马克思主义理论体系的重要构成历史唯物主义和辩证唯物主义，从而实现了 19 世纪的重大哲学突破，为无产阶级革命提供了科学的指导思想和理论方法；二是恩格斯对宗教问题的探究得以深化，从而为马克思主义宗教观的奠立做出了重大贡献，其宗教理解不仅具有科学性，而且具有独特的学术价值，体现了马克思主义宗教观探索的与时俱进和与宗教问题研究作为一门学问之开拓的时代吻合，因为当时正是西方宗教学在初始创立的时期，人们对理解宗教正开始出现新的思索、新的认知。1873 年，英籍德国人麦克斯·缪勒发表了其名著《宗教学导论》，人们开始用"宗教学"（英文：Science of religion，德文：Religionswissenschaft）来表达这一新兴学科。尽管后来的西方学者认为"宗教学"还没有成熟，尚不能用"科学"（Science，Wissenschaft）这样极为规范化的术语来表述这门方兴未艾的学科，却也从此使人们认识到这一新的、跨学科性质的宗教研究之学科的诞生。目前，我们将学术研究的各种门类集中划归为自然科学和社会科学这两大类，其实西方学术界也还有"精神科学"之分类，但因文史哲相关学科的实证性、实定性、规范性尚不够明显或尚未得到公认，故亦统称为"人文学科"，与"科学"有别。恩格斯撰写这部作品的时代，也正是宗教学发展方兴未艾之期，这显然会对恩格斯相关研究的构思产生一定影响。其对宗教问题的注意，与当时的宗教关注及宗教研究有着互动、呼应的价值和效果。为此，探究恩格斯在这部马克思主义经典著作中对宗教的看法就有着独特意义。这充分反映了马克思主义宗教观的社会意义、历史意义和学术意义，使我们能够认识到马克思主义宗教观在当时人类智慧发展阶段中的重要地位和卓越贡献。

二　中外前期研究综述

《路德维希·费尔巴哈和德国古典哲学的终结》作为马克思主义的经典名著早已受到国内外学术界的高度重视，其中的宗教观研究也是人们关注的重要内容。在对之研究中，人们所涉及的问题主要包括如下一些方面。

其一，关于宗教与政治的关系问题。在欧洲的社会史上有不少"反宗教的斗争"，这类斗争一般并非"纯宗教"性质，其实质乃"政治斗争"，只因当时政治领域的复杂性和敏感性，才多以"宗教"的形式而表现出来。所以说，政教关系乃一回避不了的重大问题。

其二，关于费尔巴哈宗教观的理解问题。这里，人们对费尔巴哈的分析可分为几个层面：第一，费尔巴哈的哲学是一种唯物主义的哲学；第二，费尔巴哈的唯物论乃是"人本"唯物主义；第三，费尔巴哈的宗教观也是一种人本主义的宗教观；第四，费尔巴哈在宗教中只是看到抽象的"人的本质"，而没有看到人的本质之"社会"性；第五，费尔巴哈的宗教观因此仍然是唯心主义的宗教观，费尔巴哈本人也仍然是有神论者，其人本唯物主义的哲学没能帮他摆脱唯心主义、有神论的影响。

其三，关于精神与物质的关系问题。宗教理解的探讨也势必涉及思维与存在的关系问题，世界的本原究竟是精神还是物质、是神明还是自然？人们在对此回答上的选择遂形成唯物与唯心、无神与有神之别。但对于什么是"精神"、什么是"物质"，却没有透彻的说明，绝对之回答。

其四，关于"有神的宗教"与"无神的宗教"之辨。什么是"神"，这乃理解"有神"或"无神"的关键之所在。此外，宗教有各种类型，历史上的宗教也会出现变迁，但这些都是社会经济发展变化的反映，宗教的类型及变迁仅是其表象而已。

其五，关于宗教属性问题。这里涉及"自然宗教"与"人为宗教"、"原生性宗教"与"创生性宗教"、民族宗教与世界宗教等区分，由此导致人们对宗教的时空性，即历史性和地域性的探讨。

其六，关于经济基础与意识形态的关系问题。宗教作为人的"自然意识"和"社会意识"乃反映其赖以生存的自然与社会，这是对宗教"意识形态"性质及其产生真正理解的前提和根本。脱离其社会存在而空谈宗教的意识形态性质，只能是一种唯心主义的表现。

其七，关于作为新的世界宗教之基督教的研究。基督教作为世界宗教是其社会历史发展变迁的产物，对于这种"适应时势"的宗教，其评价不能过于简单、粗率。

其八，关于"宗教的外衣"和"宗教异端"问题。这与历史上的农民运动、思想革命相关联，但其性质及发展也具有两重性，有着复杂的社会及时代的代表性。

其九，关于"宗教改革"问题。这里主要指欧洲基督教的改革及其代表的社会变革，包括德国的宗教改革，加尔文在瑞士的宗教改革，英国的宗教改革，以及法国大革命等。宗教改革与欧洲近代社会变革和资产阶级的兴起密切关联，因而具有"资产阶级性质"。

其十，关于宗教与阶级的关系问题。不是宗教决定阶级的存在，而是阶级存在决定宗教的性质，不同的阶级会利用它自己认为合适的宗教，宗教也会因其社会处境的不同而适应不同的阶级，应对与之相关的"统治阶级"。因此，我们因根据阶级的变化、阶级社会地位的变化来认识、分析宗教的变化，而不能将二者相脱离或隔断。

三　主要内容评析

根据研究马克思主义经典作家应认真阅读其原著的要求，并借鉴当今学术界所倡导的"经文辨析"方法，本文对应这部著作的四大部分来加以探析、疏理，以便能集中勾勒出恩格斯对宗教的专门论述。

（一）第一部分的宗教观

恩格斯从实践性的角度切入宗教问题，论及"反宗教斗争"的时代背景。他指出，当时理论性的德国有"实践"意义的首先为：宗教和政治。但政治在当时是一个荆棘丛生的领域，有其复杂性和难以把握性，故其社会主要的斗争遂转为"反宗教的斗争"，而这一斗争并非要专门对付宗教，在回归其斗争的实质时就开始（特别是从1840年起）间接地为"政治斗争"！正是当时社会对现存宗教进行斗争的"实践"需要，使青年黑格尔派回到了"英国和法国的唯物主义"。所以说，当时对现存宗教的斗争是当时的实践需要，间接反映出对当时政治体制的斗争，乃基于当时的现实而所为，故此是以唯物主义为实践指导，而且也符合唯物主义的基本理论及原则。

其回归唯物主义的标志，即费尔巴哈的《基督教的本质》著作出版。恩格斯宣称这部著作乃直截了当地代表着唯物主义重新成为其理论统帅（"重新登上王座"）。

费尔巴哈对宗教的唯物主义基本理解，是指出宗教幻想只是对"我们自己的本质"的虚幻反映。这是一种人本主义的宗教观，它说明宗教虽虚幻，却是对人的本质的一种反映，其结果是从宗教回到了人，从其"彼岸"返回到"人间"。此即一种"人本"唯物主义，从宗教回到了人本，同时也说明宗教不离人本，与人有着直接关联。

恩格斯指出，马克思此时就受到了费尔巴哈的影响，并在《神圣家族》中有所表达。恩格斯对费尔巴哈的理论进行了点评，批判其弱点在于各种论说只是一种"美文学""泛爱"之空谈，而不走经济上改革生产之路，从而脱离了社会革命之根本。

（二）第二部分的宗教观

恩格斯在本部分论及哲学的基本问题，即思维与存在的关系问题。这也是我们打开了解并定位宗教之门极为关键的钥匙。

恩格斯对神灵观念的起源与发展有着进化论意义上的认识论描述，这与当时宗教学初创阶段宗教起源探究上宗教进化论的观点相似。例如，英国人类学家、宗教进化论的主要倡导者泰勒（E. B. Tylor）在1871年出版的《原始文化》一书中曾指出，人类早期"灵魂"观念的起源即原始人对睡眠、做梦和生病等现象的不解而认为人有生命和幻影，由此构成可与肉体分开的灵魂。泰勒从人的灵魂推出物的灵魂，形成其"万物有灵论"之说。但恩格斯将之上升到思维与存在的关系这一哲学认识高度："思维和感觉"为可以脱离身体的"灵魂"的活动，这种"离开肉体"之存活即为"灵魂不死"，它不是一种安慰，而乃不可抗拒的命运；不死灵魂"通过自然力的人格化"即早期宗教学所言

第十六章 论《路德维希·费尔巴哈和德国古典哲学的终结》 193

"物活论"及"万物有灵论"而"产生了最初的神";这些起初"或多或少有限"和"互相限制"的"多神",即宗教学曾描述的"多神论""轮换主神论""唯一主神论"等,又"通过智力发展中自然发生的抽象化过程"而逐渐使这些神"具有了超世界的形象",从而从多神教走向了一神教,产生出"唯一的神的观念"①。

由此可见,哲学的最高问题与宗教的出发点一样,其根源在于人类原初"愚昧无知的观念",以此形成"思维对存在""精神对自然界"的关系之问。此问的核心或关键在于谁为"本原",是精神还是自然(物质)!其哲学之答形成唯物、唯心之分:以自然为本质即唯物主义,而以精神为本原即唯心主义;其宗教之答则形成有神,无神之别:以神为本原即神创自然论或神创世界论,此乃有神论,而认为自然或世界"从来就有"则为无神论。

恩格斯在此亦认为唯心论与有神论(创世说)是一路的。但问题在于能否将世界加以精神与自然(物质)的二元分割?在一个一元或一体(整体)的世界中,应该如何来看待、解说精神与物质的关系?其实,这里也有一个精神与物质的"同一性"问题,它与哲学中"思维和存在的同一性问题"相似且相关联。在今天科学对精神与物质的究根穷底之论说中,其情况已极为复杂,人们既论及物质的"质"变及其"消失",也谈到对精神的"物"性捕捉和描述。在此,从世界(宇宙)层面谈精神与物质已经失语,精神和物质同为"存在"。于是,恩格斯的侧重点则回到了"人"的思维,以及这种思维与世界本身(存在)的"同一性"问题,从而将问题从认识论转向反映论,即人的思想(思维)能否对世界(存在)加以正确的认识和反映,由此而实现二者的"同一"。这亦涉及世界究竟可知与否的认识论问题。

对这一问题有"肯定"和"否定"两种回答,其中"肯定"回答既有唯心主义的,亦有唯物主义的:以黑格尔为代表的唯心论回答是以世界的可知乃源于绝对观念的实现,人的思维亦来自这种"自有永有"

---

① 《马克思恩格斯文集》第 4 卷,人民出版社 2009 年版,第 277—278 页。

的绝对观念；而以费尔巴哈为代表的唯物论回答则基于"实践"，即人可以通过"实验和工业""制造"出其"自然过程"，人对"自然"之物的"科学生产"说明了世界的可知性；因此，"自在之物"可以变成"为我之物"。而"否定"回答则包括休谟和康德的"不可知论"，即"否认彻底认识，世界的可能性"。不过康德所言的"自在之物"与科技达到的"为我之物"似难完全等同，二者之间也可能存在差异。人对世界的认识只能是相对的，因为不可能有对"无限世界"有"绝对""彻底"的认识，以"绝对""彻底"来认识"无限"是一种悖论、一种逻辑矛盾。

例如，人们曾谈论到哥白尼的"日心说"即"太阳中心论"，恩格斯在此非常聪明地用"太阳系学说"来表达。哥白尼的理论在太阳系范围内是基本正确的，但其面对无限宇宙时则仅具相对性。而且，哥白尼本人也并没有穷尽对太阳系的探索，这种努力今人仍在继续，并且是"无止境地""无穷发展"的"不断过程"。

精神与物质的关系，还涉及对"精神"的基本定位问题。如果将精神仅视为"人"这一物质的"思维"，即物质的思想活动，那当然物质是第一性的、本原的，精神是物质的产物，而且是物质发展到"人"这一阶段后的产物。不过，当前人们论及的"世界精神"已触及对"自然规律"或"宇宙秩序"的体悟及认识，这种理解则已将"精神"的含义扩大，超出了"人"这种物质形态。有无"世界精神"？怎样理解"宇宙规律"？至少这种认识或见解值得我们思考和关注。在恩格斯的时代，类似的看法也有所显现，为此方有唯心主义与唯物主义的复杂交织，如恩格斯所论及的"泛神论"就曾被用来"调和精神和物质的对立"，即"神"乃"自然"，"精神"存在并体现在整个自然世界、宇宙万物之中。

为了从"人"自身来说明精神、思维这类问题，恩格斯集中阐述了"意识"的产生、意义和作用。他强调"意识"是"人脑的产物"，是对人所存在、所属于的物质世界的思考和反映，在这一层面上"物质不是精神的产物，而精神本身只是物质的最高产物"，即"人脑的产物"[1]。从"意识"的这种意义上，精神乃"人"之专属。这基本上是对费尔巴哈观点的概括、总结，并有所升华。在人的发展进程中，"人脑"创造出了"电脑"技术，"虚拟世界"以高科技的方式重新活跃，并对人的生存产生影响和反作用。如果不以"人的意识"来界定或限定"精神"，我们可以对这种"精神"的人之专属性作绝对肯定之答吗？在科技进步中，人对"自然规律""宇宙奥秘"只是不断"发现"，还是对之突破而真有"发明""创造"？在此，唯物主义与唯心主义及有神论的根本区别和重要分歧，即是把"精神"视为"人脑的产物"还是"人"之外的存在。这里，"泛神论"被视为从唯心主义走向唯物主义的一种过渡或形式，但"泛神论"归根结底仍然是有神论。

（三）第三部分的宗教观

恩格斯认为费尔巴哈的宗教观仍然是唯心主义的，费尔巴哈仍然是有神论者，其"新宗教"只不过是从"人与人之间的感情的关系、心灵的关系"来看待宗教，以"我和你之间的爱"来实现其宗教追求，以"宗教名义"来使"性爱、友谊、同情、舍己精神"得以"神圣化"，获得其"完整的意义"[2]。

费尔巴哈仍按照传统有神论、唯心主义的思想来理解宗教，即"宗教一词是从 religare 一词来的，本来是联系的意思。因此，两个人之间的任何联系都是宗教"[3]。这种表述导致了一种"泛宗教论"，一切联系或关系都可以构成宗教，甚至可以包括"无神的宗教"！恩格斯为此对费尔巴哈的宗教观及其反映的社会历史观进行了批评："费尔巴哈想以一种本质上是唯物主义的自然观为基础建立真正的宗教，这就等于把现代化学当作真正的炼金术。如果无神的宗教可以存在，那么没有哲人

---

[1] 《马克思恩格斯文集》第 4 卷，人民出版社 2009 年版，第 281 页。
[2] 同上书，第 288 页。
[3] 同上。

之石的炼金术也可以存在了。况且，炼金术和宗教之间是有很紧密的联系的。哲人之石有许多类似神的特性，公元头两世纪埃及和希腊的炼金术士在基督教学说的形成上也出了一份力量。"[1] 宗教与有神论关联密切，有人曾把佛教等说成"无神的宗教"，这其实是忽视了宗教中最核心的观念即神明观念。但是，何为"无神""有神"，这在认识论意义上其实仍然是值得认真推敲和进一步深究的。

此外，恩格斯也指出了费尔巴哈以"宗教的变迁"来区分人类各个时期的错误，强调宗教变迁只是表象，乃有其深刻的社会经济发展变化之历史原因。宗教的形态反映出相应的社会历史存在及其经济结构，也就是说，宗教必须与其生存的社会相适应。本土宗教和民族宗教与其特定的地域、民族存在相关联。"古老的自发产生的部落宗教和民族宗教是不传布的"，它们反映出其部落、民族的生存状况和历史处境。"一旦部落或民族的独立遭到破坏，它们便失掉任何抵抗力；拿日耳曼人来说，甚至他们一接触正在崩溃的罗马世界帝国以及它刚刚采用的、适应于它的经济、政治、精神状态的世界基督教，这种情形就发生了。"[2] 与此不同的是，人为宗教，尤其是世界性宗教的社会适应、自我变化的能力要更强一些，"原生性"宗教与"创生性"宗教在此形成了明显区别。因此，"重大的历史转折点有宗教变迁相伴随，只是就迄今存在的三种世界宗教——佛教、基督教和伊斯兰教而言"。"仅仅在这些多少是人工造成的世界宗教，特别是基督教和伊斯兰教那里，我们才发现比较一般的历史运动带有宗教的色彩，甚至在基督教传播的范围内，具有真正普遍意义的革命也只有在资产阶级解放斗争的最初阶段即从 13 世纪到 17 世纪，才带有这种宗教色彩。"对此，恩格斯认为要用宗教影响强大的整个欧洲中世纪社会历史来解释，而不是费尔巴哈所想象的"用人的心灵和人的宗教需要来解释"[3]。恩格斯并没有像指责中

---

[1] 《马克思恩格斯文集》第 4 卷，人民出版社 2009 年版，第 288 页。
[2] 同上书，第 289 页。
[3] 同上。

世纪"千年黑暗"的近代欧洲人文主义者那样完全否定中世纪，而是从正面肯定了"中世纪的巨大进步——欧洲文化领域的扩大，在那里一个挨着一个形成的富有生命力的大民族，以及14世纪和15世纪的巨大的技术进步"①。当然，恩格斯承认并明确指出"中世纪的历史只知道一种形式的意识形态，即宗教和神学"②。这才是中世纪至近代民众解放运动带有宗教色彩的重要原因。而到了18世纪，已经足够强大的资产阶级则不再需要宗教作为其政治运动的外衣，但他们也没有"想到要用某种新的宗教来代替旧的宗教"，以保持其历史传统的延续性。事实上，法国大革命时曾试图以"革命宗教"来取代天主教，却因缺乏群众及文化基础而以失败告终。

从总体来看，费尔巴哈的宗教观基于他对基督教的理解，因此而有这种以一神教为基础的世界宗教之印象。这里，恩格斯概括了费尔巴哈对神明的解释："基督教的神只是人的虚幻的反映、映象。但是，这个神本身是长期的抽象过程的产物，是以前的许多部落神和民族神集中起来的精华。与此相应，被反映为这个神的人也不是一个现实的人，而同样是许多现实的人的精华，是抽象的人，因而本身又是一个思想上的形象。"③ 恩格斯阐述了费尔巴哈宗教观的弱点和局限，指出他的人本主义宗教观中之"人"仍然是抽象的、空洞的。费尔巴哈对宗教之"神"作了"人"本还原的解说，但"这个人不是从娘胎里生出来的，他是从一神教的神羽化而来的，所以他也不是生活在现实的、历史地发生和历史地确定了的世界里面"④。在恩格斯看来，人的真实性和根本特质就在于人的社会性、人的历史性；所以，"要从费尔巴哈的抽象的人转到现实的、活生生的人，就必须把这些人作为在历史中行动的人去考察"⑤。但费尔巴哈却根本不从社会的角度来理解人，从而表现出其在

---

① 《马克思恩格斯文集》第4卷，人民出版社2009年版，第283页。
② 同上书，第289页。
③ 同上书，第290页。
④ 同上。
⑤ 同上书，第294页。

社会学、政治学上的无知。与之不同，马克思主义宗教观则要走进社会、现实及历史来观察人、分析人。"对抽象的人的崇拜，即费尔巴哈的新宗教的核心，必定会由关于现实的人及其历史发展的科学来代替。"①

（四）第四部分的宗教观

从经济基础与意识形态的关系上来分析宗教，恩格斯强调了二者之间的必然关联。在他看来，尽管"更高的即更远离物质经济基础的意识形态，采取了哲学和宗教的形式"，其联系亦被弄模糊和复杂化，"但是这一联系是存在着的"②。这里，恩格斯进而重点谈到了宗教，"因为宗教离开物质生活最远，而且好像是同物质生活最不相干"③。恩格斯认为，认识宗教最为根本、最为关键之处，就是要看到宗教的产生与发展都不离其社会经济基础，都是由人的物质生活条件所决定的。

从宗教的起源来看，恩格斯指出："宗教是在最原始的时代从人们关于他们自身的自然和周围的外部自然的错误的、最原始的观念中产生的。"④ 宗教作为意识形态的产生，自然会结合"现有的观念材料"来发展，并进而对这些材料加工、消化。这是宗教现象的普遍表现形式，并会给人留下这样的外在印象。然而，"人们头脑中发生的这一思想过程，归根结底是由人们的物质生活条件决定的"⑤。这是人们必须认识到的基本事实，也是把握宗教本质的基准。恩格斯还具体分析了原始宗教观念与其相关民族集团的密切联系以及对之的依属性。那些"有亲属关系的民族集团所共有的"原始宗教观念在其集团分裂之后，"便在每个民族那里依各自遇到的生活条件而独特地发展起来"，"这样在每一个民族中形成的神，都是民族的神，这些神的王国不越出它们所守护

---

① 《马克思恩格斯文集》第 4 卷，人民出版社 2009 年版，第 295 页。
② 同上书，第 308 页。
③ 同上书，第 309 页。
④ 同上。
⑤ 同上。

的民族领域……只要这些民族存在，这些神也就继续活在人们的观念中；这些民族没落了，这些神也就随着灭亡"。① 所以说，民族神实质上反映了其民族的社会生存状况。宗教社会学家杜尔凯姆（Emile Durkheim）也曾指出民族神是其民族社团的集中反映，故多为其民族图腾的表述或象征；实际上，民族之神，即作为图腾崇拜的标志就是象征着其整个民族本身，因此宗教乃是人类社会的结构性因素，宗教的神圣也就是其社会统一体的象征。

恩格斯进而专门探究了古罗马帝国时期社会转型而带来的从古老民族之神明崇拜到基督教作为新的世界宗教的发展变迁，以及基督教在西欧历史进程中的演进变革。"罗马世界帝国使得古老的民族没落了……古老的民族的神就灭亡了，甚至罗马的那些仅仅适合于罗马城这个狭小圈子的神也灭亡了；罗马曾企图除本地的神以外还承认和供奉一切多少受崇敬的异族的神"，此即罗马之万神庙的形成，"这就清楚地表明了有以一种世界宗教来充实世界帝国的需要"。② 各民族神只能相应于其民族而存在，但当时地跨欧、亚、非三洲的罗马帝国有其社会结构和物质生活条件的巨变，而并不是一个多民族国家的拼盘式存在。罗马皇帝试图以万神庙的形式来满足这种新型帝国的精神需要，"但是一种新的世界宗教是不能这样用皇帝的敕令创造出来的"③。这种新宗教必须适应其帝国社会的"普遍化"需求，必须体现出其综合性、普世性。其实，在这种社会整合过程中，"新的世界宗教，即基督教，已经从普遍化了的东方神学，特别是犹太神学同庸俗化了的希腊哲学，特别是斯多亚派哲学的混合中悄悄地产生了"④。也就是说，面对多元共构的大帝国，新的世界性宗教则应体现出其混合性、综合性、整合性，消解并扬弃古老宗教曾依存的民族性、地域性、单一性。

---

① 《马克思恩格斯文集》第 4 卷，人民出版社 2009 年版，第 309 页。
② 同上。
③ 同上。
④ 同上书，第 310 页。

恩格斯对基督教有过系统研究，在批评基督教的同时，他对之亦有较为客观、积极、肯定的评价。其特点就在于恩格斯将基督教称为是一种"适应时势"的宗教，有其随着时代、历史的积极变化或变革。恩格斯说："我们必须重新进行艰苦的研究，才能够知道基督教最初是什么样子，因为它那流传到我们今天的官方形式仅仅是尼西亚宗教会议为了使它成为国教而赋予它的那种形式。它在250年后已经变成国教这一事实，足以证明它是适应时势的宗教。"[1] 为此，恩格斯曾深入、系统地研究过"原始基督教"及其经典《圣经新约》，有过许多精辟的见解和评价，并且指明早期基督教本是下层被压迫民众的宗教，只是后来被剥削阶级、统治阶级所利用、掌控才发生了性质上的嬗变。

对于欧洲中世纪时期的基督教，恩格斯评价说："在中世纪，随着封建制度的发展，基督教成为一种同它相适应的、具有相应的封建等级制的宗教。当市民阶级兴起的时候，新教异端首先在法国南部的阿尔比派中间，在那里的城市最繁荣的时代，同封建的天主教相对抗而发展起来。中世纪把意识形态的其他一切形式——哲学、政治、法学，都合并到神学中，使它们成为神学中的科目。因此，当时任何社会运动和政治运动都不得不采取神学的形式；对于完全由宗教培育起来的群众感情说来，要掀起巨大的风暴，就必须让群众的切身利益披上宗教的外衣出现。"[2] 与近代之后西方社会外延式发展不同，西欧中世纪社会及其向近代的转型，主要是一种内涵式发展，即以天主教这一宗教形式来表达其思想革新和社会变迁；除了神学思想的变革之外，改革派还习用"宗教的外衣"或形成"宗教异端"。西欧社会传统的宗教性，由此可见一斑。从历史唯物主义的立场及角度来看，恩格斯对西欧基督教内部的变革发展及其所反映、代表的西方社会进步，基本上是持肯定态度的。恩格斯对基督教的批评既具体又客观；因此，我们应该对恩格斯关于基督教的研究及其评价有整体、全面的把握。

---

[1] 《马克思恩格斯文集》第4卷，人民出版社2009年版，第310页。
[2] 同上。

第十六章　论《路德维希·费尔巴哈和德国古典哲学的终结》

西欧近代发展及其资产阶级革命，同样与基督教有着密切关联。在此，恩格斯从"宗教异端"的两派发展及二者的分道扬镳，看到了近代西方资产阶级和无产阶级的诞生："市民阶级从最初起就给自己制造了一种由无财产的、不属于任何公认的等级的城市平民、短工和各种仆役所组成的附属品，即后来的无产阶级的前身，同样，宗教异端也早就分成了两派：市民温和派和甚至也为市民异教徒所憎恶的平民革命派。"①

欧洲近代社会变革和资产阶级的兴起以"宗教改革"为标志。这样一来，宗教就以其社会表层的革命而在社会结构深层次上反映出西方社会经济生产的发展和巨变。而且，新教异端实质上也是社会转型过程中新兴社会阶级产生及发展的典型表达。这里，恩格斯系统、透彻地说明了"宗教改革的资产阶级性质"：

首先，德国的宗教改革拉开了西欧从封建社会挺进到资本主义社会的序幕。新教的产生及其发展揭示了新兴市民阶级的活力及潜能。"新教异端的不可根绝是同正在兴起的市民阶级的不可战胜相适应的；当这个市民阶级已经充分强大的时候，他们从前同封建贵族进行的主要是地方性的斗争便开始具有全国性的规模了。第一次大规模的行动发生在德国，这就是所谓的宗教改革。"② 由于新兴市民阶级尚不成熟，其软弱和革命的不彻底使第一次西欧资产阶级的革命没有取得真正成功或达到其理想之境，并一度使德国近代发展变得更为曲折、复杂，从而在资本主义的早期进程中处于落后的状况。"那时市民阶级既不够强大又不够发展，不足以把其他的反叛等级——城市平民、下层贵族和乡村农民——联合在自己的旗帜之下。贵族首先被击败；农民举行了起义，形成了这次整个革命运动的顶点；城市背弃了农民，革命被各邦君主的军队镇压下去了，这些君主攫取了革命的全部果实。从那时起，德国有整

---

① 《马克思恩格斯文集》第 4 卷，人民出版社 2009 年版，第 310 页。
② 同上。

整三个世纪从那些能独立地干预历史的国家的行列中消失了。"① 在分析德国宗教改革运动中，恩格斯以其渊博的学识和犀利的眼光指明了新兴资产阶级的先天不足及其软弱性，但也强调了从封建主义到资本主义的历史发展已不可阻挡、不可逆转。

恩格斯还深入、全面地研究了这一时期的农民起义，撰写了极有历史厚重的巨著《德国农民战争》（1850 年夏写于伦敦，同年发表在马克思主编在汉堡出版的《新莱茵报·政治经济评论》杂志第 5—6 两期合刊上），并且在对农民起义领袖闵采尔（Thomas Münzer）的高度评价中预测了资产阶级的掘墓人——无产阶级的产生，以及人类历史由资本主义向社会主义、共产主义发展的光明前景。闵采尔当时的身份是天主教的下层神父，其神学思想有着泛神论的倾向，并且在不少观点上已经接近无神论的见解，他以理性的权威来对抗《圣经》的权威，提出了一种彻底革命的主张。恩格斯对之评价说："闵采尔的政治理论是同他的革命的宗教观紧密相连的；正如他的神学远远超出了当时流行的看法一样，他的政治理论也远远超出了当时的社会政治条件。正如他的宗教哲学接近无神论一样，他的政治纲领也接近共产主义。……闵采尔的纲领，与其说是当时平民要求的总汇，不如说是对当时平民中刚刚开始发展的无产阶级因素的解放条件的天才预见。"闵采尔的方式虽然仍以基督教"早已预言的千年王国"为口号，却"要求立即在人间建立天国"。其实，"闵采尔所理解的天国不是别的，只不过是这样一种社会状态，在那里不再有阶级差别，不再有私人财产，不再有对社会成员而言是独立的和异己的国家政权"②。不过，恩格斯对闵采尔的思想及其领导的德国农民战争也有着非常清醒的分析。一方面，闵采尔的思想具有空想性质，当时的经济生产仍处于中古向近代的过渡，其社会发展尚未达到其期盼的程度。"不仅当时的运动，就连他所生活的整个世纪，也都没有达到实现他自己刚刚开始隐约意识到的那些思想的成熟地步。

---

① 《马克思恩格斯文集》第 4 卷，人民出版社 2009 年版，第 310—311 页。
② 《马克思恩格斯文集》第 2 卷，人民出版社 2009 年版，第 248 页。

第十六章 论《路德维希·费尔巴哈和德国古典哲学的终结》 203

他所代表的阶级刚刚处于形成阶段,还远远没有得到充分的发展,也远远没有具备征服和改造整个社会的能力。他所幻想的那种社会变革,在当时的物质条件下还缺乏基础,这些物质条件甚至正在孕育产生一种同他所梦想的社会制度恰恰相反的社会制度。"[1] 闵采尔的思想远远超出了他所存在的时代,因而根本就没有将之实现的任何可能性。另一方面,闵采尔仍受到其神学思想之限,"他仍然不得不恪守自己一向宣讲的关于基督教平等以及按照新教精神实现财产公有的教义;他不能不为实现他的教义至少作一番尝试"。而且他不是基于一种客观冷静的分析,面对文化水平不高、尚无新兴阶级较高觉悟的德国农民,"他在信件和传教中流露出一种革命的狂热情绪……他不断激起群众对统治阶级的仇恨,激发狂放不羁的热情,所用的完全是旧约中的先知表达宗教狂热和民族狂热的那种激烈的语调"[2],因此不可能找到无产阶级革命的正确道路及方法,只能成为一种宗教狂热的宣泄。对此,马克思也早在其1843年撰写的《〈黑格尔法哲学批判〉导言》中深刻指出:"当时,农民战争,这个德国历史上最彻底的事件,因碰到神学而失败了。"[3] 历史有其发展规律,当时能够推翻封建主义的只可能是资产阶级,而此阶段的宗教改革也势必是资产阶级的革命运动。闵采尔不能超越其时代,但欧洲的资产阶级革命在当时却乃水到渠成、有着成功的希望及可能。正是这种历史条件,使农民战争不可能走得太远,而宗教改革则在欧洲使其社会获得了质的飞跃。

其次,加尔文的宗教改革显示出了欧洲资产阶级革命的真正成功。"除德国人路德外,还出现了法国人加尔文,他以真正法国式的尖锐性突出了宗教改革的资产阶级性质,使教会共和化和民主化。当路德的宗教改革在德国已经蜕化并把德国引向灭亡的时候,加尔文的宗教改革却成了日内瓦、荷兰和苏格兰共和党人的旗帜,使荷兰摆脱了西班牙和德

---

[1] 《马克思恩格斯文集》第2卷,人民出版社2009年版,第304—305页。
[2] 同上书,第305页。
[3] 《马克思恩格斯文集》第1卷,人民出版社2009年版,第12页。

意志帝国的统治，并为英国发生的资产阶级革命的第二幕提供了意识形态的外衣。在这里，加尔文教派显示出它是当时资产阶级利益的真正的宗教外衣。因此，在1689年革命由于一部分贵族同资产阶级间的妥协而结束以后，它也没有得到完全的承认。"[1] 恩格斯肯定了路德宗教改革在德国语言文化发展上的贡献，指出"路德不但扫清了教会这个奥吉亚斯的牛圈，而且也扫清了德国语言这个奥吉亚斯的牛圈，创造了现代德国散文，并且撰作了成为16世纪《马赛曲》的充满胜利信心的赞美诗的词和曲"[2]。不过，虽然恩格斯也谈到"路德通过翻译圣经给平民运动提供了一种强有力的武器"，"他在圣经译本中使公元最初几个世纪的纯朴基督教同当时已经封建化了的基督教形成鲜明的对照，提供了一幅没有层层叠叠的、人为的封建等级制度的社会图景，同正在崩溃的封建社会形成鲜明的对照"[3]，对其政治、社会意义却评价不高。与此相反，恩格斯则高度评价了加尔文宗教改革的社会、政治意义，认为它真正代表了西欧从封建社会过渡到资本主义社会的变革。的确，加尔文宗教改革除了在瑞士的成功之外，还是荷兰、英国等资产阶级革命所打出的旗帜，故而在这场席卷西欧的政治革命中有着重大意义。此外，加尔文宗教改革的思想精神也是深刻、深远的。西方社会学家马克斯·韦伯（Max Weber）在其《新教伦理与资本主义精神》等名著中也认为加尔文有关"预定论"的教义诠释和推进"廉价教会"的实践主张实际上是以其独特的"清教伦理"而孕育了近代"资本主义精神"，提供了其社会可持续发展所需要的"潜在的精神力量"，而其生产观和财富观也被认为给西方近代资本主义的"原始积累"提供了精神理念和现实可能。当然，对于韦伯等后人关于新教伦理的这种评价，我们理应持一种批评性审视的态度。

---

[1] 《马克思恩格斯文集》第4卷，人民出版社2009年版，第311页。

[2] 恩格斯：《自然辩证法》，《马克思恩格斯全集》第20卷，人民出版社1971年版，第362页。

[3] 《马克思恩格斯文集》第2卷，人民出版社2009年版，第244页。

第十六章　论《路德维希·费尔巴哈和德国古典哲学的终结》　205

最后，英国宗教改革以其改良性、不彻底性而影响到当今英国的政体。这与英王亨利八世（Henry Ⅷ）自上而下推动的宗教改革性质相关。但在实际发展中，加尔文的宗教改革在英国与英王亨利八世的宗教改革形成了明显区别和张力，在随之而有的英国国情中则出现了复杂交织。对此，恩格斯总结说："英国的国教会恢复了，但不是恢复到它以前的形式，即由国王充任教皇的天主教，而是强烈地加尔文教派化了。旧的国教会庆祝欢乐的天主教礼拜日，反对枯燥的加尔文教派礼拜日。新的资产阶级化的国教会，则采用后一种礼拜日，这种礼拜日至今还在装饰着英国。"①

因其所处时代之限，恩格斯对西欧基督教的发展只能追溯到法国大革命时期。这里，恩格斯注意到西方资产阶级的成熟及其独立意识形态的形成。一方面，资产阶级此时已经可以用"纯粹政治的形式"来推动革命，不再需要"宗教的外衣"。另一方面，统治阶级开始把宗教作为其"专有"的"统治手段"。于是，"基督教进入了它的最后阶段"。恩格斯在此认为基督教"已不能成为任何进步阶级的意向的意识形态外衣了；它越来越变成统治阶级专有的东西，统治阶级只把它当做使下层阶级就范的统治手段"。② 在这些论述中，恩格斯有两个方面的思想值得我们注意和体悟。一是现代社会"世俗化"的发展。当"加尔文教的少数派"在法国"遭到镇压"、"被迫皈依天主教或者被驱逐出境"等情况发生之后，资产阶级自由思想家已在相继诞生；封建王权的暴力措施只是使逐渐成熟的资产阶级"更便于以唯一同已经发展起来的资产阶级相适应的、非宗教的、纯粹政治的形式进行自己的革命。出席国民议会的不是新教徒，而是自由思想家了"。二是"不同的阶级"会"利用它自己认为适合的宗教"："占有土地的容克利用天主教的耶稣会派或新教的正统派，自由的和激进的资产者则利用理性主义，至于这些

---

① 《马克思恩格斯文集》第 4 卷，人民出版社 2009 年版，第 311 页。
② 同上。

先生们自己相信还是不相信他们各自的宗教,这是完全无关紧要的。"①尽管恩格斯很难预见宗教此后的发展,但其提示的社会"世俗化"及宗教在"世俗化"处境中的生存与发展、"统治阶级"与宗教的关系及各阶级对其"合适宗教"的"利用"、宗教作为"统治手段"的意义与作用等思考,仍对我们社会发生巨变、革命政党成为执政党的今天处理宗教问题有着重要警示和独特启迪。

恩格斯在总结其对宗教的论述时,再次强调了其历史唯物主义的基本观点和对宗教的根本理解:"我们看到,宗教一旦形成,总要包含某些传统的材料,因为在一切意识形态领域内传统都是一种巨大的保守力量。但是,这些材料所发生的变化是由造成这种变化的人们的阶级关系即经济关系引起的。"②恩格斯的结语意义深远、语重心长。诚然,宗教的表现形式有着明显的"传统的材料",此乃其历史传承和文化积淀,表现出宗教的外形特色,但宗教的本质却体现在其对现存经济关系、社会依属的反映。古代如此,当代亦然。这是马克思主义认识宗教的最根本的方法及原则。

四 历史影响与现实意义

恩格斯的《路德维希·费尔巴哈和德国古典哲学的终结》在无产阶级革命史和哲学发展史上有着重大影响,占据着重要地位,其中关于宗教的论述则构成了马克思主义宗教观的主要内容和基本观点。我们看待今天中国社会的宗教,也不能离开恩格斯在本著作中所强调的这一社会存在决定社会意识,上层建筑乃是其经济基础的反映之原则和方法。时代变了,社会制度变了,宗教依存的社会前提和条件变了,关于宗教的结论也必须有相应、相关的变动。这是尊重人类历史逻辑及社会发展规律的科学态度,也是马克思主义宗教观对于我们的现实意义之所在。

---

① 《马克思恩格斯文集》第4卷,人民出版社2009年版,第311—312页。
② 同上书,第312页。

我们不能把马克思主义根据其经典作家所处社会时代背景所得出的有关宗教的某些具体结论作为教义或教条来信守，而必须牢记并适用其科学方法来理论联系实际，根据今天的社会现实做出对当下宗教的客观、正确判断，处理好我们今天执政者与当代宗教的关系问题。深刻体悟到此点，才能真正把握恩格斯《路德维希·费尔巴哈和德国古典哲学的终结》一书关于宗教理解的真谛。

（原载《世界宗教研究》2012年第6期）

第十七章

论恩格斯《自然辩证法》中的宗教观

  恩格斯的《自然辩证法》跨越自然科学与社会科学，涉及许多重大问题。这部著作没有彻底完稿，其手稿在恩格斯生前也没有发表，只是在其逝世后才得以出版。该书内容以研究自然科学的发展为主，其中不少地方都涉及马克思主义宗教观的相关论述，并且特别论及科学与宗教的关系，而这种关系也正是宗教学研究中的重大问题之一。恩格斯的专门探究思想新颖、思路独特，故而给人带来全新的感觉，并吸引人们进而对之展开更深入的研讨。

  宗教与科学的关系，也是争议很大的问题之一，二者之间的冲突，在西方历史上留下了许多案例。宗教势必反对科学曾成为思维定式，影响到人们对宗教的看法，并使之对宗教保持警惕和相应距离，尤其在近代自然科学发展转型时期，因为其研究视野及理论范式的变化，会给传统观念带来挑战，由此也会受到传统观念的反抗和阻挠。当科学家以其新的发现、新的观念来挑战权威包括宗教权威时，就会受到世俗及宗教权威的迫害。恩格斯批评说，"值得注意的是，新教徒同天主教徒一道竞相迫害他们，前者烧死了塞尔维特，后者烧死了乔尔丹诺·布鲁诺"[①]。而且，"新教徒在迫害自由的自然研究方面超过了天主教徒。塞尔维特正要发现血液循环过程的时候，加尔文便烧死了他，而且还活活

[①] 《马克思恩格斯文集》第 9 卷，人民出版社 2009 年版，第 405 页。

第十七章 论恩格斯《自然辩证法》中的宗教观　209

地把他烤了两个钟头；而宗教裁判所则只是满足于直截了当地烧死乔尔丹诺·布鲁诺"①。这是欧洲中世纪及近代宗教反对科学的黑暗一面；另一方面，恩格斯也指明欧洲近代出现的跳跃性发展同样与宗教有关，宗教参与了欧洲近代的变革和进步，为欧洲社会迈入20世纪提供了出类拔萃之辈。"这是一个需要巨人并且产生了巨人的时代，那是一些在学识、精神和性格方面的巨人。这个时代，法国人正确地称之为文艺复兴，而新教的欧洲则片面狭隘地称之为宗教改革。"② 宗教改革本身就是对旧传统的挑战，它虽有瑕疵和错误，却仍具有时代进步意义。

而在中世纪出现的突破，无论是在政治领域还是在科学领域，都为一种宗教内部的发展。当时的自然科学研究也是在教会框架范围内得以展开，如哥白尼的天文学探索、培根的实验科学实践，基本上是在宗教社团内进行的，其实验本身是得到教会认可的，但其结论因为过于超前而让教会权威目瞪口呆、难以相信和接受。由此冲突一触即发，形成尖锐对抗。为了避免这种矛盾冲突，不少改革家和科学家或是以某种宗教外衣即借口来推出其理论，或是拖至最后才真正亮出其理论本相。恩格斯说，"正如路德并不是第一个新教徒一样，哥白尼在自然科学领域内推出伟大的著作，犹如路德在宗教领域内焚毁教谕；哥白尼在他的著作中虽然还有些胆怯，但经过36年的踌躇之后，可以说是在临终之际向教会的迷信提出了挑战。从此以后，自然研究基本上从宗教下面解放出来了，尽管彻底弄清各种细节的工作一直延续到今天，而且在许多人的头脑中还远没有解决"③。恩格斯在此也指出，此后出现了一个重大改变，即自然科学研究不再与宗教观念纠缠到一起，二者开始在各自不同的领域得到相对自由的发展。

欧洲近代发展所出现的突飞猛进，并不是彻底摆脱宗教的影响，而是以宗教改革为标志。恩格斯说，"现代的自然研究同整个近代史一

---

① 《马克思恩格斯文集》第9卷，人民出版社2009年版，第410页。
② 同上书，第405—406页。
③ 同上书，第406页。

样,发端于这样一个伟大的时代,这个时代,我们德国人根据我们当时所遭遇的民族不幸称之为宗教改革,法国人称之为文艺复兴,而意大利人则称之为16世纪……这个时代是从15世纪下半叶开始的"①。虽然因上述历史原因使恩格斯遗憾德国的宗教改革是其"民族不幸",却没有使他就此而完全否定宗教改革。恩格斯承认宗教改革使传统"教会的精神独裁被摧毁了,日耳曼语各民族大部分都直截了当地抛弃了它,接受了新教";而对路德本人,恩格斯也肯定了他的文化贡献:"路德不但清扫了教会这个奥吉亚斯的牛圈,而且也清扫了德国语言这个奥吉亚斯的牛圈,创造了现代德国散文,并且创作了成为16世纪《马赛曲》的充满胜利信心的赞美诗的词与曲。"②

尽管自然科学在欧洲近代有了很大进展,但恩格斯仍然直言科学与宗教神学的纠结及共构。甚至到了18世纪,"科学还深深地禁锢在神学之中。它到处寻找,并且找到了一种不能从自然界本身来解释的外来的推动作为最后的原因。如果牛顿所夸张地命名为万有引力的吸引被当作物质的本质特性,那么开初造成行星轨道的未经说明的切线力又是从哪里来的呢?植物和动物的无数的种是如何产生的呢?而早已确证并非亘古就存在的人类最初是如何产生的呢?对于这些问题,自然科学往往只能以万物的创造者对此负责来回答。哥白尼在这一时期之初向神学下了挑战书;牛顿却以神的第一推动这一假设结束了这个时期。这时的自然科学所达到的最高的普遍的思想,是关于自然界的安排的合目的性的思想……而整个自然界被创造出来是为了证明造物主的智慧"③。由此可见,在科学与宗教的关系上有着许多反复,科学的审视也很难在短时间内完全摆脱宗教的影响。恩格斯认为哲学、科学和宗教有着复杂关联,哲学在当时所取得的进展就是"坚持从世界本身来说明世界,并

---

① 《马克思恩格斯文集》第9卷,人民出版社2009年版,第408页。
② 同上书,第409页。
③ 同上书,第412—413页。

第十七章 论恩格斯《自然辩证法》中的宗教观 211

把细节的证明留给未来的自然科学"①。而对于未知领域，宗教却仍有其话语权，从而形成与哲学、科学的三足鼎立。

恩格斯在这里还专门论及灵魂观念的起源，对古希腊思想进行了梳理。恩格斯指出："虽然古希腊人的整个宇宙观具有素朴唯物主义的性质，但是在他们那里已经包藏着后来分裂的种子：早在泰勒斯那里，灵魂就被看做某种特殊的东西，某种和肉体不同的东西（比如他认为磁石也有灵魂）；在阿那克西米尼那里，灵魂是空气（正像在《创世记》中一样），在毕达哥拉斯派那里，灵魂已经是不死的和可移动的，肉体对它来说是纯粹偶然的。在毕达哥拉斯派那里，灵魂又是'以太的碎片'。"②从古希腊人的朴素唯物主义却演变出唯心主义的发展，而其灵魂观所意蕴的自我主体意识和独立意识，则为宗教神明观的发展有了相应铺垫。

恩格斯还涉及"神灵世界中的自然研究"，描述了当时社会中流行的招魂术和降神术现象，并感叹这种唯灵论在一些科学家那儿也不能幸免，他批评了人们"寻找幻想、轻信和迷信的极端表现"，指出"一味吹捧经验、极端蔑视思维而实际上思想极度贫乏"实际上可能走向反面。恩格斯列举了一些颇有成就的科学家在推行其经验时因为极端化而走向了唯灵论，如"备受称颂的弗兰西斯·培根就已经渴望他的新的经验归纳法能够付诸应用，并首先做到：延年益寿，在某种程度上使人返老还童，改形换貌，易身变体，创造新种，腾云驾雾，呼风唤雨。他抱怨这种研究无人问津，他在他的自然史中开出了制取黄金和创造种种奇迹的正式丹方。同样，伊萨克·牛顿在晚年也热衷于注释《约翰启示录》。因此，难怪近年来以几个远非最差的人物为代表的英国经验主义，看来竟不可救药地迷恋于从美国输入的招魂术和降神术"③，此外还有提出物种通过自然选择发生变异这种理论的华莱士，以及发现化学

---

① 《马克思恩格斯文集》第9卷，人民出版社2009年版，第413页。
② 同上书，第431—432页。
③ 同上书，第442页。

元素铊和发明辐射计的克鲁克斯等人。恩格斯对之分析说，"究竟什么是从自然科学走向神秘主义的最可靠的道路，这并不是过度滋蔓的自然哲学理论，而是蔑视一切理论、怀疑一切思维的最肤浅的经验。证明神灵存在的并不是那种先验的必然性，而是华莱士先生、克鲁克斯先生之流的经验的观察"①。由此可见，宗教与科学的关系极为复杂，科学家对待宗教的态度也各不相同、个性鲜明。但凭经验并不能走出唯心主义，而机械地认知则也可能走向荒诞，为此，恩格斯指出了理论思维的重要性，并且倡导辩证思维的方法。否则，尽管经验丰富，仍会出现迷失。恩格斯说，"蔑视辩证法是不能不受惩罚的。对一切理论思维尽可以表示那么多的轻视，可是没有理论思维，的确无法使自然界中的两件事实联系起来，或者洞察二者之间的既有的联系。……所以，经验主义者蔑视辩证法便受到惩罚：连某些最清醒的经验主义者也陷入最荒唐的迷信中，陷入现代唯灵论中去了"②。恩格斯还特别强调，"单凭经验是对付不了唯灵论者的。……只要所谓的奇迹还没有被逐一揭穿，唯灵论者就仍然有足够的活动地盘"③，"这样，经验要摆脱降神者的纠缠，就不得不借助于理论的思考，而不再靠经验性的实验"④。根据当时的社会状况和认知氛围，恩格斯解释了为什么会有一些自然科学家会信仰宗教的现象，指出"许许多多的自然科学家已经给我们提供了证明，他们在他们自己的那门科学中都是坚定的唯物主义者，但是在本门科学以外不仅是唯心主义者，甚至是虔诚的正教教徒"⑤。术业有专攻，科学家在认识世界上也不是万能的，也有其认知的局限，故而并不能保证其研究了自然科学就不再会成为宗教徒。

但与其他领域相比较，宗教信仰的处境在科学家那儿会更差一些。

---

① 《马克思恩格斯文集》第9卷，人民出版社2009年版，第451页。
② 同上书，第452页。
③ 同上。
④ 同上书，第453页。
⑤ 同上书，第459页。

第十七章 论恩格斯《自然辩证法》中的宗教观 213

"上帝在信仰上帝的自然科学家那里的遭遇,比在任何地方都要糟糕。"① 具有宗教信仰的科学家往往会处于一种矛盾的境况之中,他们会面对自然科学发展的新成果而反省自我,重新反思自己的信仰和宗教立论,或做出相对调整,或放弃其传统信仰。为此,恩格斯充满信心地指出,"在现代自然科学的历史中,上帝在他的保卫者那里的遭遇,就像耶拿会战中弗里德里希—威廉三世在他的文官武将那里的遭遇一样。在科学的推进下,一支又一支部队放下武器,一座又一座堡垒投降,直到最后,自然界无穷无尽的领域全部被科学征服,不再给造物主留下一点立足之地。牛顿还把'第一推动'留给上帝,但是不允许他对自己的太阳系进行别的任何干预。神父赛奇虽然履行教规中的全部礼仪来恭维上帝,但是并不因此就变得手软些,他把上帝完全逐出了太阳系,而只允许后者在原始星云上还能作出某种'创造行动'。在一切领域中,情况都是如此。在生物学中,上帝的最后的伟大的堂·吉诃德,即阿加西斯,甚至要求他去做十足荒唐的事情:他不仅应当创造实在的动物,而且还应当创造抽象的动物……最后,丁铎尔完全禁止上帝进入自然界,把他放逐到情感世界中去,而他之所以还允许上帝存在,只是因为对这一切事物(自然界)总得有个什么人能比约翰·丁铎尔知道得更多些!这和旧的上帝——天和地的创造者、万物的主宰,没有他连一根头发也不能从头上掉下来——相距不知有多远。"② 随着现代自然科学的发展,宗教领域包括其上帝信仰的认知也出现了巨大变化。宗教为了继续存在下去,则必须积极回应自然科学的发展及其取得的成就,所以西方基督教在20世纪中叶出现了"跟上时代"的口号,有着对科学成果的肯定,对其历史上曾迫害过的科学家表示道歉,并组建了相关的科研机构来探讨宗教与科学的关系,如罗马天主教的教廷科学院等,以争取形成与科学的良性互动。对这种科学与宗教关系的新进展,我们也应加以实事求是的观察和研究。

---

① 《马克思恩格斯文集》第9卷,人民出版社2009年版,第461页。
② 同上书,第462页。

恩格斯在论及辩证思维时还特别与宗教相关联，对欧洲古典哲学和东方古老宗教都有较高的评价，如他专门提到了佛教思维的辩证特色，指出"辩证的思维——正因为它是以概念本身的本性的研究为前提——只对于人才是可能的，并且只对于已处于较高发展阶段上的人（佛教徒和希腊人）才是可能的，而其充分的发展还要晚得多，通过现代哲学才达到"[①]。对于这种辩证思维，宗教思维体现得较为典型，尤其在宗教教义思想、宗教逻辑和宗教神学之中，因此人们也将宗教有神论及其思辨理论体系称为辩证唯心主义，与辩证唯物主义形成鲜明对照和比较。而在当代科学发展中，这种将科学理论与宗教思想特别如佛教教义的比较也非常典型，值得我们去进行去伪存真的识别和鉴定。

恩格斯还从人类的起源和进化谈到了宗教的产生与发展。宗教的出现，被恩格斯视为人类发展的一个重要阶段，而且宗教的产生是与人类的政治、法律等发展紧密相连的。恩格斯说，"伴随着商业和手工业，最后出现了艺术和科学；从部落发展成了民族和国家。法和政治发展起来了，而且和它们一起，人间事物在人的头脑中的虚幻的反映——宗教，也发展起来了。在所有这些起初表现为头脑的产物并且似乎支配着人类社会的创造物面前，劳动的手的较为简陋的产品退到了次要地位；……迅速前进的文明完全被归功于头脑，归功于脑的发展和活动；人们已经习惯于用他们的思维而不是用他们的需要来解释他们的行为（当然，这些需要是反映在头脑中，是进入意识的）。这样，随着时间的推移，便产生了唯心主义世界观，这种世界观，特别是从古典古代世界没落时起，就支配着人的头脑。它现在还非常有力地支配着人的头脑，甚至达尔文学派的唯物主义自然科学家们对于人类的产生也不能提出明确的看法，因为他们在那种意识形态的影响下，认识不到劳动在这中间所起的作用"[②]。这里，恩格斯从人类认识史的发展看到了唯心主义出现的必然性，但也分析了这种唯心主义思想给人类健康发展带来的

[①] 《马克思恩格斯文集》第9卷，人民出版社2009年版，第485页。
[②] 同上书，第557—558页。

阻碍和危害。按照辩证唯物主义和历史唯物主义的世界观，世界是整体的，而不可加以二元分割。但宗教则有着心身二元、灵肉分离之区别，从而否认了世界与人的一体性。所以，恩格斯指出明确这种整体性、一体性的重要，因为如果人们越是认识到"自身和自然界的一体性，那种关于精神和物质、人类和自然、灵魂和肉体之间的对立的荒谬的、反自然的观点，也就越不可能成立了，这种观点自古典古代衰落以后出现在欧洲并在基督教中得到最高度的发展"[①]。西方宗教唯心主义以基督教为典型，这也是恩格斯加强对基督教展开研究的重要原因之一。恩格斯从社会观和认识论两大方面对基督教从其早期在古罗马帝国时期的原初形态到近代资本主义社会发展的演变之轨进行了详细的梳理、探究，对之既有肯定、亦有批评，为我们展示了其研究宗教的辩证分析和科学方法。从研究自然科学史、自然辩证法到研究科学与社会、与历史，尤其是与宗教的关联，反映出恩格斯渊博的知识、宽阔的胸襟和广远的视野。宗教与科学的关系问题是当代宗教学发展所关注的焦点之一，我们应该学习恩格斯这种严肃的态度、严谨的学风，将这一研究继续扩展、不断深化。

（参见笔者《经典作家关于宗教的基本观点研究》书稿）

[①] 《马克思恩格斯文集》第9卷，人民出版社2009年版，第560—561页。

第十八章

论恩格斯《社会主义从空想到科学的发展》中的宗教观

恩格斯的这部著作主要是用来尝试构设科学社会主义的思想体系，曾被马克思称为"科学社会主义的入门"。其社会主义理论以唯物主义为根基，所以恩格斯在这部著作中专门探讨了近代欧洲唯物主义的产生。

由于思想史上唯物主义与唯心主义的复杂关联，故而并无二者泾渭分明的区别，这是马克思主义经典作家在研究思想史时所明确承认的。因此，恩格斯在这部著作中也明确指出，近代欧洲的唯物主义最早就是从中世纪基督教的经院哲学中产生的。很明显，恩格斯在其科学思维中早已超越了对唯物、唯心思维的简单区分，对欧洲思想史上的个案所涉及的具体问题也都有着非常具体的分析。恩格斯说，"从17世纪以来，全部现代唯物主义的发祥地正是英国"。"唯物主义是大不列颠本土的产儿，大不列颠的经院哲学家邓斯·司各脱就曾经问过自己：'物质是否不能思维？'""为了使这种奇迹能够实现，他求助于上帝的万能，即迫使神学来宣讲唯物主义。此外，他还是一个唯名论者。唯名论是唯物主义的最初形式，主要存在于英国经院哲学家中间。"[①] 在西方逻辑思维及辩证认知的传统影响下，欧洲中世纪经院哲学形成了唯名论和唯实

---

① 《马克思恩格斯文集》第3卷，人民出版社2009年版，第502页。

论两大派别，本为基督教内部的两大神学流派，属于唯心主义形而上学体系内部的建构。但恩格斯却从其唯名论中看到了近代唯物主义的萌芽，体现出一种创造性的思辨精神。当人们仍纠缠于唯物或唯心泾渭分明、互不相干的争论时，恩格斯却早已悟到了其交融互渗、彼此关联的辩证关系。

从整个欧洲思想发展的历史来看，有神、无神，唯心、唯物等观念并非清晰可辨的，其形式与内容交织复杂、关联隐在。一些看似唯心论、有神论的表达却为唯物论、无神论思想的掩饰形式。而一些貌似唯物主义的说法却有着唯心主义的本质。此外，在其唯物主义中会出现有神论，而在一些唯心主义的表述中却体现出无神论的精神。恩格斯专门梳理了这种复杂的思想交织，曾指出，"霍布斯消除了培根唯物主义中的有神论的偏见；柯林斯、多德威尔、考尔德、哈特莱、普利斯特列也同样消除了洛克感觉论的最后的神学樊篱。无论如何，自然神论对实际的唯物主义者来说不过是一种摆脱宗教的简便易行的方法罢了"①。在欧洲近代思想史上，属于有神论范畴的自然神论、泛神论等都曾起过代表无神论、走向无神论的独特作用。

恩格斯在这种研究中，把重点放在了近代英国社会。他在此梳理了英国社会当时出现的从有神论到怀疑论、不可知论及唯物主义无神论的思想转变。在19世纪中叶纷乱、复杂的思想图景中，恩格斯观察到，"移居英国的有教养的外国人最惊奇的，是他必然会视为英国体面的中等阶级的宗教执迷和头脑愚蠢的那种现象。那时，我们都是唯物主义者，或者至少是很激进的自由思想者，我们不能理解，为什么英国几乎所有有教养的人都相信各种各样不可思议的奇迹，甚至一些地质学家……也歪曲他们的科学上的事实，唯恐过分有悖于创世记的神话；要想找到敢于凭自己的智力思考宗教问题的人，就必须去寻找那些没有受过教育的人，当时所谓的'无知群氓'即工人，特别是去寻访那些欧文派的社会主义者。""但是从那时以来，英国已经'开化'了。……

---

① 《马克思恩格斯文集》第3卷，人民出版社2009年版，第504页。

随着色拉油（1851年以前只有贵族才知道）的传入，大陆上对宗教问题的怀疑论也必然传了进来，以致发展到这种地步：不可知论虽然还尚未像英国国教会那样被当做'头等货色'，但是就受人尊敬的程度而言，几乎和浸礼会是同等的，而且肯定超过了'救世军'。我时常这样想：许多人对这种越来越不信仰宗教的现象痛心疾首，咒骂谴责，可是他们如果知道这些'新奇的思想'并不是舶来品……而无疑是老牌的英国货，而且他们的不列颠祖先在200年前已经走得比今天的后代子孙所敢于走的要远得多，那他们将会感到安慰吧。"① 这里，恩格斯重点分析了在英国这种不可知论的发展及其矛盾处境：从自然观来看，"不可知论者的自然观完全是唯物主义的。整个自然界是受规律支配的，绝对排除任何外来的干涉。"而从存在论来说，"不可知论者又说，我们无法肯定或否定已知世界之外的某个最高存在物的存在"。这说明不可知论者在此既可通向唯物主义，也会滑入唯心主义。实际上，传统宗教中创世论之造物主的说法在当时已经非常陈旧，所以，恩格斯说，"可是如今，在我们不断发展的关于宇宙的感念中绝对没有造物主或主宰者的位置；如果说，在整个现存世界之外还有一个最高存在物，这本身就是一种矛盾，而且我以为，这对信教者的情感也是一种不应有的侮辱"②。启蒙思想家如莱辛等人已经告诉人们，最高存在物或"天父"形象的上帝存在是人类幼年时代所受的教育，是一种文学形象似的表达。但如今人类已经成熟，故不再需要这类幼儿教材。

不过，时代的发展也会使有神论走向精致，推出不再形象却更为抽象的神论。从哲学意义上讲，新康德主义的不可知论者就改换了方式，从认识论意义上论及处于人的认识彼岸之"自在之物"的存在。康德在论及"物自体"或"自在之物"时，其意向已在走近宗教。针对这一动向，恩格斯指出，"在康德的那个时代，我们对自然界事物的知识确实残缺不全，所以他可以去猜想在我们对于各个事物的少许知识背后

---

① 《马克思恩格斯文集》第3卷，人民出版社2009年版，第505页。
② 同上书，第506页。

第十八章　论恩格斯《社会主义从空想到科学的发展》中的宗教观　219

还有一个神秘的'自在之物'。但是这些不可理解的事物，由于科学的长足进步，已经接二连三地被理解、分析，甚至重新制造出来了；我们当然不能把我们能够制造的东西当做是不可认识的"①。一旦了解到事物发展的本质属性、把握其内在规律，所谓不可知则变为可知，并能够对之加以创造性的"重构"或"制造"。那种神秘的"自在之物"则会祛魅，被人有效感觉和把握。这样，不可知论者则成为可知论者，出现唯物主义的转向。恩格斯说，"我们的不可知论者只要作出这些形式上的思想上的保留，他的言行就像十足的唯物主义者了，实际上他也是唯物主义者。……他抽象地承认可能有唯灵论，但是他不想具体地知道是否有唯灵论。他会对你说：就我们所知道或所能知道的，并没有什么宇宙的造物主和主宰者；……我们只知道：支配物质世界的是一些不变的规律，等等。所以，当他是一个科学家的时候，当他还知道一些事情的时候，他是一个唯物主义者；可是，在他的科学以外，在他一无所知的领域中，他就把他的无知翻译成为希腊文，称之为不可知论"②。现实世界是非常复杂的，对宇宙的探寻永无止境，因此，绝对的可知及纯而又纯的唯物主义在现实处境中不可能存在，可知在此只是表达了人们认识世界的积极态度和永不停息的努力。人也只是在已经把握的领域、对已经获得的确切知识范围内表现为一个真正的唯物主义者。如果在"未知"领域，在并未真正把握的范畴强称自己"可知"或"已知"，则实际上会掉入唯心主义的陷阱之中。恩格斯在此所强调的"历史唯物主义"，则正是对已经把握和洞观的历史过程而言，基于对社会现实和历史真实的可靠分析和研究。而对于"未来"或"未知"的唯物主义，则必须慎之又慎。以"无物"或"未知物"来论唯物，并不是真正的唯物主义者。既然是"唯物"，那么就必须密切观察科学研究对"物质"的不断深化理解及其全新发现。

英国中等阶级作为新兴的资产阶级对于宗教是什么态度，他们承继

---

① 《马克思恩格斯文集》第3卷，人民出版社2009年版，第507页。
② 同上书，第508页。

了什么样的精神遗产，其在社会转型过程中起到了什么意义及作用，这都是恩格斯所感兴趣、想具体了解的。对于为什么会有"英国体面的中等阶级的宗教执迷和头脑愚蠢的那种现象"这一问题，恩格斯指出，"这个阶级的宗教倾向是有其缘由的"①。为此，恩格斯展开了言之有据的历史回溯和科学分析，认为中等阶级在欧洲从中古走向近代的转型时期之历史背景极为复杂，而其社会地位也非常微妙，他们既为旧制度所限，又渴望走向新的时代。恩格斯说，"当欧洲脱离中世纪的时候，新兴的城市中等阶级是欧洲的革命因素。这个阶级在中世纪的封建体制内已经赢得公认的地位，但是这个地位对它的扩张能力来说，也已经变得太狭小了。中等阶级即资产阶级的发展，已经不能同封建制度并存，因此，封建制度必定要覆灭"②。既然中等阶级承担了反对封建制度的历史使命，那么他们就必须面对保护这种制度的宗教体制，与之发生正面对峙和冲突。当时欧洲有着统摄人们精神生活、维系封建社会大一统的天主教会。所以，中等阶级必须打破这一宗教权威，才可能树立其阶级所想获得的新权威。恩格斯指出，当时"封建制度的巨大的国际中心是罗马天主教会。它尽管发生了各种内战，还是把整个封建的西欧联合为一个大的政治体系，同闹分裂的希腊正教徒和伊斯兰教的国家相对抗。它给封建制度绕上一圈神圣的灵光。它按照封建的方式建立了自己的教阶制，最后，它本身就是最有势力的封建领主，拥有天主教世界的地产的整整1/3。要想把每个国家的世俗的封建制度成功地各个击破，就必须先摧毁它的这个神圣的中心组织"③。这样，反对天主教会就成为中等阶级的首要任务，不祛除封建制度的这一宗教保护伞，不经过对这一制度的"非神圣化"过程，反封建的任务则不可能完成。

但对封建神权的反抗和革命仅靠社会意识还远远不够，其关键在于其社会结构、社会关系的改变。这也就需要相应的物质积累和知识准

---

① 《马克思恩格斯文集》第3卷，人民出版社2009年版，第509页。
② 同上。
③ 同上书，第509—510页。

备。当然，从当时的情况来看，其历史条件已基本成熟。"随着中等阶级的兴起，科学也大大振兴了；天文学、力学、物理学、解剖学和生理学的研究又活跃起来。资产阶级为了发展工业生产，需要科学来查明自然物体的物理特性，弄清自然力的作用方式。在此之前，科学只是教会的恭顺的婢女，不得超越宗教信仰所规定的界限，因此根本就不是科学。现在，科学反叛教会了；资产阶级没有科学是不行的，所以也不得不参加反叛。"[1] 社会革命需要科学革命的支持，新兴资产阶级故而对科学极力提倡和积极推动，发挥出科学作为生产力的重要作用。其最为典型的科学革命即英国蒸汽机的发明和随之推动的工业革命，这是资本主义得以成功的关键科技条件。所以，中等阶级反对中世纪罗马天主教会，需要科学革命的支持，需要将科学从对教会的隶属中解放出来，这是有其内在的历史逻辑关联的。

从中等阶级当时的社会处境来看，其诞生于封建主义的土壤中，其成长、成熟亦与这一氛围相关联，因而留有封建主义的种种痕迹和遗传。但其作为后来居上的新兴阶级，则与封建阶级有着根本矛盾，其冲突又不可避免。这种寓于之又要反对之的历史命运，使中等阶级首当其冲，而其反抗则需借用已为民众所习惯的宗教外形。此即恩格斯所分析的根本两条："第一，在反对罗马教会权利的斗争中，最有直接利害关系的阶级是资产阶级；第二，当时反对封建制度的历次斗争，都要披上宗教的外衣，把矛头首先指向教会。"[2]

然而，欧洲漫长而体态完备的封建社会有其顽强的生命力。作为新兴资产阶级而萌生的中等阶级与封建阶级有着漫长的较量、艰苦的斗争。恩格斯对之总结说，"资产阶级反对封建制度的长期斗争，在三次大决战中达到了顶点"：第一次大决战以宗教改革的形式表现出来，第二次大决战是借用宗教旗帜而展开的社会革命，而第三次则是直接的社会革命、政治斗争。恩格斯对这三次大决战都有非常具体的分析和非常

---

[1] 《马克思恩格斯文集》第 3 卷，人民出版社 2009 年版，第 510 页。

[2] 同上。

精彩的点评。

"第一次是德国的所谓宗教改革。路德提出的反对教会的战斗号召,唤起了两次政治性的起义:首先是弗兰茨·冯·济金根领导的下层贵族的起义(1523年),然后是1525年伟大的农民战争。这两次起义都失败了,主要是由于最有利害关系的集团即城市市民不坚决"①,在这场大决战中,新兴资产阶级优柔寡断、瞻前顾后,有着种种软弱和妥协,而封建势力并没有意识到其末日将临,仍以其相对强大的力量来打压刚刚问世、尚未站稳的资产阶级。而欧洲社会强大的宗教传承及习俗,则使资产阶级的反抗起初只能采取宗教的方式,故为宗教改革的应运而生。当时随宗教改革而爆发的革命还有下层平民的反抗,尤其是德国农民战争,从中却折射出未来无产阶级之先行者的革命坚决和超前意识。其结果是德国的宗教改革通过妥协而取得相对成功,但德国农民战争却彻底失败。这一结果故而带来了德国近代发展中的"民族不幸",恩格斯说,"从那时起,斗争就蜕化为各地诸侯和中央政权之间的战斗,结果,德国在200年中被排除于欧洲在政治上起积极作用的民族之列。路德的宗教改革确实创立了一种新的信条,一种适合专制君主制需要的宗教。德国东北部的农民刚刚改信路德教派,就从自由人降为农奴了"②。不过,虽然宗教改革在德国不太成功,但欧洲的宗教改革在整体意义上还是相当成功的,它及时而有效地促成了欧洲社会的近代转型。"在路德失败的地方,加尔文却获得了胜利。加尔文的信条正适合当时资产阶级中最果断大胆的分子的要求。他的宿命论的学说,从宗教的角度反映了这样一件事实:在竞争的商业世界,成功或失败并不取决于一个人的活动或才智,而取决于他不能控制的各种情况。决定成败的并不是一个人的意志或行动,而是全凭未知的至高的经济力量的恩赐;……加尔文的教会体制是完全民主的、共和的;既然上帝的王国已经共和化了,人间的王国难道还能仍然听命于君王、主教和领主吗?当

---

① 《马克思恩格斯文集》第3卷,人民出版社2009年版,第510页。
② 同上书,第510—511页。

德国的路德教派已变成诸侯手中的驯服工具时，加尔文教派却在荷兰创立了一个共和国，并且在英国，特别是在苏格兰，创立了一些活跃的共和主义政党。"① 第一次大决战是以纯宗教的面目来出现，其改革在宗教层面的相对成功，为新兴的资产阶级想要的政治改革提供了经验，鼓舞了士气。可以说，这种宗教改革吹响了欧洲资产阶级革命的序曲，拉开了其更大革命的序幕。

"资产阶级的第二次大起义，在加尔文教派中给自己找到了现成的战斗理论。这次起义是在英国发生的。发动者是城市中等阶级，完成者是农村地区的自耕农。"② 此即以新教加尔文教派为旗帜而进行的"清教革命"，其成功也是基于英国新兴中等阶级与封建主的妥协，而其先天性不足也是因为英王亨利八世所发动的宗教改革本身就不具备其革命的彻底性。"亨利八世贱卖教会的土地，造成一大批新的资产阶级地主"；新的封建集团在其出现时已部分具有资产阶级的性质，故而使其资产阶级从一开始就是奇怪的变胎。当时英国"经常有这样一部分大地主，他们由于经济的或政治的原因，愿意同金融资产阶级和工业资产阶级的首脑人物合作。这样，1689年的妥协很容易就达成了"③。这种妥协、改良性质的革命使英国统治阶级既对宗教加以直接掌控，又采取了维系宗教传统的做法。由国王所改革的宗教成为国教，而宗教本身则被用为对"下层等级"进行精神统治和思想奴役。恩格斯对英国资产阶级描述说："他本身是信仰宗教的，他曾打着宗教的旗帜战胜了国王和贵族；不久他又发现可以用这同样的宗教来操纵他的天然下属的灵魂，使他们服从由上帝安置在他们头上的那些主人的命令。简言之，英国资产阶级这时也参与镇压'下层等级'，镇压全国广大的生产者大众了，为此所用的手段之一就是宗教的影响。"④ 和欧洲中世纪封建统治

---

① 《马克思恩格斯文集》第3卷，人民出版社2009年版，第511页。
② 同上。
③ 同上书，第512页。
④ 同上书，第513页。

者相同，资产阶级在革命成功后就直接利用宗教来维系其统治。由此可见，新兴资产阶级既把宗教作为其革命的旗帜而发动了革命，又在其革命成功后再次将宗教作为其统治的工具，实施对其臣民的精神控制。

当时英国资产阶级维护宗教的另一原因，则是因为英国贵族中兴起了唯物主义无神论的思潮，结果使唯物主义"完全是贵族的学说"，他们以唯物主义来维护王权，作为对新生资产阶级的制约和反抗。恩格斯说，"还有另一种情况也助长了资产阶级的宗教倾向。这就是唯物主义在英国的兴起。这个新的（无神论的）学说，不仅震撼了中等阶级的宗教情感，还自称是一种只适合于世上有学问的和有教养的人们的哲学，完全不同于适合于缺乏教养的群众以及资产阶级的宗教。它随同霍布斯起而维护至高无上的王权，呼吁专制君主制镇压那个强壮而心怀恶意的小伙子，即人民。同样地，在霍布斯的后继者博林布罗克、舍夫茨别利等人那里，唯物主义的新的自然神论形式，仍然是一种贵族的秘传的学说，因此，唯物主义遭受中等阶级仇视，既是由于它是宗教的异端，也是由于它具有反资产阶级的政治联系。所以，同贵族的唯物主义和自然神论相反，过去曾经为反对斯图亚特王朝的斗争提供旗帜和战士的新教教派，继续提供了进步的中等阶级的主要战斗力量，并且至今还是'伟大的自由党'的骨干"[①]。这似乎给人某种吊诡之感，却乃历史之事实。恩格斯这里并不认为唯物主义无神论就势必会被当时先进的社会阶级所拥有，恰恰相反，它在此乃被贵族阶级用于维护封建王权。而代表宗教改革之力量的新教反而被恩格斯称为"进步的中等阶级的主要战斗力量"。由此可见，对唯物主义、无神论的运用，也会出现极为复杂的历史现象。

但唯物主义在法国却是完全另外一番景观。恩格斯论述了唯物主义在近代法国的发展，并指出其革命性在此才真正展示出来。恩格斯说，"这时，唯物主义从英国传到法国，它在那里与另一个唯物主义哲学学派，即笛卡儿派的一个支派相遇，并与之汇合。在法国，唯物主义最初

[①] 《马克思恩格斯文集》第3卷，人民出版社2009年版，第513—514页。

也完全是贵族的学说。但是不久，它的革命性就显露出来。法国的唯物主义者并不是只批判宗教信仰问题，他们批判了当时的每一个科学传统或政治体制；为了证明他们的学说可以普遍应用，他们选择了最简便的方法：在他们由以得名的巨著《百科全书》中，他们大胆地把这一学说应用于所有的知识对象。这样，唯物主义就以其两种形式中的这种或那种形式——公开的唯物主义或自然神论，成为法国一切有教养的青年信奉的教义。它的影响很大，在大革命爆发时，这个由英国保皇党孕育的学说，竟给予法国共和党人和恐怖主义者一面理论旗帜，并且为《人权宣言》提供了底本"①。同样是近代欧洲的唯物主义，但其在英国和法国却有着完全不同的历史命运及社会作用。这里，恩格斯也谈到了自己对法国战斗无神论的看法。

"法国大革命是资产阶级的第三次起义，然而这是完全抛开宗教外衣、在毫不掩饰的政治战线上作战的首次起义；这也是真正把斗争进行到底、直到交战的一方即贵族被彻底消灭而另一方即资产阶级完全胜利的首次起义。"② 资产阶级的第三次大决战以法国大革命为代表，是完全没有宗教形式的资产阶级革命。而且，法国大革命还废除了天主教会的特权，甚至连基督教传统的格里历法（即公历）也一并废除，而以其创立的"革命宗教"和"革命节日"来取代，使之不再具有基督教的色彩。但这种反传统的"彻底革命"因为失去民众的支持也不可能彻底成功，随着法国大革命中激进派的失败，资产阶级在掌权后权衡利弊、决定重新利用宗教，在法国社会恢复天主教的合法存在。不过，资产阶级开始以政教协约的方式来制约宗教，使之不再可能恢复以往的一切特权。如拿破仑以政教协约来允许天主教继续存在，而且还恢复了基督教传统的公历。法国大革命之后，唯物主义在欧洲大陆和英国则有了不同的命运。恩格斯比较说："可见，唯物主义既然成为法国革命的信条，敬畏上帝的英国资产者就更要紧紧地抓住宗教了。难道巴黎的恐怖

---

① 《马克思恩格斯文集》第 3 卷，人民出版社 2009 年版，第 514 页。
② 同上。

时代没有证明，群众一旦失去宗教本能会有什么样的结局？唯物主义越是从法国传播到邻近国家，越是得到各种类似的理论思潮，特别是德国哲学的支持，唯物主义和自由思想越是在大陆上普遍地真正成为一个有教养的人所必须具备的条件，英国的中等阶级就越是要顽固地坚持各种各样的宗教信条。这些信条可以各不相同，但全都是地道的宗教信条，基督教信条。"① 与欧陆相比，英国资产阶级显得更为保守，而对宗教的依靠也更为明显。

随着欧洲工人阶级开始其革命运动，资产阶级开始趋于保守，而其对宗教的态度也出现改变，他们感到了宗教对其维系社会统治、安抚民心的重要，因而在镇压工人运动的同时，也在社会中推广宗教。恩格斯指出，资产阶级高压制止工人起义之举虽然有效却代价太大，而且只有短期效应，因此他们感到了利用宗教的必要。"这样，工人阶级的声势逼人的要求，至少在短时期内被压下去了，可是付出了多少代价啊！英国资产者以前就认为必须使普通人民保持宗教情绪，在经历了这一切之后，他们对这种必要性的感觉会变得多么强烈啊！他们毫不理会大陆上的伙伴们的讥笑，年复一年地继续花费成千上万的金钱去向下层等级宣传福音；他们不满足于本国的宗教机关，还求助于当时宗教买卖的最大组织者乔纳森大哥，从美国输入了奋兴派，引来了穆迪和桑基之流；最后，他们接受了'救世军'的危险的帮助——'救世军'恢复了原始基督教的布道方式，把穷人看作上帝的选民，用宗教手段反对资本主义，从而助长了原始基督教的阶级对抗因素，这总有一天会给目前为此投掷金钱的富翁带来麻烦。"② 面对阶级矛盾的激化，社会不稳定因素的上升，资产阶级"现在比以往任何时候都更需要用精神手段去控制人民，影响群众的首要的精神手段依然是宗教。于是，在学校董事会中牧师就占优势；于是，资产阶级不断自我增税，以维持各种奋兴派，从崇礼派直到'救世军'"。"现在，英国的体面人物终于战胜了大陆资产

---

① 《马克思恩格斯文集》第3卷，人民出版社2009年版，第515—516页。

② 同上书，第517页。

者的自由思想和对宗教的冷淡态度。……嘲笑宗教的人，一个一个地在外表上变成了笃信宗教的人，他们毕恭毕敬地谈论教会、它的教义和仪式，甚至在必要时，自己也举行这种仪式了。……'必须为人民保存宗教'，这是使社会不致完全毁灭的唯一的和最后的拯救手段。对他们自己来说，遗憾的是：等到他们发现这一点时，他们已经用尽一切力量把宗教永远破坏了。"① 由于资产阶级对宗教态度的反复，以及这种否定之否定的变化，恩格斯认为资产阶级其实"已经用尽一切力量把宗教永远破坏了"，宗教已不再如以前那样好掌控，而无产阶级已经用更先进的思想武装了自己，也不再需要宗教的安慰。这样，资产阶级在现代多元社会中也已进入多事之秋。

在现代社会发展中，即使资产阶级利用宗教也不再有效，社会经济关系的变化改变了人们对宗教的认知，宗教在维系资本主义社会上已经捉襟见肘、力不从心。"无论英国资产者的宗教执迷，还是大陆资产者的事后皈依宗教，恐怕都阻挡不了日益高涨的无产阶级的潮流。传统是一种巨大的阻力，是历史的惯性力，但是它是消极的，所以一定要被摧毁；因此，宗教也不能永保资本主义社会的平安。如果说我们的法律的、哲学的和宗教的观念，都是一定社会内占统治地位的经济关系的近枝和远蔓，那么，这些观念终究不能抵抗因这种经济关系的完全改变所产生的影响。除非我们相信超自然的奇迹，否则，我们就必须承认，任何宗教教义都难以支撑一个摇摇欲坠的社会。"② 恩格斯在对科学社会主义的分析中预见无产阶级革命迟早要取代欧洲资本主义社会，而维护资本主义传统的宗教也会随同资本主义一道被摧毁。这里，恩格斯对宗教在社会中的定位亦有恰当的说明，指出宗教与哲学、法律等观念都是"一定社会内占统治地位的经济关系的近枝和远蔓"。

对于德国农民战争时期的宗教异端再洗礼派及其领袖闵采尔，恩格斯在这里有着生动的比喻和充分的肯定，将之评价为现代无产阶级的

---

① 《马克思恩格斯文集》第 3 卷，人民出版社 2009 年版，第 520—521 页。
② 同上书，第 521 页。

"先驱者"。恩格斯谈及社会主义从空想到科学的发展，那么闵采尔及德国农民战争的实践则与共产主义理论的产生、社会主义理论与实践的曲折发展就有着密切关联。闵采尔天才般地预见到社会主义社会的来临，但其思考仅具有空想性质。恩格斯说，"在每一个大的资产阶级运动中，都爆发过作为现代无产阶级的发展程度不同的先驱者的那个阶级的独立运动。例如，德国宗教改革和农民战争时期的再洗礼派和托马斯·闵采尔，英国大革命时期的平等派，法国大革命时期的巴贝夫。伴随着一个还没有成熟的阶级的这些革命暴动，产生了相应的理论表现；在16世纪和17世纪有理想社会制度的空想的描写，而在18世纪已经有了直接共产主义的理论（摩莱里和马布利）"①。在共产主义理论和实践的早期构设和探究中，包含着各种复杂因素，恩格斯在这里实际上指出，在对人类理想社会制度的想象及描绘之中，也有着宗教的内容和参与。这种宗教的影响有较长时期的延续，虽然在欧洲近代理性时代，不少人只相信理性，并以这种权威来批判宗教，却并没有根本消除宗教的存在。在理性时代，"宗教、自然观、社会、国家制度，一切都受到了最无情的批判；一切都必须在理性的法庭面前为自己的存在作辩护或者放弃存在的权利"②。但这种批判仍没能根除宗教，只是改变了宗教的存在方式。恩格斯在法国空想社会主义者圣西门的理论中就注意到这种宗教的变化及重构："按照圣西门的意见，应当是科学和工业，它们两者由一种新的宗教纽带结合起来，而这种纽带是一种必然神秘的和等级森严的'新基督教'，其使命就是恢复从宗教改革时起被破坏了的各种宗教观点的统一。"③圣西门对宗教的表达似乎是一种倒退，但他所强调的是宗教在社会中的联结作用、纽带功能。其他空想社会主义者也多少对宗教有所评价。如欧文转向共产主义之后对宗教持批评态度，"在他看来，阻碍社会变革的首先有三大障碍：私有制、宗教和现在的婚姻

---

① 《马克思恩格斯文集》第3卷，人民出版社2009年版，第525页。
② 同上书，第523页。
③ 同上书，第529—530页。

形式"①。由此可见,在社会主义从空想到科学这一思想发展的进程中,对宗教的理解亦多种多样,并无共识或定论。这也为我们在理论上了解社会主义时期的宗教提供了思索的空间,赋予了探索的意义。

(参见笔者《经典作家关于宗教的基本观点研究》书稿)

---

① 《马克思恩格斯文集》第3卷,人民出版社2009年版,第535—536页。

第十九章

论恩格斯《论原始基督教的历史》中的宗教观

在恩格斯对早期基督教的系统研究中，这一篇专论也十分重要，其中特别是对原始基督教的社会性质与现代工人运动的相关比较发人深思。所谓原始基督教即早期基督教最原初的形态，历史学界一般把早期基督教的历史划分为三个阶段：第一阶段是恩格斯在此所言之"原始基督教"，是最初的基督教，即"初期基督教徒社团"形成时期，此时的教会自我意识尚未成熟，而其性质也被理解为"被压迫群众的运动"。正如恩格斯在这篇专论中所指出的，原始基督教是"群众创造的"，其作为"被压迫者的运动"而具有"革命性"和"解放"的意义。第二阶段是"早期基督教会"形成时期，其特点是完全脱离了犹太社团而得以独立，出现了具有独立形态的基督教会，并呈现出基督教会的"自我意识"。这两个阶段的基督教基本上是由"被压迫者"所构成，在社会上"不合法"，在教义上为"异端"，故而受到罗马帝国和犹太教上层的双重打压。第三阶段是具有"教阶制"性质的古代"公教会"的形成，并被罗马帝国立为"国教"，从此其出现等级差异，教会成员形成分层，教会性质则与以往不同，被称为"统治者的宗教"。

恩格斯这里所论及的原始基督教尚存有许多未定因素，特别是其成员的构成上与现代工人运动的基层状况颇为相似。恩格斯虽然承认二者都是被压迫者的运动，在其成员的阶级成分上颇为相似，但认为其性质

第十九章 论恩格斯《论原始基督教的历史》中的宗教观　231

是非常不同的:"原始基督教的历史与现代工人运动有些值得注意的共同点。基督教和后者一样,在产生时也是被压迫者的运动:它最初是奴隶和被释奴隶、穷人和无权者、被罗马征服或驱散的人们的宗教。基督教和工人的社会主义都宣称将来会从奴役和贫困中得救",但这种得救的方式则很为不同,基督教寻求的是一种消极的、彼岸的得救,而现代工人运动却争取一种积极的、此岸的解放,这样就导致了二者的本质区别:"基督教是在死后的彼岸生活中,在天国里寻求这种得救,而社会主义则是在现世里,在社会改造中寻求。"在来世、彼岸、天国求得救,这就走入宗教之途;而在现世中争取未来的解放,则就成为政治参与。二者虽然都可看作被压迫者的运动,而且也都被统治者所打压,却本质有别、道路迥异。"两者都遭受过迫害和排挤,信从者遭到放逐,被待之以非常法:一种人被当做人类的敌人,另一种人被当做国家、宗教、家庭、社会秩序的敌人。虽然有这一切迫害,甚至还直接由于这些迫害,基督教和社会主义都胜利地、势不可当地为自己开辟前进的道路。基督教在产生300年以后成了罗马帝国的公认的国教,而社会主义则在60来年中争得了一个可以绝对保证它取得胜利的地位。"① 在阶级社会中,宗教作为社会团体的存在自然有其阶级属性,而且其阶级属性也是发展变化的。早期基督教的阶级属性显然是归属为被压迫阶级的、是劳苦大众的,故而受到当时阶级社会的残酷打压。但值得注意的是,这种打压没能制止其发展,无论是宗教的、还是政治的被压迫者运动,都在群众中引起共鸣、获得积极响应。基督教从犹太教的一个弱小异端教派,经过罗马帝国长达300年的十次大迫害,不仅没有消亡,反而获得了更大发展,造成从者如云的繁荣局面,并最终得到罗马帝国法律上的承认,成为其帝国国教。

但宗教运动毕竟与政治运动本质有别,政治运动有着明确的目的,有着可行的方案,而且一般都会与现实处境有着直接而密切的联系;宗教运动的目标则比较虚幻,与实际亦相距甚远,其现实处境也使之很难

---

① 《马克思恩格斯文集》第4卷,人民出版社2009年版,第475页。

真正实现其目标，因此宗教运动出现的嬗变也比较多。在这部著作中，恩格斯针对"为什么在罗马皇帝时代土地占有大集中的情况下，在几乎纯粹由奴隶构成的当时的工人阶级受着无限痛苦的情况下，'社会主义并没有随着西罗马帝国的灭亡而出现'"之问回答说，"那是他恰恰没有注意到：这个'社会主义'在当时可能的程度上，确实是存在过的，甚至还取得了统治地位——那就是基督教。只是这种基督教——由于历史的先决条件，也不可能是别个样子，只能希望在彼岸世界，在天国，在死后的永生中，在即将来临的'千年王国'中实现社会改造，而不是在现世里"。① 现实社会中社会主义的实现需要一定的历史条件，有其必要的发展过程，而一种宗教性的、虚幻的对未来理想世界的期盼，则可在不同的时代中出现，但它也只能是一种梦境般的虚幻的实现，不可能在现实社会真正实现。但这种虚幻的期盼对其参与者的现实存在及行动的影响，则是我们必须清醒认识的。

  在基督教成为主流意识形态和流行宗教的欧洲，这种以基督教形式而出现的革命运动在中古与近代都曾频频发生。其中既有基督教内部的分化，也有对社会现实诉求的回应，但都会凸显这种基督教的形式。恩格斯说，"这两个历史现象的类似，早在中世纪，在被压迫农民，特别是城市平民的最初的起义中就有突出的表现了。这些起义同中世纪的所有群众运动一样，总是穿着宗教的外衣，采取为复兴日益蜕化的原始基督教而斗争的形式；但是在宗教狂热的背后，每次都隐藏有实实在在的现实利益。这在光荣不朽的杨·杰士卡所领导的波西米亚塔博尔派的组织中表现得最清楚；但是这种特征贯穿于整个中世纪，在德国农民战争之后逐渐消失，到1830年以后又再现于工人共产主义者身上。厄内斯特·勒南说过：'如果你想要知道最早的基督教会是什么样子，那就请你看看"国际工人协会"的一个地方支部。'在他说这句话之前很久，法国的革命共产主义者，还有特别是魏特林及其追随者早就提到原始基

---

① 《马克思恩格斯文集》第 4 卷，人民出版社 2009 年版，第 475—476 页。

督教了"①。原始基督教的基本诉求在现实层面上是与早期工人运动相似的,其追求的虽然是天国的理想,却在现实政治中有着实实在在的参与,但因其宗教性也使之不可能在现实中真正实现,基督教在古罗马帝国的变化就已充分说明了这一点。恩格斯在此注意到了早期基督教理论与实践对共产主义运动的起源之复杂影响和相关启发,因而在政治意义对早期基督教有相对肯定,但也指出其在价值判断和意识形态上的缺陷及不合时宜。所以说,宗教虽然与政治有着复杂关联,二者在本质上却根本不同。宗教的希望指向天国,但其诉求却来自现实,由此我们也不可忽略其神圣与世俗之间的微妙连接。

在比较基督教时,恩格斯还提到其他宗教运动,并专门谈了他对伊斯兰教的看法:"伊斯兰教世界的宗教起义,特别在非洲,是一种奇特的与此相反的情况。伊斯兰这种宗教适合于东方人,特别适合于阿拉伯人,也就是说,一方面适合于从事贸易和手工业的市民,另一方面也适合于贝都因游牧民族。"这就提醒我们要注意到宗教的地域性或民族性特点,这些特点在其后的发展或扩展中则会成为其信仰习惯和文化传统。在恩格斯看来,不同地域或不同宗教的起义,其结局和后果也各不相同。东方伊斯兰教的起义所带来的是该地区的历史循环,而西方基督教的起义却促进了欧洲历史的递进。恩格斯为此比较说,在东方伊斯兰教的影响范围内,"所有这些在宗教的外衣下进行的运动都是由经济原因引起的,可是这些运动即使在获得胜利的情况下,也让原有的经济条件原封不动地保留下来。这样,一切又都照旧,冲突就成为周期性的了。与此相反,在信奉基督教的西方的人民起义中,宗教外衣只是用来作为进攻陈旧经济制度的旗帜和掩盖物,陈旧的经济制度最终被摧毁,为新的经济制度所取代,世界向前迈进"②。虽然同为以宗教为旗帜的民众起义,其作用及效果却是不同的。东方伊斯兰教运动的流动性对其原有经济结构冲击不大,而西方基督教运动中的宗教则只是作为"外

---

① 《马克思恩格斯文集》第 4 卷,人民出版社 2009 年版,第 476—477 页。
② 同上书,第 476 页注 1。

衣""旗帜"等掩盖物,其重点乃是对传统经济制度的冲击,故有不同结果。这里,恩格斯为我们观察、比较东方伊斯兰世界与西方基督教世界的发展、变化,提供了很好的视域和思考。

恩格斯对早期基督教的研究有着较为宽阔的视野,而且注重比较、借鉴他人的研究成果。对于为什么在旧的社会解体时期会涌现出众多宗教,为什么社会转型会刺激多种宗教或多个教派的发展,以及为什么这些新宗教或新宗派会有其政治幼稚、思想空洞的缺陷,恩格斯以琉善的记载为例而展开了阐述:"关于最初的基督徒,我们最好的资料来源之一是萨莫萨塔的琉善;这位古希腊罗马时代的伏尔泰,对任何一种宗教迷信都一律持怀疑态度,因而对基督教,比起对其他任何宗教社团来,都不会由于异教的或政治的原因而另眼相待。相反,对他们的迷信,他一律大加嘲笑——对丘比特的崇拜者并不比对基督的崇拜者嘲笑得少一些;从他那肤浅的理性主义的观点看来,这两种迷信是同样荒谬的。"[1]在各种宗教涌现的时代,思想的多元及混乱状况乃其常态。只是通过其激烈竞争,才逐渐大浪淘沙,分出主次,而其主流思潮则常会以海纳百川之势吸收各种思潮中有价值的元素来充实自己、形成较为完备的思想体系。"最初的基督徒的情况也是如此。旧世界解体过程所解放出来的,也就是所扔出来的各种分子,都一个接一个地掉进基督教的引力圈子里——基督教是唯一抵抗了这一解体过程(因为基督教本身就是它的必然产物)从而得以保存下来并且不断成长起来的成分,而其他成分则只不过是短命蜉蝣而已。每一种狂想、胡说或骗术都会钻进年轻的基督教会,找到热心的听众和热诚的信徒,至少在一些地方和一段时期不会找不到。最初的基督徒也像我们最初的共产主义工人支部那样,对于一切投合他们口味的东西都无比轻信。"[2] 首先是要吸引群众,壮大自己的力量,这是早期宗教运动和工人运动都希望的,因而难免会出现鱼龙混杂的现象。此后从包容多元到整体一统,则会出现甄别与选择,

---

[1] 《马克思恩格斯文集》第 4 卷,人民出版社 2009 年版,第 477 页。
[2] 同上书,第 480—481 页。

但在这一过程中相关运动也会抱有风险,因为其前景不只是可能会走向成熟,同样也可能会出现异化,离开其原初所追求的本真。所以,恩格斯认为,对于宗教和工人运动,都仍处于未完之途,因此值得进一步观察和研究。

恩格斯自其早期就偏爱圣经研究,故他在这里也谈到了其对德国圣经批判的分析和评估。他敏锐地指出,"德国的圣经批判——迄今我们在原始基督教史领域中的认识的唯一科学基础——曾经按两个方向发展"①。而对这两个方向发展的详情,恩格斯都曾做过系统、深入的探讨。

"一个方向是蒂宾根学派,广义来说,应该把大卫·弗·施特劳斯也算在内。在批判研究方面,这个学派做到了一个神学派别所能做到的一切。……蒂宾根学派从新约中作为非历史的或伪造的东西而摒弃的那一切,可以认为在科学上已经被最后清除了。"② 恩格斯认为蒂宾根学派在其可能达到的范围内已经做得很好,引领着当时学术的新潮。蒂宾根学派因以德国南部的蒂宾根大学为中心而得名,其实包括两大方面,一是其天主教学派,二是其新教学派。恩格斯在此所指则为新教学派,包括其新教神学教授包尔、希勒根费尔特、施维格雷尔等人,他们的专长就是研究新约圣经和早期基督教文献,而其研究则已达到"一个神学派别所能做到的一切"。蒂宾根学派旨在弄清基督教的起源和早期发展问题,当时对之普存误解和臆测,流行各种假说或假象。而蒂宾根学派则采取黑格尔的哲学观点和研究方法来对这些众说纷纭的流行观点和芜杂混乱的史料进行爬梳、清理,以拨开历史的迷雾见其本真面目。恩格斯谈到了这一学派对《新约》四福音的研究,"它承认,四福音书并不是目击者的传述,而是已佚典籍的后来的加工品,在据说是使徒保罗写的使徒书信中,最多有四篇是真的,如此等等。它把历史记叙中的一

---

① 《马克思恩格斯文集》第4卷,人民出版社2009年版,第482页。
② 同上书,第482页;"蒂宾根学派"旧译为"杜宾根学派",现在历史学科和宗教学中仍然习用。

切奇迹和矛盾都作为无法接受的东西而勾销了；但对于其余部分，它却企图'挽救一切还能挽救的'，这就非常清楚地显示出它的神学家学派的性质"①。在此，恩格斯恰当把握好了两个维度，一是看到其"神学家学派的性质"，因而肯定会有其局限；二是肯定其已经做到神学"所能做到的一切"，故在当时情况下它也充分表现出其科学性，所以恩格斯承认这种圣经研究是一门科学。

"另一个方向，只有一个代表人物，即布鲁诺·鲍威尔。他的巨大功绩，不仅在于他对福音书和使徒书信作了无情的批判，而且还在于他第一个不但认真地研究了犹太的和希腊—亚历山大里亚的成分，并且还认真地研究了纯希腊的和希腊—罗马的成分。而正是后者才给基督教开辟了成为世界宗教的道路。"② 鲍威尔作为德国青年黑格尔派哲学代表，曾潜心研究基督教，展开圣经批判。恩格斯从青年时代起就关注鲍威尔的早期基督教研究和圣经研究，而且对他评价颇高，曾于1882年专门为鲍威尔的去世而撰写纪念文章。恩格斯指出，"说什么基督教从犹太教产生时就已经定型，并凭大体上已经确定的教义和伦理从巴勒斯坦征服了世界，这种奇谈怪论从布鲁诺·鲍威尔时起再也站不住脚了；它只能在神学院里和那些要'为人民保存宗教'而不惜损害科学的人们中间苟延残喘。斐洛的亚历山大里亚学派和希腊罗马庸俗哲学——柏拉图派的，特别是斯多亚派的——给予在君士坦丁时代成为国教的基督教的巨大影响，虽然还远没有彻底弄清，但这种影响的存在已经得到证明，这主要归功于布鲁诺·鲍威尔；他基本上证明了基督教不是从外面、从犹地亚地区输入而强加给希腊罗马世界的，至少就其作为世界性宗教的形成而言，它正是这个世界的最道地的产物"③。虽然基督教有其独立的传承，但其作为世界宗教的问世则是当时罗马帝国的产物，反映出其思想和精神。恩格斯所欣赏的，则是鲍威尔在新约研究上不同于蒂宾根

---

① 《马克思恩格斯文集》第4卷，人民出版社2009年版，第482页。
② 同上。
③ 同上书，第483页。

学派的探究而另辟蹊径，跳跃出其传统犹太文化的思考视域而指明早期基督教受到了希腊罗马世界的直接影响，故而乃古罗马帝国社会的产物，是对这多民族共聚之帝国社会的真实写照。不过，恩格斯也不同意鲍威尔完全否定犹太社会文化影响之举，认为"鲍威尔也像一切对根深蒂固的偏见作斗争的人们一样，在许多地方是做得过分的。为了也要根据文献来肯定斐洛，尤其是塞涅卡对形成中的基督教的影响，为了要说明新约的作者们是上述两位哲学家的直接剽窃者，鲍威尔不得不把新宗教的兴起推迟了半个世纪，而不顾罗马历史编纂学家们的记述与此不符，总是十分轻率地对待历史。照他的意见，基督教直到弗拉维王朝时才真正诞生，而新约的著作则是直到哈德良、安敦尼和马可·奥勒留的时代才有的。因此，在鲍威尔心目中，新约中耶稣及其门徒的故事的任何历史背景都消失了；这些故事就成了这样一种传说，其中把最初团体的内在发展阶段和内部精神斗争都归之于多少是虚构出来的人物。在鲍威尔看来，这一新宗教的诞生地不是加利利和耶路撒冷，而是亚历山大里亚和罗马"①。这样，鲍威尔就把时空弄错了，其对待历史持有一种虚无主义的态度，习惯凭自己的臆想来判断。对于这种矫枉过正、偏离历史真实之举，恩格斯也加以了有力的批驳。

综合这两种研究，恩格斯认为，"蒂宾根学派以新约的历史和文献中未被它批驳的残余部分，给我们提供了一个目前尚可被科学承认为有待争论的问题的最高极限，布鲁诺·鲍威尔则给我们提供了在这一历史和文献中可以为科学所批驳的最高极限。实际真理存在于这两个极限之间。凭现有的资料能否确定这真理，是很大的疑问。新发现，特别是罗马的，东方的，首先是埃及的新发现，在这方面的贡献将比任何批判都要多得多"②。恩格斯强调凭史料说话，立论要有真实依据，分析应不落俗套，以坚实之基来支持创新之见，体现出其唯物及辩证这两大基本原则的有机结合、绝妙运用。

---

① 《马克思恩格斯文集》第 4 卷，人民出版社 2009 年版，第 483 页。
② 同上书，第 483—484 页。

恩格斯曾专门写过《启示录》一文，这里再次对之深入发掘，以求有所新见。恩格斯指出，"在新约中有唯一的一篇，判定写作时间可以精确到几个月以内：它大概是在1967年6月和1968年1月或4月之间写成的；所以属于基督教的最初期，它以最朴素的真实性和相应的习惯语言反映出了当时的观念；因此，我认为，要确定原始基督教究竟是什么样子，它比起今本新约中所有其余在写成时间方面晚得多的各篇来要重要得多。这一篇就叫《约翰启示录》；它原来似乎是全部圣经中最令人迷惑不解的，现在由于德国的批判已经变得最易懂、最清楚的了"①。恩格斯关注古代罗马帝国基督教产生时"启示文学"流行的"周围环境"，认为其极为"动荡不安"，而各种"启示作品"的出现，说明人们对宗教的渴求。而且此时还出现了各种不同的新宗教、新观念、新思潮，甚至呈现出宗教的狂热之态。"当时，甚至罗马和希腊，尤其是小亚细亚、叙利亚和埃及，都把由各种不同民族的极端粗陋的迷信观念构成的毫无批判的混合物无条件地信以为真，并且用虔诚的蒙蔽和直截了当的欺骗来加以补充；当时，奇迹、狂热、幻觉、神咒、占卜、炼金术、喀巴拉以及其他神秘荒诞的东西占据着首要地位。原始基督教就产生在这样一种气氛中，而且是产生在特别易于接受这种对超自然事物的玄想的那一类人中间。"②而所谓启示作品也大都是托名著作，反映出思想的混杂、多元、无序。恩格斯指出，"如果《约翰启示录》果真是那位署名的作者所作，就会是所有启示著作中唯一的例外"。而这位托名为约翰的作者在"历史上是否存在尚无法完全肯定"。不过，正是这些看似混乱的迹象反而"会有力地证实，书中的基督教，的的确确是真正的原始基督教"③。对于《启示录》中所描述的一系列幻景，恩格斯洞幽烛微，从其中的细节看出了处于初创阶段早期基督教的真实面貌，它与后来成为罗马帝国国教的基督教显然有着巨大的差别。它们

---

① 《马克思恩格斯文集》第4卷，人民出版社2009年版，第484页。
② 同上。
③ 同上书，第485页。

第十九章　论恩格斯《论原始基督教的历史》中的宗教观　239

"很尖锐地显示这种基督教和尼西亚宗教会议所制定的、君士坦丁大帝的世界宗教不同"。如在教义上的典型区别，早期基督教还没有形成"三位一体"那样复杂、抽象的上帝观，"在这里，不但没有听说过有而且也不可能有神圣的三位一体"；因此也没有突出唯一圣灵的观念，可以想到的则是神有多灵存在，"这里我们所看到的不是后来的一个圣灵，而是犹太教的拉比在《以赛亚书》第十一章第二节的基础上构成的'神的七灵'"；而且当时也没有把基督视为神本身，仅仅将之当作神的儿子，"基督是神的儿子，是首先的也是末后的，是阿拉法也是俄梅戛，但绝不就是神本身，或与神等同；相反，他是'在神创造万物之上为元首的'"[1]；在对人类的认识上则还没有人遗传了原罪之说，"关于原罪的教义，在我们分析的书中反而连一点影子也没有"[2]。当然，基督教从其早期所传承下来的一些观念，也被恩格斯在《启示录》中察觉到其蛛丝马迹，恩格斯指出早期基督教中已经有了最终得以发展为世界性宗教的"那种根本观念"，即以某个中介者的牺牲可以赎罪的观念；此外，在早期基督教中也已经有了具有包容性特点的宗教礼仪实践。恩格斯说，"这里我们看到了使原始基督教后来得以发展成为世界宗教的那种根本观念。当时，闪米特人和欧洲人的一切宗教里都存在有一种共同的观点，认为被人们的行为冒犯了的众神是可以用牺牲来求其宽宥的。基督教最初的一个革命的（从斐洛学派抄袭来的）根本观念就是，在信徒们看来，一切时代的、一切人的罪恶，都可以通过一个中间人的一次伟大自愿牺牲而永远被赦免。于是，以后就没有必要再作任何牺牲，许许多多的宗教礼仪也就随之而失去依据；而摆脱这些妨碍或禁止与异教徒交往的礼仪，则是世界宗教的首要条件。然而，供献牺牲的习俗在各民族的风尚中毕竟是根深蒂固的，以致吸取了很多异教徒作法的天主教感到有必要实行一种哪怕是象征性的弥撒祭礼来适应这种情

---

[1]《马克思恩格斯文集》第4卷，人民出版社2009年版，第486页。
[2] 同上书，第487页。

况"①。显然,基督的意义即在于为世人赎罪,由此可以获得神人和解。所以说,基督教的主题在其一开始就颇为鲜明。恩格斯认为基督教之所以能够发展为世界性宗教,与其从一开始就已具备的两个条件相关,一是它认为可以一个人的牺牲来拯救大家,二是可用共同的礼仪来消除民族隔阂、打破民族界限;这样,基督教就终于走出了犹太教的民族之限,得以发展成为最大的世界宗教。恩格斯基于对基督教的这种分析而认为它"代表着宗教发展的崭新阶段,即行将成为人类精神史中最革命因素之一的阶段"②。这种评价对基督教显然带有褒义,而并无任何贬损。

在早期基督教的思想观念中,并不是只有对天国、彼岸、来世的期盼,而是有着明确的现实关切,并有着将之付诸行动的呼吁。恩格斯发现,在《启示录》所揭示的早期基督教中,就有着对尘世的斗争之描述,这样就更接近早期工人运动。实际上,恩格斯发现,基督教的所谓对彼岸的追求和解脱得救,在其早期并不明显,其得以提出并获凸显,只可能是其后期阶段的发展,这说明基督教本身并非一成不变的,而其变乃受其社会影响的作用,由此也规定了其宗教的性质和阶级依属。恩格斯指出,"这里既没有后世基督教的教义,也没有后世基督教的伦理,但是却有正在进行一场对整个尘世的斗争以及这一斗争必将胜利的感觉,有斗争的渴望和胜利的信心,这种渴望和信心在现代的基督徒身上已经完全丧失,在我们这个时代里,只存在于社会的另一极——社会主义者方面";"事实上,对起初极其强大的尘世作斗争,同时又在革新者自己之间作斗争,这既是原始基督教教徒的特点,也是社会主义者的特点"③。这里,恩格斯再次将早期基督教与社会主义意识相提并论,指出其共同特点就是具有群众运动的形式,而并不由个别领袖或先知所独创。"这两个伟大的运动都不是由领袖们和先知们创造出来的(虽然

---

① 《马克思恩格斯文集》第 4 卷,人民出版社 2009 年版,第 486—487 页。
② 同上书,第 487 页。
③ 同上书,第 487—488 页。

第十九章　论恩格斯《论原始基督教的历史》中的宗教观　　241

两者都拥有相当多的先知），两者都是群众运动。而群众运动在起初的时候必然是混乱的；其所有混乱，是由于群众的任何思想开始都是矛盾的，不明确的，无联系的；但是另一方面也是由于先知们起初在运动中还起着的那种作用。这种混乱表现为形成许许多多的宗派，彼此进行斗争，其激烈至少不亚于对共同外敌的斗争。在原始基督教是如此，在社会主义运动的早期也是如此。"① 任何群众运动在一开始对其所欲所为都并不十分清晰，而是不断摸索着前进，走弯路、被蒙骗亦在所难免；这在早期基督教与早期社会主义运动中有着惊人的相似。基督教教义体系的真正形成是在成为罗马帝国国教之后，为此它经历了排除异己、打击异端的斗争，并依靠着官方统治者的扶植和支持。而社会主义运动也经历了许多曲折，出现过各种思潮，只是在马克思主义指导下才走上正轨、顺利发展。因此，恩格斯对二者早期形态的分析，对我们了解人类思想进程及其与社会历史的关联很有教益作用。

　　早期基督教并没有大一统的结构，而是教派林立、多元分散。恩格斯在《启示录》中对之有着非常形象的分析："最初的基督徒也分裂成无数宗派，而这恰好成了引起争论并从而获致后来的统一的手段。就在我们这篇无疑是最古的基督教文献中，我们已经看到这种分裂成宗派的情况，而我们的作者，就像抨击整个罪恶的外部世界那样，势不两立地激烈地抨击这些宗派。"② 恰恰这种各派竞争、零散分殊的教派共存，才是早期基督教始发状况最真实的反映。其信徒虽无统一的教义，却表现出宗教的热情乃至狂热，有着奋不顾身、敢于牺牲的积极参与。这在早期基督徒书信中有着生动的写照，"那些书信里包含的全部教理就是如此。此外就是强烈号召同道者进行热心的宣传，在敌人面前勇敢而高傲地公开承认自己的信仰，不屈不挠地对内外敌人作斗争——就这些而论，国际的某个有先知气概的狂热者也可以写得毫无逊色"③。之所以

---

① 《马克思恩格斯文集》第 4 卷，人民出版社 2009 年版，第 488 页。
② 同上。
③ 同上书，第 491 页。

有这种热情和胆识，是与这些信徒相信世界末日已近、天国即将来临、他们会马上得救的想法分不开的。他们为了信仰、为了可以尽早得救而孤注一掷，铤而走险、不顾一切。这种理想即将实现的感觉和随之而有的激情迸发，在早期国际共运中也可以看到，如巴黎公社的壮举和"这是最后的斗争"之口号的发出，就是其明证。恩格斯最早感悟到这种相似，故加以对比而论。而当基督教被统治阶级所承认并利用之后，最初的宗教热情则逐渐冷却下来，其信徒会意识到天国的到来仍遥遥无期，而制定教规以适应、维系现存社会制度及秩序则成为其当务之急。同理，当社会主义国家建立起来、"跑步进入共产主义"不可能成功的思想明朗起来以后，人们也开始冷静思考其"初级阶段"的长期性，故把重点和精力投放到当下社会发展的推动、眼前社会秩序的维系等考量之中。

然而，社会巨变的大潮会将各种思潮、教派卷入其中，使之得以历练或遭淘汰，最后顺应时势、形成汇流。恩格斯对基督教早期七个小亚细亚教会的情况进行了具体分析，并再次强调，早期基督教会的基本群众是"受苦受难的"劳苦大众，他们有着"革命因素"，而且卷入了当时条件下的"一个统一的伟大革命运动"。这种对早期基督教阶级构成乃"受苦受难"的底层民众的定性，以及对其运动性质乃是"革命"的界说，对我们客观、冷静地对待基督教的早期形态很有启迪意义。恩格斯如此界定了早期基督徒的阶级成分："最初的基督徒来自什么样的人呢？主要来自属于人民最低阶层的'受苦受难的人'，革命因素总是这样形成的。这些人之中都有些什么人呢？在城市里，是形形色色的破产的自由人。……此外还有被释的奴隶和特别是未被释的奴隶；在意大利、西西里、阿非利加的大庄园里，是奴隶；在各省农业地区，是日益陷入债务奴役的小农。"[①] 这些社会最底层的群众虽然受到的压迫最重，渴望解救的需求最强，其对现实的幻灭程度也最为厉害。"对所有这些人说来，绝对不存在任何共同的求得解放的道路。对所有这些人说

[①] 《马克思恩格斯文集》第4卷，人民出版社2009年版，第492页。

第十九章　论恩格斯《论原始基督教的历史》中的宗教观　243

来，天堂已经一去不复返；破产的自由人的天堂是他们先人曾在其中作自由公民的过去那种既是城市、又是国家的城邦；战俘奴隶的天堂是被俘和成为奴隶以前的自由时代；小农的天堂是已经被消灭的氏族制度和土地公有制。所有这一切，都被罗马征服者用荡平一切的铁拳消灭净尽了。"① 在大浪淘沙、沧海桑田的历史变迁面前，他们已绝对不可能回到过去。旧的阶级结构、社会结盟被摧毁了，而新兴的社群如何构建却仍不明朗。"罗马的世界统治一下子永远结束了小的联盟；军事暴力、罗马的审判权、税收机构彻底瓦解了传统的内部组织。……对于巨大的罗马世界强权，零散的小部落或城市进行任何反抗都是无望的。"那么，"被奴役、受压迫、沦为赤贫的人们的出路在哪里？他们怎样才能得救？所有这些彼此利益各不相同甚至互相冲突的不同的人群的共同出路在哪里？可是为了使所有这些人都卷入一个统一的伟大革命运动，必须找到这样一条出路"②。出路在哪里？是什么样的出路？怎样才能找到这一出路？这是当时的人们所普遍关注的；而社会环境的恶劣，更使人们有着找到出路的紧迫感。在社会集体危机、不同群体都难以幸免的处境中，这一出路还应该能够满足大众的得救需求。这里，"出路"或许是虚幻的，但人们的这种渴求却有着实实在在的现实基础，是来自其社会生活的压力，是人们再也不能承受这种高压时的本能反应。

　　既然现实社会生活中不可能给人们这种出路，那么，则只能是一种精神解脱的出路。恩格斯认为，当时所能提供给处于绝望中的人们之唯一出路则只能是宗教。对这种现实苦难的审视，使恩格斯承认宗教产生的社会合理性，既然别无出路，那么宗教之途也就必然且必要了。于是，"这样的出路找到了。但不是在现世。在当时的情况下，出路只能是在宗教领域内。于是另一个世界打开了。肉体死后灵魂继续存在，就渐渐成为罗马世界各地公认的信条。死后的灵魂将为其生前的行为受到某种报偿或惩罚这一信念，也越来越为大家所接受"。这看似荒诞不

---

① 《马克思恩格斯文集》第 4 卷，人民出版社 2009 年版，第 492 页。
② 同上书，第 493 页。

经、迷信愚蠢,却有其必然性及合理性。按照基督教的说法,"世界沉沦了,所以基督诞生了!"斯巴达的反抗失败了,而基督教则应运而生,是草根民众在绝望中的唯一选择,故而为劳苦大众寻求其存在合理性的呐喊,是一种正义的呼声。这里,恩格斯非常辩证地看待唯心主义或唯物主义的选择。人们在此时选择基督教,虽然是选择了唯心主义之途,却有其基本存在诉求的合理合法性。相比之下,古代世界曾流行的自发唯物主义在这种现实苦难的高压下却崩塌了、无法立足了,因而已失去其存在的合理性。恩格斯指出,"报偿是相当靠不住的;古代世界具有强烈的自发唯物主义,它把人世生活看得比冥土生活宝贵得多;希腊人把死后的永生还看成是一种不幸。于是,基督教出现了。它认真地对待彼岸世界的报偿和惩罚,造出天国和地狱。一条把受苦受难的人从我们苦难的尘世引入永恒的天堂的出路找到了。事实上,也只有靠对彼岸世界获得报偿的希望,斯多亚—斐洛学说的弃世和禁欲才得以提升为能吸引被压迫人民群众的一种新的世界宗教的基本道德原则"[①]。恩格斯正是根据其历史唯物主义的审视才得出了这一结论,他在此并没有贬低或批评基督教,而是对之充满了同情,并充分肯定当时人们这种迫不得已、却唯一可能的选择。

而且,恩格斯还看到,早期基督教并不是只主张人们在天国的得救,从而让人们逃避现实;相反,早期基督教明确要求坚决与地狱势力做斗争,在此没有妥协或退却。这是来世希望鼓励现实参与的典型事例。当然,此时卷入宗教运动的人们在一种"狂热"的情感驱动下感到天国与尘世很近,彼岸即将成为此岸,故而会失去理智,一意孤行和冒险蛮干。这也颇有一种"左倾盲动"的相似性。恩格斯发现,《启示录》中充满了早期教会对基督"我必快来"、启示乃"必要快成的事"的期盼和信奉,这是其斗争性和激进性之源。胜利即将来到,所以任何牺牲都可以在所不惜。况且胜利不是坐等而来的,而必须经历血与火的洗礼。恩格斯说,"但这种天堂乐园决不是一死之后就向信徒们开放

[①] 《马克思恩格斯文集》第 4 卷,人民出版社 2009 年版,第 493 页。

第十九章　论恩格斯《论原始基督教的历史》中的宗教观　　245

的。我们将看到,以新耶路撒冷为首都的天国,只是经过对地狱势力的激烈斗争才被攻克与打开。可是在最初的基督徒的观念中,这种斗争很快就要到来"①。既然是"最后的斗争",所以早期基督徒充满战斗的激情、复仇的意识,而缺乏忍让、忍受的观念,更不要说会逆来顺从、任人宰割。"这里宣讲的是复仇,毫不隐讳的复仇,是应该的、正当的对基督徒迫害者的复仇。"② 在罗马帝国的高压下,当时的犹太人主要采取了反抗的态度,出现了多起犹太人大起义,虽然多被镇压,但他们视死如归、虽败犹荣,这与源自犹太教的早期基督教会极为相似、非常吻合。恩格斯认为,当时的教会观念"几乎全都是纯粹犹太教的观念","属于基督教的只有一点,即特别强调基督的王国快要到来,复活了的信徒——主要是殉道者——是光荣的"③。所以说,那种妥协屈从、忍辱负重的思想基本上是基督教后来的发展。恩格斯为此在这里又论及早期基督徒与罗马皇帝尼禄的斗争,认为《启示录》中常提到的神秘数字666所喻尼禄实际上表达了基督徒对这位暴君的反抗意识。"在受尼禄第一次严重迫害的基督徒中间流传一种看法,认为他将作为一个反基督者重新回来,认为他的回来以及必然与之俱来的、残忍地消灭新宗派的更加坚决的企图,将是一种先兆和前奏,预示基督将重新降临,预示将要对地狱的势力进行一场伟大的、胜利的决战,预示那殉道者出于信仰就为之欣然赴死的千年王国'很快'即将来临。"④ 很明显,早期基督教会对罗马帝国的压迫是坚决反抗的,有着与犹太人一样的不屈不挠,从而与后期成为罗马帝国国教的那种官方教会完全不是一回事。按照恩格斯的界定,早期基督教更像犹太教而没有根本脱离犹太教,此时还没有具有自我意识的基督教,更没有后来成为基督教教义核心的那些基本思想。恩格斯说,"就我们所知,68年前后,基督教在其主要所在

---

① 《马克思恩格斯文集》第4卷,人民出版社2009年版,第493—494页。
② 同上书,第495页。
③ 同上书,第496页。
④ 同上书,第499页。

地小亚细亚就是这样。神圣的三位一体连影子也没有，相反，只有晚期犹太教的那个旧的单一而不可分的耶和华，他在犹太教晚期，从犹太民族的神一跃而为天地间唯一最高的神，他要统治一切民族，他对改宗者许以恩泽，给不驯者以无情的毁灭。他信守古代的老规矩：宽恕降服者，制服傲慢者。因此，在末日的审判时高坐在审判席上的也就是这位神，而不是像晚出的福音书和使徒书信所描写的那样是基督"[1]。其他一些主要的信仰教义在此时同样缺失，早期基督教会"也同样不知有原罪与因信称义之说。这些最初的战斗的团体的信仰，与后来胜利了的教会的信仰完全不同。除羔羊的赎罪的牺牲外，最重要的内容就是临近的基督再临和快要到来的千年王国；而用来树立这种信仰的手段只是：进行积极的宣传，对内外敌人作不屈不挠的斗争，在异教徒的法庭上昂首承认自己的革命观点，决心随时为将来的胜利而殉道"[2]。在恩格斯看来，《启示录》所反映的早期基督教不是后来那种成熟的、体态完备的、作为罗马国教的基督教，而更多属于犹太教的基本思想范围和社会氛围，其形象体现为犹太教诸多宗派中一个激进的异端教派，充满宗教狂热和政治反抗精神。而在早期基督教礼仪充满，起初也没有基督教后来作为其身份表征最为基本的洗礼礼仪，因为"洗礼是在基督徒同犹太人最后分手的时候才出现的"[3]。洗礼故为使基督教与犹太教彻底分道扬镳的分水岭。由此可以说，早期基督教代表着被压迫者的宗教，与犹太教贴得比较近，而后来的基督教逐渐嬗变为统治者的宗教，由此才彻底摆脱犹太教的传统影响及社会定位。

恩格斯还谈到了《启示录》的历史意义和文献价值，从其作品的性质来判断早期基督教的定位，并对其最终发展为世界宗教的根本原因及历史后果进行了阐述："我们这里有了这样一篇作品（对其写作时间的判定已经精确到几个月以内），这篇作品给我们描绘出形态最不发展

---

[1] 《马克思恩格斯文集》第4卷，人民出版社2009年版，第500页。
[2] 同上书，第501页。
[3] 同上书，第502页。

时的基督教，这种形态的基督教对于 4 世纪时有着完备的教条和神话的国教的关系，大致有如塔西佗时代日耳曼人那种尚未固定的神话对于受基督教和古典古代因素影响而形成的、见于《艾达》的神话的关系。这里是一种世界宗教的幼芽，但这种幼芽却已均等地包含着上千种的发展可能性，这些可能性后来体现为无数的宗派。这部基督教形成时期的最古老的文献对我们之所以特别重要，是因为它以纯净的形式告诉我们，犹太教在亚历山大里亚学派的强烈影响之下，把什么带进了基督教。所有后来的东西，都是西方，希腊罗马附加进去的。只是通过一神论的犹太宗教的媒介作用，后来的希腊庸俗哲学的文明的一神论才能够取得那种唯一使它能吸引群众的宗教形式。但找到了这样一种媒介以后，它也只有在希腊罗马世界里，借助于希腊罗马世界所达到的思想成果而继续发展并且与之相融合，才能成为世界宗教。"[①] 这里，恩格斯突出的还是罗马帝国的社会形态，其次才是希腊罗马的思想影响，这种思想元素在罗马世界生根发芽，才得以形成我们今天所认识的基督教，而此时的基督教已经成为统治者的宗教，不再可能与早期基督教同日而语、同类相并。

恩格斯在这部著作中对基督教的发展演变作了生动形象的描述，对基督教的基本教义和重要思想也有透彻的剖析和解释，其结合社会发展史和阶级斗争史而展开的学术研究，远远超越了当时与之相关的神学研究和教会史研究，故而独树一帜且成果斐然，并由此开创了以历史唯物主义和辩证唯物主义为立场方法的基督教史研究。

(参见笔者《经典作家关于宗教的基本观点研究》书稿)

[①] 《马克思恩格斯文集》第 4 卷，人民出版社 2009 年版，第 503 页。

第二十章

论列宁《社会主义和宗教》中的宗教观

列宁关于宗教的思考主要涉及宗教在无产阶级掌握政权之后的存在及发展。于此，列宁在《社会主义和宗教》这篇文章中首创了社会主义的宗教论，开始了对宗教与社会主义关系的理论思考。这一问题也是马克思主义宗教观中的难题之一，今天在中国社会的理论界、学术界，其认知分歧巨大，其争论异常尖锐。但如果要真正、正确地理解、体悟列宁的基本思想及其开启的思路，则仍需回到列宁自己的思考和论述中去。

列宁在此对宗教有着辩证思考，一方面他认为宗教是被压迫群众的信仰现象，由此表达了对劳苦大众的同情；但另一方面他又觉得宗教对于被压迫群众来说是一种精神压迫，故此有着对宗教的尖锐批评。这两方面的认知显然存有一定张力，需要我们客观、辩证地理解。列宁说，"宗教是一生为他人干活而又深受穷苦和孤独之苦的人民群众所普遍遭受的种种精神压迫之一。被剥削阶级由于没有力量同剥削者进行斗争，必然会产生对死后的幸福生活的憧憬，正如野蛮人由于没有力量同大自然搏斗而产生对上帝、魔鬼、奇迹等的信仰一样。对于辛苦一生贫困一生的人，宗教教导他们在人间要顺从和忍耐，劝他们把希望寄托在天国的恩赐上，对于依靠他人劳动而过活的人，宗教教导他们要在人间行善，廉价地为他们的整个剥削生活辩护，向他们廉价出售进入天国享福的门票。宗教是人民的鸦片。宗教是一种精神上的劣质酒，资本的奴隶饮了这种酒就毁坏了自己做人的形象,不再要求多少过一点人样的生活"[1]。于此,列宁既对宗教有着社会论意义上的揭示,亦有其认识论层面的分析。但他这里所论宗教并非泛指,而是专指在有剥削、压迫之社会中的宗教,有其时空背景,而且其重点就是对资本主义社会中的宗教加以剖析。列宁对马克思关于宗教是"人民的鸦片"之论有着专门回应,并阐述了他对这一问题的理解,明确提出宗教对人具有麻醉作用。为此,列宁主张拨开宗教的迷雾,让人回到社会真实之中,争取实现人的现实诉求。列宁说:"奴隶一旦意识到自己的奴役地位,并且站起来为自身的解放而斗争,他就有一半已经不再是奴隶了。现代的觉悟工人,受到了大工厂工业的教育和城市生活的启发,轻蔑地抛弃了宗教偏见,把天堂生活让给僧侣和资产阶级伪善者去享受,为自己去争取人间的美好生活。现代无产阶级正在站到社会主义方面来。社会主义吸引科学来驱散宗教的迷雾,把工人团结起来为美好的人间生活作真正的斗争,从而使他们摆脱对死后生活的迷信。"[2] 而列宁为之奋斗的社会主义,则正是为了给人民追求此岸的幸福,带来今世的福祉;但其实现则不能靠梦幻、只能靠斗争来争取,因此关注彼岸得救的宗教思想并不能解决人民的现实问题,其在宗教中幻想般的自我解脱并没有解决真实问题。在资本主义社会中,宗教这种对真实问题的虚伪解决则正在被暴露,因此人们开始向社会主义的理念靠拢,摆脱对宗教的梦寐。不过,列宁并没有透彻说明在社会主义社会中宗教与社会主义究竟有什么关系、究竟应该如何去区别,其表述具有前瞻性、未来学的特点,故而也明显有着其不确定性和模糊性。所以说,列宁意识到这一问题的特殊重要,并尝试对之加以探究,但毕竟当时俄国的社会主义革命还没有取得成功,其社会存在只是一种愿景而非真实呈现,故而这种探讨很难全面、具体,而列宁关于社会主义与宗教之论也因此留下了不少悬念。

---

[1] 《列宁专题文集:论辩证唯物主义和历史唯物主义》,人民出版社 2009 年版,第 219—220 页。

[2] 同上书,第 220 页。

不过，列宁有着知难而进的勇气，并没有放弃这种探索。尽管社会主义尚未建立起来，列宁在此已经较为前瞻性地论及其所关涉的宗教问题。他主要从两个方面论及了社会主义对待宗教的态度问题，一是从社会主义国家的角度来看社会主义者对待宗教的态度，这里所涉及的是政权与宗教的关系，包括政府对宗教的态度和举措；二是从无产阶级政党的角度来看无产阶级先进分子对待宗教的态度，由此则涉及政党与宗教的关系，特别是无产阶级政党对宗教的关系；而若引申开来则有作为革命造反之政党对待宗教的态度，以及作为执政掌权之政党对待宗教的态度。这其中显然有着明显的区别，但可惜列宁对之还没有来得及展开更深入的思考。

从社会主义国家对待宗教的方面来看，列宁认为，"应当宣布宗教是私人的事情。这句话通常是用来表示社会主义者对待宗教的态度的。但是，这句话的意义必须正确地说明，以免引起任何误解。就国家而言，我们要求宗教是私人的事情……国家不应当同宗教发生关系，宗教团体不应当同国家政权发生联系。任何人都有充分自由信仰任何宗教，或者不承认任何宗教，就是说，像通常任何一个社会主义者那样做一个无神论者。在公民中间，完全不允许因为宗教信仰而产生权利不一样的现象。在正式文件里应当根本取消关于公民某种信仰的任何记载。"[①]这显然是政教分离的基本态度，宗教对于国家政权而言是完全私人的事情，不应与政权、政府发生任何关系。显然，列宁的想法比较理想，而且是针对当时俄罗斯正教作为其社会组织形态对于民众的掌控来有感而发。但在社会现实中宗教不可能纯为"私人的事情"，其作为社会存在建构及社会组织力量也势必会与国家政权发生关系。对于国家政权对宗教的社会管理，列宁在此没能加以认真考虑。基于政教分离的思路和国家与宗教的无关，列宁主张"决不应当把国家的钱补贴给国家教会，决不应当把国家的钱补贴给教会团体和宗教团体"，而"这些团体应当

[①] 《列宁专题文集：论辩证唯物主义和历史唯物主义》，人民出版社2009年版，第220页。

第二十章　论列宁《社会主义和宗教》中的宗教观

是完全自由的、与政权无关的志同道合的公民联合体"[①]。不过，在现实处境中，一方面国家不可能完全不过问宗教事务，不可能对作为社会基层建构的宗教团体毫无支持。如资本主义的德国就由政府收取宗教税，然后将之转给宗教团体，其中即有对宗教的财经管理；而社会主义的中国对于宗教社团的财经支持更是有目共睹。这是不可避免的现实需求，由此则使国家与宗教发生了明显关系。另一方面这种"公民联合体"形式的宗教团体从根本来看也不可能享有"完全自由"、不可能绝对"与政权无关"，宗教作为社会组织必然有其社会站位或政治定位，相关国家对其也必然加以掌控，其在相关社会的归属，都是不言而喻的。列宁此论当时尚无任何社会主义社会的实践可行，其说法是针对俄罗斯正教在政教合一情况下对民众的掌控，以及对新生的无产阶级政党的抗衡，由此也使他憧憬社会主义社会中一种全新的政教关系，并将之过于理想化。正是在这种思考中，列宁强调"只有彻底实现这些要求，才能结束以往那种可耻的、可诅咒的现象：教会农奴般地依赖于国家，而俄国公民又农奴般地依赖于国家教会；中世纪的宗教裁判所的法律（这种法律至今还列在我国的刑法和刑事法规中）仍然存在，并且仍然有效，这种法律追究人是否有信仰，摧残人的良心，把官位和俸禄同布施某种国家教会劣质酒联系起来。教会与国家完全分离，这就是社会主义无产阶级向现代国家和现代教会提出的要求"[②]。列宁目睹了俄罗斯正教与沙俄政权的联合，观察到无产阶级由此所受到的双重压迫，故此设想在新的社会政体中应该实行政教分离。当然，列宁对俄罗斯正教也没有采取一刀切的简单态度，而是对之有所区别，并支持俄罗斯正教群众对沙俄政权的反抗。列宁说，"我们社会主义者应当支持这种运动，使僧侣阶层中那些正直和诚实的人士的要求彻底实现，抓住他们关于自由的言论，要求他们坚决割断宗教和警察之间的任何联系"。若仔细琢

[①] 《列宁专题文集：论辩证唯物主义和历史唯物主义》，人民出版社 2009 年版，第 220 页。

[②] 同上书，第 220—221 页。

磨，则不难发现列宁对于宗教界也抱有同情态度，在反对剥削压迫的政治斗争中有着支持宗教界反抗暴政的意向。列宁所希望的是俄罗斯正教与反动统治彻底脱钩、划清界限："如果你们是诚意的，那你们就应当主张教会与国家、学校与教会完全分离，彻底地无条件地宣布宗教是私人的事情。如果你们不接受这些彻底的自由要求，那就说明你们仍旧是宗教裁判传统的俘虏，仍旧依赖于官位和俸禄，说明你们不相信你们的武器的精神力量，你们继续接受国家政权的贿赂。这样，全俄国的觉悟工人就要毫不留情地向你们宣战。"① 实际上，列宁的真实意蕴是要宗教界站在无产阶级一边，不要做剥削阶级的附庸和反动政权的帮凶，应参与推翻剥削阶级的斗争，以免在社会转型巨变中被淘汰。

从无产阶级政党对于宗教的方面来看，则涉及思想意识层面，列宁在此则表明，"但是就我们自己的党而言，我们无论如何也不能认为宗教是私人的事情"②。从无产阶级先锋队的要求而言，其在思想认识上则不可与宗教混同，而应该有着更高的见识，故而在意识形态方面与宗教截然不同，二者会有对峙和张力，没有调和之余地。列宁说，"对于社会主义无产阶级的政党，宗教并不是私人的事情。我们的党是争取工人阶级解放的觉悟的先进战士的联盟。这样的联盟不能够而且也不应当对信仰宗教这种不觉悟、无知和蒙昧的表现置之不理"③。这里，列宁认为宗教是愚昧无知的产物，代表着落后和不觉悟，因而其对宗教批评的言辞要远远重于马克思和恩格斯以往的表述。不过，列宁仍然冷静地将这种对宗教的斗争放在思想层面，而且仅仅是用纯粹的思想武器，并不主张扩散或夸大这种斗争。"我们要求教会与国家完全分离，以便用纯粹的思想武器，而且仅仅是思想武器，用我们的书刊、我们的言论来

---

① 《列宁专题文集：论辩证唯物主义和历史唯物主义》，人民出版社2009年版，第221页。
② 同上书，第220页。
③ 同上书，第221页。

第二十章　论列宁《社会主义和宗教》中的宗教观　253

跟宗教迷雾进行斗争。我们建立自己的组织即俄国社会民主工党的目的之一，也正是为了要同一切利用宗教愚弄工人的行为进行这样的斗争。对我们来说，思想斗争不是私人的事情，而是全党的、全体无产阶级的事情。"① 正是在思想层面上要从无产阶级及其政党的角度来展开对宗教的斗争，而列宁在此所说的宗教则是指存在于有剥削压迫社会中帮助统治者麻醉民众的宗教，特别是专门针对当时俄国的宗教状况，因为他所讲的与宗教的斗争正是要服务于反对这种剥削压迫的政治斗争，与宗教的思想斗争显然与政治斗争还是不同的，列宁并不主张将二者相混，也没有提出二者可能有任何交替之用。

尽管有着批评宗教的激烈言辞，但列宁话锋一转，却从另外一种视角论及无产阶级政党对宗教的态度，由此仍显出列宁的思想冷静和政治睿智。列宁说："既然如此，我们为什么不在自己的党纲中宣布我们是无神论者呢？我们为什么不禁止基督教徒和信奉上帝的人加入我们的党呢？"② 值得注意，列宁在此明确表示，其所创立的无产阶级政党没有在党纲中公开宣布自己是无神论者，也不禁止宗教信徒加入其政党，由此在无产阶级政党事务中显然没有把无神论抬到不必要的高度；这种拿捏和所把握的分寸是今天仍值得我们认真思考和好好学习的；此外，列宁在此还公开指明，可以允许宗教信仰者加入无产阶级政党，对这一今天仍看似敏感的话题明确有着"不禁止"的态度。列宁的这一思想的确非常超前、非常深刻，也非常值得认真研究，因为迄今在当代中国社会这种认知仍然被视为非常敏感之处，存在不少困惑与模糊，或被一些人看作不可触及的禁区，有着尖锐的争议；尽管列宁在此说得非常清楚明确，其观点在当前已公开出版的中文翻译中也得以不用任何质疑的清晰表达，但列宁对之公开"允许"的表态却仍被中国当代社会中一些人非常直观地视为一种"政治错误"或逻辑上的荒唐，故而影响到对

---

① 《列宁专题文集：论辩证唯物主义和历史唯物主义》，人民出版社2009年版，第221—222页。

② 同上书，第222页。

这一问题科学、正确的政治探究和学理探讨，并不得不使之处于"悬置"之状，让人不敢触摸或提及，从而再次成为现实政策把握和具体操作中的盲区。其实，这种说法在中国革命实践中是否被认为错误，关键仍在于我们对列宁思想的准确理解，以及对中国无产阶级革命实践中相关政策举措的认真反思。其实，我们不该简单地认为这种源自列宁的思想就是错的，相反应该实事求是地从理论和实践上分析这种考虑对我们无产阶级的政党究竟有没有好处，利弊如何，值不值得在中国提倡和保留，以及把我党历史上的实际情况和具体做法与之加以对比。我们应该深刻体会列宁这一说法的缘由和理由，并认真反思、总结中国共产党在社会主义革命和建设时期究竟是如何对待宗教信徒入党这一问题的基本态度及做法，以及中国共产党在以往统一战线工作中所积累的经验或所吸取的教训。这样来以史为鉴、洞若观火。列宁在其相关论述中并没有修正或放弃其上述观点，而是预留了出现这种"特殊情况"时的稳妥处理办法，中国共产党也没有专门提到要修正和放弃列宁的上述考虑和主张，而是在中国革命实践中印证了列宁这一主张的可行性。为此，我们对列宁这一意味深长的思考必须加以客观、正确的评估，也需尊重历史地、客观可靠地归纳、总结中国共产党对待这一问题的基本态度和通常做法，使其模糊之处尽快得以澄清，在相关政策上及时得以明确，以便能够打消人们不必要的困惑。这里涉及对马克思主义经典作家相关思想的态度问题，我们不仅要坚决反对从右的倾向对马克思主义的攻击、否定，也要注意防范从"左"的倾向对马克思主义基本观点的歪曲、放弃。

即使在与宗教纯粹的思想斗争上，列宁也有着更全面的思考。列宁说，"要答复这个问题，就应当说明资产阶级民主政党和社会民主党在宗教问题的提法上存在非常重要的差别"。一方面，"我们的党纲完全是建立在科学的而且是唯物主义的世界观上的。因此，要说明我们的党纲，就必须同时说明产生宗教迷雾的真正的历史根源和经济根源。我们的宣传也必须包括对无神论的宣传；出版有关的科学书刊（直到现在，这些书刊还遭到农奴制的专制政权的查禁）现在应当成为我们党的工作之一。我们现在必须遵从恩格斯有一次向德国社会主义者提出的建议：翻译和大量发行18世纪的法国启蒙著作和无神论著作"[1]。在从思想认识论上，列宁主张无神论的宣传，包括提倡对历史上无神论著作的翻译出版。但这对于列宁而言，仍然只是一种浅层或表面的解决，并没有触及对宗教问题的根本解决，因为仅从认识、仅从理性或仅靠书本的翻译出版并不可能彻底解决这一问题。其根本解决还得回到社会，还得根据其经济基础和社会存在，回到马克思、恩格斯早已预设的靠社会发展所带来的本质性解决。而列宁观察并试图解决这一问题之所处的社会则是阶级社会，有着压迫和反抗，即有着阶级斗争。列宁指出，"我们无论如何也不应当因此而'从理性出发'，离开阶级斗争抽象地、唯心地来提宗教问题……如果认为，在一个以无休止的压迫和折磨劳动群众为基础的社会里，可以用纯粹说教的方法消除宗教偏见，那是愚蠢可笑的。如果忘记，宗教对人类的压迫只不过是社会内部经济压迫的产物和反映，那就是受了资产阶级观点的束缚。如果无产阶级本身的反对资本主义黑暗势力的斗争没有启发无产阶级，那么任何书本、任何说教都是无济于事的。在我们看来，被压迫阶级为创立人间的天堂而进行的这种真正革命斗争的一致，要比无产者对虚幻的天堂的看法上的一致更为重要"[2]。这里，列宁回到了马克思主义宗教观的最根本之处，他强调不要纠缠到虚幻的天堂、地狱，有神、有鬼的肤浅问题上，而应该回到人间，把改造社会、提高经济发展、解放被压迫的民众作为无产阶级的首要任务和当务之急；只有团结所有被压迫民众包括信教群众参加"创立人间的天堂"这一"真正革命斗争"才是最根本的。所以，列宁并没有主张脱离社会现实来抽象地批判宗教、与宗教作斗争，而是要求这一斗争也必须服从无产阶级在现实社会中所应该完成的历史使命。

---

[1] 《列宁专题文集：论辩证唯物主义和历史唯物主义》，人民出版社2009年版，第222页。

[2] 同上。

所以，列宁对无产阶级政党的党纲中涉及无神论、宗教斗争等问题都有着非常明确的说明："因此，我们在我们的党纲中没有宣布而且也不应当宣布我们的无神论。因此，我们没有禁止而且也不应当禁止那些还保存着某些旧偏见残余的无产者靠近我们党。我们永远要宣传科学的世界观，我们必须跟某些'基督教徒'的不彻底性进行斗争。但是这决不是说，应当把宗教问题提到它所不应有的首要地位，决不是说，为了反对那些很快就会失去任何政治意义、很快就会被经济发展进程本身抛到垃圾箱里去的次要的意见或呓语，而分散真正革命斗争、经济斗争的和政治斗争的力量。"① 列宁在此所突出的仍然是包括经济斗争和政治斗争的革命斗争，认为这些斗争才是"真正"需要进行的，因此在完成这些主要任务时并没有提及对宗教的思想斗争；其主与次是非常分明的。而列宁特别提醒大家的，却恰恰是资产阶级在"打算煽起宗教仇视，把群众的注意力吸引到这方面来"，从而想把水搅浑，误导群众"不去关心真正重要的和根本的经济问题和政治问题"；所以，列宁反复强调，"决不要挑起无关紧要的意见分歧"②。在本文的结尾，列宁总结说，"就国家而言，革命的无产阶级力求使宗教成为真正的私人事情。在将来已经肃清中世纪霉菌的政治制度中，无产阶级必将为消灭经济奴役，即消灭宗教对人类愚弄的真正根源而进行广泛的，公开的斗争。"③ 宗教问题的真正解决、其思想迷雾的最终驱散，归根结底不是靠思想斗争，不是纯然认识论领域的问题，而是在消灭了经济奴役的新型政治制度得以建立之后。这一定音之句，是与马克思、恩格斯关于宗教完全消亡的社会经济条件之论相吻合的。为此，我们应该根据列宁结合俄国社会与宗教的关系所提出的思考，来认真研究今天中国宗教与其依存之社会主义社会的关系问题，探讨解决宗教问题的正确之途及其轻

---

① 《列宁专题文集：论辩证唯物主义和历史唯物主义》，人民出版社2009年版，第223页。
② 同上。
③ 同上。

重缓急的科学顺序;我们必须沿着马克思主义经典作家所指引的道路继续前进,而决不可从马克思主义经典作家的立场及相关策略、举措上倒退。

(参见笔者《经典作家关于宗教的基本观点研究》书稿)

第二十一章

论列宁《论工人政党对宗教的态度》中的宗教观

列宁在《论工人政党对宗教的态度》一文中专门讨论了无产阶级政党与宗教的关系问题，从而与其此前所论《社会主义和宗教》之社会主义社会与宗教的关系问题形成呼应和关联。在国家与宗教的关系和政党与宗教的关系问题上，二者既有区别、又有关联。这两篇专论说明列宁对这一问题的高度重视。列宁在构设社会主义蓝图和无产阶级政党的执政地位时，前瞻性地考虑到宗教问题，这是列宁宗教观中的一个侧重，他为此希望"社会民主党当然应该表明自己对于宗教的态度"[①]。但仔细读之，列宁论及宗教的相关表态与马克思、恩格斯的说法还是存有细微差异的。

这里，列宁指出，"马克思主义的哲学基础是辩证唯物主义，它完全继承了法国18世纪和德国19世纪上半叶费尔巴哈的唯物主义历史传统，即绝对无神论的、坚决反对一切宗教的唯物主义的历史传统"[②]。而实际上，马克思、恩格斯对法国18世纪和德国19世纪的唯物主义传统，尤其是费尔巴哈的唯物论和无神论并非"完全继承"，而是有条件、有选择的"扬弃"，对之有着明显的超越。而且在马克思、恩格斯

[①] 《列宁专题文集：论无产阶级政党》，人民出版社2009年版，第171页。
[②] 同上。

第二十一章　论列宁《论工人政党对宗教的态度》中的宗教观　259

的相关论述中，也没有强调向宗教宣战，反而是公开声明"对宗教的批判已经结束"，其关注已经转向社会批判、经济批判和政治批判。

列宁在这篇文章中还对马克思关于"宗教是人民的鸦片"之论做了自己的评价和定性。列宁说，"宗教是人民的鸦片——马克思的这一句名言是马克思主义在宗教问题上的全部世界观的基石。马克思主义始终认为现代所有的宗教和教会、各式各样的宗教团体，都是资产阶级反动派用来捍卫剥削制度、麻醉工人阶级的机构"[①]。在当时严酷的阶级斗争处境中，列宁的这一解释可以理解，但显然他对马克思的"宗教是人民的鸦片"这一比喻说法过于强调，其诠释也颇值商榷，这一论述是不是马克思主义宗教观的"基石"是有争议的。应该看到，列宁的这一立论，对苏联的宗教理论和宗教政策曾经有过长期影响，而且对新中国成立以来的中国社会也有较大影响，其典型实例就是中国改革开放之前在翻译列宁的著作时，曾把"宗教是人民的鸦片"汉译为"宗教是麻醉人民的鸦片"。增加"麻醉"二字，对宗教的负面理解则明显加重。

同样，列宁仍然坚持了其在前篇文章中的基本立场，保持住了其观点的相应平衡。他没再过多强调宗教"鸦片"论，而是继续坚持恩格斯的相关观点，对于那些"更左"的观点、对更为偏激之人提出了批评："认为他们大声疾呼向宗教宣战是一种愚蠢的举动，指出这样宣战是提高人们对宗教的兴趣、妨碍宗教真正消亡的最好手段"；按照恩格斯的见解，"只有工人群众的阶级斗争从各方面吸引了最广大的无产阶级群众参加自觉的革命的社会实践，才能真正把被压迫的群众从宗教的压迫下解放出来，因此宣布工人政党的政治任务是同宗教作战，不过是无政府主义的空谈而已"[②]。很明显，"同宗教作战"不是无产阶级政党的"政治任务"，故也不必把相关的思想斗争上升到政治斗争的高度。列宁在这里完全同意了恩格斯的想法，并且表态坚决反对那种"把宗

[①] 《列宁专题文集：论无产阶级政党》，人民出版社2009年版，第171—172页。
[②] 同上书，第172页。

教上的分野提到首位"的"资产阶级虚伪的反教权主义运动";在如何理解宗教消亡的问题上,列宁凸显了恩格斯的告诫,专门指出"恩格斯要求工人政党耐心地去组织和教育无产阶级,使宗教渐渐消亡,而不要冒险地在政治上对宗教作战"①。这种对宗教的基本政治立场在此也是非常清晰的。宗教消亡是一个漫长、渐进的过程,而不是、也不能靠政治上对宗教的斗争来使这种消亡加速。

列宁在恩格斯的思想中找到了其在有关宗教与国家、宗教与无产阶级政党的关系问题上与自己观点的共鸣,即在国家层面和政党层面应区分其不同。"恩格斯有意地着重声明,社会民主党认为宗教对于国家来说是私人的事情,但是对于社会民主党本身、对于马克思主义、对于工人政党来说决不是私人的事情。"②在马克思主义宗教观中,有着"彻底的无神论"与强调"宽容宗教"的二维,对于如何平衡这种关系、而不至于出现认为马克思主义宗教观有着"动摇论"的误解,列宁以辩证唯物主义来加以解释,指出"马克思主义对待宗教的策略是十分严谨的,是经过马克思和恩格斯周密考虑的;在迂腐或无知的人看来是动摇的表现,其实都是从辩证唯物主义中得出来的直接的和必然的结论。如果认为马克思主义对宗教采取似乎是'温和'的态度是出于所谓'策略上的'考虑,是为了'不要把人吓跑'等,那就大错特错了。相反,马克思主义在这个问题上的政治路线,也是同它的哲学原理有密切关系的"③。列宁强调,马克思主义宗教观基于马克思主义的哲学原理,其基本方法论之根基就是历史唯物论和辩证唯物论。列宁指出,"我们应当同宗教作斗争。这是整个唯物主义的起码原则,因而也是马克思主义的起码原则。但是,马克思主义不是停留在起码原则上的唯物主义。马克思主义更前进了一步。它认为必须善于同宗教作斗争,为此应当用唯物主义观点来说明群众中的信仰和宗教的根源。同宗教作斗争

---

① 《列宁专题文集:论无产阶级政党》,人民出版社 2009 年版,第 172—173 页。
② 同上书,第 173 页。
③ 同上书,第 174 页。

第二十一章 论列宁《论工人政党对宗教的态度》中的宗教观

不应该局限于抽象的思想宣传,不能把它归结为这样的宣传;而应该把这一斗争同目的在于消灭产生宗教的社会根源的阶级运动的具体实践联系起来"①。马克思、恩格斯把解决宗教问题的根本转到社会经济及政治领域之后,已经没再过多谈论同宗教作斗争的问题。列宁在其所处的时代或因革命的需要而再次强调了对宗教的斗争,尽管如此,列宁所突出的也主要是"善于"同宗教作斗争,即把重点从思想认知转到清除产生宗教的社会根源上,因此无产阶级的社会革命及政治斗争才是其重中之重,这种首选使关涉宗教的思想斗争必须顾全大局、必须服从无产阶级的政治任务。

列宁还对宗教的存在进行了社会分析和认知分析,对宗教产生的根源加以说明。"为什么宗教在城市无产阶级的落后阶层中,在广大的半无产阶级阶层中,以及在农民群众中能够保持它的影响呢?资产阶级进步派、激进派或资产阶级唯物主义者回答说,这是由于人民的愚昧无知。由此得出结论说:打倒宗教,无神论万岁,传播无神论观点是我们的主要任务。马克思主义者说:这话不对。这是一种肤浅的、资产阶级狭隘的文化主义观点。这种观点不够深刻,不是用唯物主义的观点而是用唯心主义的观点来说明宗教的根源。"② 列宁犀利地指出,"打倒宗教"、"无神论万岁"、把"传播无神论观点"作为主要任务,这些都是"资产阶级进步派、激进派或资产阶级唯物主义者"的观点,而决不是马克思主义的观点;况且这些观点已经过时、理应遭到淘汰。

那么,马克思主义的观点是如何看待宗教的存在和起源呢?列宁说:"在现代资本主义国家里,这种根源主要是社会的根源。劳动群众受到社会的压制,面对时时刻刻给普通劳动人民带来最可怕的灾难、最残酷的折磨的资本主义(比战争、地震等任何非常事件带来的灾难和折磨多一千倍)捉摸不定的力量,他们觉得似乎毫无办法——这就是目前宗教最深刻的根源。'恐惧创造神'。现代宗教的根源就是对资本

---

① 《列宁专题文集:论无产阶级政党》,人民出版社 2009 年版,第 174 页。
② 同上书,第 174—175 页。

的捉摸不定的力量的恐惧，而这种力量确实是捉摸不定的，因为人民群众不能预见它，它使无产者和小业主在生活中随时随地都可能遭到，而且正在遭到'突如其来的'、'出人意料的'、'偶然发生的'破产和毁灭，使他们变成乞丐，变成穷光蛋，变成娼妓，甚至活活饿死。凡是不愿一直留在预备班的唯物主义者，都应当首先而且特别注意这种根源。只要受资本主义苦役制度压迫、受资本主义的捉摸不定的破坏势力摆布的群众自己还没有学会团结一致地、有组织地、有计划地、自觉地反对宗教的这种根源，反对任何形式的资本统治，那么无论什么启蒙书籍都不能使这些群众不信仰宗教。"[1]列宁在这里有着十分明确的社会界定，即其分析是专指"现代资本主义国家"，而没有加以普泛的关联或引申。他就此范围说到两点，其一是宗教的社会根源在于资本主义的剥削制度及其社会压迫，这种社会根源的专指是极为明确的，即指向资本主义社会及其剥削制度；其二是消除宗教的这些根源要靠摧毁资本主义的剥削制度，这是经济斗争和政治斗争的任务，与宗教斗争并无关系。所以，历史上的启蒙书籍虽然有一定的意义，但其意义只有辅助功能，而不起决定性作用，关键之处仍在社会，这才是主要关注之点。列宁在这里所论仍然还不是社会主义社会，所以不能套用列宁的这一结论来分析社会主义社会的宗教。列宁这种对宗教的否定有其对相应社会之否定的逻辑关联，不可人为、主观地将之拆开、分离。在这里，列宁认为"社会民主党宣传无神论，必须服从社会民主党的基本任务：发展被剥削群众反对剥削者的阶级斗争"[2]。"宣称无神论"是与"反对剥削者的阶级斗争"相关联的，而其所发动的也是"被剥削群众"。这在我们今天社会主义的中国社会是不可简单、机械地套用的。

即使在推翻资本主义、建立社会主义的斗争过程中，列宁也认为可以调整宣传无神论与发动群众参加反对剥削制度的阶级斗争之间的关系，要实事求是，具体问题具体分析。列宁说，"谁认为在理论上宣传

---

[1]《列宁专题文集：论无产阶级政党》，人民出版社2009年版，第175页。
[2] 同上。

第二十一章　论列宁《论工人政党对宗教的态度》中的宗教观　　263

无神论,即破除某些无产阶级群众的宗教信仰,同这些群众阶级斗争的成效、进程和条件之间有一种绝对的、不可逾越的界限,那他就不是辩证地看问题,就是把可以移动的、相对的界限看做绝对的界限";这里,政治斗争的需要是主要的,思想斗争的需求则是次要的。例如,如果在某地参加经济斗争的罢工运动中的无产阶级既有信教者、也有无神论者,那么,"马克思主义者应该首先考虑使罢工运动得到成功,应当坚决反对在这场斗争中把工人分成无神论者和基督教徒,应当坚决反对这样的划分。在这种情况下,宣传无神论就是多余的和有害的……因为在现代资本主义社会环境中,阶级斗争能把信基督教的工人吸引到社会民主党和无神论这方面来,而且比枯燥地宣传无神论还要有效一百倍。在这样的时候和这样的环境中,宣传无神论,就只能有利于神父,因为他们恰恰最愿意用信不信上帝这一标准来划分工人,以代替是否参加罢工这一标准"[1]。所以,在政治斗争的需要面前,在社会需求的关键时刻,如果不恰当地突出"有神""无神"的区分,以"信教"或"不信教"来划界,那么对我们的社会发展、国家建设反而不利,甚至有害,只会起着帮倒忙的作用。可以说,对宗教的斗争必须服从政治斗争的需要,宣称无神论要审时度势,这是列宁在处理宗教与政治关系时的基本立场。

　　在进一步的分析中,列宁认为批判宗教、主张无神论并非无产阶级政党的专利,历史上曾出现各种宗教批评论和无神论,所以很有必要对之加以甄别和区分。"无政府主义者鼓吹在任何情况下都要对上帝开战,实际上是帮助了神父和资产阶级(正如无政府主义者实际上始终在帮助资产阶级一样)。马克思主义者应当是唯物主义者,即宗教的敌人,但是他们应当是辩证唯物主义者,就是说,他们不应当抽象地对待反宗教斗争问题,他们进行这一斗争不应当立足于抽象的、纯粹理论的、始终不变的宣传,而应当具体地、立足于当前实际上所进行的、对

---

[1] 《列宁专题文集:论无产阶级政党》,人民出版社2009年版,第176页。

广大群众教育最大最有效的阶级斗争。"① 关于马克思主义者是"宗教的敌人"之说，在马克思、恩格斯的理论中并没有找到根据，这应该说仅是列宁自己的观点而已。坚持并强调同宗教的斗争，这是列宁在其宗教观上的发挥，而不是马克思、恩格斯的原本思想。列宁坚持不能"陷入小资产者或自由派知识分子那种庸俗观念和机会主义，不要像他们那样害怕同宗教作斗争，忘记自己的这种任务，容忍对上帝的信仰"②。很明显，列宁在对待宗教的态度上形成了自己的思想和观点，并对苏联的社会实践产生了影响。

但在对宗教与社会主义、与无产阶级政党关系的认知上，列宁的思想也有很大的跳动和非常超前的想法，这与他以宗教为敌的观点又形成了鲜明的对照和强烈的反差。这从另一方面又说明列宁在探究处理这种关系的正确途径时非常大胆、敢于创新，体现出他对宗教的包容、开放和开明。例如，列宁在这篇文章中又以更大篇幅论及能否让宗教界人士参加无产阶级政党的问题，而且不仅是对于普通宗教信徒，甚至也包括宗教神职人员。列宁以其政治智慧对这种可能性进行了阐述，当然其考虑也比较周全。列宁说，"经常有人提出这样的问题：司祭能不能成为社会民主党党员。人们通常根据欧洲各社会民主党的经验对这一问题作无条件的、肯定的回答"。当时欧洲的社会民主党有着吸纳宗教人士入党的情况，列宁对这种经验加以分析，并与俄国的实际情况相比较，由此认为"这种经验并不仅仅是把马克思主义学说应用于工人运动的结果，而且也是由西欧特殊的历史条件决定的；这种条件在俄国并不存在（关于这种条件，我们到下面再谈），所以在这个问题上无条件的肯定的回答在我国是不正确的。不能一成不变地在任何情况下都宣布说司祭不能成为社会民主党党员，但是也不能一成不变地提出相反的规定"③。列宁随之表明了一种开放态度，认为应该根据具体情况来灵活把握，而

---

① 《列宁专题文集：论无产阶级政党》，人民出版社2009年版，第177页。
② 同上。
③ 同上。

第二十一章　论列宁《论工人政党对宗教的态度》中的宗教观　265

不必草率做出是与否的规定。但一旦存有这种可能，列宁则明确说出了其肯定的意见："如果有一个司祭愿意到我们这里来共同进行政治工作，真心诚意地完成党的工作，不反对党纲，那我们就可以吸收他加入社会民主党，因为在这样的条件下，我们党纲的精神和基本原则同这个司祭的宗教信念的矛盾，也许只是关系到他一个人的矛盾，只是他个人的矛盾，而一个政治组织要用考试的方法来检验自己成员所持的观点是否同党纲矛盾，那是办不到的。"① 这段表述毫无疑问已清楚说明列宁是同意让符合条件的宗教人士入党的，而且连宗教神职人员（司祭）也都可以入党，则更不用说对普通信教群众的开放了。但列宁也非常冷静地看到，"当然，这种情况即使在欧洲也是极其少有的，在俄国则更是难以想象了"。列宁在此只是认为这种情况颇为罕见，但如果真有这种情况，那么列宁的表态则是支持宗教人士入党的。这里，列宁也提出了允许宗教人士入党的必要条件，即以其维护党纲、执行党的任务为前提，这是对任何党员的基本要求和绝对命令。对照列宁在处理宗教问题上区分社会政治处境与精神意识状况这两方面，而且不同情况不同对待的思路，对允许宗教人士入党是否即有神论进入党内存在的问题，的确值得认真研究、仔细琢磨和慎重对待，而不可轻易、草率或过于匆忙地下结论。于此，我们还需认真、仔细地阅读、思考列宁在此问题上的明确立场和基本态度，找到稳妥、正确的思想指导和处理办法。此外，列宁已经非常清楚地表明，让宗教人士入党决不是允许其在党内来宣教，"如果这位司祭加入社会民主党之后，竟在党内积极宣传宗教观点，以此作为他主要的甚至是唯一的工作，那么党当然应该把他开除出自己的队伍"。列宁提出的界限非常清楚，既然政党是政治组织而不是宗教组织，那么其成员的责任和使命就只能是推行党的政治纲领、完成党的政治任务，而传教不是政治组织的本分，与政治使命毫不相干。很显然，列宁的这种表态已将政治信仰与宗教信仰完全区分开来，强调在政治组织信守的是政治信仰，执行的是政治任务，而不允许心有旁骛，因此宗

---

① 《列宁专题文集：论无产阶级政党》，人民出版社 2009 年版，第 177—178 页。

教人士服从、拥护、执行党纲是其可以入党的前提和先决条件。而对于宗教人士入党后个人信仰的问题，列宁在此也表达了非常开明和包容的态度。"我们不仅应当容许，而且应当特别注意吸收所有信仰上帝的工人加入社会民主党，我们当然反对任何侮辱他们宗教信念的行为"，这也就是明确地表述信教民众入党后仍可保留他们自己的宗教信仰，而无产阶级政党会对之采取尊重其宗教信仰的态度，而不允许侮辱他们的宗教信念。实际上，这段话的意思也就是说，宗教人士入党并不以放弃其宗教信仰为前提，他们可以带着自己的宗教信仰入党，但这只是其个人私下的信仰保留，而绝不可以让其在党内传教；至于对其个人保留的宗教信仰，党内同样应对之表示尊重，而不可加以侮辱。虽然规定了这一底线，但列宁也强调了让宗教人士入党的更主要方面，"我们吸收他们是要用我们党纲的精神来教育他们，而不是要他们来积极反对党纲。我们容许党内自由发表意见，但是以自由结合原则所容许的一定范围为限，因为我们没有义务同积极宣传被党内多数人摒弃的观点的人携手并进"①。非常清楚，列宁认为党内不是争论宗教信仰与否的场所，信教群众甚至神职人员如果符合条件则也可以入党，而且他们入党后还可以私下继续保留自己的宗教信仰，其他党员也应该尊重他们的宗教信仰；但是，这种党内自由是以"一定范围为限"的，党对此的底线是作为少数或极少数的信教人士入党后不能在党内公开宣扬他们的宗教信仰，无产阶级政党也不允许任何人在党内开展宣教活动，因为无产阶级政党"没有义务同积极宣传被党内多数人摒弃的观点的人携手并进"。列宁在这里对这一问题的主与次、组织与个人、多数与少数等关系都说得非常明确、清楚。所以，在思考、处理这一复杂而棘手的问题时，我们还需仔细阅读列宁的上述说明，设法真正弄懂列宁的真实意图。列宁说得非常清楚，宗教人士入党是政治选择而不是宗教实践，因为政党是政治组织而不是宗教团体，党作为政治组织要求所有入党者包括宗教人士必须对党忠诚、维护党纲，党欢迎宗教人士以入党方式来积极参加现实革

---

① 《列宁专题文集：论无产阶级政党》，人民出版社2009年版，第178页。

命使命，履行其政治义务，与此同时党尊重这些宗教人士的个人信仰，但丝毫不会给其在党内宣教留下任何空间，一旦发现有人在党内传教则会将之清除出党。而宗教人士入党后在任何场合都应坚持党的方针、维护党的利益、执行党的任务、遵守党的纪律则是理所当然、不言而喻的，而且他们还应该自觉接受党组织对其进行的党纲精神的教育，积极完成其从宗教信仰到政治信仰的转身。列宁的这种想法对我们今天考虑在民族宗教领域团结进步人士、积极引导宗教界爱党爱国，至少具有启迪、借鉴、思考、研究等意义。所以，不可将列宁反复论述的这一思想简单否定。

列宁坚持政治与宗教的区分，指出二者虽然有着复杂关联，却毕竟是各自不同的领域，不可简单混同。为此，列宁论及"社会主义是我的宗教"这种说法或相关声明，阐明了自己的观点。他认为，"这种声明确实背离了马克思主义（因而也就背离了社会主义），但是这种背离的意义和所谓的比重在不同环境下可能是不相同的。如果一个鼓动员或一个在对工人群众讲话的人，为了说得明白一点，为了给自己的解释开一个头，为了用不开展的群众最熟悉的字眼更具体地说明自己的观点，而说了这样一句话，这是一回事。如果一个著作家开始宣扬'造神说'或造神社会主义……那是另一回事。在前一种情况下，提出申斥就是吹毛求疵，甚至是过分地限制鼓动员的自由，限制他运用'教育手段'来施加影响的自由，而在后一种情况下，党的申斥却是必需而且应该的。'社会主义是宗教'这一论点，对某些人来说，是从宗教转到社会主义的一种方式，而对另一些人来说，则是离开社会主义而转到宗教的一种方式"[①]。列宁的分析客观、平实，注意到这两种倾向或可能。他不同意将社会主义等同于宗教，也反对用宗教来解释社会主义，但如果有人因其宗教背景等原因以宗教方式或象征理解作为向社会主义转变的过渡，列宁则表达了一种理解和谅解。其实马克思和恩格斯也曾经论及某些宗教如早期基督教与社会主义运动的相似之处，以此来加以比较理

---

① 《列宁专题文集：论无产阶级政党》，人民出版社 2009 年版，第 178—179 页。

解。而对于从社会主义立场滑向宗教的可能趋势，列宁则对之提出警告，并加以批评。列宁强调无产阶级政党的党性原则及其在意识形态、世界观上的基本立场，主张"无产阶级政党要求国家把宗教宣布为私人的事情，但决不认为同人民的鸦片作斗争，同宗教迷信等作斗争的问题是'私人的事情'"，并且反对"机会主义者把情况歪曲成似乎社会民主党认为宗教是私人的事情"。① 当然，列宁清楚知道，反宗教的斗争并不只是俄国社会民主党在开展，而在此之前早有各种形式的反宗教斗争，包括革命资产阶级的反宗教斗争，以及无政府主义者以空谈革命的方式推动的反宗教斗争；但列宁认为俄国资产阶级力量太弱，结果历史上这一反宗教的斗争就落在了俄国工人阶级政党的身上。列宁指出，"这些条件分两种：第一，反宗教的斗争是革命资产阶级的历史任务，在西欧，资产阶级民主派在他们自己的革命时代，或者说在他们自己冲击封建制度和中世纪制度的时代已经在相对大的程度上完成了（或着手完成）这个任务。无论在法国或德国都有资产阶级反宗教斗争的传统，这个斗争在社会主义运动以前很久就开始了（百科全书派、费尔巴哈）。在俄国，由于我国资产阶级民主革命的条件，这个任务几乎完全落到了工人阶级的肩上。"② "另一方面，资产阶级反宗教斗争的传统在欧洲已造成了无政府主义对于这一斗争所作的纯粹资产阶级的歪曲，而无政府主义者，正如马克思主义者早已屡次说明的，虽然非常'猛烈地'攻击资产阶级，但是他们还是站在资产阶级世界观的立场上"③；其结果是这些无政府主义者"在反宗教斗争中使革命的空谈达到登峰造极的地步"④，故而丝毫没有解决问题。除此之外，"第二，在西欧，自从民族资产阶级革命结束以后，自从实现了比较完全的信教自由以后，反宗教的民主斗争问题在历史上已被资产阶级民主派反社会主义的

---

① 《列宁专题文集：论无产阶级政党》，人民出版社2009年版，第179页。
② 同上。
③ 同上。
④ 同上书，第180页。

斗争排挤到次要的地位，所以资产阶级政府往往故意对教权主义举行假自由主义的'讨伐'，转移群众对社会主义的注意力。德国的文化斗争以及法国资产阶级共和派的反教权主义斗争，都带有这种性质。资产阶级的反教权主义运动，是转移工人群众对社会主义的注意力的手段——这就是目前西欧社会民主党人对反宗教斗争普遍采取'冷漠'态度的根源。这同样是可以理解的，也是理所当然的，因为社会民主党人的确应该使反宗教斗争服从争取社会主义的斗争，以对抗资产阶级俾斯麦分子的反教权主义运动"①。列宁虽然直截了当地提出了反宗教的斗争，这在马克思主义经典作家中是比较独特的，但列宁对之也有着非常具体的分析和界定，并没有将之扩大化或变为泛指。马克思早已认识到，其所处的西欧无产阶级革命时期，反宗教的斗争即对宗教的批判实际上早就结束了，所以马克思强调的是无产阶级应直接投入反对剥削制度的斗争，而这种斗争不再具有宗教的色彩，也不再针对宗教，而是政治、社会和法律意义上的斗争。由于列宁所处的俄国与当时西欧的情况显然不同，所以列宁因此才重提反宗教的斗争。列宁在此已经说明，"俄国的情况就完全不同了。无产阶级是我国资产阶级民主革命的领袖。无产阶级政党应当成为反对一切中世纪制度的斗争的思想领袖，这一斗争还包括反对陈腐的、官方的宗教，反对任何革新宗教、重新建立或用另一种方式建立宗教的尝试等。因此，如果说当德国社会民主党人把工人政党要求国家宣布宗教为私人的事情的主张偷换成宣布宗教对社会民主党人和社会民主党本身来说也是私人的事情时，恩格斯纠正这种机会主义的方式还比较温和，那么俄国机会主义者仿效德国人的这种歪曲，就应当受到恩格斯严厉一百倍的斥责"②。列宁正是根据当时俄国的情况而调整了西欧社会民主党的做法，突出了反对宗教、甚至反对革新宗教的主张，以适应俄国的国情。对于列宁的这一主张及举措，我们可以进行具体分析，但不应该轻易、轻率地作为通用模式来随意套用。

---

① 《列宁专题文集：论无产阶级政党》，人民出版社2009年版，第180页。
② 同上。

列宁回到马克思认为宗教是人民的鸦片的观点，并肯定俄国社会民主党在俄国杜马讲坛宣称宗教是人民的鸦片这种表态是正确的，他基本上是以此为基点来看待并处理宗教问题。应该承认，列宁的主张被俄共所接受并且加以推行，这在此后苏联的宗教政策中得以显现。其经验教训在今天仍然值得我们好好反思。列宁主张反宗教斗争的原因，还在于当时"教会和僧侣支持黑帮政府、支持资产阶级反对工人阶级的阶级作用"[1]，这是列宁不得不做出的回应。但尽管列宁持有对宗教斗争的看法，他也并不主张把无神论的结论发挥得过于详细，对之也有一定的分寸把握；其考虑是为了避免出现夸大反宗教斗争意义的危险，从而"会抹杀资产阶级反宗教斗争同社会党人反宗教斗争之间的界限"[2]。所以，当列宁注意到俄共党团内部讨论涉及宗教、无神论等相关情况时，就曾提醒说，"党团争论无神论问题，却没有正确说明宣布宗教为私人的事情这一著名的要求"[3]。可以说，列宁所论对宗教的斗争和无神论宣传，也是保持在一定范围之内的，而且他更多强调的是，要将这种对宗教的斗争和无神论宣传与俄共领导的无产阶级社会主义革命相联系，如何推进社会主义革命这一大业才是最重要的，其余一切都应归属于这一首要任务。列宁提出了宗教与社会主义社会、与无产阶级政党的关系问题，阐述了他自己的一些基本看法和相关思路，有着非常建设性的探索和贡献。但从全面来看，列宁尚未根本完成处理好社会主义与宗教关系的任务，马克思主义宗教观的这一理论及其发展在今天已经成为中国共产党的使命；为此，我们必须努力实现马克思主义宗教观的"中国化"，并真正建立其中国特色社会主义的宗教理论。

（参见笔者《经典作家关于宗教的基本观点研究》书稿）

---

[1] 《列宁专题文集：论无产阶级政党》，人民出版社2009年版，第181页。
[2] 同上。
[3] 同上。

下编 实践探索

第二十二章

纪念马克思诞辰 200 周年：论马克思宗教观的形成与发展

　　2018 年是马克思诞辰 200 周年。马克思的伟大思想带给中国 20 世纪发展的辉煌，并将为中国 21 世纪的前进继续提供重要指导。因此，马克思主义思想在中国的传播发展也是这一伟大真理结合中国国情的实践探索。中国共产党宗教工作取得的成就正是在马克思主义宗教观的引领下而获得的，是其中国实践和中国经验。对此，中国社会结合其社会主义革命及建设的实践来辩证地、发展地研究马克思主义宗教观则很有必要。马克思作为指导我们思想的一代伟人，其思想是顺应时代、社会的需求而成长、成熟的。马克思主义宗教观的形成亦有其辩证发展的过程。所以，我们首先应该回到其得以产生的时空之中加以历史性思考，由此才能够真正体悟马克思主义宗教观超越时空的伟大意义。对此，从探究马克思的宗教观的形成及其发展变化，我们就可以认识到其与历史、社会之背景的密切关联。马克思对宗教的认识及评价经历了历史性发展变迁，其思想认知并非静止的、抽象的。我们对马克思的宗教观必须正确认识，要持历史唯物主义的立场，而不能有历史虚无主义的误见。

　　如果摒弃历史虚无主义的抽象、僵化把握，那么马克思的人格魅力亦可从他对宗教的认识的发展变化上体现出来。马克思是马克思主义理论体系的创始人及奠基者，其伟大就在于结合社会实践来破旧创新，吸收人类智慧的养分而拓展升华，站在时代的前列，引领世界的发展。我们敬仰马克思这位开创了无产阶级革命事业、奠立了先进思想理论体系的伟人，但不能对之"神化"，而必须在人类历史发展、思想进步的历程中来体认、理解、敬佩马克思。我们只有认识到历史中真实的马克思，才能在中国实践中真正运用好马克思主义，发展出中国特色的社会主义理论体系。马克思的鲜活思想也体现在对自己宗教思想的体认、扬弃和超越之中。马克思出生在德国，为了适应当时欧洲排犹反犹的社会环境而求得生存，其家人不得不先后放弃其犹太教信仰而改信当时当地流行的基督教新教路德宗。马克思也在这种环境中于六岁时受洗成为基督徒。因此，马克思早年就表现出对宗教宽容和宗教信仰自由的认同及期望，后来也对其犹太民族及犹太教信仰有深刻反思。在1835年马克思所写的《青年在选择职业时的考虑》中，我们读到了青年马克思感人肺腑的文句："如果我们选择了最能为人类而工作的职业，那么，重担就不能把我们压倒，因为这是为大家作出的牺牲；……我们的幸福将属于千百万人，我们的事业将悄然无声地存在下去，但是它会永远发挥作用，而面对我们的骨灰，高尚的人们将洒下热泪。"[①] 在马克思为其一生立志时，他也在同篇文章中以肯定的口吻说道："宗教本身也教诲我们，人人敬仰的典范，就曾为人类而牺牲自己——有谁敢否定这类教诲呢？"[②] 由此可见，马克思从一开始并没有持绝对反对宗教的立场。从当时马克思对基督教的认识来看，马克思肯定基督教具有积极意义，而没有对之完全、彻底地否认。尽管马克思的思想成熟后对基督教有着非常尖锐的批评，却保持着非常客观、历史、辩证的审视。

马克思的宗教观发生重大转变始于他在大学期间，当时他接触到青年黑格尔派，并受到欧洲启蒙思潮的影响，于是在选择博士论文题目时专注于德谟克利特和伊壁鸠鲁的思想，由此发生从有神论向无神论的转

[①]《马克思恩格斯全集》第1卷，人民出版社1995年版，第459—460页。
[②] 同上书，第459页。

变。也正是从这个时候起，他不再抽象地谈论宗教，而是以唯物主义的方法结合观察社会来审视宗教，但他对宗教意义的认识也有相应的保留。面对欧洲宗教一统天下的状况，马克思坚决反对"把哲学带上宗教法庭的立场"，而欣赏伊壁鸠鲁对普罗米修斯给人类带来智慧的火种之肯定，视其为"哲学历书上最高尚的圣者和殉道者"。这里，马克思摒弃了神本主义而走向人本、人道的思想，强调"哲学并不隐瞒这一点。普罗米修斯的自白'总而言之，我痛恨所有的神'就是哲学自己的自白，是哲学自己的格言，表示它反对不承认人的自我意识是最高神性的一切天上的和地上的神。不应该有任何神同人的自我意识相并列"[①]。此时马克思高扬的是理性、人性，反对盲目迷信神性之举。这样，马克思开始将人本唯物主义与黑格尔的哲学辩证法加以有机结合，并尝试开辟自己的思想发展之路。但这一时期马克思主要是从思想上以历史哲学视野来剖析和研究宗教，他开始观察到社会对宗教的意义，但还没有将宗教的这种社会关联与人的政治经济发展紧密结合，尚未深刻认识到人的根本意义就在于人的具体社会存在。

马克思唯物主义宗教观的形成是在其进入社会政治领域、开始社会阶级分析之后。马克思最初受到黑格尔和费尔巴哈等人的影响，对受黑格尔影响的杜宾根学派和费尔巴哈的人本主义唯物论等有过专门研究。基于对当时欧洲社会经济状况和人的社会处境的科学分析，马克思最终扬弃了黑格尔和费尔巴哈的思想观念，因而形成了其辩证唯物主义和历史唯物主义的科学体系，并确定了以此来探究、界定宗教的思想格局和认知思路。从这种理论体系的基本定型来看，马克思的宗教观之确立，以其1843年完成、1844年初发表的《〈黑格尔法哲学批判〉导言》和《论犹太人问题》，1844年撰写的《1844年经济学—哲学手稿》和1845年撰写的《关于费尔巴哈的提纲》这四部著作为标志。

中国学术界对《〈黑格尔法哲学批判〉导言》是否代表马克思主义宗教观的确立存有争议，但笔者认为，如果细读其内容，可以明显地看

[①] 《马克思恩格斯全集》第1卷，人民出版社1995年版，第12页。

出该文已经非常系统地论述了马克思从历史唯物主义和辩证唯物主义角度对宗教的认知及分析,这也是其中一些关键思想后来被列宁看作马克思主义宗教观的"基石"之原因。当然,对于列宁的理解,我们还可以具体分析研究。马克思在此前所未有、非常鲜明地论及宗教与社会的关系问题,突出宗教是对社会现状之反映的观点,由此指出宗教批判只是对其赖以生存的社会、经济、法律和政治等之批判的先导而已;此即马克思在这一《导言》中所公开指出的,"就德国来说,对宗教的批判基本上已经结束,而对宗教的批判是其他一切批判的前提"①。所谓"批判"之说,是当时德国学术界所流行的一种表述,源自德国杜宾根大学对《圣经》所采取的评断方法,故称"杜宾根学派",其实质即一种"评断"方法或评断学理论体系。马克思借用了"批判"这一表述,将之由宗教批判转为社会政治经济法律批判。这里,马克思在谈到宗教时强调宗教只不过是现实社会生活中的人们对社会不公、压迫的一种叹息或者抗议,表达了对宗教信仰群众的同情和对产生其宗教之社会的批判。马克思只是在这样一种语境中才谈到了"宗教是人民的鸦片"。实际上,这种把宗教比作鸦片的说法在当时欧洲已经非常流行,不少启蒙学者、德国浪漫派思想家甚至教会人士都已有这样的说法,如诺瓦利斯、海涅在其作品中早已将宗教比作鸦片,马克思只是借用了这一比较形象的比喻,而充实了其蕴含的社会内容。此外,马克思针对费尔巴哈对人的抽象认识而在该文中指出,揭示人的社会存在乃至关重要,因为"人不是抽象的蛰居于世界之外的存在物。人就是人的世界,就是国家,社会。这个国家,这个社会产生了宗教,一种颠倒的世界意识,因为它们就是颠倒的世界。宗教是这个世界的总理论,是它的包罗万象的纲要,它的狂热,它的道德约束,它的庄严补充,它借以求得慰藉和辩护的总根据。宗教是人的本质在幻想中的实现,因为人的本质不具有真正的现实性。因此,反宗教的斗争间接地就是反对以宗教为精神抚慰的

---

① 《马克思恩格斯文集》第 1 卷,人民出版社 2009 年版,第 3 页。

那个世界的斗争"①。显然，马克思就批评了费尔巴哈抽象之人的说法，坚持从社会之人来分析人的宗教现象，其"反宗教的斗争"之实质即"反对以宗教为精神抚慰的那个世界的斗争"的意蕴已十分明确，这也是马克思所言"对宗教的批判是其他一切批判的前提"之真实蕴含。今天重温马克思的透彻分析和精辟论断，是我们对待宗教态度的正确指南和根本依据。总之，尽管其语言表达形式还存留有少许青年黑格尔派的习惯痕迹，《〈黑格尔法哲学批判〉导言》的基本思想和核心内涵却已经代表着马克思宗教观的成熟，因而对于马克思主义宗教观的理论体系整体具有开创和奠基意义。

《论犹太人问题》基本上是与《〈黑格尔法哲学批判〉导言》同时撰写和发表的。马克思的文章是针对青年黑格尔派主要代表布·鲍威尔的著作《犹太人问题》和《现代犹太人和基督徒获得自由的能力》，批评其抽象、空洞地看待民族、宗教问题，以及把犹太人的解放看作纯粹宗教问题的错误观点。马克思在此文中同样坚持要从人的社会存在及其现实社会生活中找寻宗教的存在、说明宗教的本质，这是其历史唯物主义研究原则的重申。这里，马克思说出了他的名言："我们不是到犹太人的宗教里去寻找犹太人的秘密，而是到现实的犹太人里去寻找他的宗教的秘密。"② 由于马克思本人就是犹太人，所以对这一问题的探讨就非常直接、极为深刻。马克思再次强调，国家的意义更多是社会政治方面的，宗教只是对这个社会某一方面的反映。因此，"一旦国家不再从神学的角度对待宗教，一旦国家是作为国家即从政治的角度来对待宗教，对这种关系的批判就不再是对神学的批判了。这样，批判就成了对政治国家的批判。在问题不再是神学问题的地方，鲍威尔的批判就不再是批判的批判了"③。所以说，马克思对待宗教问题的原则是，"我们不

---

① 《马克思恩格斯文集》第 1 卷，人民出版社 2009 年版，第 3 页。
② 同上书，第 49 页。
③ 同上书，第 26 页。

把世俗问题化为神学问题。我们要把神学问题化为世俗问题"①。显然,只有结合具体社会实际来谈论宗教才是符合马克思主义的,如果只是抽象地评论、界定宗教,只是单向性空洞地从意识层面来否定宗教、采取简单打压宗教的举措,那就离马克思主义的真精神相差甚远了!

《1844年经济学—哲学手稿》则代表着马克思宗教观的进一步深化,其特点就是提出了宗教与异化的关系问题。马克思在此认为当时的神学批判已经没有出路,因此对之基本上持否定态度。马克思指出,"神学的批判——尽管在运动之初曾是一个真正的进步因素——归根结底不外是旧哲学的、特别是黑格尔的超验性被歪曲为神学漫画的顶点和结果"。这种抽象而脱离实际的神学批判仍然陷于神学的樊篱,只不过是传统哲学的蜕变而已,"历史现在仍然指派神学这个历来的哲学的溃烂区本身来显示哲学的消极解体,即哲学的腐烂过程"②。所以,神学批判很难走出新路。如果今天仍然只是从神学批判上来界定、否定宗教,不顾其社会存在这一根本,岂不是又回到了马克思当年所批判的那种陈旧思想体系格局之中?此文最为精彩之处是马克思对宗教异化进行了透彻而精到的分析。马克思深刻指出,"在实践的、现实的世界中,自我异化只有通过对他人的实践的、现实的关系才能表现出来。异化借以实现的手段本身就是实践的"③。马克思不是空洞、抽象地谈异化,而于其中涵括复杂的现实内容。马克思看到了所谓异化与现实社会的复杂关系,并进而认为异化与人的实践有着密切关联,异化即这种现实性非真实的"外化的实现"。同理,如果说宗教是虚幻的异化现象,那么其异化的根源却是实在的。于此,我们也仍需要在社会现实中来寻找那种虚幻异化现象的实际根源。当人们彻底否定宗教时,殊不知在实质上也就根本否定了宗教所生存的那个社会了。马克思所明白指出的这种宗教现象与现实社会的逻辑关系,是非常值得我们在"批判"宗教时深

---

① 《马克思恩格斯文集》第1卷,人民出版社2009年版,第27页。
② 同上书,第113页。
③ 同上书,第165页。

思的。

《关于费尔巴哈的提纲》标志着马克思彻底跳出费尔巴哈的抽象人本主义宗教理论,对费尔巴哈的局限性进行了理论清算。马克思关于费尔巴哈的提纲共十一条,直接论及宗教的有第四、六、七条。这三条提纲体现出马克思宗教观的精髓。在第四条提纲中,马克思指出,费尔巴哈关于宗教之自我异化理论的意义在于他看到了宗教反映出人的自我异化,但他对人的异化理解没有找到其根本所在,其理解的是抽象之人,却不知其世俗基础的关键在于世俗社会的存在。费尔巴哈理解的"世俗基础使自己从自身中分离出去,并在云霄中固定为一个独立王国,这只能用这个世俗基础的自我分裂和自我矛盾来说明"[①]。而马克思则把对宗教的认知与其世俗社会的联系相结合,从宗教的异化看到其世俗基础的异化,并指出其实质就是社会的异化,因此宗教异化的最根本解决之途就是要消除社会异化、消灭产生这种异化的社会制度。在第六条提纲中,马克思指出,费尔巴哈所说宗教反映出"人的本质"只不过是抽象之人的自然本质,而"人的本质不是单个人所固有的抽象物,在其现实性上,它是一切社会关系的总和"[②]。马克思为此强调要从社会存在上来剖析人的本质,指明人的本质就是人的社会性、人的社会存在,是人的社会关系之总和。脱离社会则无宗教本质可言。在第七条提纲中,马克思认为与宗教相关联的一切包括人的"宗教感情"都是社会的产物,都与存在社会密切关联。"'宗教感情'本身是社会的产物",而所谓"抽象的个人",也是"属于一定的社会形式的"[③]。所以,只有从社会存在及其社会关系的总和来看待人的宗教信仰,才是真正的马克思主义者。这样,问题已经不是如何来"解释世界,问题在于改变世界"[④]。以往的解释性哲学遂发展为实践性哲学。

[①] 《马克思恩格斯文集》第1卷,人民出版社2009年版,第500页。
[②] 同上书,第501页。
[③] 同上。
[④] 同上书,第502页。

综合而言，马克思的宗教观在这四篇著作中已经基本奠立，此后马克思的相关新著，以及与恩格斯的相关合著，都是这一宗教观的扩大和深化。其核心就是基于宗教赖以依存的社会来看待、评断宗教，意识到宗教问题是社会问题的反映，因此解决宗教问题并不能靠对宗教的抽象否定或简单打压，而评断宗教也必须与分析社会有机结合。脱离具体社会处境来谈论宗教的性质、想出治理宗教的举措，甚至简单地打压、制止宗教，绝不是马克思主义对待宗教的态度。在纪念马克思诞辰 200 周年的当代中国，准确、科学地理解马克思主义的宗教观，运用于我们今天中国特色社会主义建设的伟大实践，积极引导中国的宗教与我们社会主义社会相适应，基于我们的社会实际及时代现实来正确判断、对待宗教，是新时代中国特色社会主义宗教理论的应有要义之所在，对于我们当下中国社会的与时俱进、创新发展乃至关重要。

（参见《马克思宗教观的形成与发展》，《中国宗教》2018 年第 5 期。）

第二十三章

马克思主义宗教观的社会历史背景

导论：如何正确理解马克思主义宗教观

研究马克思主义宗教观这一问题非常有意义。一方面，该问题与我们生活的社会环境密切相关；另一方面，在中国社会科学研究中也有着这样一块专门的研究领地。尽管宗教对不少人来说可能会比较陌生，但作为社科研究领域的人员则非常有必要去了解和关注这个问题。目前我们国家对宗教有很多模糊的认识，所以，在社会上很多人会谈"宗"色变，有种特别紧张、陌生、异样的感觉，而这种感觉也影响着我们的学术研究和社会发展。我个人认为，我们无论研究哪个领域都要以马克思主义为指导，包括对宗教的研究。马克思主义的精神智慧是我们一定要坚持的，当然我们要理论结合实际地坚持马克思主义。于是，怎样理解马克思主义宗教观也就显得十分重要。

现在对马克思主义宗教观的理解存在着许多争议，有着很多种不同的看法。正如毛泽东同志《在中国共产党第七次全国代表大会上的口头政治报告》（1945年4月）所说："我们历史上的马克思主义有很多种，有香的马克思主义，有臭的马克思主义，有活的马克思主义，有死的马克思主义，把这些马克思主义堆在一起就多得很。我们所要的是香的马克思主义，不是臭的马克思主义；是活的马克思主义，不是死的马克思主义。"① 自称是马克思主义的非常之多，不少还以自己为权威或标准来指责他人是非马克思主义。但是，到底什么才是真正的马克思主义、什么是我们应该坚持的马克思主义，这一点到现在也还没有达成共识。所以，当自诩的所谓"马克思主义者"在进行辩论时，马克思本人则曾经说"我不是马克思主义者"。这句话意味深长，也就是说，马克思反对那些对他的思想进行歪曲、脱离其思想本意的做法。在此意义上，我们研究马克思主义，尤其是研究马克思主义宗教观，就应该回到马克思自身关于宗教的论述、回到马克思论述这些思想时的社会文化背景、回到马克思本人对这个问题的体验经历和认知发展中去。只有靠这样一种"还原式"的研究态度，我们才能真正弄清楚马克思主义宗教观到底是什么、处于怎样的状况。这是我们研究的一个基点，而在这个基点上我们就应该考虑我们应该从马克思主义宗教观中学习什么，是学习它关于一些具体问题的具体说法或者在当时给出的答案，还是学习马克思思考问题的科学方法，以及马克思主义宗教观思想体系的精神核心和理论真谛？这对我们当前发展而言也是比较重要的。最后，我们还要考虑我们研究马克思主义宗教观只是一种空谈呢，还是为了我们这个社会的发展，为了处理好中国现实中的宗教问题？这些都是我们探讨马克思主义宗教观时应该探索和思考的问题。

现在全世界70亿人中间约有60亿的人信仰各种各样的宗教，不管这些人的信仰虔诚程度有多大或者多小，但起码是名分上的宗教徒。2011年由国家统计局、国家宗教局和世界宗教研究所联合进行的宗教调研，根据十多万份问卷采样而得出的结论，已经提醒我们中国信仰各种宗教的人数已经大约为总人口的1/5。尽管如此，传统上认为全世界不信仰宗教的人大多数还是集中在中国。这样一来，中国人多把自己的国家视作没有宗教氛围的国度。这种把中国说成是没有宗教的民族，是在大约一百年前也就是"新文化运动"时期著名的学者梁启超提出来的说法，而他的这种说法主要是针对他的老师康有为要复旧而提出来

---

① 《毛泽东文集》第3卷，人民出版社1996年版，第331—332页。

的。康有为在维新变法运动失败之后提倡要用孔教作为我国的国教,而梁启超则对这种说法非常反感。这是因为梁启超在流亡日本期间接触到了马克思主义,主张社会的进步、革新而不是复古、倒退。在此意义上,可以说梁启超是第一个把马克思主义引进中国的人。他与康有为针锋相对而提出孔教不是宗教,中国根本就没有宗教,故而也就没有必要立孔教为国教。这种中国不需要宗教的说法影响了中国一百年的发展,"新文化运动"的很多领军人物都是赞同他的这种说法的,如当时中国共产党的创始人之一的陈独秀建议以科学代宗教,北京大学校长蔡元培先生提出以美育代宗教,此后冯友兰先生主张以哲学代宗教,而梁漱溟先生则认为可以用道德代宗教。总之,宗教在中国好像就没有它的地位和它的历史,按照梁启超的说法,宗教乃"专指迷信信仰而言",而中国则早已超越了这种低级发展。不过,这些说法风靡也没有几年,这些领军人物就纷纷改变了自己的观点,例如后来梁漱溟、梁启超都对佛教颇有好感,主张中国人也可以信仰佛教。梁启超此后甚至还一度赞成立孔教为国教之说。但是,他们关于中国"无宗教"的说法却延续了下来,尤其是1949年以后更成为中国社会主流的说法,而且这种说法就是现在依然有着很大的影响,所以,这就势必涉及我们对中国宗教的认知。

但是,我们在思考中国宗教问题时也会关注世界宗教的发展,会追问世界上近60亿宗教徒的信仰根源究竟在哪儿呢?对此,有一个很著名的对中国文化也感兴趣的西方学者孔汉思(Hans Küng)引起我们的关注,他曾跟中国的海外华人学者秦家懿合写了一本著作《基督教与中国宗教》,并在这本书中提出了"三大宗教河系"的理论,认为世界宗教的起源都与水有关,其兴起之源为三大河系。第一大宗教河系是幼发拉底河—底格里斯河系,这一河系产生了先知型的宗教,这类宗教坚持绝对一神的信仰,形成了世界上最重要的犹太教、基督教和伊斯兰教等信仰传统,其中犹太教是绝对一神教中最早的宗教,约21亿信徒的基督教是现在世界上最大的宗教,而伊斯兰教因拥有13亿穆斯林而为世界第二大宗教。第二大宗教河系就是恒河流域,本来包括印度河和恒河，这一河系产生了神秘、多元的南亚宗教，如古代印度的吠陀宗教、婆罗门教、印度教、佛教等，形成了南亚非常丰富的宗教生活，到现在还对世界社会产生着重大的影响。第三大河系也是两条河，即我们国家的长江和黄河，这一河系产生了儒教（尽管现在儒教是不是宗教还有争议，但不管怎么说，在中国历史上包括梁启超在内的很多人曾经都认为儒教是教，中国有过儒释道三教，而且曾三教合一）、道教，以及受中国文化影响而在日本产生的神道教，"神道"的观念本身就是从中国传统文化中得来的。在此，我们会发现，今天世界各地存在的各种各样具有古代文明性质的宗教，一般都是从这三大宗教河系中产生而来的。古代的埃及、古希腊罗马虽曾有过他们宗教的非凡时期，但是并没有延续下来。当代世界除了原住民的宗教，以及新兴宗教之外，在人类各族仍然比较活跃的宗教都是从这三大宗教河系发展而来的，也就是说，都是在亚洲这片土地上产生的。以亚洲这样的宗教文化背景来让我们重新认识中国的宗教问题，确实是值得反省我们的宗教认知的。现在仍有人非常反感"灵性"这一表述，但如果我们认为中国就是没有、也不需要这种"灵性"资源的话，那么在世界精神文化的博弈中，我们会不会处于劣势地位、会不会被边缘化呢？对此至少值得我们认真反思。

马克思主义宗教观应该说基本上是基于西方文化的土壤而产生的。这种西方文化的影响使马克思主义宗教观的三个主要代表人物马克思、恩格斯、列宁都是在西方，尤其是在欧洲社会文化语境中来谈宗教的。这是我们要看到的一个基本现实。虽然当年的苏联地处欧洲和亚洲，但是它的文化特色基本上还是欧洲的。所以，从文化传统上我们不可能把苏联或者今天的俄罗斯归入亚洲国家来看待。我们必须承认，马克思主义的基本理论还是在西方，具体来说就是在欧洲这片土壤中产生出来的，它的思想渊源、基本元素是从西方的文化中酝酿出来的，因此本来也是一种典型的"西学"，是革命意义上的"西学东渐"。这样，当我们在与西方文化进行对话，或者说进行对抗的时候，我们也应该看到马克思主义理论体系的"西学"性质，但同时也可以感叹我们中华文化体系能海纳百川、包容西学。当代中国以马克思主义作为我们的指导思想是一个非常开明、而且是非常了不起的行为，因为我们有五千年悠久历史的文化能够放下身段来迎接马克思主义，并将之作为我们的核心价值体系来崇敬。马克思主义对于我们来讲是中心指导思想。但是这里也有一个不能回避的问题，即马克思主义与中国的文化本土之间有一个如何适应水土的问题，也就是说，马克思主义在中国的时空处境中也要"中国化"，即应该接地气；如果不强调这样一种"中国化"，不使之为中国的现实服务，那么接受一种抽象的、脱离具体时空背景的马克思主义也就会成为一种"全盘西化"的做法。我们在研究马克思主义时一定要认识到它的欧洲文化背景，抓住它的思想文化特质和典型方法，如此才能使之为我们这样的社会历史文化发展起到指导作用。这是我们认识马克思主义或者说马克思主义宗教观的一个基本知识氛围；如果我们不了解这样的一个氛围，不认清其社会历史背景，我们就会在研究中迷失方向。

当然，马克思主义在中国作为指导思想，也使我们认识到了中国文化的开放、包容和重构特征：既然我们能够吸纳西方文化中马克思主义这样一个优秀的思想体系，那么对于世界上其他也是优秀的、先进的精神思想文化体系，中国同样是可以欢迎和包容的。从这个意义上来说，马克思主义在中国的成功给我们带来了未来发展吸纳世界优秀文明的无限空间。对此，我们在学习、掌握马克思主义宗教观上也可以体现出来。

在研究马克思主义宗教观时，今天社会上也存在着这样一种舆论，即把马克思主义抬到了一种完全"神话"的地位，如认为马克思作为一位战斗的无神论者，对宗教持彻底的批判和反对态度，从而与宗教毫无关联、泾渭分明。在理解马克思主义宗教观时，大家经常会用马克思的一句名言"宗教是人民的鸦片"来给其定位。其实，这种看法对马克思本人的思想以及对马克思主义思想体系，都是非常肤浅的理解。一些人在崇敬马克思、坚信马克思主义时也走向了极端，即实际上把马克思"神话化"了。我们知道历史上有过的造神运动，我们在坚持马克思主义宗教观的同时也决不能再搞"造神"运动，不能把马克思"神话化"，也不能将马克思主义教条化、形而上学化。我们承认马克思是一个伟人，是在欧洲乃至整个西方思想文化中站得高、看得远的伟人，但他毕竟是一个出自具体的历史氛围中的一个伟人，因此不能把他和他的思想"神话化"，不能将之脱离实际来套用。这是我们今天在中国研究马克思主义时需要注意的。

基于上述这样一些思考，我们回过头来看待马克思主义宗教观，就会有的放矢、理论联系实际。因此，对马克思主义宗教观的理解，应该基于对人类历史文化现象及其优秀成果的反思与总结。马克思主义理论体系不是一种孤立的思潮，而与人类思想文化、特别是西方思想文化有着密切关联。但马克思主义可以走出西方，成为开放、发展的体系，这样才能够"放之四海而皆准"。因此，我们在这里对马克思主义宗教观的理解是一种开放性、探索性和学术性的理解。而我们在准确把握马克思主义宗教观的思想要素时，了解其社会历史文化背景则十分必要。

一 马克思主义宗教观的社会历史文化背景

（一）古希腊思想渊源

在中华民族为自己的文明而骄傲的时候，我们也一定要看到古希腊思想为人类做出的贡献。希腊人曾经说过"太阳底下无新事"，其对世界的认识与思考已经把一些基本的问题和基本的范畴确定了下来，后人只是跟着来不断地深化和发掘的。雅斯贝尔斯在谈到人类文化发展的"轴心时代"时，就谈到了希腊哲学的重要性。我个人认为这种说法还是有一定的道理的，因为我们今天的研究在思想框架上仍然没有超越古希腊哲学的基本范畴，我们还是顺着它的思路在"接着说"。从这个意义上而论，希腊思想确实很伟大。

古希腊思想史上主要有这样一些代表人物，他们对马克思产生了很大的影响。第一个人物是赫拉克利特，列宁评价他为"辩证法的奠基人之一",他强调"火"是万物的本原,而其最核心的思想则是认为"一切皆流""一切皆变";他最能让人记住的名言就是"人不能两次走进同一条河流"。这种辩证法的思想,在今天我们都还在坚持,马克思主义思想体系有两大基本内容:历史唯物主义、辩证唯物主义;其中辩证唯物主义中的辩证思想,即辩证法的渊源就在于赫拉克利特。

马克思也注意到古希腊哲学中的唯心主义哲学传统。其中毕达哥拉斯就是一个对于古代思想学科非常具有综合性的人物,我们今天所说的"哲学"这个词就是从他这儿来的,哲学原初也就是"爱智慧"的意思,这是最早对哲学的定位。从苏格拉底开始的发展就是我们所说的西方唯心主义传统。但对"唯心主义"的翻译实质上并不准确,是有些偏离其原意的,唯心主义是由 idealism 翻译来的,而 idea 实际上是指理念,因此在今天的语境中我们经常把它翻译成理念主义、理念观或"相"思维。苏格拉底强调人的主体意识、强调人要有自知,通过认识自己的无知而表达出一种主体的思维,也就是从苏格拉底开始了人之主体意识的萌生。苏格拉底的学生柏拉图提出了前面所说的 idea(理念),同时他还提出了一个对于宗教学研究非常重要的概念:theology(神学),这个词的本意是对神性这种本体进行逻辑的分析和论述,在此意义上这个词就带有宗教研究的蕴含,所以这个词在西方哲学史上是有丰富涵盖和久远影响的,其所表述的"神学"并不是基督教的专利,基督教只是在此词产生一千多年之后于中世纪经院哲学鼎盛时才开始用的。而柏拉图的弟子亚里士多德对哲学最重要的发展就是形式逻辑和西方形而上学体系。形而上学(metaphysics)在中国的文化语境中也是有一定的误解的,按照中国经典中"形而之上谓之道,形而之下谓之器"的说法,从而把形而上学看成是一种玄学,看成一种僵死的、孤立的认识方法;其实这种看法已经离开了形而上学的本意。Metaphysics 的原意是"物理学之后",始于亚里士多德学派的弟子安德罗尼柯在三百多年之后把亚里士多德关于哲学的著作放于其物理学著作之后而取之名。从这个词的引申意义上来说形而上学探讨的是在具体的物质之上,之后的那些本原性、超验性的东西,也称为"在物质之后",这样以来形而上学就体现了一种抽象思维的能力，可以研究人之经验以外的对象。这种抽象思维的能力对于哲学体系的建立是非常重要的，可以说，此类辩证的、抽象的思维基本上是在亚里士多德这里定型的。这种唯心主义（理念主义，理想主义）传统对马克思、恩格斯来说也具有非常大的冲击，恩格斯就谈到像亚里士多德这样的人物就是"古代世界的黑格尔"，因为马克思的思想最初曾深受黑格尔的影响，黑格尔的辩证法的根源是在古希腊，黑格尔的唯心体系或者理念体系的根源也在古希腊。

此外，古希腊唯物主义传统也曾给马克思主义的思想路线奠基。其中德谟克利特的原子说开创了西方哲学唯物主义的传统，所以，列宁认为马克思主义理论体系走的是"德谟克利特路线"，即把世界的本原看作一种物质的东西。当然，原子本原论随着现代科技的发展而早已被超越，也就是说，物质究竟是以何种形态存在还是可以探究的，世界到底是由什么构成的对于我们来说还是一个巨大的问号，因为针对"物质"之说而也有"反物质"之究。而正由于人们探索的无穷无尽，在西方话语中间传统的"唯物"或者"唯心"之理解也已经被超越了。因此，我们在研究原子论时也要注意到原子表述的相对性。

对于马克思最终走向唯物主义有着直接影响的就是伊壁鸠鲁，在伊壁鸠鲁的思想中体现了唯物论、启蒙思想和感觉论等内容，而在宗教意义上伊壁鸠鲁也对"神"进行了一种批判。他认为"神"在本体上可以理解为"一个不朽和幸福的实体"，但人"关于神的肯定都不是从感觉得来的概念，而是虚妄的假定"。马克思在其博士论文中曾说："伊壁鸠鲁是最伟大的希腊启蒙思想家。"[①] 但马克思对伊壁鸠鲁的唯物主义同样也持有批判性审视，而非简单盲从。恩格斯对古希腊哲学发展有句总结性的话："如果说希腊古典哲学的最终形式（尤其是伊壁鸠鲁学派）发展为无神论的唯物主义，那么希腊的庸俗哲学则发展为一神论

[①] 马克思：《德谟克利特的自然哲学和伊壁鸠鲁的自然哲学的差别》，《马克思恩格斯全集》第1卷，人民出版社1995年版，第63页。

和灵魂不死说。"① 由此而论，马克思主义无神论的体系正是从这一起点发展而来的。马克思对"神"的理解是与相关宗教的社会文化处境相关联的，所谓"神"并非抽象、空洞的，而是反映其社会存在中"人"的"本质"之存在的特征，故而有着复杂的社会历史、国家民族的实在"内容"。马克思说，"关于神的存在的证明"是"一个几乎已经声名狼藉的题目"，"黑格尔曾经把这一神学的证明完全弄颠倒了"，因为他"对由世界的存在到神的存在的推论作了这样的解释：'因为偶然的东西不存在，所以神或绝对者存在。'但是，神学的证明恰恰相反：'因为偶然的东西有真实的存在，所以神存在。'神是偶然世界的保证。"在这种辩论中，"对神的存在的证明不外是空洞的同义反复"。不过，马克思指出，这种看似抽象、空洞的讨论对于具体社会存在的人而言却是"一种实在的存在"，谈论者有自己具体的现实社会文化处境，其"神"论与其社会文化、民族国家的特性相关联。于是，"这东西作用于我，就这种意义上说，一切神，无论异教的还是基督教的神，都曾具有一种实在的存在"。② 而一旦离开其现实社会历史处境，这种对"神"的谈论则毫无意义。"要是你把你所信仰的神带到另一些神的国家去，人们就会向你证明，你是受到幻想和抽象概念的支配。……如果有人把温德人的某个神带给古代希腊人，那他就会发现这个神不存在的证明。因为对希腊人来说，它是不存在的。"这种思想已经孕育着唯物史观的闪亮火花。马克思强调说，"一个特定的国家对于外来的特定的神来说，就同理性的国家对于一般的神来说一样，是神停止其存在的地方"。因此，"对神的存在的证明不外是对人的本质的自我意识存在的证明，对自我意识存在的逻辑说明"③。这里，马克思的想法与费尔巴哈人本主义无神论的观点惊人的相似，有着思想上的共鸣。由此，马

---

① 恩格斯：《布鲁诺·鲍威尔和原始基督教》，《马克思恩格斯文集》第 3 卷，人民出版社 2009 年版，第 594 页。
② 《马克思恩格斯全集》第 1 卷，人民出版社 1995 年版，第 100 页。
③ 同上书，第 101 页。

克思已经接近了唯物史观的无神论思想，他总结说，"在这个意义上说，对神的存在的一切证明都是对神不存在的证明，都是对一切关于神的观念的驳斥。……'因为非理性的世界存在，所以神才存在。''因为思想不存在，所以神才存在。'但这岂不是说：谁觉得世界是非理性的，因而谁本身也是非理性的，对他来说神就存在。换句话说，非理性就是神的存在"①。尽管在此尚未直接论及人的社会存在决定人的意识及宗教信仰这一唯物史观的基本原理，却已对讨论"神"这一问题上人的思想虚幻性和人的社会存在之实在性有了非常天才的说明，故而这种"神论"极为精辟，并非纯空洞的臆想，而关涉信仰者的现实存在。今天关于"有神"与"无神"的问题仍然争论得很厉害，但我个人认为，这两方面的讨论都仍然没有离开也不可能回避"神"论；为此，"有""无"之争首先就有必要弄明白所针对的这个"神"是如何理解的，只有说清楚如何理解神、看待神，这样的争论才有意义，要不然就是无的放矢、没争到根本上。

（二）法国大革命和战斗的无神论

1. 法国无神论

在法国近代思想传统中，启蒙思想家伏尔泰有个非常形象的说法：宗教的产生就是"傻子遇上了骗子"；神职人员被看作是骗子，而信仰宗教的人员则被看成是傻子。另外，他也不是彻底的无神论者，因为他曾指出人在宗教信仰中间"没有上帝，也要造出一个上帝来"。恩格斯曾经对伏尔泰关于宗教的思想进行了概括和批判："简单地说它是骗子手凑集而成的无稽之谈，是不能解决问题的。要根据宗教借以产生和取得统治地位的历史条件，去说明它的起源和发展，才能解决问题。对基督教更是这样。"②

---

① 《马克思恩格斯全集》第1卷，人民出版社1995年版，第101—102页。
② 《马克思恩格斯文集》第3卷，人民出版社2009年版，第592页。

2. 法国大革命

法国大革命推翻了传统的东西,比如说废除教会特权和基督教格里历法(公历),建立"革命宗教"和"革命节日":如以1792年9月22日为历元;定十二个月分别为葡月、雾月、霜月、雪月、雨月、风月、芽月、花月、牧月、获月、热月、果月,并将日期上的圣徒名字用植物名来代替。法国的无神论由此也发展到"战斗的无神论"。但当时对传统宗教也有"革命"的替代品,如曾出现"革命神话""革命崇拜""革命宗教"等。托克维尔(Alexis de Tocqueville)在其总结法国大革命的著作《旧制度与大革命》中曾有相关描述;原德国巴伐利亚州文化部长迈耶尔(Hans Maier)在其总结法国大革命两百周年的专著《革命与教会》中也描述了"革命宗教"的意义及其兴亡。[①] 法国大革命之后新生的资产阶级掌权,随之又重新利用宗教。拿破仑于1801年与罗马教廷缔结政教协约,使法国恢复了天主教信仰,但他不再恢复教会原有权威,其经典一幕是1804年12月2日拿破仑在巴黎圣母院自戴皇冠,并自为其皇后加冕;他于1806年恢复公历。这样,法国大革命曾兴起的"革命节日"和"革命宗教"都销声匿迹,一切又恢复了传统。但从拿破仑开始开创了政教关系的新阶段:即政教协约的阶段。

法国的社会革命和政治思潮,是马克思主义社会政治关注的一个重点,其涌现出的理论及实践都给马克思留下了深刻印象。而且,在法国大革命及随之的欧洲启蒙运动中,不仅出现了思想上的解放,也涌现出关于宗教宽容的各种学说,这些社会变动及思想运动,都给马克思此后关于宗教的论说带来深刻影响。

(三) 黑格尔思想体系及费尔巴哈的人本主义唯物论

1. 黑格尔的辩证法和发展观

黑格尔的体系是唯心主义体系,在德国古典哲学中具有标志性的意

[①] Alexis de Tocqueville: L' Ancien Régime et la Révolution, 1856; Hans Maier: Revolution und Kirche, 1988.

义，但是他的辩证法和发展观却深得马克思的欣赏，并被马克思的理论体系所吸纳、改造。可以说，黑格尔的发展观作为马克思主义思想的哲学来源之一而得以扬弃性继承，这种"发展"意识的传承从马克思主义的发展观一直到今天中国的科学发展观，其给人的启迪是非常深刻的。此外，辩证法作为黑格尔思想的"合理内核"也被马克思所创造性地继承和发展。在其哲学传承上，我们可以领悟到古希腊哲学和德国古典哲学是对马克思主义哲学影响最大的两种传统。而且，黑格尔的思想通过青年黑格尔派而对马克思主义有过更大影响，如"杜宾根学派"及其展开的圣经批判研究，就吸引过马克思、恩格斯等人对早期基督教的历史及性质做过专题探讨，特别是恩格斯对《圣经新约》时代的历史及早期基督教的产生有过许多具体且非常专业的研究，这种宗教史研究不仅推动了相关领域的学术进展，并且引发了许多重要的思想史和社会史研究。

2. 费尔巴哈的人本主义唯物论

费尔巴哈的一些思想，包括对宗教本质和来源的一些看法也是非常深刻的，曾引起马克思、恩格斯的巨大共鸣；但是他的见解在唯物论和辩证法意义上都不够彻底，无法根本说明宗教的本质问题。所以，马克思主要是吸收了费尔巴哈的唯物主义思想，而对他的其他思想，尤其是人本主义的宗教观则主要是给予批判的。也正是这种对费尔巴哈的批判，使马克思更加关注人的"社会"性质、经济生存，走上了创立马克思主义思想体系之途。

因而我们可以说，马克思主义的历史唯物主义和辩证唯物主义吸纳了前人的思想，并不是凭空产生出来的。其中最关键、最直接的哲学内容就是吸收了黑格尔的辩证法因素和费尔巴哈的唯物论思想，是对德国哲学思想的批判性继承和扬弃性发展。所以，如果我们不透彻地了解黑格尔和费尔巴哈的思想，不对欧洲思想史加以相应的梳理，也就无法从思想根源上说清楚马克思主义的思想体系，也不可能真正理解马克思关于宗教的表述。

二　马克思主义宗教观的形成与发展

（一）马克思家庭的犹太教传统和转宗基督教的变化

马克思是犹太人，其家庭有着犹太教背景和犹太文化传统。不少犹太人在迁徙欧洲后因为社会压力、文化适应和从业需要而不得不转宗基督教，马克思的家庭在德国同样也经历了这一变化。因此，马克思本人从小就受到犹太教和基督教的影响。在探究马克思的思想底蕴时，我们也应该关注到这些方面的宗教文化影响。

1. 犹太教文化影响：

犹太人是非常精明睿智的民族，犹太人的宗教文化历史也是非常深厚、悠久的，有着非常多的精神想象和思想观念。特别是犹太教的宗教思想传统给人类宗教思想史带来了巨大影响。今天所言"亚伯拉罕传统宗教"即犹太教、基督教和伊斯兰教的思想渊源，有不少因素都可以追溯到犹太教的思想传统，在其精神元素中找到答案。比如，在犹太人的文化影响中，其宗教传统的绝对一神观念、末日审判预言、千年王国期盼、拯救和解放思想的存在，以及犹太民族文化共同体和原始社团共在等社会生存模式，都可以在马克思的思想和语言表述中体悟得到。马克思主义并不是纯而又纯地由马克思一个人那儿产生出来的，而是吸纳了他所在的历史文化环境和思想传承，在社会实践和革命运动中通过提炼和改造而产生出来的。由于有这些复杂、曲折的传承和演变，我们研究共产主义理论体系，如果彻底离开了犹太教的文化影响，脱离相关的思维模式及语言框架，那也是说不透的。

2. 欧洲历史上对犹太教的歧视和马克思全家改宗基督教的变化

出生在德国的马克思一家在当时欧洲排犹反犹的社会环境中颇有生存的压力，他们不得不先后改信当地流行的基督教新教路德宗，马克思的父亲亨利希·马克思（Heinrich Marx）于1817年改宗基督教，放弃了其民族传统的犹太教；当时马克思还没有出生。其母亲则因为尊重自己父亲的信仰而仍为犹太教徒，在等其父过世后也于1825年改宗基督教。马克思本人则于1824年即六岁时受洗成为基督徒，1834年还行了基督教的坚振礼。从马克思的家庭宗教背景和生平来看，基督教对于马克思思想的形成还是有一定程度的影响的。在马克思的眼中，基督教也并不是完全的、彻底的被否定的东西，他强调尽管教会做了很多不好的事情，但是毕竟它保存了西方的文化，提倡一种爱的信仰。从这个意义上来说，马克思对基督教的看法也是一分为二的，他对基督教的批判是从一种内在性的批判出发的，其反对的是异化为社会上的反动力量的那种国家教会或政治性教会，而至少对与"共产国际"相似的早期基督教抱有好感或同情态度。马克思并不否认在自己思想发展上曾经有与基督教的这种关联，甚至在与自己的家人或朋友开玩笑时称自己为"好基督徒"。[①] 尽管马克思后来对基督教有非常尖锐的批评，却也并非对之全然、绝对的否定。其实，古今基督教会内也有不少神学家、革新家同样尖锐地批评过基督教。因此，我们要回到历史的本原，认识到马克思本身的宗教经历，这样就可能会对马克思的宗教观有一个比较客观、更加清楚的了解。

（二）马克思求学期间受到古希腊唯物论的影响

马克思思想的转变主要是在他求学期间，尤其是在他写博士论文期间。他此时开始受到古希腊唯物论的影响，特别是受到德谟克利特和伊壁鸠鲁思想的影响。所以，马克思的博士论文就是写《德谟克利特的自然哲学和伊壁鸠鲁的自然哲学的差别》。他重点研究了伊壁鸠鲁的思想，称他为"最伟大的希腊启蒙哲学家"。从这个时候起，他开始反省自己对宗教的认知，开始从唯物主义的角度审视宗教和社会。但是，这也不能说马克思就此完全抛弃了以往的思想，从其思想情感和文字表述的语气来看，他还是在有些方面对以往的认知加以了相应的保留，有其内在精神的延续性保存。

[①] 参见英文版：Marx – Engels Works, London：Lawrence and Wishart 30：61，32：663。

（三）马克思唯物宗教观的形成

马克思唯物宗教观的形成有一些基本的理论表述，不过，马克思没有专门深入、系统论述宗教的著作，他关于宗教的思想阐述比较零散，但在众多著述中仍有四本非常重要的著作值得我们进行梳理和研究。

在马克思主义理论形成的早期，比较重要的论述宗教思想的著作是他的《〈黑格尔法哲学批判〉导言》。此文非常系统地论述了对宗教的认知，其中一些思想曾经被列宁看作马克思主义宗教观的"基石"。至于列宁的理解是否准确，我们还可以研究。在中国国内，人们对这篇论文也有不同的看法：有人认为这是马克思历史唯物主义宗教观的代表作，也有的人认为文中思想和语言表述仍然还停留在青年黑格尔的思想水平上，其行文突出的也是青年黑格尔派比较典型的表示方式。我个人认为，马克思在《〈黑格尔法哲学批判〉导言》中基本上把其对宗教的认知说清楚了，这里面包含有马克思的很多非常重要的想法，比如说，宗教是对社会现状的反映，宗教批判只是对其他批判如社会批判、政治批判的先导而已；而且，他还谈到宗教只不过是现实社会生活中的人们对社会不公、压迫的一种叹息或者抗议，一旦转向社会、政治和法的批判，对宗教的批判则已经结束；在这样一种前后关联的语气中，马克思才谈到了"宗教是人民的鸦片"。当然，这种把宗教比作鸦片的说法在当时欧洲是非常流行的说法，因此并不是马克思的首先发明。

第二篇著述是《1844年经济学—哲学手稿》，在这篇著作中，马克思的思想进一步深化和成熟。第三篇著述是《关于费尔巴哈的提纲》，这里面有马克思跳出费尔巴哈抽象人本主义理论局限而从社会意义上论宗教的精彩阐述，也是马克思对其唯物主义认知非常重要的一个表述。第四则是其巨著《资本论》，在这部著作中，马克思从意识形态批判进入了社会经济角度的批判，深入人类社会的经济存在来看其意识形态的种种表现。我们知道，马克思主义理论体系的三个主要组成部分乃有机相连，一个是哲学，一个是政治经济学，再一个就是科学社会主义，它们之间实际上是有一条线相关联、相贯通的。我们在认识马克思主义宗教观时，对这四篇著作的研读应该是非常关键的，而且，我们从中还可以梳理马克思主义思想发展不同阶段的认知，以及其理论的不断提高和深化。

（四）恩格斯唯物宗教观的形成

恩格斯也是出身于一个基督教家庭，其祖父是德国新教著名的巴门教区的创始人之一，其父也担任过当地教会学校的校长，因此曾受到其家庭中严格的加尔文派虔诚主义的影响，只是在中学时代受其教师人道主义、自由主义的启迪才开始逐渐摆脱家庭宗教教育的约束。青年恩格斯在其社会生活中看到了当地资本主义工厂制度同宗教虔诚主义的密切关联，因而对之颇为反感，这是其在当地工厂的经历使他下决心专门去深入了解工人的社会存在状态，并以其在英国的调研而写下了关于英国工人阶级状况的著作。恩格斯早年就对《圣经》研究很感兴趣，此后又受施特劳斯《耶稣传》等研究的影响而决定告别宗教，一度成为泛神论者，最终因倾向黑格尔的辩证法和费尔巴哈人本主义唯物论的立场而成为彻底的无神论者。[①]

恩格斯实际上比马克思投入了更多的精力和思想来研究宗教问题，尤其是对早期基督教和《圣经新约》的研究非常专业、极为独到。而恩格斯的唯物宗教观的形成也是可以通过其相关著作而得以表述和阐明的。

恩格斯最早论述宗教的著作是 1843 年所写的《英国状况》（评托马斯·卡莱尔的《过去和现在》）；第二部著作是他写于 1850 年的《德国农民战争》；第三部著作是他写于 1876 年的《反杜林论》。恩格斯还专门研究了早期的原始基督教与早期无产阶级革命的关系，曾撰写了很多著述来研究、阐述这些问题，其中最为典型的就是《布鲁诺·鲍威

---

① 朱传棨：《恩格斯哲学思想研究论稿》，人民出版社 2012 年版，第 42—49 页。

尔和原始基督教》，这是他专门对早期基督教的分析和评价；此外，恩格斯于1886年所写的著作《路德维希·费尔巴哈和德国古典哲学的终结》，则代表了恩格斯历史唯物主义、辩证唯物主义思想的成熟。其中对宗教问题的阐述也非常系统、透彻。

（五）列宁的宗教观

列宁一生主要进行的都是社会主义革命的实践，他为此而讨论了一些非常关键的理论问题，其中自然也涉及宗教。在列宁对宗教的论述中，有三篇文章非常重要，即《社会主义和宗教》（1905）、《论工人政党对宗教的态度》（1909）、《各阶级和各政党对宗教和教会的态度》（1909），其中前两篇文章是他论述宗教最为关键的文章。这两篇文章都是列宁在十月革命之前对宗教与社会主义及无产阶级政党到底是怎样的一种关系的深刻思考，从这个角度来看，列宁的宗教观主要体现在探讨宗教与社会主义及无产阶级政党的关系上。今天已经有很多人在谈社会主义与宗教、谈无产阶级政党与宗教的关系，但是从很多人的言述来分析，他们要么根本就没有读这两篇文章，要么就是没有真正读好、读懂这两篇文章，要么则对这两篇文章中的有些内容故意加以回避或无意忽略了，但这些表现都不是科学的态度。列宁在此已经为我们提出了非常严肃和重要的问题，我们的回答及态度则会直接对宗教与无产阶级政党、与社会主义社会的关系产生影响。

综合来看，《资本论》为马克思和恩格斯密切合作的思想结晶，此书不仅是对资本主义的客观分析和对科学社会主义的论证，而且代表着马克思主义宗教观的重要发展和基本成熟。此后马克思的主要精力就从抽象的思想批判转向了非常实际且具有实证意义的政治经济学研究和社会的经济及结构问题探讨，而这正是我们今天认识社会的最关键之处。

如上所述，马克思主义宗教观是在欧洲社会文化历史的熏陶中结合他们自己的社会阅历和教育过程所达到的一种"自觉"或"觉醒"。这种科学宗教观的形成既得益于他们对西方思想文化的批判性吸纳和扬弃性传承，也更是源自他们所投身的无产阶级革命实践。"实践出真知"，我们要实现马克思主义宗教观的中国化，则必须深入地参与中国特色的社会主义革命及建设的伟大实践。

（原载《信仰探索》，首都师范大学出版社 2015 年版，本文有删节。）

第二十四章

马克思主义理论体系的"宗教"理解

马克思主义对宗教的理解,是把宗教及其起源和发展置于整个社会的经济发展之中去分析,根据宗教借以产生和存在的历史条件来说明。从对社会生产力和生产关系、经济基础和上层建筑等深入研究的高度,马克思、恩格斯剖析了宗教的本质,提出了从社会存在探讨社会意识、从现实社会寻找宗教秘密的研究原则。结合中国实践,我们则可以从当代中国对马克思主义宗教观的理解和这一理论体系的"中国化"发展这两个方面来进行探讨。

一 当代中国对马克思主义宗教观的基本理解

在19世纪欧洲社会经济条件和历史发展背景下,马克思、恩格斯对"宗教"有很多非常精辟的论述。综合而论,如下两点对中国政界和学术界影响最大,讨论最多。

其一,恩格斯对宗教本质的理解。

一般而言,我国许多人,尤其是党政部门的宗教研究者将恩格斯在《反杜林论》中所说的一段话视为马克思主义对"宗教"的定义:"一切宗教都不过是支配着人们日常生活的外部力量在人们头脑中的幻想的反映,在这种反映中,人间的力量采取了超人间的力量的形式。"① 恩格斯的这一表述在内容上以及在形式上都比较符合宗教的本质，因为它包含了理解宗教本质、确立宗教定义的一些主要因素，例如把信仰"支配着人们日常生活的外部力量"作为宗教的独特思想观念，把"幻想的反映""超人间的力量"作为宗教的典型表现形式，把"支配着人们日常生活"作为"人间力量超人间化"、变为陌生可怕的"外部力量"这一宗教异化的社会原因，等等。这里，恩格斯对宗教的理解基本上与当时西方认知氛围相吻合，其对宗教的界说亦体现出西方学术界对之内涵小、外延大的特色。不过，一些当代中国学者却认为，宗教并不单纯是个人对某种超人间、超自然力量的信仰崇拜，而且还是某种与社会结构密切相关的、表现为集体行为的社会力量。例如，吕大吉先生就指出："恩格斯的这个论断在揭示宗教观念的本质上是很科学的，不足之处只在于它没有涉及宗教还是一个包含诸多因素的社会现象和社会体系，因而它不能作为关于宗教的完整定义。"② 为此，吕大吉基于恩格斯的上述表述而加以补充，提出了自己对宗教的如下定义："宗教是把支配人们日常生活的外部力量幻想地反映为超人间、超自然的力量的一种社会意识，以及因此而对之表示信仰和崇拜的行为，是综合这种意识和行为并使之规范化的社会体系。"③ 在这种表述中，我们可以看到其将宗教划分为两种因素、四个层次：即宗教的内在因素和外在因素，其内在因素包括宗教的思想观念和感情体验这两个层次，其外在因素则为宗教的行为活动和组织制度这两个层次。若进而分析，则可发现宗教的内在因素即宗教意识，其外在因素即宗教形体。其中宗教的思想观念是其结构体系的核心所在，处在最深层，它亦包括宗教的情感和体验；处于中层的为宗教的崇拜行为和信仰活动；处在最外层的则为宗教的组织与制度。吕大吉先生对"宗教"的定义比较符合大多数中国人的认知心态，其特点是内涵大、外延小，从而反映中国学者对

---

① 《马克思恩格斯选集》第3卷，人民出版社2009年版，第354页。
② 吕大吉：《关于宗教本质问题的思考》，《中国社会科学》1987年第5期，第96页。
③ 同上书，第95页。

宗教的界定不如西方学者那样宽泛。在中国的认知语境中，只有具有组织形态、群体共在的宗教建构才被视为严格意义上的"宗教"。于是，中国人一般认为宗教在中国信者不多，影响不大，甚至觉得没有或少有宗教信仰是中国社会及中华民族的典型"特色"。这种认知与世界其他民族的宗教认识形成了明显反差，因此，许多民族认为是宗教的现象，在中国却并不承认其"宗教性"。把宗教社会组织建构视为宗教的典型特征，与宗教信仰这种思想精神情感表达的"宗教性"区别开来，使中国对这种信仰现象有多种表达形式，如"民间信仰""民俗习惯""非物质文化"甚至"封建迷信"等，从而在理论政策上对"宗教信仰自由"与"宗教自由"也有不同的理解和把握。实际上，如果真要弄清宗教的本质或其基本特点，还需回到恩格斯的上述论断来仔细琢磨、反复推敲。

其二，马克思对宗教社会作用的认知。

同样，我国许多宗教研究者将马克思在《〈黑格尔法哲学批判〉导言》中的一段名言看作马克思对宗教社会作用的评价。马克思说："国家、社会产生了宗教即颠倒了的世界观，因为它们本身就是颠倒了的世界"，"宗教里的苦难既是现实的苦难的表现，又是对这种现实的苦难的抗议。宗教是被压迫生灵的叹息，是无情世界的感情，正像它是没有精神的制度的精神一样。宗教是人民的鸦片"。[①] 这段论述被许多人看作马克思主义对待宗教本质及其社会作用的基本观点和态度。但值得提醒和考虑的是，如果不看到这一论断是马克思针对19世纪欧洲资本主义社会中某种宗教情况具体而言，如果不认识到当时劳动人民被压迫、无产阶级政党肩负着"推翻一个旧世界"的重任，宗教在当时或是被统治阶级作为安慰/安抚老百姓的工具、或是被作为被压迫者反抗当时剥削制度的旗帜，如果不体现"宗教是人民的鸦片"所包含的具体社会内容和阶级含义，而拘泥于其字面理解并将之用来与我们20世纪下半叶以来中国社会主义社会中现存宗教情况对号入座，那么就会在理论

[①] 《马克思恩格斯选集》第1卷，人民出版社1995年版，第1—2页。

逻辑上和社会现实中使我们陷入不可避免且极为难堪的两难选择：即，要么不承认宗教存在的社会经济和阶级根源已发生了根本改观，由此同情宗教以"消极"之态所表达的愿望，所追求的解救，同意它的"叹息""感情""表现"和"抗议"，而把我们自己的国家和社会作为"颠倒了的世界""现实的苦难""无情世界"和"没有精神的制度"来从根本上加以否定。有的人认为不能这样来理解，却并没有进而指明究竟应该如何来另加说明；因为按照马克思主义的理论推断，宗教自身没有"本质"，其"本质"乃"人的本质"，反映了人的"社会关系"的总和，而"反宗教的斗争间接地也就是反对以宗教为精神慰藉的那个世界的斗争"，①对宗教的批判实质是对其得以产生的"苦难世界"的批判。在马克思主义论"宗教"的语境中，其对"社会""阶级""人的世界"的分析总是放在首位的，是最根本的。在此，马克思的"宗教批判"为虚、"社会批判"为实，是以对宗教的"同情"来揭示其改造社会之主题。这种逻辑关联无法回避、更不能推翻。在这一语境中，宗教与社会的关系不能被拆开或割断，人们不应该"否定宗教"却"肯定社会"，因为马克思的清楚立意乃"同情宗教"、否定产生这种宗教的"社会"。或者，我们要么强调我们国家社会制度已根本改变了这种人间惨景而达到了普遍的正义、公平，并用事实来明确证实由此所带来的宗教影响之普遍减少和宗教存在之日渐消失，但真实情况又并非如此。为此，我们不能改换思路或逻辑，而必须持守马克思的上述思路及逻辑。在马克思这一表述的语义逻辑中，宗教存在及影响的大小乃与社会的好坏成反比关系，即社会发展越好，宗教的存在和影响就越小，而社会状况越坏，宗教的存在及影响就越大。人们在此不可能抛开马克思的社会分析而光谈宗教发展的认识根源或原因。然而，宗教在社会主义中国的存在和发展完全是一个不争的客观现实，令人已无法回避。因此，运用马克思主义不能生搬硬套，而必须"与时俱进"。实际上，马克思对宗教这一社会政治层面的认识就其思想本意和其行文语气来看也不

---

① 《马克思恩格斯选集》第 1 卷，人民出版社 1995 年版，第 1—2 页。

是要否定宗教，而是否定当时使宗教得以产生和存在的现实社会。我们分析宗教必须与其社会分析密切关联，这是马克思主义在宗教问题上的核心思想和基本方法。马克思强调前因与后果的逻辑关联，一旦前提已变，原来的这种后果也就不复存在，否则就会出现逻辑矛盾。社会变了，其宗教的意义、功能、作用乃至本质亦会有重大或根本性改变。这是我们对宗教的社会分析所必须坚持的。而且，宗教的社会分析必须与其认识分析和文化分析有机结合，形成多层次、全方位的宗教观。

列宁领导的布尔什维克党开始了无产阶级掌握政权的尝试，并且取得了成功。其对"宗教"的理解，亦是与彻底批判和推翻剥削阶级的统治的斗争相联系的。从这一意义上，列宁提出"宗教是人民的鸦片——马克思的这一句名言是马克思主义在宗教问题上的全部世界观的基石"。① 在英译中，马克思所论为"opium of the People"，列宁所论为"opium for the people"，所用的不同介词引起了其意义上的微妙变化。在此，列宁将"宗教"理解为旧社会的残余，认为"宗教对人类的压迫只不过是社会内部经济压迫的产物的反映"，而随着这种压迫制度的消失，宗教也会自然消亡。于是，列宁首次提到了"社会主义"和"宗教"的关系问题。对此，他规定了两个基本原则：其一，"就国家而言，我们要求宗教是私人的事情……国家不应当同宗教发生关系，宗教团体不应当同国家政权发生联系。任何人都有充分自由信仰任何宗教，或者不承认任何宗教"；其二，"对于社会主义无产阶级的政党，宗教并不是私人的事情。我们的党是觉悟的先进战士争取工人阶级解放的联盟。这样的联盟不能够而且也不应当对信仰宗教这种不觉悟、无知和蒙昧的表现置之不理。……从我们来说，思想斗争不是私人的事情，而是全党的、全体无产阶级的事情"②。列宁看到了社会主义与宗教之

---

① 列宁：《论工人政党对宗教的态度》，见《列宁专题文集 论无产阶级政党》，人民出版社 2009 年版，第 171—172 页。旧译本译为"宗教是麻醉人民的鸦片"，新译本去掉了"麻醉"二字。

② 列宁：《社会主义和宗教》，见《列宁专题文集 论辩证唯物主义和历史唯物主义》，人民出版社 2009 年版，第 221—222 页。

关系的重要性，提出了在社会主义条件下如何对待宗教的问题。但由于列宁去世较早，这一问题在原苏联和东欧一些社会主义国家并没有很好解决，基本上是以一种"敌对的"或"敌意的"态度来看待和处理宗教，从而在其长期的宗教政策中实际上将宗教推到了其对立面，导致宗教力量成为其潜在的对抗力量。原苏东国家从未认真思考这一关系问题，而且其失误亦带来了惨痛的教训。对此，值得认真反思和研究。总体来看，列宁对待宗教在价值层面上持否定态度，在社会层面上则高度重视。

二　马克思主义宗教观的"中国化"发展

我国的宗教理解和宗教政策在改革开放之前基本上按照列宁的这种思路而发展，在不承认宗教存在的长期性上，亦受到其一定程度的影响。具体政策有两大侧重：一方面，在社会、政治层面与宗教界开展了统一战线、协商合作；另一方面，则在思想、理论层面对宗教意识和思潮展开了批判。但在事实上，亦有与列宁所论不完全相符之处。例如，我国国家政权实际上与宗教团体是有某些联系的，这反映了中国历史上政教关系的特色及其文化传统的延续。中国历史上"政"管"教"一直都很"直接""具体"，不存在西方传统中的"政教分离"。马克思主义经典作家批判了西方社会"政教合一"的传统，但也指出了在西方历史发展进程中所出现的"政教对立"。也正是在这种对比中，西方社会主流最终选择了"政教分离"，但其"分离"显然也很不彻底。而中国历史传统却与西方截然不同，中国社会政教关系长期以来是处于一种"政主教从"的状况，即以"政"为"主"，以"教"为"辅"，政府、政权实施对宗教的管理，而这种"管理"作为一种政治传统已保留至今，并无本质变化。因此，我们应有对中国历史上这种政教关系之独特性的了解和分析。在中国社会主义实践中，中国的宗教理论和政策受到列宁相关思想的影响，但有些实践则因中国国情和传统而已远远超出其理论之界。

中国改革开放以来，马克思主义宗教观获得了重要理论突破，开始形成其中国化发展，人们对"宗教"的理解亦越来越深入、真实和正确。中国面对的关键问题，仍然是如何认识和处理社会主义社会的宗教问题。而在马克思主义宗教观上的重大突破，则是将宗教存在的长期性放到认识宗教问题"最根本"的位置上来。江泽民同志指出："宗教的存在有着深刻的社会历史根源，将会长期存在并发生作用。""宗教走向最终消亡可能比阶级、国家的消亡还要久远。"因此，分析和把握世界宗教"最根本的是宗教存在的长期性"。江泽民同志的这种分析极为深刻，对我们理解宗教亦意味深长、令人深思。这里，中国共产党领导人对宗教的认识显然有着新的深化，即在探究宗教与社会的关联上进而意识到宗教乃人类社会的一种基本属性，或许并不一定直到社会"出了问题"或社会"落后""不义""颠倒"才产生宗教，而是看到宗教乃人之社会性的一种独特却正常的表现，是人类社会进程中的一种自然而然的发展，故也有其必要、正面和积极的社会价值和功能。马克思主义经典作家对宗教的社会负面反映则主要基于西方资本主义社会阶级压迫和剥削之中的宗教现象，这种宗教及其社会批判有其专指，但不可简单地将之普泛化。因此，我们对今天中国社会的宗教现象则应有一种"平常心"的态度，至少应对之也有一种"中性""中肯""客观"的审视和评价。实际上，如果真正能体会到江泽民同志讲宗教问题根本是"长期性"上的深刻蕴含，看到宗教存在可能比阶级、国家还要久远，那么正确理解、对待宗教的问题也就不难解决了。

为了更好回答列宁提出的"社会主义与宗教"这一理论和现实难题，中国当代马克思主义者结合中国社会主义革命及建设的实际而开始深刻分析、研究宗教存在的长期性、宗教问题的群众性和特殊复杂性，并对之提出了"新思想、新论断、新概括"。时任国家宗教事务局局长的叶小文同志曾在《对社会主义社会宗教问题的再思考》一文中认为，"江泽民同志2001年12月10日在全国宗教工作会议上的讲话，集党中央第三代领导集体坚持和发展马克思主义宗教观、正确认识和处理社会主义时期宗教问题的基本观点和基本政策之大成，是'三个代表'重要思想的'宗教问题篇'或'社会主义的宗教论'"。① 这种"社会主义社会宗教论"的提出，说明中国共产党正在认真思考和回答"坚持唯物主义和无神论的执政党，在社会主义条件下如何对待宗教"的问题。其基本理论架构是把握住宗教的相关特点来提出相应举措："'根本是长期性'，所以要'积极引导宗教与社会主义社会相适应'；'关键是群众性'，所以要'全面正确地贯彻执行宗教信仰自由政策'；'特殊的复杂性'，所以要'依法加强对宗教事务的管理'。"② 这种构思对正确认识宗教存在有着重大指导意义，亦会启发人们在透彻认识宗教本质、正确理解宗教上达到新的升华和突破。"社会主义与宗教"是一个老命题，但要讲准、讲透"社会主义的宗教论"则需要许多新思想。

江泽民同志曾强调指出："宗教作为一种社会现象，具有漫长的历史，在社会主义社会也将长期存在。宗教走向最终消亡也必然是一个漫长的历史过程，可能比阶级和国家的消亡还要久远。"对宗教长期性的认识乃对宗教发展规律性的认识。既然宗教在我国社会主义社会仍将长期存在，那么我们就应基于维护社会主义祖国安定团结、长治久安的现实眼光来看待、研究和处理好宗教在中国的真实存在及发展变化。我国老一辈宗教人士在社会主义建设进程中已逐渐形成适应社会主义社会、与我党和政府积极合作的态势，而新一代宗教人士则是在我国社会主义初级阶段这一历史时期中诞生、成长的。因此，我国现阶段的宗教存在已与社会主义制度建立之前的宗教有着本质不同的社会基础。如果我们的宗教工作和研究仍局限于过去的思想认识框架，仅从负面、消极的意义上来看宗教，以宗教的逐渐减弱和势必消亡作为考虑现阶段问题的基点，则会出现偏差和失误。实际上，我国宗教并未随着社会主义社会的发展而根本减弱，相反还在继续延续，并随着我国改革开放的不断扩大而明显发展。这种现象已不可能用"历史的惯性"或"历史的遗留"

---

① 叶小文：《对社会主义社会宗教问题的再思考》，《中国宗教》2003 年第 1 期，第 9 页。

② 参见叶小文关于"社会主义社会宗教论"的以上论述。

来解释，而有着更深刻的社会原因。我国现阶段的宗教是我国社会改革、发展过程中的宗教，这说明社会主义社会仍然具有宗教存在的基础，仍显示出宗教发展的客观必然性。

根据这一具体国情和时代特点，我们必须发展马克思主义宗教观，即客观、有效地将之与中国社会主义初级阶段宗教方面的实际相结合，真正"解放思想，实事求是"。随着宗教在我国的不断发展变化，我们的宗教工作和研究也应该与时俱进、与时俱新。结合现阶段我国宗教存在的实际，我们有必要系统而深入地思考并建构在我国开放的社会主义市场经济条件下、在全球化发展的国际环境下我们关于宗教问题的基本观点和基本政策。也就是说，我们应该纠正和调整以前单从意识形态角度和"旧社会残留"之认知来看待宗教的理论观点，而必须从宗教与社会的关系及其发展演变这一基本理论层面上给我国宗教以准确的再定位。这种"定位"不仅要从思想信仰的层面上来评价、判断宗教命题及相关知识的真伪，也应从社会功能的层面上来分析、研究宗教对于现代社会的意义和作用。而且，这种"定位"乃旨在努力调动宗教为适应相关社会形态而在历史上形成的所有正功能和积极影响，尽量避免其可能的负功能和消极影响，以便最大限度地发挥其在当代中国社会中维护稳定、造福社会、安抚人心、补益德治、增强诚信、有益教化的积极作用。

"社会主义与宗教"是我们宗教工作和宗教研究的一个重要主题，处理好宗教与社会主义的关系乃意义重大、影响深远。列宁当年提出了这一问题，并有着相关分析和设想，但当时社会主义尚未成功，因而列宁的相关构想仍需要其社会发展之实践的检验。而我国宗教则将长期存在于社会主义社会，并会对我国众多社会群体和广大人民群众产生影响，所以我们有条件、也有实践来积极回答列宁所提出的"社会主义与宗教"这一问题。不可否认，由于观念和认知上的局限，我国宗教在一定程度上被置于当代社会的边缘，甚至成为与社会主流隔离、遭受冷落的一块"飞地"。这种现实处境及其强烈反差使宗教与中国社会主义社会之间的关系仍不够协调、尚未达适应；由此引起的相关问题越来越从宏观整体上、从大局上成为我们的担忧之点、心病所在，为此而付出的经济与社会成本及代价也明显升高。所以，我们必须沿着"积极引导宗教与社会主义社会相适应"这一重要思路，进一步丰富和发展马克思主义宗教观，在创新我国社会主义初级阶段的宗教理论和方针政策上获得新的突破。做好宗教工作，积极引导宗教与我国社会主义社会相适应，对于引领广大信教群众积极、主动地投身于中国社会主义伟大事业，维护社会和谐与稳定，巩固中国共产党的执政地位，使中国顺利步入世界舞台的中心，都至关重要。我们只有锐意创新，积极进取，才可能变被动为主动、化消极为积极，避免使宗教问题演变为影响我国社会主义现代化进程、影响中华民族振兴的国际国内焦点问题。

"积极引导宗教与社会主义社会相适应"，主要是考虑如何发挥宗教的正面社会功能和价值意义，号召我国宗教界人士努力挖掘、弘扬各宗教中的积极因素，为社会稳定、民族团结、祖国统一、经济发展多做贡献。在这种"积极引导"中，我们应坚持求同存异、增进沟通和理解、保有对话开放的鲜活之态。面对多极世界和多元文化，作为开放社会一员的中国已不可能强求"价值一律"，而应力争在多元并存的社会思想文化氛围中唱好主旋律、引领新潮流，搞好新时代的"大统战"，指挥社会"大合唱"形成"和谐之声"，避免"独唱"变"绝唱"。因此，这种"积极引导"必须"鼓励支持一切有利于解放和发展社会主义社会生产力的思想道德，一切有利于国家统一、民族团结、社会进步的思想道德，一切有利于追求真善美、抵制假恶丑、弘扬正气的思想道德，一切有利于履行公民权利与义务、用诚实劳动争取美好生活的思想道德"。[①] 根据这种正面"引导"，我们应该认识到宗教乃包含有"弘扬祖国传统文化精华"和"吸引外国优秀文明成果"这两个方面的重要内容，从而重新审视宗教文化的价值和意义，看到其与精神文明建设的内在联系，以便能够客观地、正确地把宗教文化的精华作为我国当前

[①] 引自《光明日报》，1996年10月14日第1版，"中共中央关于加强社会主义精神文明建设若干重要问题的决议"。

社会主义文化和精神文明中的一个组成部分来看待。自党的"十六大"召开以来，中国共产党理论创新、与时俱进，结合中国社会现实情况，洞观世界的当代发展，在党中央的英明领导下，对马克思主义的宗教观有了新的探索、新的理解和新的发展，其突出特点就是努力使宗教在中国社会成为正能量、有着正功能，尤其是强调积极引导宗教与社会主义社会相适应，以调动、协调一切积极因素来构建中国和谐社会，争取实现世界的和平与和谐。

（原载《中国社会科学院马克思主义研究论丛》下册，社会科学文献出版社 2007 年 5 月版。）

第二十五章

当代马克思主义宗教观研究应关注的几个问题

马克思主义宗教观是在马克思主义哲学的理论基础上建立起来的宗教理论，在我们的宗教理论研究和宗教工作中具有根本性的指导地位。经过在中国当代国情中长达数十年的理论及实践工作，我们已深深体会到以科学态度及方法来研究马克思主义宗教观的重要性，真正领悟到马克思主义宗教观中国化和与时俱进的独特意义。在全球化的世界氛围中，在中国走向世界、积极促进其和谐发展的时代大潮中，马克思主义宗教观的研究也正面临着新形势，遇到不少新问题。为此，我们理论工作者必须要挺身而出、面对挑战，并以科学态度来解答、解决各种问题。

目前中国理论界、学术界在马克思主义宗教观的理解、研究上也存有分歧，有认知上的不同。因此，如何准确地弄清楚马克思主义宗教观究竟是什么，如何以马克思主义宗教观来解释宗教的历史发展及社会意义，以及如何运用马克思主义宗教观来协调、指导我国当前的宗教政策和宗教工作，真正起到宗教与社会主义社会相适应的积极作用，这些都是马克思主义宗教观在"中国化"进程中必须认真考虑、科学解答的基本问题。

马克思主义宗教观的当代研究必须关注并解答如下三个层面的问题，我们应该深入探究与之相关的发展走向，做出相应的理论思考。

一 马克思主义宗教观的研究首先应该是还原性研究

马克思主义理论体系是在相关的社会环境和历史背景中形成、发展的。我们对待马克思主义理论体系应该具有科学的态度和辩证发展的认识。因此，认识马克思主义宗教观也应该还原到马克思主义经典作家在其社会和历史时空中究竟是怎样说的，力求对之有原原本本的了解。例如，我们现在应用的、由中央编译局重新根据德文翻译出版的 MEGA 版《马克思恩格斯全集》，就是一种还原性回归和展示。这一新版又称历史考证版，其特点就是根据马克思、恩格斯的手稿来研究经典作家最初究竟是怎么说的，又是如何调整、改动的。在这一"还原"的探究中，我们会发现马克思自己的思考和修改，恩格斯对马克思文稿的修改、变动和他自己的发挥性阐释，这在《资本论》第二、三卷中尤为典型。同样，在重新整理、翻译《列宁全集》时，我们也可以看到列宁思想的变化，以及列宁对马克思、恩格斯文稿理解上的添加、变动。列宁在阅读马恩经典时有时根据俄文译本，有时则根据德文原版自己翻译，其中有一些就是其发挥性的意译。以这种还原性研究的方式，我们才能真正弄清马克思主义的脉络神髓，克服片面性、教条式的理解。马克思、恩格斯和列宁是伟大的无产阶级革命家、理论家，是伟人，但毕竟也是人，我们绝对不应该将他们神化。我们坚持马克思主义，但不能将之教条化、神学化。如果我们在强调遵循马克思主义基本原理的同时却将其经典作家偶像化、神明化，则大错特错了。把马克思、恩格斯、列宁加以神化，势必影响、破坏马克思主义理论体系的生命力和科学性。我们要真正坚持、运用马克思主义，这种还原性阅读和研究就是其理论前提和方法论保证。

二 马克思主义宗教观的研究应该是分析性研究

在研究、理解和运用马克思主义宗教观时，必须防止两种错误：一是断章取义，把马克思主义的论断加以肢解，随心所欲地为己所用，根本不顾马克思主义经典作家表述的整体关联和上下文呼应；二是抽象理解，不考虑马克思主义经典作家相关论述的时空背景、社会处境，不去关注其表述、批评等的"专指"、社会关联性，而对其相关论断加以滥用、滥套。例如，对马克思关于"宗教是人民的鸦片"的机械理解和解读，会导致以这句话来批判宗教，并将之随意套用到我们今天的中国社会——出现这一问题的原因就是没有仔细研讨马克思《〈黑格尔法哲学批判〉导言》的整体结构、上下文关联和对宗教与社会关系的强调。人们在以这句经典表述来批判当今中国的宗教时，却忘了马克思主义宗教批判的核心本质在此是社会批判，即根本目的是要批判产生这种宗教的社会。必须看到，马克思主义活的灵魂是具体问题具体分析，实事求是。我们对马克思主义宗教观的研究也应该是分析性的、辩证的、理论联系实际的。对于马克思主义经典作家关于宗教的论述，就应该具体分析这些经典作家是在什么处境中说的，所针对的是什么情况，而要解决的又是什么问题。这种分析的实质就是将马克思主义宗教观相关理论与其言述的社会实际相关联，从中分析出其基本精神、科学理论和具有规律性、方法论的内容，由此指导我们对这些理论加以科学运用和继承发展。

三 对马克思主义宗教观应加以中国化和与时俱进的运用

研究马克思主义宗教观不应该是"经院式"的研究，也不能限于其章句之考，而是应该满足中国当代社会主义社会中的理论和实践发展之需。因此，对马克思主义宗教观的研究应有开放眼光、开阔胸襟、体现其科学性、发展性、前瞻性。我们既要在马克思主义经典作家的基础上"跟着说"，更要结合中国实际"接着说"，有所开拓、不断创新。我们的马克思主义宗教观研究必须把握其基本精神、领悟其核心本质，由此结合中国实际来实事求是，与时俱进，体现出中国化的科学发展，建立具有中国特色的马克思主义宗教观理论体系。从这一立足点出发，我们研究马克思主义宗教观的基本定位应是"积极引导宗教与社会主义社会相适应"，"发挥宗教在促进经济社会发展与社会和谐方面的积极作用"，在党的"十七大"精神指导下"全面贯彻党的宗教工作基本方针"。根据当代中国社会的国情、社情，研究马克思主义宗教观的重点不再是强调斗争、注重批判，而应该通过上述"积极引导"和"充分发挥"，"更多地从积极方面来看待宗教，肯定宗教在促进社会和谐方面有积极作用"，"积极弘扬宗教教义中扬善抑恶、平等宽容、扶贫济困等与社会主义社会道德要求贴近的积极内容"，从而"使信教群众在全面建设小康社会的宏伟目标下最大限度地团结起来"，正确认识并处理好我国当前的宗教关系，"带领信教群众积极为构建和谐社会作贡献"。应该说，党的十七大确定的这些基本原则和理论构想，是我们今天在中国研究并发展马克思主义宗教观的重中之重。

（原载《中国宗教》2010 年第 7 期）

第二十六章

对马克思主义宗教观应从整体上理解

马克思主义宗教观的研究，在当代中国社会转型时期有着独特的意义。随着当今世界金融危机的爆发及其引起的西方资本主义社会危机，使马克思主义研究在世界范围内重新成为热门话题。德国等相关国家的学者根据马克思、恩格斯原始手稿来重新编辑出版《马克思恩格斯全集》，为我们深入、系统、全面、准确地理解、研究马克思主义宗教观提供了非常及时、帮助颇大的资料准备。在这种"还原"式研究中，我们虽然不能搞教条主义、形式主义的"章句之考"，却也必须认真、准确地把握马克思、恩格斯等经典作家的原本精神和其思想构思、结论推出的社会时代背景。

我们今天对马克思主义宗教观的科学理解，还必须注意其理论及结论的整体关联。在此，一种整体论的思考很有必要。这种整体思维来自中华民族的优秀精神传统，也非常符合当前世界大势。从普遍关联、整体审视的角度，我们应该认真考虑经典作家们当时是以什么样的前提而推出什么样的结论这一基本事实。对马克思主义宗教观的理解理应做到系统全面，而不能断章取义，将其结论与前提分割。因此，重新研读马克思主义宗教观，一定要防止歪曲或误导。对马克思恩格斯的著作应该整体性阅读、整体性理解，抓住其理论全貌和核心精神。以严肃、认真的态度来研讨马克思主义宗教观，达到其与当今世界与中国社会的整体关联，这应该代表我们研究者的学术责任和学术良心。

第二十六章　对马克思主义宗教观应从整体上理解　315

在结合中国实际时，我们应该抓住马克思主义宗教观的活的灵魂，以及其基本理论方法和认知规律。马克思主义对宗教的研究离不开社会，其对宗教的评价或批评，都与这些宗教的社会存在、社会背景紧密关联。而且，我们应该注意到其批判意识的主次和轻重，不要将马克思主义宗教观的内在逻辑和辩证关系颠倒、混淆。尤其值得注意的是，马克思主义宗教观之宗教批评或批判的社会政治指向及其社会、政治批判实质，其宗教批判的根本所指是产生这种宗教的社会，其批判的重点和目标是社会批判、政治批判、法的批判。对马克思主义而言，传统意义上的宗教批判因而已经结束，马克思相关而论的对宗教的批判是其他一切批判的前提，则是指当时德国理论界对宗教的批判引发了人们对宗教与社会关联的思考，推动了马克思主义从这种宗教批判走向社会政治批判。

马克思主义宗教观的中国化已经取得了很大成就，我们应该善于总结和归纳。笔者认为，在中国共产党的统一战线理论和民族宗教政策中，就有马克思主义宗教观中国化的重要创新和巨大成就。在纪念建党90周年之际，我们应该珍视并很好运用我党这一宝贵财富，使这一在解放事业中起到重大作用的"法宝"在我们今天的社会主义建设事业中再立新功、再建伟业，并且能从以往已经行之有效的"形"之统战深化到更能够持久稳固的"心"之统战。当然，马克思主义宗教观的中国化远未结束，我们应该继承我党的优良传统、学习前辈的表率作用，以便能够"接着说"，探出新路，说出新意，为我们今天和谐社会的构建，为社会管理创新的探究做出新的贡献。

从马克思主义宗教观经典表述的"革命斗争"、"阶级斗争"、推翻剥削压迫阶级的时代，已经进入了今天中国经济社会建设、"和谐社会"构建的全新时代。中国共产党也从1949年之前负有推翻一个旧世界之历史使命的革命党发展成为获得建设一个新世界之时代重任的执政党。这种时代巨变，也使我们更要注意马克思主义宗教观表述中前因后果的逻辑关联及历史关联。在社会"前提"已变的情况下，僵化地持守以往的某些"结论"，这不是辩证唯物主义和历史唯物主义的基本态度。教条主义的理解会得出与事实颠倒、相反的结论，从而实质上脱离了马克思主义。在社会"变化"中重新摸索、探究社会宗教现象，要求我们小心翼翼，更要求我们以马克思主义的思想精髓、科学方法来大胆创新，闯出新的路来，完成创新理论。我们已处于由中国共产党执政的人民政府的新时期，执政党的首要任务就是维护人民利益、保障社会稳定，而宗教信仰者属于我们的基本人民群众群体，宗教是保持社会稳定的重要因素。从执政党科学、有效执政的考量来管理和处理宗教问题，则必须有新思维、新思路、新举措、新策略。我们现在与马克思主义经典作家所处时代的最大不同，就是在今天中国社会人民已经当家做主，共产党已经从原来以推翻旧社会、旧世界为主要使命的革命党成为领导全国人民投身于社会主义建设的执政党；因此，我们与经典作家"推翻一个旧世界"使命的不同，就在于我们的任务乃是要"建设一个新社会"，我们一定要把这个新社会建设好。这样，我们则应该发扬我党战争年代做好统战工作的优秀革命传统，理应想尽一切办法来为我们的社会维稳防乱，从执政党的角度，从巩固政权的视域，从为最广大人民群众谋利益、谋幸福的立场出发来看待宗教、评价宗教，制定和执行我们的宗教政策。在今天的形势下，共产党作为掌握政权的执政党，对宗教轻轻一拉就会使广大信教群众成为我们的可靠朋友，而费很大力气去对之外推也有可能使宗教成为我们的对立面，使之出现敌对倾向。所以说，关键在我们党积极引导的理论和策略。在一个复杂的国际环境中，中华民族的团结、国家的统一、社会的稳定至关重要。按照我们"统一战线"的基本思路，我们应该使我们的朋友越多越好，让我们的敌人尽量减少，团结绝大多数，孤立敌对少数。所以，我们持有什么执政理念，如何发挥我们的执政智慧事关重大，不可轻率而行。在我们今天的和谐社会，应以平常心来看待宗教，而不应让宗教总是成为敏感问题。我们必须弄清楚，我们今天研究马克思主义宗教观对于把握中国社会现实的目的和意义究竟是什么，怎样科学地运用马克思主义宗教观，实现其理论及实践上的"中国化"。要有这"三思"，才会有正确的、立于不败之地的"后行"。总之，我们的研究应更好地积极引导宗教与我们的社会主义社会相适应，而不是不分青红皂白地向宗教斗争，更不是把宗教推向我们的敌对面。如何在新形势下紧跟党中央的战略部署，实现我们今天的社会和谐和社会主义建设的新成就，这才是我们今天研究马克思主义宗教观的意义之所在。

（原载《宗教与世界》2011 年第 6 期）

第二十七章

如何认识马克思主义宗教观

结合中国实际来学习、践行马克思主义宗教观，是当前中国理论学习和社会实践的一项重大任务。改革开放以来，中国思想理论界、学术界乃至广大社会各界都开始重新关注对马克思主义宗教观的探究，谈论宗教理解、宗教政策已经成为热门话题。不过，对究竟什么才是真正的马克思主义宗教观，却有不同的解读和诠释。这种学术界、理论界在对待马克思主义宗教观上出现的混乱，应该及时加以澄清。

一 什么是马克思主义宗教观？

了解马克思主义宗教观应该返本溯源，回到马克思主义本身关于宗教的论述，回到马克思等经典作家论述这些思想的社会文化背景，回到马克思、恩格斯、列宁本人对这个问题的体验经历和思想发展中去。我们只有持守这样一种还原性、忠实其原初文本的科学态度，才能弄清楚马克思主义宗教观到底具有哪些内容、表现出哪些基本观点。从这个基点出发，我们进而应思考马克思主义宗教观的基本方法是什么，以及这些方法在其理论与实践中的科学运用。然后，我们还需探究我们学习马克思主义宗教观的中国意识及其现实意义。我们是只了解马克思主义经典作家关于当时一些具体问题的说法或者答案，还是必须学习这些经典作家研究宗教问题的科学方法，以及马克思主义宗教观这一伟大思想体系的精神核心和真谛？后者乃是更加重要的。

客观上讲，马克思主义宗教观基本上是基于西方社会及其思想文化土壤产生的，当然其体现的是对西方社会的批判精神。马克思主义经典作家特别关注的是宗教与社会的关系，有着鲜明的社会实践意向。因此，西方思想界最初是把马克思作为19世纪方兴未艾之西方宗教社会学的主要代表之一来理解。当然，马克思主义所涉及的社会则涵括广泛，触及宗教与经济、宗教与政治、宗教与社会变革、宗教与流行思潮等社会领域。从具体来看，马克思、恩格斯则是在欧洲19世纪资本主义社会的文化语境中谈宗教，列宁也主要是在19世纪末20世纪初的东欧社会变革中论宗教，这是我们要看到的一个基本现实。马克思主义经典作家观察的主要是西方宗教，要解决的也是与之关联的欧洲社会的革命问题。因此，马克思主义宗教观是马克思主义理论体系的重要组成部分，是马克思主义在宗教认识及宗教研究上的具体体现，是马克思主义经典作家根据历史唯物主义和辩证唯物主义来对宗教现象及其社会关联的分析、评价。其重要启迪是为我们认识社会、解决社会问题提供了基本立场、思想武器和科学方法，并要求我们的观察研究实事求是、与时俱进。在当今中国社会处境中，对马克思主义宗教观的理解和运用则必须要注意到其间发生的巨大时空变换。

马克思主义宗教观的基本理论及观点体现在如下一些方面。

一是在认识宗教问题的方法上以唯物史观为基础，将之作为正确认识宗教问题的前提和指南。其特点是基于宗教存在的"物质经济生活条件"，根据其具体的"历史时期"和"历史事实"来分析研究宗教的本质、起源和发展，即把宗教置于整个社会的经济发展和物质状况之中去分析，依据其产生和存在的具体历史条件来说明，而不是将之从社会时空中剥离出来加以抽象、一般性地评说。其对宗教的评价是从其"经济基础"、社会存在来分析其作为"上层建筑"的性质，强调存在决定意识，认为是其具体的社会历史存在决定了宗教这种社会意识，宗教是现实社会生活曲折、复杂的反映，但也会反作用于社会现实，产生相应的社会影响。

二是从人的社会本质来界说宗教的本质,指出"人就是人的世界,就是国家、社会。这个国家、这个社会产生了宗教",故此要基于一个社会的性质来看这个社会的意识形态,这是马克思主义宗教观的核心。我们必须从人的本质即人的"社会性"来揭示宗教的本质。脱离人的社会存在即其"社会性"来空谈宗教本质只能滑向唯心论。

三是指出宗教存在有其社会根源和认识根源,在分析宗教存在的社会根源时突出一种"社会分析"和"社会批判"的立场,其立意和旨归均在社会,认为宗教的根源在于其信仰之人的社会,宗教的存在依附于信仰者的社会存在。在分析宗教存在的认识论根源时则承认宗教的根源也与人对自我和自然的认识相关,有其自然根源和认识根源。其典型特点就是将自然界"人格化"和"神圣化",相信精神可与肉体相分离而独立存在,认为灵魂不死,由此亦与人的心理及精神根源相关联。

四是认为宗教的发生与发展有着漫长而复杂的演变过程,因而高度重视宗教历史及其发展变化,指出宗教的起源与发展是一个动态过程。如从宗教的产生和消亡来看,"在历史的初期,首先是自然力量获得了这样的反映,而在进一步的发展中,在不同的民族那里又经历了极为不同和极为复杂的人格化。……除自然力量外,不久社会力量也起了作用";其演变与自然和社会密不可分,由此也使宗教的发展与阶级、政治的发展有关。而宗教在未来的最终消亡却先要经历一个长期而自然的发展过程,"这需要有一定的社会物质基础或一系列物质生存条件,而这些条件本身又是长期的、痛苦的历史发展的自然产物"。

五是对宗教的社会作用有着一分为二的分析,指出其积极和消极的社会作用或正面和负面的社会功能,而这种社会作用及功能与社会发展变化相关,关键在其依靠、结合的社会力量,以及在社会转型过程中社会对其产生的影响和引导。所以,如何分析和鉴别宗教在今天中国社会中的作用,则需要我们有客观、冷静、实事求是的睿智。

六是提出对宗教与民族关系的基本认识,以及在处理宗教与民族关系上的基本策略,其认识乃从根本上指明直接的物质的生活资料的生产构成了一个民族或一个时代的发展基础,而其国家制度、法的观点、艺术以至宗教观念，就是从这个基础上发展起来的；这就是使认识和解决民族与宗教的关系问题仍需回到经济基础及其构成的社会形态这一本原，说明"发展是硬道理"。而处理宗教与民族关系的基本策略也是将这一关系与整个社会关系联系起来加以解决，通过社会关系的协调和社会问题的解决来实现宗教与民族关系的真正理顺及其相关问题的真正解决。

七是对宗教与文化的关系加以思考和探索，认为人类的精神创造表现为四种不同的方式——理论方式、艺术精神方式、宗教精神方式和实践精神方式。其中宗教精神方式是人类文化表达方式的一种，为人类文化形态的重要构成。而在人类文明发展的相关阶段也会有着宗教的普遍影响，人类文化中有着宗教因素，宗教会成为相关民族文化精神的代表或象征，也会超出其相关民族之限而具有更为普遍的文化意义。

八是在分析宗教与政治的关系上指出二者分属于两个根本不同的范畴，不可彼此替代或混淆，宗教信仰上的不同或对立并不必然导致其相关人群在政治上的不同或对立；但宗教在现实社会生活中却与政治密切关联，不应回避其相互影响和作用，如宗教在社会中会用于某种政治目的、服务于相关政治利益，宗教在意识形态领域与社会主义、共产主义世界观的不同，因此宗教信仰自由应基于法律，人们在法律面前应该一律平等。

九是对宗教与政权的关系有专门阐释，强调在"政教关系"上应当实行政教分离政策，使宗教真正成为"私人的事情"，而宗教团体也"应当是完全自由的、与政权无关的志同道合的公民联合会"。但根据中国的现实国情和其历史传承，对这种"公民联合会"的理解则需要重新审视和思考，与中国的社会实践密切对照。

十是在宗教与政党的关系上强调"不能认为宗教是私人的事情"，不过列宁也认为可以吸纳宗教信仰者加入无产阶级政党，其目的是使他们获得党纲精神的教育，但不能在党内宣传宗教观点，而无产阶级政党也不要在社会上公开向宗教宣战或禁止宗教。无神论宣传应服从党的基本任务，重视宗教问题，深入研究宗教，但不要将宗教问题提到其不应有的首要地位，更不要向宗教宣战。

这些方面是马克思主义宗教观的基本内容，其原理、方法也是我们今天宗教工作和宗教研究的指导思想，必须特别关注和加以坚持，并结合时空变迁来辩证运用。

二 如何认识当代中国的马克思主义宗教观？

马克思主义在当代中国作为我们的指导思想，使我们认识到中国文化海纳百川、有容乃大的特征。马克思主义在中国的成功，给我们带来了以马克思主义宗教观指导我们的宗教认识、推动当代中国宗教工作的意识。当然，这就需要马克思主义宗教观的"中国化"发展，由此形成具有中国特色的社会主义宗教理论。当代中国的马克思主义宗教观并不是完全照搬19世纪马克思主义经典作家根据欧洲社会实际而得出的关涉宗教问题的具体评价和结论，而是以马克思主义的理论指导及其科学方法联系中国实际的运用来分析、评价及处理中国当代的宗教问题。因此，马克思主义宗教观的"中国化"当然会有新的发展，会增添一些新的内容。这就是"中国化"马克思主义宗教观的开拓发展、与时俱进。

具体而论，我们所理解的当代中国马克思主义宗教观包括如下一些方面的继承、发展和开拓、创新。

一是对宗教本质的认识及不同历史时期宗教问题性质的分析，尤其是对中国社会主义时期宗教存在及其性质的分析研究；我们时代、社会的变化使宗教存在的根基和氛围发生了变化，而反映这一变化了的社会之宗教也势必出现相应变化，因此就有根据中国国情和当代时情重新评价中国当代宗教的问题。

二是突出了对宗教文化意义的强调，把宗教视为人类文化的一种重要表现，并从中华文化发展的角度来审视中国宗教，以及外来宗教在华的中国化。当然，对于宗教认知上的这种"文化意识"，社会上仍有不同见解，故此我们在这一方面有着文化建设上的艰巨任务。

三是对宗教价值的重视和重新评价，看到宗教价值所反映的人类思想文化的重要和积极因素，在当今社会价值观的重建中发挥宗教价值的积极作用，使我们的主流价值能接地气，能在民众的日常生活及其精神追求中得到有效体现。

四是正确对待和把握宗教的社会功能，在对之一分为二、客观对待的基础上尽量发挥宗教的积极社会作用，弘扬其正能量、正功能，避免其消极社会作用，减少其负能量、负面功能和效果。

五是积极开展对宗教的统一战线工作，把我们党的这一重要法宝发扬好，有效运用在今天的宗教工作之中；而且还要从以往与宗教界重于"形"的社会统战工作进而深入到通于"心"的思想统战工作，让广大信教群众与我党同心同德，对我党心悦诚服，只有这样才能使广大民众与我党保持高度一致，真正构建我们的和谐社会，使我国发展能确保长治久安。

六是将"宗教存在的长期性"视为"根本性"问题，认识到宗教在我国社会主义社会仍然会长期存在，因此应以一种平常心来看待我们社会的宗教现象，使宗教问题真正脱敏，把宗教存在作为当今社会的正常现象来看待，主要用正确处理人民内部矛盾的方式来恰当处理宗教问题。

七是依法管理宗教，按照依法治国的原则把宗教管理纳入依法管理的轨道，把宗教"拉进来"管，有法可依、违法必究，强调法律的尊严和宗教在社会范围的自觉、自律。

八是"积极引导宗教与社会主义社会相适应"，这就要求我们按照党的宗教工作基本方针办事，对宗教加以积极引导而不是消极防范或排拒。中国共产党宗教政策的基本方针体现为"全面贯彻党的宗教信仰自由政策，依法管理宗教事务，坚持独立自主自办的原则，积极引导宗教与社会主义社会相适应"这"四句话"。因此，宗教在中国的存在与发展应该体现出爱国爱教的精神，应自觉抵制渗透，不受外国势力的支配和掌控。

九是发挥宗教在促进经济社会发展与社会和谐方面的积极作用，在构建和谐社会的基本思路上提出了"宗教和谐观",使宗教与中国社会主义社会相和谐,并使宗教在构建和谐社会、促成世界和谐上发挥积极作用。

十是认识中华优秀传统文化乃涵养社会主义核心价值观的重要源泉,让作为中华文化重要组成部分的宗教文化发挥其积极价值,与我们的核心价值"求大同",从而"使社会主义核心价值观成为人们日常工作生活的基本遵循","与人们日常生活紧密联系起来",在包括宗教文化的中华优秀传统文化中得以体现和弘扬。

马克思主义宗教观博大精深、开放涵容。马克思主义经典作家关于宗教的基本观点构成其体系的核心内容。在当代中国的改革开放进程中,我们要构建社会主义和谐社会、促进世界和谐,使我们的发展顺利通过"深水区",也必须研究马克思主义宗教观、结合中国实际来科学发展出中国化的马克思主义宗教观,解决宗教问题,确保民族团结、宗教和谐,在实现中华民族伟大复兴的中国梦的努力中与时俱进、永葆活力。

(原载《世界宗教文化》2014年第2期)

第二十八章

马克思主义关于宗教社会作用的论述及其当代意义

宗教有着极为复杂的社会作用，其在历史上对社会发展的影响既有积极的一面，也有消极的一面，此即社会学所论及的宗教在社会上发挥的正负功能。马克思主义宗教观的一个重要内容，就是对宗教社会作用的分析、论述，其经典作家从正面和负面对宗教的社会作用进行了评价，提出了宗教的社会作用两重性的问题，并进而指明其社会作用会随着社会的发展、历史的演变，以及宗教本身之阶级、社会定位而发生变化、有所不同，由此提醒我们要关注、研究宗教社会作用的复杂性和变动性，以能使我们引导宗教发挥其积极的社会作用、避免或减弱其消极、不利的社会作用。

在阶级社会中和压迫剥削制度下，宗教的社会作用在马克思主义经典作家的判断中从总体来看消极、负面和否定的意义要大于积极、正面和肯定的意义。这与他们所处的历史时代和推翻一个旧世界的政治使命密切相关，是对当时之时空背景下宗教社会作用的认识与判断，因而与其社会分析和阶级分析相吻合，在当时处境中有着重要意义，乃其历史真实的反映。当然，这种审视在社会主义社会中和公平、民主的政治制度下仍值得我们重新思考，由此使我们可以从其具体结论中体会其分析和研究问题的基本原则及指导思想，学会其辩证方法。我们应根据中国几十年来的社会主义实践，对马克思主义关于宗教社会作用的分析和评价加以发展和丰富，对中国马克思主义者的创新探索和其经验积累加以总结与升华，以获得一种在认知上的辩证突破，形成对马克思主义宗教观的现代发展和创新体系。

今天我们认识马克思主义关于宗教社会作用之论，可以从马克思主义对宗教的积极社会作用之评价、马克思主义对宗教的消极社会作用之分析，以及马克思主义的宗教社会作用论在当代中国的意义及发展这三个方面来加以阐述。这样，我们就能以历史与现实交汇的视域来认识马克思主义宗教观的重要意义，用以指导我们今天的宗教工作及宗教研究。

一 马克思主义对宗教的积极社会作用之评价

从相对积极的意义上，马克思主义经典作家对其时代的宗教社会作用之评价包括如下一些方面。

其一，宗教的内容以人为本源，反映出"人类本质的永恒本性"。恩格斯指出，"只是由于一切宗教的内容是起源于人，它们才在某些地方还可求得人的尊敬；只有意识到，即使是最疯狂的迷信，其实也包含有人类本质的永恒规定性，尽管具有的形式已经是歪曲了的和走了样的；只有意识到这一点，才能使宗教的历史，特别是中世纪宗教的历史，不致被全盘否定，被永远忘记"。[①] 为此，马克思主义不把宗教作为纯然"神学"来看待，而是将之作为"人学"来剖析，尤其是其基于社会的思考和研究，形成了对宗教极为独特的"社会人类学"之探。在"宗教性"中，马克思主义看到了"人类本质的永恒规定性"，由此将"宗教性"与"人性"相关联。这种深刻揭示，既有社会学上的意义，也有人学和宗教学上的意义。它乃宗教认知上极为重要、非常关键的内容。正是顺着这一思路，20世纪著名宗教学者伊利亚德（Mircea

---

[①] 恩格斯：《英国状况 评托马斯·卡莱尔的〈过去和现在〉1843年伦敦版》（1843—1844），《马克思恩格斯全集》第3卷，人民出版社2002年版，第520—521页。

Eliade，1907—1986）才获得了"宗教"乃是一种"人类学常数"这种洞见。因此，在我们倡导"以人为本"的当代社会发展中，宗教对"人"的关注，对"人类本质"的反映仍有其积极的社会意义和作用。

其二，宗教能在相关社会中起到"内部统一"的凝聚作用。恩格斯说："中世纪的世界观本质上是神学的世界观。事实上不存在内部统一的欧洲世界，为反对共同的外部敌人——萨拉秦人而通过基督教联合起来了。由一群在经常变化的相互关系中发展起来的民族组成的西欧世界，则是通过天主教联合起来的。"[1] 宗教在相关社会中提供了"统一"的理念，发挥了"统一"的作用。例如，只是在欧洲中世纪大一统的基督教文化氛围中，所谓"欧洲的统一"或"欧洲文化的统一"的思想才得以悄然萌生。欧洲中世纪所达到的社会统一主要是天主教会教阶体制及其教会网络所形成的统一，而欧洲人相对统一的世界观也基本上是基督教的"神学世界观"，"教会信条自然成了任何思想的出发点和基础。法学、自然科学、哲学，这一切都由其内容是否符合教会的教义来决定"。[2] 尽管欧洲中世纪的"万流归宗"状态被其近代发展所打破，基督教"统一"的理念却仍为今天欧洲政治、经济乃至文化上所寻求的"统一""共同体"，以及欧盟的发展和扩大提供了精神寄托、心理积淀和历史文化传统。所以说，当今欧洲"统一"的进程乃有其中古时期宗教文明的回音及其精神动力的支持，并非简单的政治、经济现象。在历史上，伊斯兰教也曾为阿拉伯世界的统一和发展提供了精神支撑和信仰力量。而佛教在东方亦曾起过类似作用。犹太民族更是以其民族宗教犹太教才在罗马帝国时期失去其国土后仍得以保持其民族的生存、维护其民族精神和文化，从而达到其民族自古至今的"内部统一"。宗教以其代表的价值体系、意识形态和民族精神支撑了其共生社会的存在，为其发展提供了潜在动力，并使其民族、社会和国家有了明

---

[1] 恩格斯：《法学家的社会主义》（1886），《马克思恩格斯全集》第21卷，人民出版社1965年版，第545页。

[2] 同上。

确的向心力和其依存的希望,从而保证了这一社会的相对平静和稳定,促成其有序发展。为此,受马克思影响的德国社会学家韦伯(Max Weber)曾将宗教视为保证一个民族或国家可持续发展的"潜在精神力量"。由此而言,宗教以其"统一"和"凝聚"可以达到其相关社会中一定程度的"和谐"及"平稳"。

其三,宗教曾作为历史上一些社会变革或反抗运动的旗帜、武器和外衣。在论及早期基督教的历史时,恩格斯指出,"被奴役、受压迫、沦为赤贫的人们的出路在哪里?他们怎样才能得救?所有这些彼此利益各不相同甚至互相冲突的不同的人群的共同出路在哪里?可是为了使所有这些人都卷入一个统一的伟大革命运动,必须找到这样一条出路。这样的出路找到了,但不是在这个世界上。在当时的情况下,出路只能是在宗教领域内"。[①] 宗教提供了一种"拯救"精神,关心人的"解放",这样势必支持人民对不义的社会加以反抗、进行斗争。在中世纪欧洲,社会变革亦多以宗教为外衣。恩格斯说:"中世纪把意识形态的其他一切形式——哲学、政治、法学,都合并到神学中,使它们成为神学中的科目。因此,当时任何社会运动和政治运动都不得不采取神学的形式;对于完全受宗教影响的群众的感情说来,要掀起巨大的风暴,就必须让群众的切身利益披上宗教的外衣出现。"[②] "反封建的革命反对派活跃于整个中世纪。革命反对派随时代条件之不同,或者是以神秘主义的形式出现,或者是以公开的异教的形式出现,或者是以武装起义的形式出现。"[③] 马克思在论及中国的太平天国革命时也指出,"运动一开始就带着宗教色彩"。[④] 这些革命运动和反抗斗争在当时的历史条件下需要、

[①] 恩格斯:《论早期基督教的历史》(1894),《马克思恩格斯全集》第22卷,人民出版社1965年版,第542页。

[②] 恩格斯:《路德维希·费尔巴哈和德国古典哲学的终结》(1886),《马克思恩格斯全集》第21卷,人民出版社1965年版,第349—350页。

[③] 恩格斯:《德国农民战争》(1850),《马克思恩格斯全集》第7卷,人民出版社1959年版,第401页。

[④] 马克思:《中国记事》(1862),《马克思恩格斯全集》第15卷,人民出版社1963年版,第545页。

而且也只能"在宗教的标志下进行",其目的、意义和追求必须"隐蔽在宗教外衣之下"。宗教能为这些运动提供"标志"和"外衣",说明其在历史发展进程中起过积极和进步的作用。当然,其局限性也是显而易见的,马克思因此曾说,"当时,农民战争这个德国历史上最彻底的事实,因碰到神学而失败了"①。宗教从根本上乃关注人在"另一个世界"的"解放"和"得救",它能为被压迫人民的反抗运动提供精神资源和思想火花,但这种"革命"实践的成功仍需必要的政治理论和策略,这里还必须解决将宗教与政治之间的"张力"变为"合力"等复杂问题。宗教以其信仰形式而提出的"解放"可能会脱离实际,因而在现实操作或实践中必然会有其难度,其"理想"在现实中的实现无论从其信仰观念本身,还是在实际运作中都是成问题的。

其四,宗教在资产阶级上升阶段曾作为其反对封建国王和贵族的旗帜,在从中古到近代、从封建主义到资本主义的社会转型过程中发挥了重要作用。恩格斯指出,"按封建制度的尺度剪裁的天主教世界观不能再满足这个新的阶级及其生产和交换的条件了。但是,这个新的阶级仍然长期受到万能的神学的束缚。13世纪至17世纪发生的一切宗教改革运动,以及在宗教幌子下进行的与此有关的斗争,从他们的理论方面来看,都只是市民阶级、城市平民,以及同他们一起参加暴动的农民使旧的神学世界观适应于改变了的经济条件和新阶级的生活方式的反复尝试"②。欧洲近代革命和社会发展变革,大多乃以宗教改革的形式来展开,有着宗教观念及其社会力量的积极参与。"除德国人路德外,还出现了法国人加尔文,他以真正法国式的尖锐性突出了宗教改革的资产阶级性质,使教会共和化和民主化。当路德的宗教改革在德国已经蜕化并把德国引向灭亡的时候,加尔文的宗教改革却成了日内瓦、荷兰和苏格

---

① 马克思:《〈黑格尔法哲学批判〉导言》(1844),《马克思恩格斯全集》第3卷,人民出版社2002年版,第208页。
② 恩格斯:《法学家的社会主义》(1886),《马克思恩格斯全集》第21卷,人民出版社1965年版,第545—546页。

兰共和党人的旗帜,使荷兰摆脱了西班牙和德意志帝国的统治,并为英国发生的资产阶级革命的第二幕提供了意识形态的外衣。在这里,加尔文教是当时资产阶级利益的真正的宗教外衣。"[1] 欧洲近代历史发展的这一幕是深有启迪意义的。宗教乃以主体或主力的形式及姿态参与并完成了近代资产阶级革命,实现了欧洲封建社会到资本主义社会的过渡。不过,马克思主义经典作家亦指出,资产阶级一旦掌握政权,就利用宗教作为其维持统治的手段,靠宗教的影响"来操纵他的天然下属的灵魂,使他们服从那些由上帝安置在他们头上的主人的命令",甚至用宗教来达到其"镇压'下层等级'、从事生产的广大人民群众"之"目的"。[2] 这显然也与当时宗教与资产阶级的合作或结合,乃至一种身份认同有着关联。资产阶级由社会进步力量嬗变为落后、保守,甚至反动的社会力量,这自然会影响到宗教在资本主义社会的定位及作用。但必须看到的是,宗教在资本主义社会的作用并非其社会作用的终极定位,而会因宗教本身的性质也导致其突破、发展。这样,宗教在当下及未来社会中的作用,仍是可能发生变化的,故有必要促进其积极发展。

马克思主义经典作家在谈论宗教的积极社会作用时,有着强烈的历史意识和明确的社会关联,也清楚指出了这种社会作用的时代变化。这种辩证唯物主义的社会观、历史观和发展观,正是我们分析、评价宗教社会作用时所必须掌握的。

二 马克思主义对宗教的消极社会作用之分析

马克思主义经典作家所处的时代乃是充满社会剥削、压迫等不义的时代,他们是以一种批判的眼光来审视当时的社会及其精神价值,由此

---

[1] 恩格斯:《路德维希·费尔巴哈和德国古典哲学的终结》(1886),《马克思恩格斯全集》第21卷,人民出版社1965年版,第349—350页。

[2] 恩格斯:《〈社会主义从空想到科学的发展〉英文版导言》(1892),《马克思恩格斯全集》第22卷,人民出版社1965年版,第351页。

有其宗教批判并将这种批判归入其社会批判之中。对宗教在当时所产生的消极社会作用,马克思主义经典作家的论述则涉及如下问题。

其一,宗教在阶级社会中对苦难中的人们所起的是消极的精神抚慰甚至"麻醉"作用,从而成为对人民群众的"精神压迫"。马克思曾指出"宗教是人民的鸦片",而列宁在突出强调马克思这一论断时亦有更多的阐述。列宁说:"宗教是一生为他人干活而又深受穷困和孤独之苦的人民群众所普遍遭受的种种精神压迫之一。被剥削阶级由于没有力量同剥削者进行斗争,必然会产生对死亡的幸福生活的憧憬,正如野蛮人由于没有力量同大自然搏斗而产生对上帝、魔鬼、奇迹等的信仰一样。对于辛劳一生贫困一生的人,宗教教导他们在人间要顺从和忍耐,劝他们把希望寄托在天国的恩赐上。对于依靠他人劳动而过活的人,宗教教导他们要在人间行善,廉价地为他们的整个剥削生活辩护,向他们廉价出售进入天国享福的门票。宗教是人民的鸦片。宗教是一种精神上的劣质酒,资本的奴隶饮了这种酒就毁坏了自己做人的形象,不再要求多少过一点人样的生活。"[①] 列宁还认为宗教为压迫阶级提供了"牧师的职能";"牧师的使命是安慰被压迫者,给他们描绘一幅在保存阶级统治的条件下减少苦难和牺牲的前景……从而使他们放弃革命行动,打消他们的革命热情,破坏他们的革命决心"。[②] 列宁的上述理论乃是在"十月革命"之前,他对此后苏联社会主义社会时期宗教的存在及其社会作用没有来得及进行深入的研究和思考。因此,对于宗教在消灭阶级区别之后社会主义社会中的"安慰"功能应如何评价,仍需要实事求是的探究和评说。这种宗教安慰及其关联的精神宣泄,通过疏导、化解人们对社会的积怨和不满,实际上也为这个社会起到了"消气阀"即"安全阀"的作用,使对社会不利的能量由此而得以稀释、缓解、化解

[①] 列宁:《社会主义和宗教》(1905),《列宁全集》第12卷,人民出版社1987年版,第131—132页。

[②] 列宁:《第二国际的破产》(1915),《列宁全集》第26卷,人民出版社1988年版,第248页。

或转移。其功能在阶级压迫的社会中是消极的，但在阶级消失后的社会主义社会中，宗教所起的缓释作用却并不一定是消极的，其对稳定社会的积极意义仍值得我们发掘和思考。

其二，宗教在封建社会曾把世俗的封建国家制度神圣化。根据基督教在欧洲中世纪的情况，恩格斯指出，"封建的教会组织利用宗教把世俗的封建国家制度神圣化"，[①]而"僧侣是中世纪封建主义思想意识的代表"。[②]这样，宗教就成为封建社会的"神圣光环""它给封建制度绕上一圈神圣的灵光"，为其剥削制度进行粉饰和辩护，以帮助和支持这一社会的稳态发展，而把其社会中劳苦大众的不幸和悲惨则说成是"上帝的意旨"。不过，这种服务于维护封建统治阶级之作用并非当时宗教唯一的社会作用，因为宗教亦发挥了反抗封建统治的社会作用，从而使宗教在同一历史时段和社会背景中的正、负社会作用形成对照。宗教在当时的社会情况下也不是抽象的，而有着具体的社会关联和阶级依附，因此会发挥不同的社会作用。在论及这种作用时，我们应看到其作用发挥者即社会存在中的主体之人及其阶级依属，这样才能对宗教这种社会作用的复杂性有充分的认识和全面的分析。

其三，宗教亦为资产阶级维持其统治而发挥作用，成为其"影响群众的精神手段"。恩格斯认为，宗教在资产阶级革命前后所发挥的社会作用出现过微妙的嬗变：在资产阶级发起推翻封建制度的革命时，宗教曾被作为其"战胜国王和贵族的旗帜"，而在资产阶级掌权之后，宗教则成为其使被压迫民众"驯服顺从"的工具；资产阶级"现在比以往任何时候都更需要精神手段去控制人民，而一切能影响群众的精神手段中第一个和最重要的手段依然是宗教"。[③]列宁也曾指出，"俄国资产

[①] 恩格斯：《法学家的社会主义》（1886），《马克思恩格斯全集》第21卷，人民出版社1965年版，第545页。

[②] 恩格斯：《德国农民战争》（1850），《马克思恩格斯全集》第7卷，人民出版社1965年版，第391页。

[③] 恩格斯：《〈社会主义从空想到科学的发展〉英文版导言》（1892），《马克思恩格斯选集》第3卷，人民出版社1995年版，第401页。

阶级为了反革命的目的，需要复活宗教，唤起对宗教的需求，编造宗教，向人民灌输宗教或用新的方式在人民中间巩固宗教"。① 由此可见，马克思主义经典作家对宗教在资本主义制度中的社会作用基本上持否定评价。马克思、恩格斯和列宁当时正在从事推翻资本主义制度的无产阶级革命，其对宗教维持资产阶级统治之社会作用的批判乃与其社会批判和政治批判相关联，而且亦服从于其社会批判。在这一时期，他们认为"推翻一个旧世界"已不需要宗教的"外衣"或"标志"，因为无产阶级已是拥有高度政治觉悟的阶级，无产阶级革命理论亦已成熟。其乐观和信心使他们没有专门去思考在这一斗争中宗教可能发挥的"统一战线"作用，也没来得及深入、具体地探究宗教在资本主义被推翻后的社会中之意义与作用。列宁开始考虑这类问题，并有了一些初步认识和论述，但没能完全展开、形成系统理论。

其四，宗教曾被用来作为殖民主义扩张和帝国主义侵略的工具，掩盖其掠夺、剥削政策。在分析英国殖民扩张和对外侵略时，马克思指出，"即使在真正的殖民地，原始积累的基督教性质也是无可否认的。……英国议会曾宣布，杀戮和剥头盖皮是'上帝和自然赋予它的手段'"②。恩格斯在论述近代俄国对波兰的殖民扩张时亦指出，"信教自由——这就是为了消灭波兰所需要的字眼"。"所有这一切都是在信教自由的名义下进行的。"③ 而列宁在谈到西方列强对中国的蚕食和掠夺时也说，"那些利用传教伪善地掩盖掠夺政策的人，中国人难道能不痛恨他们吗？"④ 正因为如此，基督教近代对外传教因与西方殖民主义扩张和帝国主义文化侵略的关联而在第三世界尤其是在中国遭受否定性评价。对

---

① 列宁：《论拥护召回主义和造神说的派别》（1909），《列宁全集》第16卷，人民出版社1988年版，第33页。

② 马克思：《资本论》第一卷（1867），《马克思恩格斯全集》第23卷，人民出版社1965年版，第821—822页。

③ 恩格斯：《工人阶级同波兰有什么关系？》（1866），《马克思恩格斯全集》第16卷，第181—182页。

④ 列宁：《对华战争》（1900），《列宁全集》第4卷，人民出版社1984年版，第320页。

于这种作用，相关宗教此后亦有自我反省和批评。不过，这并不必然与宗教本质相关，而乃触及宗教对外传教之需要及其利益，以及相应的民族、社会和文化之身份认同等复杂问题。由于宗教界的反省和反思，也使之随后有宗教人士积极倡导并参与"废奴"运动、抵制殖民扩张和对外侵略、掠夺。基于上述反省，宗教界对其"传教"亦有重新认识，并且有人主张用彼此"对话"、相互"沟通"来取代"传教"。这种努力曾使人重新看待宗教的形象、理解宗教的意义。

其五，宗教影响了科学的发展，形成与科学创新的对峙和对科学进步的阻碍。马克思主义经典作家多认为宗教不允许科学超越其设定的信仰之界，是用神学来解释科学，因而对科学发展产生了不利影响及作用。恩格斯认为在出现近代科学革命之前，"科学只是教会的恭顺的婢女，它不得超越宗教信仰所规定的界限，因此根本就不是科学。"[1] 因此，在科学方面，"基督教的中世纪什么也没留下"。中世纪的宗教裁判所曾处罚科学研究的创新者，而宗教改革时期的新教亦没有放弃这种对科学发展的阻碍，"新教徒在迫害自然科学的自由研究上超过了天主教徒"。[2] 列宁也指出，"任何一条科学规律（决不只是价值规律），在中世纪时都是从宗教和伦理的意义上去理解的。对于自然科学的规律，神学家们也是这样解释的"[3]。当然，如何评价宗教与科学的关系，这是在界定宗教上最有争议的问题之一。在西方历史上，宗教界有过对科学的阻碍和对科学家的迫害，但与之同时亦有宗教人士投身科学事业、参与并推动了科学的发展。其自身就有维护传统观念与创新、突破之间的矛盾和冲突，更有相应的调整、纠正和改观。宗教在面对科学发展的新成果时并非一成不变，而是在不断自我调适之中，对于这种变化调整

---

[1] 恩格斯：《〈社会主义从空想到科学的发展〉英文版导言》（1892），《马克思恩格斯选集》第3卷，人民出版社1995年版，第390页。

[2] 恩格斯：《"自然辩证法"导言》（1876），《马克思恩格斯全集》第3卷，人民出版社1965年版，第446—447页。

[3] 列宁：《又一次消灭社会主义》（1914），《列宁全集》第20卷，人民出版社1988年版，第184页。

和双向互动，我们应该加以具体分析和研究。

马克思主义经典作家对于宗教的消极社会作用之分析，体现出了具体问题具体分析之原则，有着明确的时、空背景和具体的阶级关联。这也充分说明经典作家看到了宗教在其社会作用上的复杂、变化，及其与相关社会的双向互动，对之有着辩证的、历史的审视及评论。

三 马克思主义的宗教社会作用观在当代中国的意义及发展

马克思主义对宗教社会作用的评价和论述，引起了中国马克思主义者的高度重视，并获得了创造性发展。结合中国社会的实际和中国革命的特点，毛泽东、周恩来等老一辈无产阶级革命家都对宗教在中国的社会作用进行了具体分析和认真研究，在中国共产党的宗教工作和统一战线理论中强调了对宗教的尊重、引导，以及对其积极社会作用的支持和发挥，从而促成了中国宗教"爱国爱教"的良性发展，以及对进步社会的积极回应。

随着社会主义社会的深入发展，宗教的社会作用也必然出现发展变化。马克思主义的宗教社会观使我们认识到宗教与社会的互动关系及其相关作用的正、负变化，此即一种能动、辩证的过程。对此，江泽民结合中国改革开放以来的发展实际而指出，宗教既有消极的一面，也有积极的一面，要鼓励和支持宗教界发挥宗教中的积极因素为社会发展和稳定服务，鼓励宗教界多做善行善举。我们应该根据马克思主义对宗教社会作用的全面分析、结合中国当代实际来发展有中国特色的马克思主义宗教观，客观、全面地分析、评价宗教的社会功能，必须有所侧重、因势利导、有意识地促成宗教正面、积极因素的发展，避免其负面、消极因素的出现。实际上，宗教的许多社会功能和作用都是双向性的，关键在于我们对宗教如何审视、如何引导，以达趋利避害、弘正抑负之效。例如，宗教具有社会整合功能，发挥着巨大的社会组织和社会聚合作用，能对其社会成员进行价值和行为两个层面的整合。如果能使宗教与其存在的社会相协调、相适应，其整合就是一种积极的正功能，起到社会求同、认同和向心的积极作用。而如果宗教出现与其现存社会相脱节、闹分裂的离心倾向，那么其整合对此社会则为一种消极的负功能，会导致其信教群众离心离德、社会分化的不利局面。此外，宗教具有社会控制功能，包括对其信徒外在行为举止的强迫性控制和对其内在心理精神的自觉性控制。如果宗教与其社会有共识、相吻合，那么这一功能就会协助其政府加强对社会的良性控制，起着积极引导作用。宗教的社会作用不只是限于给生活贫穷、窘迫者提供"精神安慰"，而且也可能为承受社会、心理压力者带来"精神解脱"。在当今中国的社会主义社会中，这种社会转型和精神追求的心理压力乃主要的，而以往阶级社会中的社会压迫则基本消退。其相同的是，宗教的社会、认识和心理根源在此乃与其社会作用联系密切、并在这些层面上为人们提供着"慰藉"，并使其"解脱"或"超脱"。在我们社会主义社会中，宗教的这种"牧灵"或"牧师"的"安慰"、"劝解"作用则应该被肯定。相反，若此宗教与这一社会不相协调，那么其社会控制作用则会走向反面，起到引起信徒对社会不满和反抗的负面作用，导致社会冲突。此外，宗教还有对社会群体或个体的心理调适功能，这种"心理安慰""心理治疗"在我们社会主义初级阶段中亦很重要，因为我们的社会发展尚不太健全、不太平衡，人们的物质及精神生活条件也还不太完满、不太理想，仍需相关的"精神慰藉"和信仰带来的超脱感、安全感和"平常心"，起到群众情绪"疏导"和社会"安全阀"作用。不过，这种心理调适如果运用不当也会导致其信众保守、落后、逃避现实、不求进取的负面结果。最后，宗教在社会中的作用还包括文化交往功能，即以文化交流、比较、对话的方式来促成人类开放社会的发展。但这种文化传播功能的发挥必须基于平等互利、相互尊重，否则也会出现如历史上依仗政治强权强行"单向性"流动而造成的"文化侵略""文化霸权"之负面后果。[①] 这种宗教功能的两重性遂为我们辩证应用马克思主

---

① 国家图书馆编：《部级领导干部历史文化讲座2003》，北京图书馆出版社2004年版，第74—75页。

义宗教观、结合中国实际开展宗教工作留下了空间、提供了我们发挥主观能动性、结合中国国情而因势利导、致力于对宗教加以积极引导的可能。

党的十六大召开以后，以胡锦涛为总书记的党中央进一步强调积极引导宗教与社会主义社会相适应，要求我们调动、协调包括宗教在内的一切积极因素来为构建中国和谐社会、争取世界和谐而共同努力。这里，马克思主义的宗教观在中国改革的现实处境中乃有着新的发展，并正在形成其"中国特色"、达到其"中国化"。根据马克思主义的社会分析，当代中国的马克思主义者认识到宗教在社会主义社会中长期存在、发展的客观现实，因而如何引导宗教、使之能发挥什么样的社会作用也就更有其紧迫性、重要性。与以往阶级压迫的问题不同，现在更多乃认识上协调的问题；同理，与以往基于"宗教消亡论"的考虑不同，现在应更多地根据"宗教长期论"来指导、开展我们的宗教工作，从事我们的宗教研究。为此，要实现社会的真正和谐，就必须促进包括宗教关系在内的各方面关系的和谐，开发宗教中有关人类社会和谐共在、和平共处、和睦共融、和合共生的丰富资源，从而充分发挥宗教在促进社会和谐方面的积极作用。

当然，就是在当今中国社会主义社会的条件下，宗教社会功能的复杂性及其正、负作用的可能出现，也是非常明显的。因此，当代中国的马克思主义者对宗教的社会功能也仍坚持其一分为二的判断，强调对宗教社会积极作用和正功能的引导、鼓励，并对宗教可能出现的消极作用高度防范、主动避免。虽然社会主义社会的发展为我们引导宗教的积极因素、体现其积极功能提供了有利条件，但我们的现实存在仍有矛盾、我们的社会发展也存在着潜藏的危机，宗教在这种复杂的环境中其社会作用的发挥也自然会充满着变数，这就为我们的宗教工作提出了较高的要求，即在积极引导、带动宗教的积极社会作用、避免或减少其不利的社会因素及功能上可以大有作为，起到党和国家的主导、指导和引导作用，使宗教在构建和谐社会上有着重要的参与和积极的影响。这种尝试乃一种新的实践，也会为马克思主义宗教观带来新的发展和突破，尤其是达到其不同于欧洲乃至整个西方文化氛围的"东方化""中国化",实现其不同于19世纪和20世纪初之理论命题及社会实践的"现代化""当代化",展示其"与时俱进"的姿态和能力,从而为继承和发展马克思主义做出我们的独特贡献。

在论述宗教的社会作用方面,马克思主义经典作家的分析、评论乃基于19世纪或20世纪之前人类存在的那种剥削、压迫制度之社会,而对社会主义社会中的宗教功能与作用则还来不及,而且不可能真正加以基于实际和实践的论述和推断。但马克思主义的宗教观也是一个开放的科学体系,其理论显示了能动、发展的特征,这也势必为我们促成马克思主义宗教观的中国化提供动力、指引方向。马克思主义关于宗教社会作用的论述一是为我们了解当时的情况提供了生动的实例和具体的见解,二是通过其分析、研究而为我们结合自己的时代来观察、分析和评论宗教准备了精神指导及辩证方法。马克思主义经典作家既透过其时代境遇而揭示出宗教在其社会意义及作用上一些具有本质性、永恒性的因素,使我们看到其认知的深刻性、真理性,同时又特别强调"一切以时间、地点、条件为转移",提醒我们注意并追踪社会、宗教的历史变迁、辩证发展,让我们根据具体时空来看待宗教的社会作用,以能具体问题具体分析。因此,其在这一领域已为我们结合新的实际来丰富和发展马克思主义宗教观中有关宗教社会作用的理论判断,留下了具有巨大广延性的发展空间。

(原载《马克思主义研究论丛:宗教观研究》,中央编译出版社2007年9月版。)

第二十九章

马克思主义宗教观的方法论探究

系统认识和研究马克思主义宗教观，对于我们今天的宗教研究和宗教学学科发展有着非常重要的意义。必须注意的是，对马克思主义宗教观的理解和掌握，应是弄通其基本精神和基本方法，把握其精髓和核心意义；而对马克思主义宗教观基本观点的运用和实践，则是旨在实现其"中国化"，即由当代中国马克思主义者来科学继承、科学发展，形成创新意义的、当代版的，具有中国优秀文化参与和中国特色的马克思主义宗教观理论体系。这种思考乃基于一个客观事实，即马克思、恩格斯是在19世纪中叶创建马克思主义理论体系时开始关注宗教问题的，其视域主要是19世纪的西方社会及其宗教现象，而其对宗教历史的回溯也主要是基于欧洲历史资源。这是马克思主义形成其关于宗教的基本观点的社会、历史、文化和资料背景，也体现出这些经典作家实事求是的科学精神。此后在19世纪与20世纪之交，列宁根据其在俄国的社会主义的早期实践来运用、推广马克思主义，创造性地继承并发扬了马克思主义的理论体系，而且在这种构建中以较大的注意力和敏锐的问题意识关注到宗教问题，由此在其探究中结合俄国当时的社会状况和十月革命前后的发展来具体、深入地探究宗教问题，提出了其相应的宗教观和理论政策。一方面，列宁继承了马克思、恩格斯对宗教与资本主义社会之关系的分析、研究；另一方面，列宁亦有新的发挥和创见，即在其领导的社会主义革命实践中特别探讨了社会主义与宗教的关系，对之有过许多具体论述和未来展望,从而对马克思主义宗教观有着重要补充、扩展和进一步的思想与阐发。不过,由于列宁的时代是社会主义社会刚刚形成的时代,其特点、规律和未来发展尚不十分明朗,所以列宁提出了社会主义与宗教的关系问题,但没有来得及系统探讨和全面回答,给后人留下了许多思索和想象的空间。

在中国社会主义革命和建设时期,中国共产党及其领导下的中国学术理论界对马克思、恩格斯和列宁等经典作家关于宗教的论述曾有过专门梳理、翻译、解释和研究,其中因历史阶段和社会环境的不同而有过不同的认知,在理论界甚至还出现过几次大的争论,留下了观点上的分歧和看法上的差异。随着当代中国改革开放的深入发展,我们中国学术界对马克思主义宗教观的研究已有所突破,达到了前所未有的广度和深度,在许多问题上达成了共识,在仍有分歧的地方亦开展了积极而开放的对话。这些研究已经取得了一些阶段性、富有建设性的成果。经过改革开放以来多年的理论探究、上下求索和实践应用,我们也深深感觉到,对马克思主义宗教观的正确理解和科学运用,关键之处就在于要学会并掌握马克思主义认识和解决宗教问题的方法,即应该把对马克思主义宗教观的方法论探讨作为基本探讨和基础研究。这样才能纲举目张、把握真理、科学发展、避免失误。为此,很有必要展开对马克思主义宗教观的方法论探讨,这里,我们将具体阐述马克思主义宗教观"以唯物史观为基础"和"强调存在决定意识"这两个最基本的方法论原则。

一 以唯物史观为基础

马克思主义对宗教加以认识和理解的方法,是以唯物史观为基础。马克思主义将唯物史观视为正确认识宗教问题的前提和指南。恩格斯指出,"唯物史观是以一定历史时期的物质经济生活条件来说明一切历史事实和观念、一切政治、哲学和宗教的"①。根据这一重要原则和基本立场,马克思主义对宗教的本质、其起源和发展,都是基于其得以存在的"物质经济生活条件",注意其具体的"历史时期"和"历史事实"。这种宗教理解是把宗教置于整个社会的经济发展和物质状况之中去分析,依据宗教借以产生和存在的具体历史条件来说明。也就是说,应该从"物质经济生活条件"来看思想文化发展,从"经济基础"来分析由此所奠立的"上层建筑"和所形成的"意识形态"。因此,马克思主义乃从对社会生产力和生产关系、经济基础和上层建筑等深入研究的角度来剖析宗教的本质,从而形成其从社会存在探讨社会意识、从现实社会寻找宗教秘密的研究方法及原则。这种唯物史观的认知方法和从物质经济基础入手来展开整体分析的研究进路,对我们今天认识和研究宗教仍然有着非常重要的指导意义。根据这一认知方法,可以说,不同的"物质经济生活条件"、不同的"历史时期"和"历史事实",以及不同的"社会基础"和"社会背景",会产生出不同的宗教或教派;同一历史时期和社会背景中我们所看到的共存的不同宗教和不同教派,也必须首先根据它们各自在"物质经济生活条件"上的不同来分析、区别,其次才能观察它们在思想、文化、教育、社群、传承上的不同影响,对之加以深入、细致和具体的说明。由此而论,我们应该对今天宗教多元发展的现象基于这一方法来对其群体、社团进行社会学、经济学意义上的"物质经济生活条件"之剖析,然后才是对其他方面的参照、考虑。而对于同一宗教在不同"历史时期"和不同"物质经济生活条件"中的发展嬗变,也应根据这一基本方法来分析、研究其不同,捕捉其发展变迁的原因、线索及特点。就此而论,虽然不可忽视相关宗教信仰传统的历史延续,但更应关注它们在"新的时期""新的社会条件"及其影响下的维新、创新、变革和发展。

方法论问题决定了研究事物的出发点之选择,由此而影响到其路向

---

① 恩格斯:《论住宅问题》(1872—1873),《马克思恩格斯选集》第 2 卷,人民出版社 1972 年版,第 537 页。

正确与否。运用唯物史观的科学方法，马克思主义强调要"始终站在现实历史的基础上，不是从观念出发来解释实践，而是从物质实践出发来解释观念的东西"。① 在认识和界定宗教上，过去人们习惯于就宗教现象来谈现象，以观念来解释观念。从精神来说明精神，企图以其精神现象本身来说明宗教的本质。对此，马克思主义认为，不要抽象地谈论宗教的本质，因为"宗教本身既无本质也无王国"，"只有到宗教的每个发展阶段的现成物质世界中去寻找这个本质"。② 也就是说，宗教在不同的时代、不同的社会中有其极为具体的精神特征和现实反映。要弄清某一宗教在相关社会中的真正意义和作用，就必须实事求是地了解这一宗教在其存在的社会政治制度中的精神追求、价值判断、道德标准、政治意向和社会实践，把握其适应社会的态度和方式，评估其社会作用及影响。这里，马克思主义研究宗教的指导思想和基本方法乃是调查研究、客观分析、实事求是。由此，认识宗教不是从抽象观念到其社会现实，而恰恰相反。马克思曾形象地比喻说，"我们不是到犹太人的宗教里去寻找犹太人的秘密，而是到现实的犹太人里去寻找犹太教的秘密"。"我们不把世俗问题化为神学问题。我们要把神学问题化为世俗问题。"③ 这实际上已经指明，研究宗教这一人类精神现象的方法是要找出产生这一现象的现实社会基础，从这一基础出发来分析、解剖相关问题，而不能仅以一种抽象的思辨方法来囿于精神现象之内来说明精神之源及其发展变化。同样，马克思主义的这一认识方法也要求我们不能囿于任何现成的判断和结论，而必须弄清这些判断和结论所依据的现实条件、历史背景、物质经济状况和相应的社会发展。不是从观念到观念，而是从现实来揭示观念之反映。不是简单地应用任何判断或结论，

---

① 马克思、恩格斯：《德意志意识形态》（1845—1846），《马克思恩格斯选集》第 1 卷，人民出版社 1972 年版，第 43 页。

② 马克思、恩格斯：《德意志意识形态》（1845—1846），《马克思恩格斯全集》第 3 卷，人民出版社 1960 年版，第 170 页。

③ 马克思：《论犹太人问题》，《马克思恩格斯全集》第 3 卷，人民出版社 2002 年版，第 169 页。

而必须首先弄清它们的来源和依据，这样才能科学地运用前人根据其现实之依而达到的科学结论。如果从经典作家关于宗教的现成判断或结论来看，其基本认知是从"问题意识"来看待宗教，即宗教的出现乃人的存在或意识"出了问题"，尤其是指出"产生"这些宗教的"社会"出了问题；也就是说，宗教不是简单的认识问题，而乃其社会问题。如果从"找问题"的角度来看宗教，认为"宗教"或"宗教发展"在根本上还是"不好"，是一种"有问题"的社会存在，那么，其归根结底是看到了"社会问题"，即一针见血、直截了当地指出其"社会不好"，故而产生了"不好"的宗教。所以，按照马克思主义的方法论，从"不好的"宗教看到了当时欧洲"不好的"社会，这是正确的、客观的，也是马克思主义开展无产阶级革命的原因和动力。这正是马克思主义从"宗教批判"转向"社会批判""政治批判""法律批判"和"经济批判"的根本理由。而我们今天看待在中国的宗教，则没有必要先入为主地非要认为宗教"不好"，从而不顾马克思主义所特别强调和突出的"社会关联"；若坚持如此去认为及做出判断，就可能会教条主义地"看出"或"推出"不符合事实的结论。恰恰相反，根据宗教"反映"社会这一逻辑关联，我们应该客观地看到宗教今天在中国发展的"正常的""好的""积极的"方面，从而得以从"好的宗教"推论出"好的社会"，形成"积极引导宗教与社会主义社会相适应"的良性互动。这才是基于马克思主义方法论而对于马克思主义宗教观的客观理解、正确认识，并应根据中国社会主义社会实践而对之加以创新性继承与发展。

马克思、恩格斯以唯物史观的方法来对19世纪欧洲资本主义社会中的宗教情况进行了分析、判断，因而其表述和结论乃有其具体的针对性。马克思主义这种研究方法的精髓及灵魂乃在于具体问题具体分析、阐明并强调一切事物都因时间、地点和条件而变化。其唯物史观之方法旨在告诫我们不要忘记其分析研究宗教的历史背景及其时代氛围，指明其对宗教的认识和判断不是抽象、凭空而谈，而乃基于其对当时宗教所依存的社会现象、物质条件，人类历史发展所达到的阶段之具体分析。

而且，马克思主义的辩证思想还强调这种认识方法不是静止的、孤立的，而是发展的、变化的、与社会历史变迁相关联的。所以，马克思主义对宗教问题的认识乃突出宗教存在的物质基础、历史背景和时代氛围，并提醒人们不要无视宗教由此而形成的运动、发展与变化。只有基于这种审视和考虑，我们才能科学地运用马克思主义关于宗教的观点和阐述，使其真知灼见真正得以放之四海而皆准。

二 强调存在决定意识

根据马克思主义认识宗教的方法，宗教与现实的关系乃是存在决定意识的关系，宗教是现实社会、现实生活曲折、复杂的反映，同时又会反作用于社会、现实，产生复杂的影响。马克思说，"这个国家、这个社会产生了宗教"，而不是相反；正是这种"社会存在"决定了"宗教意识"的产生。只是在这一前提下，马克思才针对19世纪欧洲资本主义社会的现实，进而认为当时的宗教是"一种颠倒的世界意识"，其所反映的是资本主义剥削、压迫的现实，"因为它们就是颠倒的世界"。[①] 因此，我们必须以马克思主义的这种认识宗教之方法论来正确看待社会与宗教的关系，应在根本弄清宗教现象所依存、所反映的现实基础上来分析宗教、认识宗教、界说宗教，并进而看到宗教与其存在的社会之间会出现的相互渗透、相互影响、相互适应和相互促进。

中国当今的改革开放给社会带来了天翻地覆的变化，这种"社会存在"与欧洲19世纪资本主义的社会存在是截然不同的。因此，当代中国的"社会存在"不应该产生出像19世纪西方那样的"社会意识"。我们认识和分析当代中国的宗教问题，理应按照马克思主义"存在决定意识"这一方法论原则来推理，准确把握中国当今社会存在的性质，而不能人为地、随心所欲地打破时空区别来臆想、拼凑宗教意识与社会

[①] 马克思：《〈黑格尔法哲学批判〉导言》（1844），《马克思恩格斯全集》第3卷，人民出版社2002年版，第199—200页。

存在的关系，决不可断言今天的中国社会存在会重新产生 19 世纪西方的那种宗教意识，从而使存在与意识实际上相脱离。正确的方法则应是具体地、客观地分析、研究今天中国的社会状况，弄清这种社会存在与今日中国宗教发展的内在关联及其客观规律。按照马克思主义宗教观的方法论来推断，"不好的""颠倒的"社会或"世界"会产生"不好的""颠倒的"宗教这类"世界意识"；同理，"好的""积极的"社会要么根本就"不再"产生"宗教"（如果我们把宗教完全视为消极的、不好的、颠倒的社会意识的话），要么产生的宗教作为这一"好的""积极的"社会存在的意识也势必是"好的""积极的""正常的"宗教，至少其本身应涵括有积极因素，从而也会给我们的社会带来积极的作用和影响。若带着先入为主的"敌情"观念来看待当今中国宗教，实际上已经脱离了"存在决定意识"这一基本方法。

很显然，马克思主义认识宗教的方法既能帮助我们从社会现实出发来把握宗教、了解宗教的根源和本质在其所依存及反映的社会现实，又能提醒我们辩证、能动地洞察宗教与社会的关系，充分认识到宗教对其存在之社会也会产生的影响和作用。中国自改革开放以来，其"社会存在"已发生了深刻变化，尤其是目前"我国已进入改革发展的关键时期，经济体制深刻变革，社会结构深刻变动，利益格局深刻调整，思想观念深刻变化"。[①] 我们应该密切关注和认真研究"当代中国正在发生广泛而深刻的变革"，[②] 看到"从生产力到生产关系，从经济基础到上层建筑都发生了意义深远的重大变化"，[③] 真正认识到当今中国社会存在的真实特征及其特色。在对宗教的认识与评价上，我们也必须"彻底否定'以阶级斗争为纲'的错误理论和实践"，而应该从构建和谐社会的积极角度来认识和评价当今中国的宗教存在，以及这一"社

---

① 中共十六届六中全会《中共中央关于构建社会主义和谐社会若干重大问题的决定》。
② 胡锦涛：《高举中国特色社会主义伟大旗帜　为夺取全面建设小康社会新胜利而奋斗》，人民出版社 2007 年版，第 1 页。
③ 同上书，第 14 页。

会意识"与中国当前"社会存在"的辩证关系。

由此可见，认识并把握马克思主义的宗教观，必须遵循唯物史观这一基本方法。我们应在具体的物质经济条件和时空背景中对相关宗教的存在及作用加以具体分析，得出准确的判断和正确的结论。如果脱离马克思主义经典作家论述宗教的时空背景而对之随意套用或机械照搬，以静态历史观来代替动态发展观，以抽象继承法来取代历史唯物论，结果就会造成时空的错位、范式的混淆，犯下经验主义或教条主义的错误。所以说，马克思主义所指明的认识和定义宗教的正确方法，就是基于物质条件、位于时空处境、源于现实生活、置于社会存在。这种唯物史观的认识态度和研究方法，是我们今天必须继承和发扬的，而且也必须长期坚持的。总而言之，我们研究当今中国的宗教存在与发展，首先必须学会正确理解和运用马克思主义宗教观的方法论，将马克思主义的基本原理和方法与中国实际有机联系起来。正如胡锦涛总书记在"十七大"报告中深刻指出的，"马克思主义只有与本国国情相结合、与时代发展同进步、与人民群众共命运，才能焕发出强大的生命力、创造力、感召力。在当代中国，坚持中国特色社会主义理论体系，就是真正坚持马克思主义"[①]。

（原载《论马克思主义宗教观》，社会科学文献出版社 2009 年 10 月版。）

---

① 胡锦涛：《高举中国特色社会主义伟大旗帜　为夺取全面建设小康社会新胜利而奋斗》，人民出版社 2007 年版，第 12 页。

第三十章

以马克思主义宗教观指导中国宗教研究

当代中国的宗教研究，必须要靠马克思主义宗教观来指导，以能认识形势、走正道路、顺利发展、取得成就。由此，中国社会科学院世界宗教研究所系统组织了"马克思主义宗教观研究论坛"，面向全国学者及宗教工作领域的理论及实践工作者，也向世界学术界敞开大门，推进交流交往和对话沟通。为此，我们经常邀请在这一研究领域著述甚丰、见解新颖、勇于开创、卓有成就的各位朋友来共同商议、研讨以马克思主义宗教观指导我们中国宗教研究的大事。在这些学术交流和推动中，除了中国社会科学院世界宗教研究所的同人积极参与，我院科研局、马克思主义研究院、相关研究所、网络中心、中国社会科学院研究生院、中国社会科学院报等单位的领导和学者也非常关心和支持。这种学术交流不仅有内涵式的厚重，而且还有外延式的博大，在深入学习、体会马克思主义宗教观的多次研究论坛及研讨会上，还有来自中央党校、中央统战部、国家宗教事务局、中央社会主义学院、人民出版社、北京大学、中国人民大学、清华大学、北京师范大学、首都师范大学、上海复旦大学、浙江大学、浙江工商大学、河南省社会科学院、新疆社会科学院、西北民族大学、宁夏社会科学院、宁夏大学、四川大学等单位的领导和专家学者积极参与、鼎力相助。这些学界朋友和政界领导与我们已合作、交往多年，在交流、分享马克思主义宗教观指导宗教研究上各有收获，得以不断创新，与时俱进。此外，中央编译局对马克思主义经典著作的重新翻译、整理和出版，如雪中送炭般为我们送来了精神食粮、思想武器，其为我们赠送的相关图书资料也给我们带来启迪和思索。而《光明日报》《中国社会科学报》《中国民族报》《中国宗教》杂志社等媒体长期以来也大力支持、积极宣传我们的研究，使马克思主义宗教观在中国当今社会得以宣传和普及，扩大了我们研究的影响面，赢得了社会各界的理解认同和广泛支持。

在今天中国社会科学院的建设发展中，我们有三大任务：一是建成马克思主义的坚强阵地，二是建成中国哲学社会科学研究的最高殿堂，三是做好党中央、国务院的智囊团、思想库。非常清楚，第一项任务就是要使我们成为坚持马克思主义的理论家、学者，这是完成好后两项任务的前提与保障。对于中国社会科学院世界宗教研究所来说，自觉坚持马克思主义的思想指导，认真研究马克思主义的宗教观，并以马克思主义的立场、观点、理论和方法来统领我们的宗教研究工作，当然是我们的重要任务，而且是我们的首要任务。1963年12月30日，毛泽东同志做出了关于宗教研究问题的重要批示，亦强调了马克思主义在宗教研究中的指导地位。根据毛泽东同志的指示，世界宗教研究所于1964年正式成立，由此诞生了中国最大的宗教研究机构。在当代社会主义的中国处境中，中国宗教研究与以往研究的根本不同，就是旗帜鲜明地突出马克思主义对宗教研究的指导。早在研究所创立之前，创始人任继愈先生就于1963年出版了《汉唐佛教思想论集》。这部著作基于历史唯物主义和辩证唯物主义的立场和方法来论说中国佛教，曾被毛泽东同志称赞为当时用马克思主义指导来进行宗教研究的"凤毛麟角"。给人印象深刻的是，在这部著作的"后记"中，任继愈先生引用了马克思的三段论述："宗教的苦难既是现实苦难的表现，又是对这种现实苦难的抗议。""废除作为人民幻想的幸福的宗教，也就是要求现实人民的现实的幸福。""彼岸世界的真理消逝以后，历史的任务就是确立此岸世界的真理。"任先生强调，马克思的这些指示，"是我们研究宗教史的原则"。改革开放以来新一代学者在步入宗教研究这一领域时，都会仔细琢磨任先生的这一运用，并把马克思的这些论述称为用马克思主义指导宗教研究极为关键的"三把钥匙"。

自世界宗教研究所建所以来，马克思主义思想指导和马克思主义宗教观研究就在研究所的研究、工作中一直坚持下来。此后几十年中，我们研究所系统出版了多部马克思主义经典作家关于宗教的著述，组织了许多学术讨论，并发表、出版了一批又一批研究马克思主义宗教观的著作和论文。尤其是中国改革开放几十年来，马克思主义宗教观的研究在我们所取得了突出的成就。与此同时，全国党政系统、高等院校、研究机构的马克思主义宗教观研究也成就卓著、蔚为大观。各领域的众多专家学者，都推出了这一研究领域的重要著作，引起了社会的普遍关注。今年是新中国成立七十周年大庆，也是我们世界宗教研究所成立五十五周年和中国宗教学会成立四十周年的纪念之年，我们应该系统总结这七十年来，尤其是改革开放四十多年来中国马克思主义宗教观的研究成就，并发掘潜力，精诚合作，使这一研究获得新的进展、取得新的成就，以全新的姿态步入新时代。

在世界宗教研究所成立四十周年时，时任中国社会科学院院长陈奎元同志在其为研究所所庆的题词中鼓励我们"以科学理论指导宗教学研究，促进宗教同社会主义社会相适应"。回顾几十年的历程，中国当代的马克思主义宗教观研究所取得的突破性进展，的确也与中国社会改革开放、解放思想，勇于创新、与时俱进的发展密切相关。对于马克思主义宗教观的理解与运用，不能采取教条主义、本本主义、机械唯物主义及形而上学的态度，而必须采取发展的、辩证的、创新的态度，在深入学习和实践科学发展观的精神意义上，对马克思主义宗教观的精髓和科学方法加以真正的理解和正确的运用。应该说，这种研究视野、态度和方法，随着关于宗教究竟是"鸦片"还是"文化"，以及宗教与当今中国社会的关联之讨论的不断深化，随着由以往单纯"批判宗教"到今天"积极引导宗教与社会主义社会相适应"的转换，已经有了很大的发展、飞跃和升华。

在今天"全球化"的国际形势和中国经济社会发展初见成效的国

内形势下，我们必须以科学、创新、符合时代要求、结合中国国情的思考来继承、发展马克思主义的宗教观，用以指导我们研究今天的国际宗教问题和中国宗教问题。这些年来，我们研究所先后完成了多项马克思主义宗教观的研究课题，出版了相关专著和论文，根据新版《马克思恩格斯全集》和《列宁全集》编辑的《马克思恩格斯列宁论宗教》亦得以出版。目前我们研究所还承担了由中央宣传部指导，由中央编译局、中央党校和中国社会科学院联合进行的"马克思主义基本观点研究"中的"经典作家关于宗教的基本观点"研究课题，由中央宣传部支持、中央统战部负责的"马克思主义宗教观研究"课题，由教育部负责的马克思主义研究"教材"系列的"宗教学"教材课题，以及由我院组织的重点课题"马克思主义宗教观的发展研究"和相关的科学无神论研究等，我所还有多位研究人员担任马克思主义宗教观研究多项课题的首席专家。从国家社科基金课题来看，全国已有多项"马克思主义宗教观研究"课题包括重点课题结项出版，各研究机构、高等院校也推出了一批在这一研究领域的力作。尤其是最近这些年来，中央党校、中央统战部、国家宗教局、中央社会主义学院等中直机构及其研究中心或教研室在马克思主义宗教观研究上多有创新、硕果累累，令人敬佩。

当然，必须承认，在理解马克思主义宗教观上，在研究方法和进路上，在对相关问题的思考和评价上，我们中国学术界、理论界仍存有一些分歧和不同看法，这是正常现象，也是学术繁荣的积极态势。因此，我们正可以借各种"马克思主义宗教观研究论坛"或研讨会的机会来展开交流、对话和讨论。宗教是人类社会普遍存在的一种社会现象，在中国也有着长期且较为普遍的发展，对这一事实我们不可忽视，更不能无视。学者的研究应该充分体现学者的良心和良知，实事求是，坚持真理，言之有据，论之有理，绝不可违背基本的学术原则和规则、丢掉学者的本分和本质。对于如何理解和阐释马克思主义宗教观的基本理论，如何促成马克思主义宗教观的"中国化"，如何创立"中国版""当代版"的马克思主义宗教观理论体系，以及如何以"与时俱进""科学发展"的马克思主义宗教观来指导我们当代中国的宗教工作和理论实践,大家当然都可以畅所欲言,献计献策,在这种"开放性"基础上"百家争鸣""百花齐放",保障充分的学术自由,并使之风清气正,保持住学者的气质和风骨。在马克思主义宗教观的理解研究及结合中国宗教实际上,肯定还有很多难关需要去攻克,自然也会有不同的思想、迥异的观念需要我们去对话、沟通来得以澄清。我们目前所涉及的相关研究论题包括"马克思主义宗教观的形成与发展""马克思主义宗教观的研究现状""马克思主义宗教观的方法论""马克思主义宗教观与中国处境""马克思主义宗教观的文本文献研究",以及"马克思主义宗教观在国外的研究与发展"等方面。由此形成广远的视域和多层面、全方位的深入研讨。但其中许多领域都属于初步涉猎,许多问题都还没有现成结论,因此很难在短时期内达成共识。对于这种研究中出现的不同,我们应该谅解和包容,在探究中严肃认真,讲求一丝不苟、精益求精,有严格的学风和学术规范,不可无的放矢,亦不可以想当然、随意轻率地展开学术讨论及学术批评。而应该持守的学术气质,则要有与人为善的态度,尊重他人,保持很好的人格风范。在马克思主义宗教观的探究上,我们永远在路上,任重道远,要以持之以恒的精神敢于探索,坚持真理,善于倾听,友好待人。让我们共同努力把这一研究往前推动,与时俱进,促进人类共同发展,造福于社会大众。总之,通过我们的研究,应使马克思主义宗教观在新的世情和语境下得以重新认识和积极发扬,开创我们中国宗教研究的全新局面。

(原载卓新平、唐晓峰主编《论马克思主义宗教观》,社会科学文献出版社 2009 年 10 月版。)

第三十一章

坚持与发展马克思主义宗教观

马克思主义宗教观是马克思主义理论体系的重要组成部分,是其历史唯物主义、辩证唯物主义基本立场、观点和方法在宗教问题研究上的具体体现。马克思、恩格斯、列宁等经典作家在创立、发展马克思主义理论体系时对宗教问题有着独特关注,并且深入、系统地展开了对这一领域的科学探讨。因此,马克思主义关于宗教的理论学说,是我们的宝贵精神财富,也是我们当前坚持马克思主义所必须继承、弘扬的。

在中国当今社会改革开放的全新形势下,中国共产党根据中国现实国情和全球化时代国际形势的发展,号召并组织了对马克思主义理论体系全面、系统的学习研究,形成全社会对马克思主义的高度重视和研习。以前我们所用的马克思、恩格斯著作是从苏联时期的俄文版中译而来的,在改革开放以来的当代中国则强调尽可能准确地从原典上理解马克思主义,为此中央编译局正根据国际上最新的德文"MEGA"版来重新组织《马克思恩格斯全集》的中文翻译,并且系统推出了《马克思恩格斯文集》《列宁专题文集》等经典作家的著作,为我们认真学习、准确理解马克思主义提供了重要文本和系列文献。这对我们认真研究、正确领会马克思主义宗教观也是重要的文献保障和文本基础。

研究马克思主义宗教观,我们应该进行"还原性"阅读、"整体性"理解和"实践性"运用。"还原性"阅读就是回到马克思主义宗教观产生和发展的时空环境中去研读经典作家关于宗教的论述,在此我们不搞教条主义、形式主义的章句考证,也不可搞罔顾事实而想当然的历史虚无主义。真正科学、严肃及严谨的态度,就是必须真正准确地读懂马克思主义经典作家关于宗教的原本思想,把握经典作家产生这些思想的社会氛围和时代背景。"整体性"理解就是全面掌握马克思主义宗教观的系统性及其整体关联,抓住其核心精神和基本方法。尤其是要根据马克思主义关于"社会存在决定社会意识"这一基本原则和思想底线来认识、理解马克思主义宗教观,认真思索、推敲马克思主义经典作家是在什么样的前提下推出什么样的结论,其论述宗教时的相关社会经济基础以及宗教对这一特定时空之社会存在的反映。只有对马克思主义宗教观结合其社会基础来加以整体、全面的理解,才不会出现将其结论与前提分割、将其意识与其存在脱离的误解,才能避免断章取义、教条主义的错误。"实践性"运用就是根据实事求是的原则结合当代中国"国情"和国际"世情"来理论联系实际、发展性、创造性地运用马克思主义宗教观,使之成为我们当今宗教工作和宗教研究的重要指导思想。在结合国情、时情时,我们理应抓住马克思主义宗教观的活的灵魂、其基本研究方法和内在规律,坚持具体问题具体分析,力求理论前提与实际结论的统一、社会存在与社会反映的一致、价值判断与逻辑关系的吻合。马克思主义对宗教的研究和评价不离其存在的社会,其对宗教的批判亦是指向产生这种宗教的社会,是由此而直接转向其社会批判、政治批判和法的批判。因此,马克思主义宗教观所涉及的有关宗教的具体结论是与其存在的社会密切关联的,并没有脱离当时的社会存在。而我们探究中国社会的宗教现象,亦不能脱离中国当代宗教与中国当代社会的自然关联和逻辑关系,必须理论联系实际,符合客观真实。鉴于这种社会存在与反映的一致性,我们对当今中国宗教的评价一定要慎重、客观、准确。

马克思主义宗教观的研究在当代中国理论界、学术界和相关领域已经重新掀起了高潮,并且产生出许多重要研究成果。当然,这一研究仍方兴未艾,人们的认识亦空前活跃、多元,更有许多研究项目、工程在推进其走向更深入的发展。我们因而也鼓励在马克思主义宗教观的研究上展开讨论和争鸣，以坚持真理、实事求是的态度来理解、领会马克思主义宗教观的核心和精髓，为此我们当然欢迎百花齐放，支持百家争鸣，志在去伪存真、共创学术繁荣。基于这一精神，我们不仅应该做好自己的研究工作，而且还应该注意组织收集、编辑国内理论界和学术界相关人士发表的研究马克思主义宗教观的重要文章及推出的最新成果，集思广益、广开思路，力图从各个不同方面、视角和观点来反映这一研究领域的学术全貌及理论趋势，厘清其发展线索和思想动向。

所以说，我们对待马克思主义宗教观的正确态度，一是要坚持，二是要发展，在这两个方面都有大量工作要做。其坚持就在于认真学习研究马克思主义经典作家关于宗教的系列论述，以当时与现今的双重视域交汇来体悟马克思主义宗教观的真谛，真正弄清、弄懂马克思主义宗教观的科学内涵；但现在真正潜心阅读、深入探究马克思主义经典作家的作品并不容易，在此坚持下来的人并不多；而那种浮光掠影、浅尝辄止的态度及其反映出的浮躁学风，会使这种坚持打很大的折扣；为此，我们在理解马克思主义宗教观上迫切需要端正学风，不能对马克思主义经典作家的思想浅薄理解、随意发挥，更不能不依原典而把自己的想当然视为马克思主义的正宗、主体，任意发挥，由此出现了误解或歪曲却全然不知，甚至持一种不管不顾、随心所欲的态度来把这些理解已经出现偏差的见解对公众"宣传"和推广。其发展则是在当今中国及世界的处境中重新认识我们的社会及在这种社会处境中发展的宗教；不能陷入教条主义、本本主义而难以自拔；科学地把握和运用好马克思主义宗教观需要与时俱进、不断创新。如果不顾马克思主义经典作家当时思考写作的时运、处境而不顾其逻辑关系、前因后果，则会出现错读滥用误判的现象，无法在新的时代、新的环境中发展马克思主义。而我们发展马克思主义宗教观，最关键的就是要接地气、适应新的时代和其世界发展。对马克思主义宗教观的发展，需要我们与新时代中国特色社会主义社会的建设事业密切结合，基于此来不断开拓创新。在这一具有重要价值和现实意义的探索中，我们大家需要共同努力，以能把我国马克思主义宗教观的研究不断推向深入，开创出全新局面。

（原载《马克思主义宗教观研究（第1辑·2011）》，中国社会科学出版社2013年5月版。）

第三十二章

与时俱进、推进马克思主义宗教观研究

马克思主义宗教观的研究，在当代中国社会转型时期有着独特的意义。随着当今世界金融危机的爆发及其引起的西方资本主义社会危机，使马克思主义研究在世界范围内重新成为热门话题。德国等相关国家的学者根据马克思、恩格斯原始手稿来重新编辑出版《马克思恩格斯全集》，为我们深入、系统、全面、准确地理解、研究马克思主义宗教观提供了非常及时、帮助颇大的资料准备。在马克思主义这一新版文集的编辑中，不仅有西方学者的积极参加，而且也有一批日本学者的全力投入，而中国学者对这一新的发展亦有着非常关键的推动。在这种"还原"式研究中，我们虽然不能搞教条主义、形式主义的"章句之考"，却也必须认真、准确地把握马克思、恩格斯等经典作家的原本精神和其思想构思、结论推出的社会时代背景。只有透彻了解马克思主义的宗教观，才可能形成马克思主义宗教学的科学发展。

我们今天对马克思主义宗教观的科学理解，还必须注意其理论及结论的整体关联。认真考虑经典作家们以什么样的前提而推出什么样的结论这一基本事实。对马克思主义宗教观的理解理应做到系统全面，而不能断章取义，将其结论与前提分割。因此，重新研读马克思主义宗教观，一定要防止歪曲或误导。对马克思恩格斯的著作应该整体性阅读、整体性理解，抓住其理论全貌和核心精神。以严肃、认真的态度来研讨马克思主义宗教观，这应该代表我们研究者的学术责任和学术良心。我们坚持学习马克思主义，但这种学习不能只是封闭性的学习，而需要我们在系统把握马克思主义的研习进程中特别关注马克思主义经典作家对人类思想、文明历史及知识百科那种非常开放性、开明性的学习和吸纳。所以，我们不仅要学到马克思主义的系统理论及其思想贡献，而且还必须弄清楚马克思主义知识体系与人类思想文化整体的关系，意识到其在整个人类知识体系中的定位和贡献，从而真正领悟只有用全人类的知识财富武装自己才可能成为合格的共产主义者这一丰富寓意。

在结合中国实际时，我们应该抓住马克思主义宗教观的活的灵魂，以及其基本理论方法和认知规律。马克思主义对宗教的研究离不开社会，其对宗教的评价或批评，都与这些宗教的社会存在、社会背景紧密关联。而且，我们应该注意到其批判意识的主次和轻重，不要将马克思主义宗教观的内在逻辑和辩证关系颠倒、混淆。尤其值得注意的是，马克思主义宗教观之宗教批评或批判的社会政治指向及其社会、政治批判实质，其宗教批判的根本所指是产生这种宗教的社会，其批判的重点和目标是社会批判、政治批判、法的批判。对马克思主义而言，传统意义上的宗教批判因而已经结束。

马克思主义宗教观的中国化已经取得了很大成就，我们应该善于总结和归纳。我个人认为，在中国共产党的统一战线理论和民族宗教政策中，就有马克思主义宗教观中国化的重要创新和巨大成就。在纪念建党近百年之际，我们应该珍视并很好运用我党这一宝贵财富，使这一在解放事业中起到重大作用的"法宝"在我们今天的社会主义建设事业中再立新功、再建伟业，并且能从以往已经行之有效的"形"之统战深化到更能够持久稳固的"心"之统战。当然，马克思主义宗教观的中国化远未结束，我们应该继承我党的优良传统、学习前辈的表率作用，以便能够对马克思主义真理"接着说"，探出新路，说出新意，为我们今天和谐社会的构建，为社会管理创新的探究做出新的贡献。

从马克思主义宗教观经典表述的"革命斗争"、"阶级斗争"、推翻剥削压迫阶级的时代，已经进入了今天中国经济社会建设、"和谐社会"构建的全新时代。中国共产党也从1949年之前负有推翻一个旧世界之历史使命的革命党发展成为获得建设一个新世界之时代重任的执政党。这种时代巨变，也使我们更要注意马克思主义宗教观表述中前因后果的逻辑关联及历史关联。在社会"前提"已变的情况下，僵化地持守以往的某些"结论"，这不是辩证唯物主义和历史唯物主义的基本态度。教条主义的理解会得出与事实颠倒、相反的结论，从而实质上脱离了马克思主义。在社会"变化"中重新摸索、探究社会宗教现象，要求我们小心翼翼，更要求我们以马克思主义的思想精髓、科学方法来大胆创新，闯出新的路来，完成创新理论。中国共产党从革命党到执政党这只是其表层身份的变化，而其长期形成的"革命精神"和优秀传统则值得永远保存和传存。与以往发动群众推翻一个旧世界的暴力革命、"枪杆子里面出政权"相比，我们现已处于由中国共产党执政的人民政府的新时期，执政党的首要任务就是维护人民利益、保障社会稳定，所以我们希望能以执政党的身份来肩挑重担，保障我们社会和谐与和平发展；而宗教信仰者就属于我们的基本人民群众群体，宗教是保持社会稳定的一个重要因素。我们理应想尽一切办法来维稳防乱，从执政党的角度，从巩固政权的视域，从为最广大人民群众谋利益、谋幸福的立场出发来看待宗教、评价宗教，制定和执行我们的宗教政策。在今天的形势下，对宗教轻轻一拉就是我们的可靠朋友，而费很大力气去推也有可能使宗教成为我们的对立面，使之出现敌对倾向。因此，我们应该保持好社会和谐的氛围，团结一心谋发展。在我们今天的和谐社会，应以平常心来看待宗教，而不应让宗教总是成为敏感问题、由此人为地使政教关系变得紧张。我们必须弄清楚，我们今天研究马克思主义宗教观对于把握中国社会现实的目的和意义究竟是什么。我想，我们的研究应更好地积极引导宗教与我们的社会主义社会相适应，而不是简单地向宗教斗争，更不是把宗教推向我们的敌对面。

如何在新形势下紧跟党中央的战略部署，实现我们今天的社会和谐和社会主义建设的新成就，这才是我们今天研究马克思主义宗教观的意义之所在。

（原载《马克思主义宗教观研究（2011）》，社会科学文献出版社2013年7月版。）

第三十三章

马克思主义宗教观与中国文化建设

马克思主义宗教观的研究内容很多,在我们对之展开系统梳理和学习时,还应该拓展性地讨论马克思主义宗教观与中国文化建设的问题。对此,这里想从方法论和文化观这两点上来谈谈笔者自己的一些初步想法,旨在我们的理论探讨中以抛砖而引出真玉。

一 研究马克思主义宗教观的方法论

马克思主义宗教观是马克思主义理论体系的重要组成部分,是马克思主义在宗教认识及宗教研究上的具体体现,因而也是我们宗教工作和宗教研究的指导思想。自改革开放以来,我国的马克思主义宗教观研究取得了巨大成就,这是我国宗教学发展与众不同的一个重要标志。科学地研究和运用马克思主义宗教观,是我们宗教研究领域对坚持马克思主义指导的贯彻落实。因此,突出和强调马克思主义宗教观正是我们在宗教工作及研究领域对马克思主义指导的坚持。我们对之必须旗帜鲜明。现在有的人自己不专心、系统研究马克思主义关于宗教的学说及观点,而且在其言论中也鲜有马克思主义的基本思想或观点,却对这种马克思主义宗教观的专门研究说三道四、挑剔指责,还谴责研究马克思主义宗教观的人是不坚持马克思主义的指导,甚至荒唐地认为马克思主义宗教观不是马克思主义的有机构成,而是"费一番周折""装进"的。上述态度孰是孰非，历史自有公论。

在研究马克思主义宗教观的基本态度和科学方法上，我想应该有着如下一些思考。

第一，读马克思主义经典作家原著应系统、全面，对其科学体系有整体性把握。

谈论马克思主义，必须读马克思主义的著作，在认真阅读的基础上来思考和论说。一定要克服那种不读书而信口开河，把自己的想法视为马克思主义经典作家的观点来任意使用、强加于人的恶习。只有静下心来认真、系统、全面地研读马克思主义经典作家的原著，才有真正的发言权。这也体现出我们研究马克思主义的严肃性和科学性，体现出我们对经典作家的尊重、崇敬。

第二，对经典作家的理论思想要争取读懂、读透，不可一知半解，更不可误解歪曲。

认真领会马克思主义的原意，真正弄清马克思主义经典作家的所思所想，则应该顺着经典作家的思路来透彻、正确地理解其博大精深的思想精髓和基本要义。因此，不能对经典作家的言论断章取义、随便发挥；而必须根据对经典作家著述的系统了解、全面认识来对其思想加以诠释、论说。只有这样，才能杜绝对经典作家思想的误解或歪曲。

第三，学习经典作家的著作必须了解其社会历史的时空关联，不能脱离其社会、时代处境来看待经典作家的相关结论，基本观点。

读经典作家之书不能孤立地、封闭地阅读，而应该以一种开放性视域，结合其社会实际、时代背景来思考性地阅读，这样才能有的放矢，读懂、弄通、用活。

第四，研究马克思主义的思想、观点应抓住其精神实质、科学方法。应该以这种科学方法来指导我们对世界的观察、对相关问题的分析、处理，把握马克思主义的活的灵魂。

第五，应把马克思、恩格斯、列宁作为人类历史进程中的伟人来看待。不可将其"神化"，不能将其理论"教条化"或作为不许更改、变动、调整的"教义"来对待。

第六，学习马克思主义必须理论联系实际。关键在于用马克思主义的研究方法、科学思路来指导我们对当下、现实问题的观察、研究，立足于我们在中国国情、21世纪世情中观察、分析、解决问题的客观需要，辩证掌握其科学方法来运用于我们的实践之中，建设、发展"中国化"的马克思主义。

第七，在学术研究中应尽力将马克思主义的基本理论、思想学说与我们的研究工作有机结合，突出相关的特色和重点。

第八，马克思主义经典作家对宗教问题颇有兴趣且专有研究，因此有必要将马克思主义的基本理论与马克思主义宗教观有机结合来研究宗教问题，准确、科学、理论联系实际地把握、运用马克思主义的宗教观。马克思主义的基本原理和方法，自然也体现在其宗教观上。所以我们应该善于将普遍真理与具体问题的探究有机结合，注意其内在规律和逻辑关联。

第九，应关注马克思主义分析、研究宗教问题的基本方法，同时也必须看到其有关宗教问题的具体评说，结论的具体时空关联。不能剥离这种具体的时空处境来引用、运用其相关结论，注重理论前提与理论结论的逻辑关联及一致性，认识到其前提变了，其结论也势必会发生相应变化。所以，不能僵化、静止、形而上学地对待马克思主义有关宗教的具体观点和结论。

第十，应观察、注意马克思主义经典作家本身在认识、研究宗教问题时的发展、变化，认识到其理论的历史发展、逐步完善。经典作家是历史中鲜活之人，决不可将之作为僵化、不变的"偶像"。基于这种认识，坚持、发展马克思主义必须与时俱进，勇于创新。这也是当代中国马克思主义者在"全球化"的世情和改革开放的国情中的历史使命。

二　马克思主义宗教观在文化观上的基本思考

第一，宗教与人类文化形态的关系

马克思、恩格斯在其早期著作中对宗教的关注侧重于宗教所表现的社会存在与社会意识形态的关系，而没有专门去探讨宗教与文化的关联，当时他们对宗教的评述至多有着某种文化批判的蕴含。但在马克思主义的随后发展中，开始注意到文化及文明问题，尤其是对人类文化形态及其不同类型产生了浓厚兴趣。马克思和恩格斯均对这一问题有所研习，形成了相关记录及思索。在马克思主义这一研究文化形态的思想体系内，则可以探索其对宗教文化意识及文化形态的相关思考。

从文化形态来看宗教，较为直接的表述即马克思于1857年在《1857—1858年经济学手稿摘选：导言》中所提出的，人类掌握世界有四种不同的方式："具体总体作为思想总体，作为思想具体，事实上是思维的、理解的产物；但是，决不是处于直观和表象之外或驾于其上而思维着的、自我产生着的概念的产物，而是把直观和表象加工成概念这一过程的产物。整体，当它在头脑中作为思想整体而出现时，是思维着的头脑的产物，这个头脑用它所专有的方式掌握世界，而这种方式是不同于对于世界的艺术精神的、宗教精神的、实践精神的掌握的。"①

这种精神思维的多层面现象反映出人类从简单思维、单一思维而发展到复杂思维、多向思维之进化、提升。人类思维的拓展可以从精神文化的发展上来理解。但必须指出的是，由于人类认识的有限性、阶段性和发展性，即使在人类文明高度发达的今天，其以理论精神方式、实践精神方式等仍然无法窥测浩瀚无际的宇宙奥秘，其对已知世界的解释也尚不够圆满、不尽完善；因此，艺术精神方式、宗教精神方式在宏观、抽象把握世界上则仍有其用武之地，仍会顽强地发挥着其多元的精神洞观、灵性把握作用，尽管这种作用对于人类思维而言或积极或消极，或有启迪或会堵塞。马克思主义经典作家以这种描述而说明了宗教精神方式乃是人类文化表达方式的一种，故此可以把宗教视为人类文化形态的重要构成之一。

---

① 《马克思恩格斯文集》第8卷，人民出版社2009年版，第25页。

第二，宗教与人类文明发展的关系

马克思主义经典作家认识宗教与文化关联的另一个角度即从人类文明发展史来看宗教。恩格斯在《〈反杜林论〉的准备材料》(1876—1877)中曾说:"单是正确地反映自然界就已经极端困难,这是长期的经验历史的产物。在原始人看来,自然力是某种异己的、神秘的、压倒一切的东西。在所有文明民族所经历的一定阶段上,他们用人格化的方法来同化自然力。正是这种人格化的欲望,到处创造了许多神;而被用来证明上帝存在的万民一致意见恰恰只证明了这种作为必然过渡阶段的人格化欲望的普遍性,因而也证明了宗教的普遍性。"① 由此而论,马克思主义经典作家认为,在人类文明发展的相关阶段会有着宗教的普遍影响,在其文化中会有宗教的因素,而宗教亦会成为文化的表现形式,是"文明民族"的一种标志。用"人格化"来表现自然力、描述神明,乃反映出人类文明发展的相关阶段。

恩格斯在《布鲁诺·鲍威尔和原始基督教》(1882)中说:"对于一种征服罗马世界帝国、统治文明人类的绝大多数达1800年之久的宗教,简单地说它是骗子凑集而成的无稽之谈,是不能解决问题的。要根据宗教借以产生和取得统治地位的历史条件,去说明它的起源和发展,才能解决问题。对基督教更是这样。"② 这段论述揭示了基督教与人类文明演进史的密切关系,描述了其在东方的诞生、在罗马帝国确立其统治地位,随之通过西方社会的演变而发展为世界宗教,并对过去近两千年的人类文明发展产生了重要影响。因此,基督教本身的产生及发展历史就是非常典型的一段人类文明演化史。

宗教在其产生和发展过程中,会与一定的文化相关联,甚至在其发展成为世界宗教后,其原初的文化特色在一定程度上仍会得到保留和弘扬。因此,马克思主义经典作家注意到这种宗教与文化的关联性,从而

---

① 《马克思恩格斯文集》第9卷,人民出版社2009年版,第356页。
② 《马克思恩格斯文集》第3卷,人民出版社2009年版,第592页。

对宗教的文化特色亦有所探讨。如果说基督教在其形成发展的时期主要是与西方文化相关联,那么伊斯兰教则体现为东方文化特色,尤其为阿拉伯文化的典型表述。恩格斯指出,"伊斯兰这种宗教适合于东方人,特别适合于阿拉伯人"。[①] 伊斯兰教由于与东方文化的密切关系,"由于保持着它的特殊东方仪式,它的传播范围就局限在东方"及相关地区,"在这些地方它能够成为主要的宗教,而在西方却不能"。[②] 从宗教发展与相关文化的关联来研究宗教历史,不同区域、不同民族、不同文化会以产生不同的宗教,也会以这些不同的宗教来为其代表及象征,而在人类发展、民族融合的进程中,这些宗教也会因地域、民族文化的消亡而随之消失,或因其扩大而发展为涵括更广的世界性宗教文化,这是马克思主义唯物史观在其文化史、文明史理解上的充分体现。

人类的发展体现为认识和处理人与自然、人与人之间相互关系,掌握外部世界和人类自身,促成人类精神创造、文化和文明扩展的漫长演化过程,其宗教信仰也是由简到繁,由原始宗教、氏族宗教、民族宗教到国家宗教、世界宗教的长期发展的产物;马克思主义以对宗教和文明发展上述关联的分析,而展示了宗教诞生和发展本身也是人类文明、文化历史的重要构成。

总之,宗教作为一种掌握世界的重要方式,具有丰富的文化意义,宗教发展史与人类文化史的密切交织在马克思主义宗教观中因此而得到了特别的关注。

第三,宗教与民族文化精神的关系

马克思主义经典作家在其著述中曾反复谈到宗教与民族社团生存及民族文化精神的密切关联。他们在研究人类社会及其经济基础时逐渐发

---

① 恩格斯:《论原始基督教的历史》(1894),《马克思恩格斯文集》第4卷,人民出版社2009年版,第476页,注1。

② 恩格斯:《布鲁诺·鲍威尔和原始基督教》(1882),《马克思恩格斯文集》第3卷,人民出版社2009年版,第599页。

展出对社会人类学的关注,并进而进入文化人类学的领域,开始其文化人类学意义上的理论构建,并由此触及宗教领域,具有宗教人类学意义上的探讨。这种研究及其扩展也是对马克思主义唯物史观的丰富与发展。

马克思晚期的研究涉及古代社会史和文化人类学,这典型地体现在他于1879—1882年所写的五篇读书笔记中,这些笔记实质上与宗教人类学、宗教文化学直接关联,对探讨宗教与人类文明起源、宗教与人类文化形态的形成之关系也具有独特的学术价值和历史意义。这表明马克思开始关注文化人类学和社会人类学的研究,以完善其政治学、经济学和社会学理论体系。从这些翔实的笔记则可以看出,马克思已经有了撰写人类古代社会史的意蕴及计划,但遗憾的是未能实现这一宏伟计划。而恩格斯则顺着马克思的思路,撰写了《家庭、私有制和国家的起源》等著作,开拓了马克思主义对人类早期文明史的研究,而且这也使恩格斯对宗教有了更多宗教学意义上的研究。

在宗教演变的这一过程中,宗教亦成为相关民族文化精神的代表或象征。恩格斯指出,"古代一切宗教都是自发的部落宗教和后来的民族宗教,它们从各民族的社会条件和政治条件中产生,并和这些条件紧紧连在一起",[1] "大部分是每个有亲属关系的民族集团所共有的这些原始的宗教观念,在这些集团分裂以后,便在每个民族那里依各自遇到的生活条件而独特地发展起来……这样在每一个民族中形成的神,都是民族的神"。[2] 此时宗教之神乃其民族的象征,是其社会生存共同体之精神符号升华的标志。一般而言,作为相关民族文化精神之载体的宗教会与其民族共存亡。不过,宗教所表达的相应民族文化精神也有可能超越其民族之限而得以扩展、延续,因为宗教的文化价值作为人类精神文化遗

---

[1] 恩格斯:《布鲁诺·鲍威尔和原始基督教》(1882),《马克思恩格斯文集》第3卷,人民出版社2009年版,第597页。

[2] 恩格斯:《路德维希·费尔巴哈和德国古典哲学的终结》(1886),《马克思恩格斯文集》第4卷,人民出版社2009年版,第309页。

产往往能够超越时空阻隔和民族、阶级的局限，给人一种意义永恒的感觉。在现代社会发展中，有的宗教作为某一民族的特有宗教而得以保留，甚至成为该民族的重要标志之一；有的宗教早已超越其民族之限而发展为被多个民族所接受的世界宗教；也有某些宗教由于种种原因而被其相关民族所放弃，转而在其他民族中发展，而有些民族则也放弃了其原有宗教，改信其他宗教。这已与人类古代社会大不相同。对于宗教与民族关系的这种复杂交织及其与民族文化的关联情况，我们故而必须具体问题具体分析，多有实地调查研究。

第四，宗教与人类思想文化的关系

从人类思想文化层面来看宗教，会有更多的哲学和人文意蕴。文化反映出人们的精神生活，是相关民族的灵魂及血脉所在；文化以其形象化、综合性而表达了整个人类的共同关切和普遍关联，文明的进步即以文载道、以文化人，其中自然不会缺少宗教的作用及影响。在这一方面，宗教看似离社会政治较远，有着更加超越、纯为文化意义的追求，更多表现出社会的文化境遇和人们的精神情趣。当然，宗教作为社会组织存在很难摆脱其社会的政治影响，现实中也没有完全超越或超脱政治的宗教存在；同理，宗教也是以相应的思想文化形态而存在，同样不会脱离人及其社会的文化性。

因此，马克思主义经典作家在基于其社会存在和经济状况之考虑的前提下，也从人类思想、思维发展的意义上探讨、分析了宗教与人类思想文化的关系问题，研究宗教除了具有社会性之外还应具有的自然性、精神性等特征，指出宗教观念的产生与发展反映出人的抽象思维能力的发展，如其神灵观念的嬗变、演化实质上说明了人在认识上所表现出的抽象、概括、归纳和整合之思维发展，由此从一个重要侧面展示出人类思想文化发展、演进的复杂过程。

综上所述，尽管马克思主义经典作家不同意仅从"文化史"的意义上来谈论宗教，强调每一时代的社会经济结构和经济关系的根本性、基础性，却并没有忽视宗教的文化意义，特别是马克思在其晚年，已经更加重视人类文化的意义,并开始探寻宗教与人类早期文明的关联。既然宗教反映出"人类本质的永恒本性",就不应该忘记这种"本性"也涵括人的"社会性"和"文化性",在关注人类社会历史的同时亦重视其文化历史。马克思主义经典作家洞见到宗教与文化的独特关联,认为人类历史文化运动也会"带有宗教的色彩"。因此,在涉及宗教与文化的关系时,还应该注意到宗教的文化意义,并根据人类文明的演进、发展来进行科学分析,即不是采取仅仅"嘲笑和攻击"的方式,而"还应该从科学方面来克服它,也就是说从历史上来说明它"。[①] 我们今天开展文化建设,构建和谐文化,不能忽视宗教的文化存在及文化意义。当然,对"宗教是文化"不能作狭隘之解,也不是以此来对宗教定义,而是让人们注意到宗教与人类文化的密切关联及在文化发展演变中的重要作用。因此,探究马克思主义宗教观中所涉及的文化观或文化意识,也是我们这一研究的重要任务。

(原载《马克思主义宗教观研究(2012)》,社会科学文献出版社2013年12月版。)

[①] 恩格斯:《关于德国的札记》(1873—1874),《马克思恩格斯全集》第18卷,人民出版社1964年,第654页。

第三十四章

马克思主义宗教观与中国
特色话语体系建设

　　马克思主义宗教观的研究对我们宗教学领域的学者尤为重要，我们的责任和使命就是要在认真研究、真正弄清马克思主义基本原理、观点和方法的基础上勇于开拓，创立具有中国特色和与时俱进的当代中国社会主义的宗教观及其理论体系。我们运用马克思主义的基本理论和研究方法，是要解决中国当代关涉宗教的理论问题和现实问题，为中国和谐社会的发展、中华民族的团结，以及"中国梦"的真正实现做出我们实实在在的贡献。当前，中国宗教学的发展，马克思主义宗教观的发展，以及中国宗教与中国社会和谐关系的发展都已经到了非常关键的时刻。为了实现"两个一百年"的愿景，我们必须解放思想，积极开拓，具有创新精神、开放胸襟和开创气势，把我们的学术研究往前推进，使我们的社会继续保持改革开放的积极态势，让我们三十多年来改革开放的成果得以传承和发扬。所以说，我们的研究具有时代感、现实感、责任感和使命感。这在我们的马克思主义宗教观研究上显得更加突出，更为重要。

　　中国社会科学院世界宗教研究所在学术研究上一直坚持以马克思主义为指导，致力于系统研究、科学发展马克思主义宗教观理论体系和唯物史观的基本方法。特别是中国改革开放以来，我们研究所对马克思主义宗教观有着系统梳理和认真研究，并不断推出研究成果。我们是中国社会科学院最早建立马克思主义基本理论研究室的研究所之一，我们所马克思主义宗教观研究室自成立以来也积极主动、特别活跃，以非常醒目的身影站在中国当代马克思主义宗教观研究的第一线，并与包括在座各位朋友在内的中国这一领域的专家学者建立起良好的学术合作关系，形成了深厚的学术友谊。在这次研讨会上，我们作为主办方在众多议题中还特别提出了要研究"新中国成立以来我国宗教研究的范式或话语的反思和重建"，以及"马克思主义宗教观对中国特色宗教学话语体系的构建的重大作用和意义"等专题，旨在解放思想，大胆创新，在前人取得众多成果的基础上继续往前走，勇于攀登学术高峰。为此，在研究马克思主义宗教观上，我们坚决反对任何形式主义、本本主义和教条主义的理解，更不能允许在误读、误解马克思主义的同时还以歪曲事实、断章取义的方式来在学术领域胡乱批判，对宗教学研究的学者戴帽子、打棍子，破坏当前中国宗教学研究的大好局面，影响我们社会的安定团结，挫伤中国广大宗教界朋友与中国社会主义社会相适应、达共识的积极性。现在有少数人的言论在马克思主义宗教观研究和中国宗教学研究上混淆视听、恶意攻击、行左实右，我们对之应有所警惕和鉴别，而对那种学风浮躁、不求甚解、缺乏认真研究和科学依据的所谓统计调研和判断结论，我们也理应加以批评和批驳。当然，我们展开的这种学术争鸣和理论批评，一定要保持一种学术的维度，摆事实、讲道理，以求学术研究意义上的澄清和前进。自新中国成立以来，关于宗教的理解和理论问题已有过多次讨论，我希望这种学术讨论或争鸣能够增进我们对马克思主义宗教观的正确理解，促进中国特色社会主义宗教理论体系的完美构建，带动中国的宗教学术健康发展。

  虽然我们已经取得了一定成就，但马克思主义宗教观的研究和发展在当代中国仍然是任重而道远，空白领域还很多，没真正弄清的理论问题也不少，至于开展并发展中国特色社会主义的宗教观研究则更是刚刚起步。而且，我们的这种研究是开放性、比较性、探索性的研究，因而应有广远的视野，广博的知识，广阔的胸襟，应有古今比较、中西借鉴，正如马克思所希望的，用人类创造的全部知识财富来武装我们自身,这样才能真正成为一个合格的共产主义者。所以说,我们的研究是跨学科研究、超时代研究,既要有深入历史的微观审视,也要有超越历史、跨越时空的宏观把握,由此形成我们科学的研究、深远的洞见。例如,在我们的研究中,我们有必要深入马克思主义经典作家的人生经历、精神世界,有必要深入了解他们所处的时代及社会、其思想的时空背景,有必要深入认识他们理论建树的目的、意义、任务、使命,有必要深入钻研他们对宗教理解的认知本真及社会关联、他们对无神论意义的系统阐述和真正旨归,有必要深入阅读、正确诠释他们所留下的经典著作的原著、译著和解释性、研究性著作。仅此而论,我们的研究任务很重,领域很广,问题颇多,值得我们潜心钻研、学问专攻,并且真正搞好调查研究、切实争取理论联系实际,因而也就必须防止在学问上、议论上的浮躁之风、虚假之为,不要搞那些经不起推敲的所谓成果、结论。

在今天中国特色社会主义理论体系的构建中,我们马克思主义宗教观研究和中国宗教学研究一个特别应引起注意的问题,就是我们的时代变了,社会基础及结构变了,政治制度及体制变了,共产党的社会地位和责任也变了,明确地说,就是我们中国在今天是共产党掌权、人民当家做主的社会主义社会。这种社会基础和政治制度的根本变化,使我们必须思考与社会、政治密切关联的宗教意义及其作用的根本变化。这就是我们所谈的研究上应注意的范式转变、社会存在与社会意识的逻辑关联。把马克思主义对宗教的认识、评价和批评从这种关联中剥离出来、抽象出来,不是马克思主义,不是历史唯物主义和辩证唯物主义,而是教条主义、唯心主义,是理论封闭、空虚的做法,是违背基本逻辑的思想。透过现象看本质,我们今天的学术研究一定要紧跟党中央的战略部署,要为和谐社会的建构做贡献,而不是对之解构、破坏;要勇于开拓、继续前进,而不是原地踏步,甚至倒退、走回头路。

我们作为学者也应有学者的敏锐性和严肃性,看到当前我国民族宗教问题的复杂、严峻,认清敌对势力对我国的企图和妄想,从而抓住关键时机,理顺这些重要关系,使我国的民族、宗教领域能为我们社会和谐、民族团结、国家进步是加分而不是减分，是增加正能量、正功能而不是产生负能量、负功能，是向心、推进而不是离心、拖累。对于这些问题和思考，我们应该把对马克思主义宗教观的研究和理解有机结合起来。因此，希望大家共同努力。

（原载《马克思主义宗教观研究（2013）》，社会科学文献出版社2015年1月版。）

第三十五章

发展中国特色社会主义宗教理论

马克思主义宗教观的"中国化"问题,是我们当前研究中的一大重点。中国共产党继承并发扬了马克思主义,在中国的实践中取得了巨大成就。我们在马克思主义宗教观上的继往开来、理论创新,其首要任务就是要创立中国特色社会主义宗教理论。在这一理论的创建进程中,中国共产党的老一代领导人毛泽东、周恩来等人起了非常重要的开创作用,已经意识到宗教与中国社会的关联,并且论及宗教的文化意义。毛主席、周总理等老一代领导人关于宗教的重要论述,为我们今天的理论开拓奠定了基础。中国实行改革开放以来,宗教研究的局面大好,发展中国特色社会主义宗教理论有了实质性进展。中国共产党领导全国人民拨乱反正,在宗教认识和理解上也有了重要突破。在党的十一届三中全会召开后,中国改革开放的旗手邓小平同志在百废待兴的众多重要工作中也论及宗教问题,指出"我们建国以来历来实行宗教信仰自由。当然,我们也进行无神论的宣传"。"马克思主义者认为,像宗教这样的问题不是用行政方法能够解决的。……宗教信仰自由涉及民族政策,特别是我们中国,要实行正确的民族政策,必须实行宗教信仰自由。"[①] 1982年中央《关于我国社会主义时期宗教问题的基本观点和基本政策》正式发布,使改革开放初期我国的宗教工作有了纲领性指导文件。2001

---

① 中央文献研究室编:《邓小平思想年谱》,中央文献出版社2011年版,第267页。

年，江泽民同志在全国宗教工作会议上作了《论宗教问题》的报告，系统阐述了进入21世纪之后中国宗教工作的基本任务、强调了做好宗教工作的重要性和党对宗教工作的坚强领导。2007年，中央政治局组织以"当代世界宗教和加强我国宗教工作"为内容的集体学习，胡锦涛同志发表重要讲话，指出全面贯彻党的宗教工作基本方针、发挥宗教界人士和信教群众在促进经济社会发展中的积极作用，是对做好新形势下宗教工作的"根本要求"，而做好信教群众工作则是宗教工作的"根本任务"。新时期党的领导人关于宗教问题的系列讲话，为我们发展中国特色社会主义宗教理论指明了方向，提供了基本理论框架。

习近平主席在最近的系列讲话中非常系统地论述了文明、文化的意义，令人兴奋和鼓舞。习主席阐述了中华文化与当代中国社会主义核心价值观的密切关联，而且在论及文化时亦涉及对宗教文化的积极评价。这就为我们发展中国特色社会主义宗教理论增加了重要的文化思考和文化内容，使我们的理论研究具有了文化战略的视野。习近平指出，"培育和弘扬社会主义核心价值观必须立足中华优秀传统文化。牢固的核心价值观，都有其固有的根本。抛弃传统、丢掉根本，就等于割断了自己的精神命脉"。这里论及的"传统""根本""精神命脉"等关键词是很值得我们深思的。中国社会主义的核心价值观基于中华思想文化传统的积淀和提炼，有着其历史的厚重和精神文化的滋润，这就要求我们重新审视我们自己的文化历史及文化传统。钱穆先生曾论及文化自重和对文化的敬重，指出要对本国以往的历史文化有"一种温情与敬意"。习近平说，"中华文明经历了5000多年的历史变迁，但始终一脉相承，积淀着中华民族最深刻的精神追求，代表着中华民族独特的精神标识，为中华民族生生不息、发展壮大提供了丰富滋养"。因此，"我们决不可抛弃中华民族的优秀文化传统，恰恰相反，我们要很好传承和弘扬，因为这是我们民族的'根'和'魂'，丢了这个'根'和'魂'，就没有根基了"。在我们的民族文化传统根基中，有没有宗教文化的因素，如何看待和评价中国传统宗教精神，是一种必要的文化反思，也是我们理论往前发展所不可回避、不能绕过的问题。"继承和发扬中华优秀传统文化和传统美德",有着什么样的涵括及内蕴,我们只能从传统的记载、历史文本中去体悟、发掘。这是我们推陈出新所必备的基本功。

中国特色社会主义宗教理论应该说是两大重要因素的有机结合。一是来自西方的马克思主义宗教观,其中自然会反映出西方文化传统及其优秀成果。马克思主义也不是凭空产生,乃有其文化土壤。这是我们必须研究西方哲学、西方政治学、西方经济学和西方社会学的原因。我们只有深刻了解西方文化史、把握西方文明精神的精髓,才可能透彻体悟马克思主义的博大精深。从这一意义上,我坚决反对那种彻底排拒、全盘否定西方思想文化的观点。这种形左实右的看法和做法实际上是挖掉了我们理解、接受马克思主义的重要历史文化根基。最近有人批评我关于柏拉图的相关论说,并由此借西方某个哲学家之口而对柏拉图做出了极为否定的判断。其实,我们认为柏拉图至少是一位非常值得深入研究的西方思想家,而不能简单给他戴个不好的帽子就打倒在一边。英国文学评论家怀特海曾如此评价说,"全部西方哲学传统都是对柏拉图的一系列注脚。"[①] 这话不一定特别准确,但我们可以看到西方思想从柏拉图到黑格尔的一脉相连,而马克思曾受黑格尔的影响则是不言而喻的。所以,对西方思想文化包括其宗教,不能采取粗暴简单地将之"打翻在地再踏上一只脚"的态度,而是应该对其精神遗产之文本持有一种敬重的态度。当然,我们对马克思主义的吸收、消化也理应持一种使之"中国化"的姿态,防范一种水土不服的机械应用。二是来自中国的传统思想文化,中国特色社会主义宗教理论如果忽视中国文化则没了特色。在中华民族的精神追求、文化象征和道德标准中,中国人的宗教因素非常醒目。这种充满精神气质、有着独特精神境界的宗教文化是我们中华文化的有机组成部分,起着举足轻重的作用。中华传统文化的典型符号和象征,就有着明显的宗教印痕,保存着中国人灵性生活的记忆。所以,中国特色社会主义宗教理论不可完全排拒中华文化传统中的宗教

[①] 参见柏拉图《理想国》,吴献书译,上海三联书店2009年版,封底评语。

元素，不能仅从负面意义上来评价我们文化历史中的宗教。无论是从我们的社会现实，还是从我们的文化历史来审视，都要正视宗教在其中的积极意义，看到宗教对我们的文化发展所起的精神动力作用，面对宗教在我们社会存在和民众生活中的久远影响。无论是看见还是不看、是承认还是否认，宗教的精神文化作用都在那里，宗教在我们中华民族中的客观存在乃不争的事实。尽管宗教有其负面、消极的因素，我们也只能是建基于对之积极引导，从促成其革新和更新的角度来对之批评，提出警醒。宗教能否与我们现代社会的思想文化体系有机共构、和谐相处，其实是一个双向互动的问题。习近平说，"历史告诉我们，只有交流互鉴，一种文明才能充满生命力。只要秉持包容精神，就不存在什么'文明冲突'，就可以实现文明和谐"。宗教是一把影响历史发展的双刃剑，处理不好就会陷入"文明冲突"的泥潭，但若处理得当，则可帮助人类实现"文明和谐"的理想。

同理，中国特色社会主义宗教理论既应该坚持其基本政治原则和价值标准，又要有"海纳百川，有容乃大"的包容精神和向外学习的谦虚态度。宗教在中国历史文化的交流上就生动反映出其交流、融合，展示了其在中华文化转型上的巨大作用和深刻寓意。习近平正是在文化交流、文化包容的意义上论及2000多年来佛教、伊斯兰教、基督教等先后传入中国的交流，指出中国文化善于吸纳外来文明优长的特点。习近平特别提到佛教在这种文化交流的意义，点明宗教"中国化"的深远意义及其随后发展道路的畅快，指出佛教因从外"传入"而给中华文化增添了新的血液，而其"传出"又使具有"中华"符号的佛教影响到更多的文明或文化。这一过程充满着积极的意义，其中也有因为量的积累而产生的质变。习近平指出，"佛教产生于古代印度，但传入中国后，经过长期演化，佛教同中国儒家文化和道家文化融合发展，最终形成了具有中国特色的佛教文化，给中国人的宗教信仰、哲学观念、文学艺术、礼仪习俗等留下了深刻影响"。显然，佛教不是原封不动地保持印度佛教的元素和秉性，而是出现了政治及文化上质的突破，如政治上对"不依国主、则法事难立"之基本生存原则的醒悟，文化上出现的六祖惠能对禅宗的改造提升，从而使佛教在中国真正"大彻大悟"、完全为中华文化所吸纳。这种"中国化"既是适应性、演化性的融入，也是创造性、创新性的重生，由此有了"中国禅""人间佛教"。"中国人根据中华文化发展了佛教思想，形成了独特的佛教理论，而且使佛教从中国传播到了日本、韩国、东南亚等地。"这种"传出"的佛教已不再是印度佛教，而乃地道的中国佛教。所以，以习近平主席的这一论述为表率，我们中国特色社会主义宗教理论必须研究在华宗教的"中国化"问题，并要积极促进外来宗教的"中国化"。

在政治层面和文化领域，真正马克思主义的宗教观和中国特色社会主义宗教理论必须重视文化、发挥好文化的作用。其"中国式"研究乃是学术的、说理的、公正的、符合道德底线要求的，因为"以理服人，以文服人，以德服人，是中华文化的生命禀赋和生存耐性"。中国特色社会主义宗教理论必须关注文明对话、宗教交流，看清多元化的文化存在和社会现状。而且，这种文化理解必须是开放性的，不可自我封闭。习近平说，"我们不仅要了解中国的历史文化，还要睁眼看世界，了解世界上不同民族的历史文化，去其糟粕，取其精华，从中获得启发，为我所用"。这样看来，研究宗教的多元发展，也必须持守各教平等、彼此尊重的原则，不应该厚此薄彼，以护此教来反对彼教。世界上有"2500多个民族和多种宗教"，单一思维已经行不通了，因而必须求同存异、各美其美，即令难以美美与共，也必须守住多元求和、不同而和的底线。在对待不同宗教的态度上，习近平给出了"相互尊重、和谐共处"的基本原则，指出"我们需要比天空更宽阔的胸怀。文明如水，润物无声。我们应该推动不同文明相互尊重、和谐共处，让文明交流互鉴成为增进各国人民友谊的桥梁、推动人类社会进步的动力、维护世界和平的纽带。我们应该从不同文明中寻求智慧、汲取营养，为人们提供精神支撑和心灵慰藉，携手解决人类共同面临的各种挑战"。

宗教包容、宗教宽容是多元共在的基本原则。为此，我们必须坚决反对宗教中或借宗教之名而实施的极端思潮、排他主义。文明对话、精神交流、宗教自由、信仰理解的真正推动应是"中和"思想、"中道"观念这种也很符合中国文化传统的"中庸之道"。所以,中国特色社会主义宗教理论要鼓励开放的、包容的、与时俱进的宗教社会态度,反对任何封闭的、排外的、保守的、极端的思潮,我们所能看到的应该是"宗教有精诚信仰、坚贞不二的精神;宗教有博爱慈悲、服务人类的精神;宗教有襟怀广大、超脱尘世的精神"。[①] 宗教的精神本身应是要求其不断超越自我、与时俱进;因此,决不能以任何宗教传统、习俗为借口来使之故步自封,更不允许由此而让其在社会上消极保守、逆行倒退。任何引诱人们搞民族分裂、宗教极端和暴恐活动的思想都不是宗教的本真,都是对宗教纯正信仰的根本违背和极大破坏。对这些极端思潮,我们必须坚决反对,有效防范。

习近平指出,"中华传统美德是中华文化精髓,蕴含着丰富的思想道德资源。不忘本来才能开辟未来,善于继承才能更好创新。对历史文化特别是先人传承下来的价值理念和道德规范,要坚持古为今用、推陈出新,有鉴别地加以对待,有扬弃地予以继承,努力用中华民族创造的一切精神财富来以文化人、以文育人"。这一基本思想是我们建立中国特色社会主义宗教理论的重要指导,也使我们能够将之与社会主义核心价值观有机结合。积极对待我们自己历史文化的态度,公开表达对我们优秀文化传统和精神传承的敬重,可以使我们自强不息、厚德载物,以"扬弃"、升华的方式来保存、流传我们的精神文化遗产。为此,我们发展中国特色社会主义宗教理论,就要充分"讲清楚中华优秀传统文化的历史渊源、发展脉络、基本走向,讲清楚中华文化的独特创造、价值理念、鲜明特色,增强文化自信和价值观自信。要认真汲取中华优秀传统文化的思想精华和道德精髓","使中华优秀传统文化成为涵养社会主义核心价值观的重要源泉"。这样,我们的社会就能善待我们文化传统中的宗教,我们现今生存的宗教也就能

[①] 贺麟:《文化与人生》,商务印书馆1999年版,第8页。

真正爱国爱教。

当然，宗教也必须不断自我革新、自我突破、自我超越。我们的宗教传统及现实存在状况肯定有需要改进、扬弃的地方，宗教理应不断改革、不断创新、与时俱进。中国特色社会主义宗教理论当然要促进宗教文化真正适应并贡献于我们社会主义核心价值观的创立及坚持，当然要帮助宗教克服其在历史上曾有过、现在仍可能出现的负功能、负能量。宗教必须不断自我更新，才可能在今天充分释放其正能量、发挥好正功能。而且，这种宗教革新和更新应是开放性、借鉴性、比较性的，善于兼容并蓄、博采众长。习近平指出，"每一种文明都延续着一个国家和民族的精神血脉，既需要薪火相传、代代守护，更需要与时俱进、勇于创新。中国人民在实现中国梦的进程中，将按照时代的新进步，推动中华文明创造性转化和创新性发展，激活其生命力，把跨越时空、超越国度、富有永恒魅力、具有当代价值的文化精神弘扬起来"。现存宗教中仍有不少乃有着传统负担甚至"惰性"；因此，只有积极引导、热情帮助其不断自我革新、推陈出新，才可能使其有效参与思想文化建设，在中华文明"为人类提供正确的精神指引和强大的精神动力"中也看到中国宗教的积极身影。习近平主席的这种中华文明观对我国当今宗教的存在与发展、宗教文化的构建及其作用的发挥，乃是非常重要的警示和警醒。文化的生命在其动态发展、不断自我扬弃。我们既要积极挖掘和阐发中华优秀传统文化，同时也要"努力使中华民族最基本的文化基因与当代文化相适应、与现代社会相协调"，从而使之得以体现"以改革创新为核心的时代精神"。中国特色社会主义宗教理论的发展重点更应该是后者，即侧重于新时代的呼唤、今天的需求。

发展中国特色社会主义宗教理论必须要接地气、理论联系实际，要与我们今天贯彻、落实社会主义核心价值观有机结合。按照习近平主席努力把社会主义核心价值观"融入社会生活，让人们在实践中感知它、领悟它"的要求，"使社会主义核心价值观成为人们日常工作生活的基本遵循"，我们在宗教工作和民众的宗教生活中也应该积极推进社会主义核心价值观的充分体现。可以说，这也是我们今天发展中国特色社会主义宗教理论的当务之急。

（原载《马克思主义宗教观研究（2014）》，社会科学文献出版社2017年5月版。）